Eugen Rolfes

Die Gottesbeweise bei Thomas von Aquin und Aristoteles

Eugen Rolfes

Die Gottesbeweise bei Thomas von Aquin und Aristoteles

ISBN/EAN: 9783743315792

Hergestellt in Europa, USA, Kanada, Australien, Japan

Cover: Foto ©Thomas Meinert / pixelio.de

Manufactured and distributed by brebook publishing software
(www.brebook.com)

Eugen Rolfes

Die Gottesbeweise bei Thomas von Aquin und Aristoteles

Die Gottesbeweise

bei

Thomas von Aquin und Aristoteles.

Erklärt und vertheidigt

von

Dr. Eugen Rolfes.

„Vani sunt omnes homines, in quibus non subest scientia Dei, et de his, quae videntur bona, non potuerunt intelligere eum, qui est.“ Sap. 13, 1.

Köln, 1898.

Verlag und Druck von J. P. Bachem.

IMPRIMATUR.

Köln, 24. November 1897.

Das erzbischöfl. General-Vicariat

Dr. Kreutzwald.

Inhalt.

Seite

Seite

Namenregister.

Erklärungen der wichtigern Abschnitte aus Aristoteles.

Die Erklärungen, die sich auch mit der Lesart beschäftigen, sind mit einem * bezeichnet.

Einleitung.

Da die Philosophie nicht Selbstzweck ist, sondern nach der Erklärung des Aristoteles Metaph. II, 2. 993 b 20 f. die Erkenntniss der Wahrheit zum Ziele hat, so verfolgt auch die gegenwärtige Schrift hauptsächlich und an erster Stelle den Zweck, das Dasein Gottes durch philosophische Gründe an der Hand von St. Thomas und Aristoteles sicher zu stellen. Dieser Zweck erscheint uns in der Gegenwart besonders zeitgemäss, wo die Geister vielfach dem Glauben abgewandt oder doch vom Zweifel angekränkelt sind. Indem wir die Beweise für jene Wahrheit vorlegen, auf deren Erkenntniss der ganze Glaube ruht, sind wir uns bewusst, nach dem Maasse unserer bescheidenen Kräfte am Wohl der Menschheit mitzuwirken. Gleichwohl überschätzen wir den Werth der philosophischen Gottesbeweise nicht. Wir unterschreiben nicht die Behauptung, der wir begegnet sind, dass die Entscheidung über die Tragkraft dieser Beweise Sein oder Nichtsein für unser ganzes Handeln und Hoffen bedeute. Das kann schon darum nicht so sein, weil diese Beweise schwer zu verstehen sind, wie der unaufhörliche, bis zur Stunde fortdauernde Streit über sie beweist. Die Erkenntniss nämlich, von der alles abhängt, muss im ganzen und grossen leicht zu erlangen sein, sonst wäre für unsere höchsten Angelegenheiten nicht gut vorgesehen. Man muss hier unterscheiden. Die sichere Erkenntniss vom Dasein Gottes ist freilich der Anfang aller Religion, aber diese Erkenntniss wird nicht allein und nicht vorwiegend durch philosophische Beweise gewonnen. Wir haben zu dem Ende vor allem die positive Offenbarung, die für jeden als göttliche Selbstbezeugung erkennbar und einigermaassen auch dem Heiden trotz aller Entstellungen zugänglich ist. Eine Illustration zu diesem Gedanken finden wir in dem Verfahren St. Augustins in seiner Schrift vom freien Willen, indem er an der Stelle, wo er sich zur Führung eines rein philosophischen Gottesbeweises anschickt, den Hinweis auf die Offenbarung Gottes in Christus vorhergehen lässt. Es muss billig erscheinen, so lässt er seinen Schüler Evodius sagen, an Gottes Dasein auf die Aussage so grosser Männer zu glauben, die in den Evangelien uns das schriftliche Zeugniss hinterlassen haben, dass sie mit dem Sohn Gottes lebten. Denn sie schreiben, dass sie Dinge gesehen haben, die auf keine Weise geschehen könnten, wenn kein Gott wäre, l. c. II, 5. Ausg. v. Caillau, Paris, Mellier. Aber auch abgesehen von der Offenbarung, ist der Gottesglaube nicht vorwiegend von theoretischen Beweisen abhängig. Er hat vielmehr seine lebendige Wurzel in dem natürlichen Gottesbewusstsein, das ohne gelehrte Reflexionen entsteht, indem es aus dem Anblick der über die Schöpfung ausgegossenen Weisheit und aus dem Gefühle unserer geistigen und sittlichen Abhängigkeit hervorgeht. Aber wenn wir auch den gelehrten Gottesbeweisen aus diesen Gründen keine alles entscheidende Bedeutung beimessen können, so bleiben sie darum immer noch bedeutungsvoll genug, und zwar aus folgenden Gründen. Einmal wird durch sie das natürliche Urtheil des Geistes vom Dasein Gottes wissenschaftlich gerechtfertigt. Es zeigt sich, dass die Gedanken und Gründe, die jenes Urtheil hervorrufen, probehaltig sind. Dadurch wird die Gewissheit vollkommener. Wie bedenklich sähe es dagegen aus, wenn eingeräumt werden müsste, was der gesunde Sinn bezeuge, sei durch die Vernunft nicht streng erweislich? Ferner kann man mit den Vernunftbeweisen den Einreden einer falschen Wissenschaft oder der böswilligen Leugnung begegnen. Mit der Berufung auf das bessere Bewusstsein erreicht man bei dem nichts, der behauptet, kein solches

Bewusstsein zu haben, oder der es durch eigene Schuld in sich verdunkelt hat. Gegen den Beweis aus der weisen Einrichtung der Dinge wird man allerlei Bedenken erheben hören, die nicht so ohne weiteres zu widerlegen sind. Der Eine erkennt das Gepräge des Geistes in der Schöpfung an und erklärt es pantheistisch: Alles ist Geist, und Alles ist Stoff, und Alles ist Eins. Jener spricht von dunklen Trieben, die das Wirken der Natur beherrschen. Ein Anderer leitet die Entstehung der Welt und der Arten des Lebendigen aus naturgemässer Entwickelung ab und hat damit ein beträchtliches Stück schöpferischer Weisheit beseitigt. Ein Vierter redet vom Zufall und vom Spiel der Atome. Gegenüber allen diesen Ausflüchten gibt es nur ein Mittel: die wissenschaftliche Widerlegung durch die Gottesbeweise. Man kann sich freilich auch gegen diese Argumente verschliessen, aber nicht, ohne sich mit der Wissenschaft selbst zu verfeinden. Endlich haben einige Gottesbeweise noch deshalb eine besondere Bedeutung, weil sie auf eigenthümliche Gründe gestützt sind, die mit dem Inhalte des natürlichen Bewusstseins nicht zusammenfallen, wie etwa in gewisser Beziehung das Argument aus der Bewegung und schlechthin das aus den Stufen der Vollkommenheit. Solche Beweise sind geeignet, eine eigene Gewissheit vom Dasein Gottes zu erzeugen und so diejenige, die wir schon sonst haben, zu verstärken.

Es ist aber nicht allein der unmittelbar apologetische Zweck, Gottes Dasein zu zeigen, dem unsere Schrift gewidmet ist. Wir verfolgen mit derselben auch die weitere Absicht, einen Beitrag zur Würdigung der alten Philosophie zu liefern, auf die Wichtigkeit und den Nutzen ihres Studiums neuerdings aufmerksam zu machen und dieses Studium nach dem Theile des Stoffes, den wir hier bearbeiten, zu erleichtern. Die philosophischen Bestrebungen müssen sich in den Bahnen der Vorzeit halten, die Erörterungen an das Vorhandene anknüpfen, sonst fehlt der feste Boden und die Bürgschaft des Erfolges. Nur diejenige Philosophie hat das Merkmal der Wahrheit, die die Probe der Zeit bestanden hat. Das gilt aber in vollkommener Weise, natürlich mit entsprechender

Beschränkung auf den Hauptinhalt und die Methode und unbeschadet des nothwendigen wissenschaftlichen Fortschrittes, von der Speculation des Aristoteles und des h. Thomas von Aquin, jener beiden grossen Denker, die in der vorchristlichen und christlichen Zeit als Meister des Wissens gegolten haben, und von denen der eine das Werk des andern unter Benutzung der christlichen Erkenntnissschätze fortgesetzt hat.

Was Thomas von Aquin betrifft, so ist in den letzten Jahrzehnten manches im Sinne der Rückkehr zu ihm geschehen; das Oberhaupt der Kirche hat zur Empfehlung der Philosophie des Aquinaten seine Stimme erhoben; aber sehr vieles bleibt noch zu thun übrig. Bei uns im katholischen Deutschland nehmen die philosophischen und apologetischen Bestrebungen auf Thomas noch lange nicht allgemein genug die gebührende Rücksicht. Das trifft besonders auch einige von den begabtesten Apologeten und tüchtigsten Philosophen, die in der letzten Zeit schriftstellerisch aufgetreten sind und noch auftreten. Es ist wohl richtig, dass man in Vertheidigung der Wahrheit die neuen Angriffe eingehend zu berücksichtigen hat; aber man bleibe dabei auf dem alten Fundament, und halte sich an die alte Methode. Will man die Methode je nach dem Stande des Gegners und der Richtung der Zeit anders einrichten, so kommen wir an kein Ende. Die Hauptsache auch bei Widerlegung des Irrthums ist und bleibt die Feststellung der Wahrheit, und die ist immer dieselbe und hat sich stets von denen finden lassen, die sie suchen; denn sie ist das unveräusserliche Erbgut der Menschheit. Darum ist auch wohl anzunehmen, dass die kirchlichen Philosophen der Vorzeit im grossen und ganzen das Richtige getroffen haben, besonders da sie bei dem Zusammenhange der Philosophie mit der heiligen Wissenschaft des Glaubens ein Anrecht hatten auf eine besondere Erleuchtung von oben.

Indem wir übrigens gerade die Gottesbeweise aus der Philosophie des h. Thomas zur Erörterung ausheben, glauben wir dem Studium dieses heiligen Lehrers in besonderer Weise Vorschub zu leisten: diese Beweise begegnen den studirenden

Jünglingen so ziemlich gleich an der Schwelle, sie stehen am Anfange derjenigen beiden Werke von Thomas, die vorwiegend in den Händen der Studirenden sind, der summa theologica und der summa contra gentiles; sie ziehen naturgemäss die Aufmerksamkeit des jugendlichen Geistes auf sich, sie hemmen aber auch gleich durch ihre Schwierigkeit den kaum angetretenen Gang und schrecken von der weitern Beschäftigung mit dem Aquinaten ab, wofern sie nicht sorgfältig erklärt werden. Wir erinnern uns aus der Zeit unserer akademischen Studien, dass wir uns wegen des schwierigen Beweises aus den Stufen der Dinge an einen unserer Lehrer, der freilich nicht Philosophie tradirte, um Aufschluss wandten und die unbefriedigende Antwort erhielten, es sei kein Beweis, ausser insofern er auf den Beweis aus der Ursächlichkeit oder aus dem Möglichen und Nothwendigen zurückgeführt werde. Es muss also die Erläuterung dieser Beweise als eine sehr wichtige Aufgabe bezeichnet werden. Wir wissen wohl, dass schon Andere sich derselben unterzogen haben. Aber neben ihren Arbeiten hat die vorliegende immer noch Platz.

Um aber wieder auf die Philosophie des Aquinaten zu kommen, so fusst dieselbe derart auf Aristoteles, dass eine gründliche Behandlung nicht umhin kann, bis auf diesen selbst zurückzugehen. Es bestehen auch in kirchlichen Kreisen oder besser in den Kreisen der der Kirche ergebenen Gelehrten noch immer vielfach Vorurtheile gegen den heidnischen Philosophen; man fürchtet, es schade dem Ansehen der mittelalterlichen kirchlichen Wissenschaft, insbesondere dem Ansehen des h. Thomas, wenn man ihre Abhängigkeit von Aristoteles gar so stark betone; aber diese Abhängigkeit ist eine Thatsache. Die Schrift des verstorbenen Professors Schneid „Aristoteles in der Scholastik" stellt die Sache verkehrt dar. Wer einigermaassen durch eigenes Studium das wahre Verhältniss zwischen Thomas und Aristoteles kennt, der staunt über die in derselben vorgetragenen Unrichtigkeiten. Um Thomas zu erheben, werden Aristoteles die krassesten Irrthümer oder doch Unklarheiten in den wichtigsten Fragen zur Last gelegt, wo dann der grosse Scholastiker durch Berichtigung und Klarstellung seine Ueberlegenheit bekundet haben soll. Man staunt aber nicht minder darüber, dass dem Ansehen des englischen Lehrers damit ein Dienst geschehen soll: denn dieser selbst will fast immer die gerühmte richtige Lehre, die er vertritt, bei Aristoteles gefunden haben. Der treffliche Kleutgen ist in seiner epochemachenden „Philosophie der Vorzeit" Aristoteles im ganzen mehr gerecht geworden, aber auch seine Auffassung leidet einigermaassen unter dem Einflusse der ungünstigen Urtheile Anderer, auf die er sich zu viel verlassen hat; an ein rechtes selbstständiges Studium des Aristoteles scheint er nicht herangetreten zu sein. Den letztern Eindruck erwecken in verstärktem Maasse da, wo sie Aristoteles citiren, auch andere Schriftsteller, deren Leistungen den seinigen in etwa nahe kommen. Wir unserseits halten den engern Anschluss an Aristoteles für eine sehr dringende Forderung und glauben damit auch bezüglich der Gegenwart im Geiste des h. Thomas selbst zu urtheilen. Wer die Reihe von Folianten betrachtet, die dieser Kirchenlehrer zur Erklärung des Aristoteles geschrieben hat, der muss sich schon hieraus allein überzeugen, welchen Werth er auf die Schriften des Philosophen legte, ganz abgesehen von der weitgehenden Anwendung, die er in seinen selbständigen Schriften von seiner Lehre macht. Indem wir uns also die Erklärung des Aristoteles anliegen lassen, folgen wir den Wegen des englischen Lehrers. Wir sind auch überzeugt, dass die Ergebnisse unserer Anstrengungen zuletzt seiner Sache zu gut kommen.

Wir haben aber noch einen besondern Grund, auf das Studium der aristotelischen Philosophie so grosses Gewicht zu legen: sie bietet bei der gegenwärtigen Zerfahrenheit der Geister einen gemeinsamen Boden der Verständigung. Die Philosophie der katholischen Vorzeit hat man im protestantischen Deutschland zugleich mit dem alten Glauben verlassen. Wie Schneid im Vorwort der angeführten Schrift richtig bemerkt, hätte sich der Protestantismus und der ihm verwandte Humanismus in der Strömung der alten Wissenschaft unmöglich behaupten können. Die Anerkennung der mittelalterlichen Wissenschaft wäre eine Verurtheilung der eignen Existenz gewesen. Darum suchte man sich neue Wege. Nachdem aber alles ohne Erfolg gewesen, ist das Bedürfniss einer Anknüpfung an die Vergangenheit wieder stärker erwacht, und dieses Bedürfniss äussert sich auch in einem lebhaftern Interesse für Aristoteles. Jedenfalls ist er der Mann, dessen Name überall in Achtung steht. Man wird zwar, wie wir selbst schon erfahren haben, bei dem Bestreben, die scholastische Deutung des Aristoteles zu rechtfertigen, seitens der rationalistischen Gelehrten auf eine Gegnerschaft stossen, die nicht immer von Leidenschaft frei ist. Aber das darf nicht entmuthigen, nur muss es eine Mahnung sein, desto strenger wissenschaftlich zu verfahren, damit dem Widersacher keine Blösse geboten wird. Das gilt besonders von den Anforderungen der philologischen Genauigkeit in der Behandlung der alten Texte. St. Thomas ist hier naturgemäss, weil er den Aristoteles nach lateinischen Uebersetzungen commentirte, nicht schlechthin zuverlässig. Wir selbst haben in fortgesetzter Beschäftigung mit dem griechischen Aristoteles gefunden, dass wir in unserer ersten Schrift über den Stagiriten: „Die aristotelische Auffassung vom Verhältnisse Gottes zur Welt und zum Menschen“ (Berlin, Mayer & Müller, 1892), einige Texte nicht glücklich behandelt haben. Freilich haben wir uns auch zu unserer hohen Befriedigung überzeugt, dass wir, dank dem engen Anschluss an Thomas, in der Auffassung der Lehre nichts zu ändern hatten. Bezüglich der Lehre von dem Ursprung der Welt, wo wir dem Stagiriten nicht so viel zugetraut hatten, wie St. Thomas thut, der ihm die Erkenntniss der Schöpfung zuschreibt, können wir nachträglich nur sagen, dass wir die kreatianistische Auffassung immer mehr in seinem System begründet finden.

Um nun noch ein Wort über den Charakter der zu erörternden Gottesbeweise im allgemeinen zu sagen, so versteht es sich wohl von selbst, dass dieselben nicht den Anspruch erheben, das Dasein Gottes a priori zu beweisen. Wenn freilich bei irgend einem Wesen ein solcher Beweis der Existenz möglich wäre, so müsste es bei Gott, als dem einzigen Wesen, das kraft seiner Natur existirt, so sein. Indessen müssten wir bei einer solchen Beweisführung das Wesen Gottes als etwas Gegebenes voraussetzen, was mit der Absicht, es erst als existirend zu erweisen, stritte. So lange nichts weiter gegeben ist als ein Begriff, der als solcher das Dasein einschliesst, wie etwa der Begriff des Dreiecks die Gleichheit der Winkel mit zweien Rechten, so lange sind wir der wirklichen Existenz eines dem Begriff entsprechenden Wesens keineswegs sicher, sowie auch der angedeutete geometrische Satz uns nicht sicher macht, dass in einer Figur die Summe ihrer Winkel zwei Rechte beträgt. Es müsste eben ausgemacht sein, dass die Figur ein ebenes Dreieck ist, und so müsste es auch ausgemacht sein, dass der Begriff des aus sich existirenden Wesens objective Realität hat. Es wird sich also nur um einen Beweis Gottes a posteriori handeln können. Aus den Werken Gottes wird auf sein Dasein und seine Vollkommenheiten geschlossen. Darum dürfen aber diese Beweise nicht als indirecte Beweise angesehen werden; sie sind directe Beweise. Die Bewegung als Uebergang von der Ruhe zur vollendeten Thätigkeit fordert zu ihrer Erklärung ein Princip, das nicht erst thätig wird, sondern von Natur aus thätig ist. Die vergänglichen und zufälligen Dinge weisen nach dem Kausalitätsgesetz auf den Ewigen und aus sich Seienden hin. Die beschränkte Vollkommenheit der Welt kann nur durch einen Erweis der absoluten Vollkommenheit Dasein haben, und die Zweckmässigkeit ihrer Einrichtung beweist, dass jene schlechthinnige Vollkommenheit auch die Weisheit einschliesst. Alle diese Erwägungen erhalten ihre Gültigkeit nicht erst durch den Hinweis auf irgend einen zweifellosen Satz, mit dem die Annahme des Gegentheils in Zwiespalt geriethe, wie es das Wesen der indirecten Beweise ist; sie führen unmittelbar von Wahrheit zu Wahrheit.

Was die Einrichtung des vorliegenden Buches betrifft, so haben wir die Entwickelung der alten Gottesbeweise zunächst an den Text von Thomas angeschlossen, und auch in die Erörterungen des Aristoteles lassen wir uns durch Thomas einführen. Dies geschieht darum, weil die Beweise bei ihm streng systematisch mit der einzigen Rücksicht auf den Erweis des göttlichen Daseins gefasst und eigens an einem Ort zusammengestellt sind. Unsere Behandlung der einzelnen Argumente hat ungleichen Umfang. Der Beweis des Aristoteles aus der Bewegung beansprucht unverhältnissmässig viel Raum. Dies erklärt sich aus der Behandlung bei Thomas und Aristoteles selbst, bei denen das Argument in den Vordergrund tritt. Auch hatten wir seine physikalischen und kosmischen Voraussetzungen zu erörtern, worüber wir uns in der Abhandlung selbst rechtfertigen. Dass die folgenden Beweise kürzer ausfallen, erklärt sich zum Theil auch noch daraus, dass der zweite und dritte mit dem ersten die Grundlage und den wesentlichen Gedanken gemein hat. Nachdem wir die einzelnen Gottesbeweise der Reihe nach erörtert haben, werden wir zum Schluss einige von den gewöhnlichen Bedenken gegen sie, soweit sie nicht durch die erbrachten Beweise selbst schon widerlegt sind, noch eigens kurz erörtern, besonders auch die Kritik von Kant und die Beurtheilung, die sie von Trendelenburg erfahren haben. Bei dieser Gelegenheit wollen wir auch zusehen, wie weit die verschiedenen Argumente im Grunde nur ein einziges, und wie weit sie besondere Argumente für sich sind.

Erstes Hauptstück.

Der erste Gottesbeweis bei St. Thomas, geführt aus der Veränderung der Weltdinge.

Thomas von Aquin gibt fünf Beweise für das Dasein Gottes an und legt dieselben in der theologischen Summa kurz und übersichtlich vor [1]). In der summa contra gentiles entwickelt er den ersten derselben, den Gottesbeweis des Aristoteles, weitläufig im 13. Capitel des 1. Buches, die andern deutet er an derselben Stelle nur kurz an, den dritten übergeht er dortselbst ganz, doch findet man über diese das Nähere an andern Stellen des genannten Werkes [2]). Wir gehen in unserer Erörterung zunächst von dem Text der theologischen Summa aus und beobachten dieses Verfahren auch bei dem ersten Gottesbeweise, da die eingehende Beweisführung in der summa contra gentiles an einzelnen Punkten besondere Schwierigkeiten bietet, die leichter und passender ihre Erledigung finden, wenn vorher das Ganze des Beweises zum Verständnisse gebracht ist.

Wir gehen nun gleich zur Erörterung des ersten Gottesbeweises über und setzen zuerst den Wortlaut der Beweisführung bei Thomas nach der theologischen Summa her. Nachdem St. Thomas die allgemeine Bemerkung vorausgeschickt hat, dass Gottes Dasein auf einem fünffachen Wege bewiesen werden kann, schreibt er, wie folgt:

„Der erste und klarere Weg ist derjenige, der von Seiten der Bewegung hergenommen wird. Es ist gewiss und steht durch die sinnliche Wahrnehmung fest, dass einiges in dieser Welt bewegt wird. Alles aber, was bewegt wird, wird

---

[1]) p. 1, q. 2, a. 3.

[2]) l. 1, c. 15, n. 4 c. 28, n. 5. c. 42, n. 6. lib. II, c. 15 per totum.

durch ein anderes bewegt. Denn es wird nichts bewegt, ausser inwiefern es sich in der Möglichkeit zu demjenigen befindet, wozu es hinbewegt wird; dagegen bewegt etwas insofern, als es in Wirklichkeit ist. Denn bewegen heisst nichts anderes, als etwas von der Möglichkeit in die Wirklichkeit überführen. Es kann aber nichts von der Möglichkeit in die Wirklichkeit überführt werden, ausser durch etwas, was in Wirklichkeit ist, wie etwa das wirklich Warme, z. B. das Feuer, bewirkt, dass das Holz, welches der Möglichkeit nach warm ist, der Wirklichkeit nach warm ist, und dasselbe eben dadurch bewegt und verändert. Es ist aber nicht möglich, dass eins und dasselbe zugleich in derselben Beziehung in Wirklichkeit und der Möglichkeit nach sei, sondern das kann nur in verschiedenen Beziehungen der Fall sein. Was schon wirklich warm ist, kann nicht zugleich dem blossen Vermögen nach warm sein, ist vielmehr gleichzeitig dem Vermögen nach kalt. Es ist also unmöglich, dass etwas als dasselbe und in derselben Bewegung ein Bewegendes und ein Bewegtes sei, oder dass es sich selbst bewege. Mithin muss nothwendig alles, was bewegt wird, durch ein anderes bewegt werden.

„Wenn nun dasjenige, wodurch es bewegt wird, ebenfalls bewegt wird, so muss dasselbe eben auch durch ein anderes bewegt werden, und dieses wieder durch anderes. Man kann hier aber nicht in's Unendliche fortschreiten. Denn auf diese Weise würde es kein erstes Bewegendes und folgerichtig auch kein anderes Bewegendes geben. Denn die zweiten bewegenden Ursachen bewegen nur dadurch, dass sie von dem ersten Bewegenden bewegt sind, wie der Stock nur dadurch bewegt, dass er von der Hand bewegt ist.

„Mithin ist es nothwendig, dass man an ein erstes Bewegendes kommt, welches in keiner Beziehung bewegt wird, und darunter wird von jedermann Gott verstanden[1]."

---

[1]) „Prima et manifestior via est quae sumitur ex parte motus. Certum est enim et sensu constat aliqua moveri in hoc mundo. Omne autem quod movetur, ab alio movetur. Nihil enim movetur nisi secundum quod est in potentia ad illud ad quod movetur: movet autem aliquid,

Die vorstehende Beweisführung hängt, wie man leicht sieht, von folgenden drei Sätzen ab: 1. jedes Bewegte wird durch ein anderes bewegt, 2. man kann in der Reihe der bewegten Dinge nicht in's Unendliche gehen, sondern muss an ein Erstes kommen, das bloss bewegt, 3. dieses unbewegte Bewegende ist Gott. Demnach wird es unsere Aufgabe sein, die Richtigkeit dieser drei Sätze der Reihe nach zu prüfen, um über die Triftigkeit des Beweises, zu welchem sie verwandt werden, ein Urtheil fällen zu können. Vorher aber müssen wir noch erklären, in welchem Sinne das Wort Bewegung in unserm Texte gebraucht wird. Denn dass dasselbe nicht ausschliesslich in dem vulgären Sinne der örtlichen Bewegung angewandt wird, erkennt man schon an dem gebrauchten Beispiele vom Erwärmen, womit ein Fall von Bewegung angegeben sein soll. Wir müssen aber den Begriff der Bewegung um so sorgfältiger zu bestimmen suchen, da um ihn sich nicht bloss die ganze vorliegende Beweisführung dreht, sondern er auch das Subject zum Schlusssatze hergibt. Denn eben das Dasein eines unbewegten Bewegers ist das Ziel der Beweisführung.

Um den gedachten Begriff zu entwickeln, müssen wir uns an Aristoteles wenden, der uns darüber den nöthigen Auf-

---

secundum quod est actu. Movere enim nihil aliud est quam educere aliquid de potentia in actum. De potentia autem non potest aliquid reduci in actum nisi per aliquod ens actu; sicut calidum in actu, ut ignis, facit lignum quod est calidum in potentia, esse actu calidum, et per hoc movet et alterat ipsum. Non autem possibile est quod idem sit simul in actu et in potentia secundum idem, sed solum secundum diversa; quod enim est calidum in actu, non potest simul esse calidum in potentia, sed est simul frigidum in potentia. Impossibile est ergo quod idem et eodem motu aliquid sit movens et motum, vel quod moveat seipsum. Oportet ergo omne quod movetur, ab alio moveri. Si ergo illud a quo movetur, moveatur, oportet et ipsum ab alio moveri, et illud ab alio. Hic autem non est procedere in infinitum; quia sic non esset aliquod primum movens et per consequens nec aliquod aliud movens; quia moventia secunda non movent nisi per hoc quod sunt mota a primo movente; sicut baculus non movet, nisi per hoc quod est motus a manu. Ergo necesse est devenire ad aliquod primum movens, quod in nullo movetur; et hoc omnes intelligunt Deum." S. theol. l. c.

schluss gibt, und dem auch der Aquinate in der Anwendung des Begriffes folgt.

Die Bewegung, *κίνησις*, ist dem Aristoteles ein Vorgang, der im strengen und eigentlichen Sinne nur der Natur angehört, mithin der körperlichen Welt. Sie umfasst drei Arten: 1. die örtliche Bewegung, *φορά*, 2. die qualitative Veränderung, *ἀλλοίωσις*, z. B. den Uebergang von Wärme zu Kälte, 3. die quantitative Veränderung, die Zunahme und Abnahme, *αὔξησις καὶ φθίσις*, wie sie im eigentlichen Sinne bei den Pflanzen und Thieren vorkommt[1]). Der gemeinsame Begriff, unter dem jene drei Naturvorgänge gedacht werden können, wäre etwa der des stetigen, fortschreitenden Ueberganges von dem Vermögen zur vollendeten Wirklichkeit, und nichts anderes will Aristoteles sagen, wenn er die Bewegung als die Wirklichkeit oder Entelechie des der Möglichkeit nach Seienden als solchen definirt, *ἡ τοῦ δυνάμει ὄντος ἐντελέχεια, ᾗ τοιοῦτον* (sc. *ἐστίν*)[2]).

Die abstracte Fassung dieser aristotelischen Definition mit ihren so allgemeinen und einfachen Begriffen erklärt sich aus der Einfachheit und Ursprünglichkeit der Bewegung selbst, die sich nicht auf noch einfachere Vorgänge zurückführen lässt. Jene vorher angewandte Bestimmung der Bewegung als Uebergang vom Vermögen zur Wirklichkeit oder von der Potenz zum Act leidet an dem Fehler, dass das Wort Uebergang den Begriff der Bewegung schon voraussetzt[3]). Es kann also diese Weise der Bestimmung nur als Beschreibung gelten. Der Zusatz in der Definition: *ᾗ τοιοῦτον*, als solchen, das heisst, insofern es ein solches, nämlich ein Mögliches ist, rechtfertigt sich nach des Aristoteles eigener Erklärung[4]) damit, dass das Mögliche gleichzeitig ein Wirkliches ist, und von dieser Wirklichkeit, die schon besteht, diejenige, die durch die Bewegung erreicht wird und in der Bewegung liegt, unterschieden werden soll. Das Erz, welches erst der Möglichkeit nach eine

---

[1]) Physik V, 2. 226a Zeile 24 f., Z. 26 f, Z. 29 ff., Z. 32 f.

[2]) Ph. III, 1. 201a 10 f.

[3]) Vgl. Thomas, Comm. zur Physik, 3. Buch, 2. Lect.

[4]) Ph. III, 1. 201a 29 ff.

Bildsäule ist, ist bereits unabhängig von der Bewegung der Wirklichkeit nach Erz. Diese Wirklichkeit des Möglichen ist also nicht die Bewegung, sondern jene, die dadurch entsteht und damit schon gegeben ist, dass das Mögliche aufhört, ein bloss Mögliches und anfängt, ein Wirkliches zu sein. Es ist also thatsächlich eine besondere Art der Verwirklichung gemeint. Trotzdem scheint es, wie wir im Vorübergehen bemerken wollen, nicht ganz richtig, wenn man, wie z. B. Prantl in seiner Uebersetzung der Physik thut[1]), in der Definition das Wort Entelechie mit Verwirklichung wiedergibt. Das verwehrt sich durch den Zusatz: als solchen. Derselbe würde überflüssig sein bei Anwendung der Worte: die Verwirklichung des Möglichen. Eine andere Verwirklichung als die des Möglichen ist undenkbar, dagegen von der Wirklichkeit des Möglichen kann man in doppeltem Sinne reden. Ebenso ist der Ausdruck Verwirklichung aus dem Grunde unzulässig, weil Aristoteles die Bewegung eine unvollendete Entelechie nennt[2]); sie ist aber keine unvollendete Verwirklichung, sondern eine unvollendete Wirklichkeit, weil sie nämlich nur so lange anhält und vorhanden ist, als das Ziel und Ende der Bewegung, ihr *τέλος*, nicht erreicht ist.

Ferner sei bemerkt, dass Aristoteles die Bewegung unter den allgemeinen Begriff der Veränderung, *μεταβολή*, fasst, sie aber von andern Arten der Veränderung, dem Entstehen und Vergehen der Naturwesen, *γένεσις καὶ φθορά*, scharf unterschieden haben will. Die Bewegung erfordert nämlich ihrem Begriffe nach, dass das Bewegte vom Anfang bis zum Ende im Dasein beharre. „Es ist unmöglich,“ bemerkt Aristoteles, „dass das Nichtseiende bewegt werde. Wenn aber das, so ist es auch unmöglich, dass das Werden eine Bewegung sei. Denn das nur wird, was nicht ist“ [3]).

---

[1]) A. a. O. S. 105.

[2]) „Die Bewegung ist die noch unvollendete Wirklichkeit *ἐντελέχεια ἀτελής*, des Bewegten. Hingegen das Bewegende ist schon in der Wirklichkeit“, Phys. VIII, 5. 257 b 8 f. Vgl. ebenda III, 2. 201 b 31 f.: „Die Bewegung scheint eine Energie zu sein, aber eine unvollendete.“

[3]) Ph. V, 1. 225 a 25 ff.

Wir haben nun noch einen wichtigen Punkt kurz zu berühren. Wir sagten vorhin, dass die Bewegung im eigentlichen Sinne bei Aristoteles ausschliesslich die physikalische sei: die successive, nicht momentane Bewegung der Körper. Von dieser gilt, was er noch weiter zur Bestimmung der Bewegung sagt, sie nehme Zeit in Anspruch [1]), sie sei ein Mittelding zwischen Potenz und Act [2]). Sie ist es auch, nach der er das Wesen der Zeit bestimmt, indem er sie als die Zahl der Bewegung definirt [3]). Nun aber bedient sich sowohl er als auch Thomas, besonders in der Entwickelung des Gottesbeweises, des Wortes Bewegung auch in Bezug auf die geistigen Wesen: auch die Einwirkung des Wahren und Guten auf den erkennenden Geist ist bei dem einen und bei dem andern Bewegung. So sagt Aristoteles in der Metaphysik, dass die Gottheit als Gegenstand des Denkens und Wollens bewege [4]), und Thomas wendet, wie wir noch sehen werden, gerade in dem vorliegenden Gottesbeweis das Wort bewegen in diesem angegebenen weitern Sinne an. Diese Ausdehnung des Begriffes steht mit der Definition des Aristoteles in keinem Widerspruch: auch wenn im Geiste die Gedanken wechseln, ist dies ein Uebergang von dem Vermögen zur Wirklichkeit, nämlich zur Wirklichkeit des betreffenden Gedankens, nur fehlt innerhalb des Ueberganges das successive Moment, wie es sich nach Aristoteles bei der physikalischen Bewegung immer findet [5]).

Nachdem wir somit das Nöthige zur Verdeutlichung des Begriffes der Bewegung beigebracht haben, wenden wir uns

---

[1]) A. a. O. VI, 3. 234 b 8. — [2]) A. a. O. III, 2. 201 b 27 ff.
[3]) A. a. O. IV, 11. 219 b 2. — [4]) A. a. O. XII, 7. 1072 a 62 f.
[5]) Was die Anwendung des Wortes Bewegung im philosophischen Sinne betrifft, wonach die Bewegung die angegebenen drei Arten der materiellen Veränderung umfasst, so führt sich dieser Sprachgebrauch wohl nicht auf Aristoteles zurück, sondern scheint ältern Ursprungs zu sein. Man vergleiche Physik VIII, 9. 266 a 1 ff.: „Eigentlich sagen wir (das heisst nach dem Zusammenhange: man) nur von dem örtlich Bewegten, dass es sich bewegt. Ruht aber etwas an seiner Stelle und nimmt etwa zu oder ab oder verändert sich qualitativ, so sagen wir, es bewege sich in der und der Weise, nicht aber einfach, es bewege sich."

zu dem Satze, dass jede Bewegung eines Dinges auf ein anderes als wirkendes Princip zurückgeht, oder einfacher, dass jedes Bewegte durch ein anderes bewegt wird, und fragen, wie es um die Begründung dieses Satzes bei St. Thomas bestellt sei. Wir können von vornherein nicht erwarten, dass dieselbe bei ihm in's einzelne gehe. Was der heilige Lehrer bietet, ist nur eine Andeutung des Weges, den die Beweisführung zu verfolgen hat. Das ist ja die Eigenart des Werkes, aus dem wir den Beweis entnehmen: es fasst den Lehrstoff in Kürze zusammen, wie schon durch den Titel summa zu verstehen gegeben wird. Es wird darum im vorliegenden Falle unsere Aufgabe sein, den von Thomas in den äussersten Umrissen angegebenen Beweis selbständig in's einzelne zu verfolgen, damit wir über seine Tragkraft ein sicheres Urtheil gewinnen.

In dem vorgelegten Text bei Thomas ruht die Begründung auf zwei Sätzen, die wir in umgekehrter Folge hersetzen: erstens, nichts kann zugleich actuell und potentiell oder wirklich und möglich sein, zweitens, das Bewegte ist potentiell, das Bewegende ist actuell. Der erste Satz wird offenbar in dem Sinne einzuräumen sein, dass, wie auch der Text hat, nichts in derselben Beziehung actuell und potentiell sein kann. Es müsste ja eine und dieselbe Bestimmung zugleich haben und nicht haben, also etwa zugleich warm und nicht warm sein. Es kommt also alles darauf an, ob der zweite Satz: das Bewegte ist potentiell, das Bewegende actuell, bei dem sich selbst Bewegenden immer in dem Sinne wahr ist, dass es als Bewegendes in derselben Beziehung actuell sein müsste, in welcher es als Bewegtes potentiell ist. Denn dann ergibt sich allerdings, dass ein schlechthin sich selbst Bewegendes unmöglich ist. Sehen wir also zu, wie es sich hiermit verhält.

Zunächst ist zweifellos, dass jede Bewegung als passiver Vorgang eine active Ursache erfordert. Diese Ursache muss wie jede andere, nach dem Satz vom zureichenden Grunde, die Wirkung, die sie hervorbringt, schon in gewissem Sinne in sich enthalten. Nun braucht aber die Wirkung nicht immer in der Weise in dem Thätigen zu sein, wie sie in dem Leidenden ist: es ist, wie die Schule redet, nicht nothwendig, dass sie in dem Thätigen als actus formalis sei, sie kann vielmehr auch als actus virtualis in ihm sein, als das blosse Vermögen oder die Kraft zur Hervorbringung der Wirkung. Wenn das Warme warm macht, so ist freilich in der Ursache dieselbe Art der Wirklichkeit wie in der Wirkung; wenn aber etwa, wie die alte Physik annahm, die Sonne selbst nicht warm ist, sondern nur anderes, die Luft und die Erde, durch ihre Einwirkung warm macht, so hätten wir in der Ursache eine andere Art der Wirklichkeit. Wo nun die Wirkung mit dem Wirkenden gleichartig ist, da kann offenbar nichts die betreffende Wirkung in sich selbst hervorbringen. Das Warme kann sich nicht warm machen, weil es schon warm ist. Wo dagegen die Wirkung ungleichartig ist, da ist sie ihrer Besonderheit nach nicht in dem Wirkenden, und es wäre demnach in demselben noch Raum für sie. Es begleitete dann die potentia formalis den actus virtualis. Es muss also gezeigt werden, dass ein sich selbst Bewegendes die Wirkung der Bewegung immer in dem Sinne schon aufweisen müsste, in welchem es sie erst hervorbringen soll. Dann ist gezeigt, dass nichts schlechthin oder an und für sich sich selbst bewegen kann, vielmehr jedes Bewegte durch ein anderes bewegt werden muss.

Dieser Nachweis lässt sich nun in der That erbringen. Das sich selbst Bewegende müsste nämlich darum den Erfolg der Bewegung schon im voraus formell in sich haben, weil angenommen wird, dass es rein aus sich ohne fremden Einfluss die Bewegung bewirkt. Wenn es nämlich nicht ganz unabhängig bewegt, so ist eben ein anderes die weitere Ursache, und wir haben die Bestätigung des Satzes, den wir behaupten. Wenn es aber rein aus sich bewegt, so muss es in jeder angenommenen Zeit schon in den Terminus übergegangen sein, dem die Bewegung zustrebt. Denn es ist nicht abzusehen, warum es jetzt erst diesen Uebergang vollziehen sollte, wenn dessen unmittelbare Vorbedingungen schon vorher gegeben waren. Um dies besser einzusehen, wollen wir die einzelnen Arten der Bewegung oder Veränderung in Betracht nehmen.

Was die qualitative Veränderung betrifft, so ist hier das Wirkende entweder von vorneherein der Wirkung gleichartig oder nicht. Im erstern Falle haben wir das Gesuchte, im andern müsste das Wirkende unmittelbar und immer aus sich in die betreffende Wirklichkeit übergehen. Denn einerseits soll dieser Uebergang von ihm allein abhängen, anderseits wirken die physikalischen Agentien immer so viel, als sie vermögen.

Bei der quantitativen Veränderung handelt es sich entweder um eine blosse Veränderung des Volumens oder um wirkliches substantiales Wachsthum. Die erstere hinwieder erfolgt entweder unter qualitativer Veränderung, oder nicht. Wenn ja, so gilt von ihr das eben von der qualitativen Veränderung Gesagte: wenn nicht, so lässt sich der dort benutzte Gedanke in der Art wenden, dass man sagt, die Zunahme aus der alleinigen Anlage des Zunehmenden heraus könne nicht erst erfolgen, sondern müsse immer schon erfolgt sein. Handelt es sich aber um substantiales Wachsthum, so ist dazu in dem Wachsenden kein Vermögen vorhanden, das sich selbst genügte. Es ist immer eine fremde Substanz, die Nahrung, als Wirkendes erforderlich. Somit kommen wir auch bei der quantitativen Veränderung auf das nämliche Ergebniss, wie bei der qualitativen, und es bleibt nur noch die Raumveränderung zu untersuchen.

Hier ist ohne weiteres so viel klar, dass es einen Anfang der Bewegung, eine auf die Ruhe folgende Bewegung, in dem durch sich selbst Bewegten nicht geben kann. Es muss ursprünglich und immer bewegt sein, wieder darum, weil die volle Bedingung der Bewegung immer gegeben ist. Es fragt sich also nur noch, ob es kein ewig durch sich selbst in Bewegung Begriffenes, aus sich von der Potenz in den Actus Uebergehendes geben kann.

An dieser Stelle der Untersuchung entsteht eine Schwierigkeit, insofern als die Fortdauer der einmal vorhandenen Bewegung keine neue Wirklichkeit zu bringen scheint. Das

Bewegte scheint einfach in seinem Zustande zu beharren, und dies trifft besonders nach der neuern Physik zu, welche für die fortdauernde Bewegung so wenig wie für die fortdauernde Ruhe eine besondere Ursache oder Kraft als Erforderniss annimmt, vielmehr jene gleich dieser auf das sogenannte Beharrungsvermögen als ausreichenden Grund zurückführt. Das Bewegte soll, nachdem es einmal den Anstoss erhalten, der Einwirkung desselben gleichsam willenlos hingegeben sein und bleiben, bis eine andere Kraft, die der Energie des Anstosses gleichkommt, es zum Stillstand bringt. Wir könnten also der Schwierigkeit, die uns hier begegnet, die folgende Fassung geben. Fordert man mit Aristoteles und der alten Physik für die fortdauernde Bewegung eine fortdauernde Krafteinwirkung, so könnte diese letztere, sollte man meinen, gar wohl bei einem sich selbst Bewegenden stattfinden. Denn wenn es ursprünglich bewegt, so braucht es nur in dieser Thätigkeit oder Wirklichkeit, um mit Aristoteles zu reden, zu beharren. Lässt man dagegen mit der neuern Naturwissenschaft eine einmalige Einwirkung auf das Bewegte genügen, so ist diese eben die vollendete Wirklichkeit, und die fortdauernde Bewegung nur die Fortdauer dieser Wirklichkeit.

Die Lösung dieser Schwierigkeit knüpfen wir an die aufgestellte Alternative. Wenn die fortdauernde Bewegung keine fortgesetzte Kraftwirkung erfordert, so müssen sich die Körper gegen Ruhe und Bewegung und gegen jeden Ort gleichgültig verhalten, wie das auch in dem Gesetze von der Trägheit der Materie ausgesprochen liegt. Denn wenn dem nicht so wäre, müsste der Körper entweder nach dem Anstoss wieder zur Ruhe streben oder einen Bewegungstrieb bethätigen. Im ersten Falle wäre Kraft nöthig, um dieses Streben zu überwinden. Im andern Falle ginge der Trieb entweder in anderer Richtung als die ursprüngliche Bewegung, und dann gälte dasselbe wie vorhin, da ja dieselbe Bewegung fortdauern soll und demnach auch ihre Richtung dieselbe bleibt, oder es wäre die Richtung des Triebes und der ersten Bewegung eine und dieselbe, und dann bliebe der Körper nicht, wie vorausgesetzt, ohne weitere Einwirkung in Bewegung, sondern er folgte der

Triebkraft. Wenn aber wirklich die Körper in Bezug auf Ruhe und Bewegung sich gleichgültig verhalten, so können sie nicht gleichsam von Haus aus in Bewegung sein. Sie haben nichts, was die Bewegung erheischte. Dieselbe muss ihnen also von aussen angethan werden, und so haben wir keine Selbstbewegung, sondern Bewegung durch ein anderes.

Setzen wir nun den andern Fall, dass das ewig Bewegte durch einen ewig fortwirkenden innern Trieb bewegt würde, so gerathen wir auch hier sofort auf Widersprüche. Einmal würde die unendliche Bewegung einen unendlich weit entfernten Zielpunkt erfordern, wenn sie geradlinig ist. Denn wie die Bewegung eine bestimmte Richtung haben muss, um wirklich zu sein, so auch ein bestimmtes Ziel. Nun aber gibt es nach den bessern Philosophen, Aristoteles und Thomas von Aquin, gar keine unendliche Entfernung. Aber auch, wenn es eine gäbe, kann es kein Streben in's Unendliche geben. Denn es wäre dann eine unendliche Strecke zu durchlaufen, was selbstverständlich unmöglich ist. Also kann es auch kein Streben in's Unendliche geben, weil es eitel und unerfüllbar wäre und demnach in keiner Natur ein Bedürfniss danach liegen kann. Dementsprechend sagt auch Thomas: „es ist eine gemeinsame Eigenschaft aller Bewegung, dass nichts in's Unendliche bewegt wird. Denn nichts wird dahin bewegt, wohin es nicht gelangen kann, wie im sechsten Buche (der Physik) erklärt worden ist“ [1]). Aristoteles aber lässt sich a. a. O. vernehmen, wie folgt: „Keine Veränderung ist unendlich“ [2]) . . . . „und was die örtliche Bewegung angeht . . . . (so gilt das Folgende). Da dasjenige, was wegen innerer Unmöglichkeit nicht zerschnitten sein kann, *τμηθῆναι*, auch nicht zerschnitten werden kann, *τέμνεσθαι*, und überhaupt, was nie verwirklicht sein kann, *γενέσθαι*, auch nicht verwirklicht werden kann, *γίγνεσθαι*, so kann auch das, was sich nicht verändert haben kann, *μεταβαλεῖν* (nach Codex *K*, Bekker hat drei Mal *μεταβάλλειν*, ihm folgt Prantl), sich unmöglich in das Betreffende verändern.

---

[1]) Commentar zur Physik, VIII. Buch, 4. Lect.

[2]) 10. Cap. 241 a 26 ff.

Wenn nun das räumlich Bewegte sich in etwas hinein veränderte, müsste es auch die Möglichkeit haben, darein sich (einmal wirklich) verändert zu haben. Hiernach aber müsste dann die Bewegung nicht unendlich sein, noch durch eine unendliche Ausdehnung gehen. Denn es ist unmöglich, dass es dieselbe (je) durchschritten habe, διελθεῖν" [1]). — Wenn aber nun das Ziel der gedachten Selbstbewegung nicht unendlich weit abliegt, so muss es längst erreicht worden sein, und der Zustand des etwa einmal aus sich Bewegtgewesenen wäre die Ruhe. Was den Fall betrifft, dass die Bewegung etwa keine geradlinige wäre, so müsste sie, um sowohl endlos als continuirlich oder einheitlich zu sein, im Kreise vor sich gehen, dann aber gibt es keinen Punkt der Bahn, den das Bewegte, nachdem es ihn erreicht hat, nicht wieder verlässt, so dass der Zielpunkt der Bewegung nicht auf dem Wege, sondern ausserhalb des Weges liegen müsste, was ein Widerspruch ist.

Somit hat sich also auch bei der Veränderung des Ortes ergeben, dass sie überall, wo sie vorkommt, nicht von dem Veränderten selbst kommen kann. Denn wäre das der Fall, so müsste sie längst vollendet sein; und so ist denn nach dem früher Gesagten ganz ausnahmslos nachgewiesen, dass alles, was bewegt wird, durch ein anderes bewegt wird.

Aber nicht alles, was bewegt, kann in Kraft eines andern bewegen und somit selbst wieder bewegt sein, vielmehr muss man einmal an ein Bewegendes kommen, das selbst nicht mehr bewegt wird, oder mit andern Worten, mit der Zurückführung der bewegten Dinge auf andere, durch welche sie bewegt werden, kann man nicht in's Unendliche gehen. Das ist der zweite Mittelsatz in der Beweisführung des Aquinaten, dessen Richtigkeit nunmehr zur Verhandlung steht. Die Entscheidung ist hier nicht schwer. Thomas begründet den Satz eben so kurz als treffend mit den Worten: „Könnte man hier in's Unendliche fortschreiten, so gäbe es kein erstes Bewegendes und folgerichtig auch kein anderes Bewegendes. Denn die zweiten bewegenden Ursachen bewegen nur insofern, als sie

[1]) Ebenda b 2—11.

von der ersten bewegt sind, wie der Stock nicht bewegt, ausser insofern er von der Hand bewegt ist."

St. Thomas stellt hier diejenigen bewegenden Factoren, die selbst wieder bewegt sind, gleichsam als Instrumente hin, die nur durch die höhere, lenkende Hand zur Wirksamkeit gebracht werden, und auf diese Weise macht er es sofort einleuchtend, wie alle untergeordneten oder abhängigen Ursachen der Bewegung, mögen ihrer auch noch so viele sein, ohne eine höchste und selbständige Ursache keine Bewegung zu Stande bringen können. Dieser Beweis würde, wie wir gleich an dieser Stelle andeuten wollen, auch dann nicht ohne weiteres seine Gültigkeit verlieren, wenn man etwa mit Aristoteles annähme, dass eine unendliche Reihe von Zeugungen möglich sei, wo man das Zeugende als Bewegendes, das Gezeugte als Bewegtes ansehen könnte. Denn wenn die Zeugung an sich als ein Akt aufgefasst wird, der von höhern und allgemeinern Bedingungen abhängt und nicht von der Kraft des Zeugenden allein, so sind unzählige Zeugungen so wenig ohne die Mitwirkung dieser Bedingungen möglich als eine einzige. Darum kann auch Aristoteles selbst, ohne mit sich direct in Widerspruch zu gerathen, den genannten Beweis für das Dasein einer höchsten bewegenden Ursache führen, und in der That hat Thomas ihn von dem Stagiriten entlehnt.

Wir halten es für angebracht, die Fassung dieses Beweises, die uns bei Aristoteles begegnet, gleich hier vorzulegen und zu erklären. Denn einmal wird dadurch die Begründung bei Thomas vervollständigt oder doch noch von einer andern Seite veranschaulicht, und sodann wird auf diese Weise dem später folgenden, sehr weitläufigen Gottesbeweis des Aristoteles vorgearbeitet, was uns hernach zu einem leichtern Ueberblick über denselben dienlich sein kann. Um übrigens keine Unklarheit aufkommen zu lassen, bemerken wir, dass es sich nicht eigentlich um den Beweis für die Unmöglichkeit eines Fortschreitens in's Unendliche, wie immer man den Fortschritt verstehe, handelt, sondern um den Beweis für die Nothwendigkeit einer höchsten bewegenden Ursache, die selbst keiner Bewegung von aussen unterliegt. Wenn in dem Text des

Aristoteles auch von jener Unmöglichkeit die Rede sein wird, so bildet dieselbe nur eine Ergänzung zu dem Nachweis einer ersten Ursache.

Der Anfang des aristotelischen Textes lautet: „Dies aber (dass nämlich etwas von etwas bewegt wird) kann in doppelter Weise sein: entweder nämlich bewegt das Bewegende nicht durch sich selbst (*δι' αὐτό*: in eigener Kraft), sondern durch ein anderes, durch welches das Bewegende bewegt wird (*ὃ κινεῖ τὸ κινοῦν*), oder durch sich selbst, und zwar entweder als erstes nach dem letzten oder durch mehrere Mittelglieder (*διὰ πλειόνων*), wie z. B. der Stock bewegt den Stein und wird von der Hand bewegt, die wieder von dem Menschen bewegt wird, dieser aber bewegt nicht mehr, insofern er von einem andern bewegt wird" [1]).

Diese Worte besagen, dass das Bewegende entweder nicht aus eigener Kraft bewegt, wo dann selbstverständlich zuletzt dennoch ein solches anzunehmen wäre, oder wohl aus eigener Kraft, wo es dann entweder unmittelbar oder mittelbar bewegt. So liegt bereits hier eine Andeutung des zweifachen Weges vor, auf welchem man zum ersten Bewegenden gelangt, und den Aristoteles im Folgenden einschlagen wird: entweder aufsteigend von den abhängigen bewegenden Ursachen zu der unabhängigen, oder absteigend vom ersten Bewegenden zu den zweiten bewegenden Ursachen, die nur werkzeugliche oder Mittelursachen sind [2]).

Aristoteles fährt fort: „Von beiden nun sagen wir, dass es bewegt, vom letzten und vom ersten Bewegenden, mehr aber vom ersten; denn jenes bewegt das letzte, dieses aber nicht das erste, und ohne das erste wird das letzte nicht bewegen, wohl aber jenes ohne dieses, wie z. B. der Stock wird nicht bewegen, ohne dass der Mensch ihn bewegt (wohl aber der Mensch ohne den Stock)" [3]).

---

[1]) Physik VIII, 5. Anfang.

[2]) Prantl irrt in seiner Uebersetzung S. 405, indem er den ersten Theil des Dilemma's bei Aristoteles so wiedergibt: „Entweder bewegt das Bewegende nicht schon durch sich selbst, sondern durch ein anderes, welches eben von dem Bewegenden bewegt wird."

[3]) A. a. O. 256 a 8—13.

Hier wird der Beweis, der sich in aufsteigender Linie bewegen soll, näher vorbereitet: ein höchstes Bewegendes ist unentbehrlich; denn das untergeordnete Bewegende bewegt nur in der Kraft von jenem, und das letztere könnte ohne das erstere bewegen, nicht aber umgekehrt.

Nun folgt der Beweis, dass es ein erstes Bewegendes geben muss, das nicht mehr durch ein anderes bewegt wird: „Wenn demnach alles Bewegte nothwendig von etwas bewegt wird, und zwar entweder von etwas, was durch ein anderes bewegt wird, oder nicht, und ferner, falls die Bewegung von einem andern Bewegten kommt, es nothwendig ein erstes Bewegendes geben muss, das nicht durch ein anderes bewegt wird, falls dagegen das Erste das Betreffende ist, ein Zweites nicht nothwendig ist — denn in's Unendliche kann das, dass etwas bewegend ist und selbst immer wieder von einem andern bewegt wird, nicht gehen; denn unter unendlich vielen Dingen gibt es kein erstes —, wenn also nun einerseits alles Bewegte von etwas bewegt wird, anderseits das erste Bewegende (etwa) wohl bewegt wird, jedoch nicht durch ein anderes, so muss es nothwendig durch sich selbst bewegt werden" [1]).

Dieser Text scheint uns nach unsern vorausgeschickten Fingerzeigen und nach der Uebersetzung, die wir geben, so klar, dass er keiner weitern Erläuterung bedarf. Zu bemerken ist nur, dass Aristoteles das erste Bewegende hier bewegt sein lässt, um sich einstweilen auf den Standpunkt seines Lehrers Plato zu stellen. Nach seiner wahren Meinung ist es in keiner Beziehung und in keinem Sinne bewegt.

Im Folgenden führt Aristoteles auf dasselbe erste Bewegende, indem er die Ursachen in absteigender Richtung betrachtet: „Man kann diese nämliche Begründung aber auch noch in dieser Weise angehen. Jedes Bewegende bewegt etwas und durch etwas: nämlich entweder durch sich selbst oder durch ein anderes, wie z. B. der Mensch entweder selbst oder mit einem Stock, und z. B. der Wind hat entweder selbst

[1]) Zeile 13—21.

etwas herabgeworfen oder der Stein, welchem er den Anstoss gab. Es ist aber unmöglich, dass das, womit etwas bewegt, diese Thätigkeit ausübe ohne den bewegenden Einfluss des durch sich selbst Bewegenden. Vielmehr wenn etwas durch sich selbst bewegt, braucht kein anderes zu sein, mittels dessen es bewegt. Geschieht dagegen die Bewegung durch fremde Vermittelung, so muss es etwas geben, was nicht mittels eines Beliebigen bewegt, sondern durch sich selbst, andernfalls ginge die Sache in's Unendliche fort. Wenn mithin Bewegtes bewegt, so muss das irgendwo Halt machen und darf nicht in's Endlose fortgehen. Denn wenn der Stock dadurch bewegt, dass er von der Hand bewegt wird, so ist es die Hand, die den Stock bewegt. Und wird auch diese durch ein anderes bewegt, so ist es wieder ein anderes, das diese bewegt, und wenn denn nun immer je ein anderes durch das Mittel bewegt, so muss es zuvor ein unmittelbar durch sich selbst Bewegendes geben. Wird dieses nun zwar bewegt, aber in der Art, dass kein anderes das Bewegende ist, so muss es sich selber bewegen. Und demnach wird auch gemäss dieser Begründung das Bewegte entweder gleich von vornherein durch das sich selbst Bewegende bewegt, oder die Sache kommt zuletzt bei einem solchen an" [1]).

Auch diese Stelle bedarf in der Uebersetzung keiner weitern Erklärung. Ueber jeder werkzeuglichen Ursache, das ist der leitende Gedanke, muss eine Ursache stehen, die nicht Werkzeug ist, sondern aus sich wirkt und bewegt. Dagegen ist nicht nothwendig, dass sie selbst durch ein Werkzeug oder Mittel wirkt. Sie kann auch unmittelbar wirken und muss das in Bezug auf das nächste Object ihrer Einwirkung.

Wir wenden uns nun wieder zu dem englischen Lehrer. Dass es ein erstes Bewegendes gibt, ist von ihm bewiesen, in dem Sinne, dass es ein Wesen oder auch ihrer mehrere geben muss, die nicht bewegt werden, und es ist nicht bloss dargethan, dass das erste Bewegende von keinem andern, sondern

---

[1]) A. a. O. Zeile a 21—b 3.

auch, dass es nicht durch sich selbst bewegt wird. Denn als Bewegtes müsste es durch ein anderes bewegt werden.

Es ist also jetzt nur noch das Dritte nachzuweisen, dass ein Wesen, welches bewegt, ohne irgendwie bewegt zu werden, dem Begriffe entspricht, den wir gemeinhin von Gott haben. Wenn das erwiesen ist, so hat sich bereits ein Zeugniss der Vernunft für das Dasein des göttlichen Wesens herausgestellt, das niemand verwerfen kann. Denn das Bisherige ruht auf durchaus fester Grundlage.

Aber freilich, es braucht wenig, um einzusehen, dass der fragliche Beweis nicht gar so einfach sein kann. Nach der Rede des Aquinaten zwar könnte es scheinen, als ob gar kein Beweis erforderlich wäre. Sagt er doch einfach, nachdem er ein unbewegtes Bewegendes nachgewiesen: unter einem solchen Wesen versteht ein jeder Gott, und hält mit dieser Bemerkung die Sache für erledigt. Es liegt aber am Tage, dass ein unbewegter Beweger, wenn wir die Bewegung nur im physikalischen Sinne nehmen, nicht nothwendig Gott ist. Um uns hiervon zu überzeugen, brauchen wir nur an die Geister oder Intelligenzen zu denken, die nach Aristoteles die Himmelssphären bewegen. Sie können nicht Subject der physikalischen Bewegung sein, weil sie keine körperlichen Wesen sind, wohl aber können sie dieselbe bewirken. Sie brauchen dazu nur den entsprechenden Willensentschluss zu fassen und auszuführen, und das wäre offenbar keine Bewegung in dem bisher zu Grunde gelegten Sinne. Wir müssen also hieraus die Bestätigung dessen entnehmen, was wir schon früher bemerkten, dass St. Thomas hier die Bewegung im weitern Sinne nimmt, wonach sie auch den Wechsel von Gedanken und Entschlüssen im Leben des Geistes umfasst. Wenn er demnach von einem ersten unbewegten Beweger redet, so will er von demselben auch jene geistige Bewegung ausschliessen, und demnach müssen wir nun auch weiter annehmen, dass er diese Art Unbewegtheit im ersten Beweger schon durch das Vorausgehende für bewiesen hält, mit andern Worten, dass der Beweis des Satzes: omne quod movetur, ab alio movetur, für die geistige Bewegung mitgelten soll. Wir müssen deshalb nochmals zu diesem Beweise zurückkehren, um ihn auf seine Gültigkeit für den Geist zu prüfen.

Gehen wir zu diesem Ende von denjenigen Bewegungen aus, die wir an unserer Seele erfahren, und die theils sinnlicher, theils geistiger Natur sind. Für beide Gattungen lässt sich leicht erweisen, dass die Seele sie nicht rein aus sich hervorbringt, und dass sie ohne äussern Einfluss nicht entstehen können.

Was die sinnlichen Vorstellungen betrifft, seien es unmittelbare Wahrnehmungen oder Nachbildungen derselben in der Phantasie, so sind sie offenbar passive Vorgänge, die ein äusseres oder doch ein von dem Sinne verschiedenes Object als active Ursache erfordern, wenigstens in der Weise, dass sie ohne dessen Mitwirkung nicht zu Stande kommen. Man sieht und hört nichts ohne Farbe und Klang, und die Vorstellung der letztern in der Einbildungskraft setzt voraus, dass sie vorher einmal in irgend einer Weise den äussern Sinnen erschienen sind. Dass auch die sinnlichen Strebungen oder Begierden dem Einfluss von aussen unterliegen, versteht sich hiernach von selbst. Denn sie sind von den Vorstellungen abhängig: nach dem Unbekannten gibt es keine Begierde.

Nicht so ganz einfach wie bei den Sinnen liegt die Sache bezüglich des Geistes. Wir haben hier keine geistigen oder unmittelbar intelligibeln Objecte aufzuweisen, die in gleicher Weise wie das Sinnenfällige auf den Sinn, so auf unsern Geist einwirken. Aber wir brauchen doch nur die Geistigkeit unserer Seele als feststehend vorauszusetzen, um einzusehen, dass es intelligible Objecte geben muss, die, in einer Weise wie immer, aber doch zuletzt als actuell Intelligibles, auf den Geist einwirken und so die Begriffe, Urtheile und Willensentschlüsse hervorrufen. Denn da die Vorstellungen im Geiste wechseln, so können sie nicht rein aus ihm selbst fliessen und mit seiner Natur gegeben sein. Sie könnten ja dann nicht erst entstehen, sondern müssten immer actuell im Geiste sein, ähnlich wie im Bereich des Körperlichen das Warme sich nicht warm macht, sondern durch sich warm ist. Wenn wir nun auch mit der alten Philosophie annehmen, dass die Begriffe in uns durch unsern eigenen Geist, als sogenannten thätigen Verstand, intellectus agens, erzeugt werden, indem er sie in lebendiger Verbindung mit den sinnlichen Vorstellungen der Aussendinge hervorbringt, so steht doch eben der thätige Verstand unter fremdem Einflusse. Er wirkt nicht immer, muss also durch ein anderes zum Wirken bestimmt werden. Auch wirkt er bald so, bald so, indem er in der Seele bald diesen, bald jenen Gedanken erzeugt, je nach Verschiedenheit der sinnlich wahrgenommenen Objecte, was wieder auf irgend welche Abhängigkeit hinweist. Mithin bestätigt sich auch hier der Satz: omne quod movetur, ab alio movetur. Derselbe rechtfertigt sich aber auch im Hinblick auf die Bewegungen in unserm Willen. Wenn unsere Willensentschlüsse wechseln, so kommt das daher, dass wir bald nach diesem, bald nach jenem wirklichen oder scheinbaren Gute verlangen und streben. Der Wille zeigt sich dabei abhängig und gezogen von einem Gut, das ausser ihm ist. Denn wenn er es in sich hätte, so brauchte er es nicht mehr zu erstreben.

Es leuchtet aber ein, dass das Gesagte auf jeden Geist, auch abgesehen vom menschlichen, seine Anwendung findet, wenn es in ihm einen Wechsel von Gedanken und Entschlüssen gibt: er bewegt sich dann nicht rein aus sich, sondern unter fremdem Einflusse. Dieser Einfluss müsste, da das Körperliche auf den Geist nicht einwirken, ihm keinerlei Vollkommenkeit mittheilen kann, von einer geistigen Substanz ausgehen, und im letzten Grunde von einer solchen geistigen Substanz, die ganz unbewegt ist.

Nachdem nun erst die Unbeweglichkeit des ersten Bewegers in ihr volles Licht getreten, ist es leicht, die Berechtigung jener Erklärung bei St. Thomas einzusehen, wonach alle Menschen unter diesem Wesen Gott verstehen. Da dasselbe bewegt, so ist es thätig und wirklich. Denn wie Thomas in dem Text des Beweises bemerkt hat, bewegt etwas, insofern es in Wirklichkeit, actu ist. Da es aber bewegt, ohne irgendwie bewegt zu werden, so gibt es in ihm keinen Uebergang zur Thätigkeit und Wirklichkeit: es ist beides schon von sich aus, durch sein Wesen, es ist lautere, ewige, unwandelbare That. Bei allem Endlichen gibt es einen Wechsel, sei es in der einen, sei es in der andern Weise, es bleibt sich in seiner Erscheinung oder Bethätigung nicht gleich, woraus hervorgeht, dass von dieser sein Wesen verschieden ist; denn, während jene wechselt, bleibt dieses. In dem ersten Beweger aber ist kein Wechsel, sondern die tiefste Ruhe. Dagegen geht alle Veränderung im Endlichen aus ihm wie aus ihrer lebendigen und unversiechlichen Quelle hervor.

Es genügt, einstweilen soviel zur Erhärtung der überweltlichen Natur des ersten Bewegers festgestellt zu haben. Eine weitere Ausführung bringen wir im folgenden Abschnitt. Ebenso werden wir noch weiter unten Gelegenheit finden, näher auf das Verhältniss zwischen Möglichkeit und Wirklichkeit in einer und derselben Substanz einzugehen und so einige Schwierigkeiten zu schlichten, die man gegen die lautere Wirklichkeit des ersten Bewegenden erheben könnte.

Zweites Hauptstück.

Der Beweis des Aristoteles aus der Bewegung.

Der bis jetzt erörterte Gottesbeweis aus der theologischen Summa ist zwar inhaltlich aus Aristoteles entnommen, aber seine Fassung rührt von dem englischen Lehrer her. Das Verdienst dieser Fassung liegt in der gediegenen Kürze, die die Hauptglieder der Schlussreihe so hervorhebt, dass alle untergeordneten Momente inhaltlich mitgegeben sind. In der summa contra gentiles dagegen ist es die ausgesprochene Absicht des Aquinaten, den ersten Gottesbeweis in der Weise vorzulegen, dass er objectiv berichtend die Wege beschreibt, auf denen Aristoteles zur Erkenntniss Gottes hinführt. „Nachdem gezeigt worden," so lässt er sich vernehmen, „dass es kein eitles Bemühen ist, das Dasein Gottes zu beweisen, wollen wir daran gehen, die Gründe vorzulegen, womit sowohl die Philosophen als die katholischen Lehrer das Dasein Gottes erhärtet haben, und zuerst wollen wir die Gründe vorlegen, mit denen Aristoteles es unternimmt, das Dasein Gottes zu beweisen. Derselbe sucht dies von Seiten der Bewegung auf einem zweifachen Wege darzuthun" [1]).

Es ist nun aber in Bezug auf die Wiedergabe dieses Beweises bei Thomas zu bemerken, dass sie die einzelnen Bestandtheile desselben nur einfach sachlich zusammenstellt, gruppirt und für die Herstellung des Gottesbeweises verknüpft. Bei Aristoteles dagegen erscheint das einzelne hier und da in einem andern nächsten Zusammenhang und nicht gerade unmittelbar unter dem Gesichtspunkte des Gottesbeweises. Auch hat St. Thomas einiges absichtlich übergangen, was uns jedoch für die Kenntniss des Aristoteles von Interesse ist. Wir werden darum, bevor wir die Wiedergabe bei St. Thomas in Betracht nehmen, einen Ueberblick des aristotelischen Beweises geben, der sich enger als jene an den Zusammenhang des Philosophen anschliessen soll.

Um aber wieder diesem Ueberblick die volle Verständlichkeit zu sichern, wird es gut, wo nicht geradezu nothwendig sein, einige allgemeine Voraussetzungen aus der Physik und Kosmologie des Aristoteles zu erklären, mit welchen sein Gottesbeweis auf's engste verflochten ist. Wie die Bewegung von dem Stagiriten zum Erweis des göttlichen Daseins verwandt wird, so ist sie gleichermaassen der Mittelpunkt, um welchen seine ganze Lehre von der Natur und vom Weltall sich dreht. Und da er bei der Zurückführung der Bewegung auf ihre höchsten und letzten Ursachen nicht minder das physikalische als das theologische Interesse verfolgt, so begreift man, wie die einzelnen Elemente, aus denen er die Gotteserkenntniss sammelt, gleichzeitig und sozusagen in einem Zusammenhang für die Physik und Kosmologie in Anspruch genommen werden [2]). Wir halten es darum für angezeigt, das

---

[1]) A. a. O. l. I, c. 13.

[2]) Man vergleiche die Erklärung im ersten Kapitel des achten Buches der Physik, mit welcher Aristoteles die Untersuchung über die Ewigkeit der Bewegung einleitet: „Es ist demnach hierüber zu untersuchen, wie es sich verhalte. Denn es ist nicht bloss für die Betrachtung der Natur

gegenwärtige Kapitel mit einem längern Exkurse über des Aristoteles Theorie von der Bewegung und seine Vorstellung vom Weltgebäude zu eröffnen.

Wir beginnen mit der Bemerkung, dass die Gesetze der Mechanik, wie sie die neuere Zeit kennt, unserm Philosophen unbekannt waren. Er weiss weder etwas von der Schwerkraft im Sinne der allgemeinen Massenanziehung, noch vom Beharrungsvermögen. Er unterscheidet die sublunarischen Körper in schwere und leichte. Schwer sind ihm die Körper, die sich von Natur aus nach unten bewegen wie die Erde und das Wasser[1]). Sie bewegen sich nämlich nach dem Mittelpunkt der Erde, weil dieser mit dem Mittelpunkt der Welt, wo das Schwere seinen natürlichen Ort hat, zusammenfällt[2]). Stellte einer die Erde an den Ort, wo jetzt der Aufenthalt des Mondes ist, so würden die erdigen Körper nicht dorthin gravitiren, sondern immer noch dahin, wo sie jetzt ist[3]). Entsprechend gelten ihm diejenigen Körper als leicht, die sich vermöge ihrer Natur nach oben bewegen, wie das Feuer und die Luft. Sie haben nämlich an der Region der Luft und des Feuers, die von allen Seiten die Erde umgibt, ihren eigenthümlichen Ort, und darum streben sie dorthin. Wird ein Körper gewaltsam bewegt, und dauert seine Bewegung auch dann noch fort, wenn der Contact zwischen Beweger und Bewegtem aufgehört hat, wie zum Beispiel bei einem geschleuderten Steine, so kommt dies daher, dass das Medium, durch welches die Bewegung geht, die Luft oder das Wasser, als Bewegendes auftritt, nachdem es durch den Erstbewegenden den Impuls dazu empfangen hat[4]). Es kann nämlich nichts bewegt werden, ohne dass gleichzeitig etwas bewegt[5]).

Ausser den vier Elementen, aus welchen die irdischen Körper gebildet sind, gibt es noch einen andern Stoff, aus welchem die Gestirne bestehen. Derselbe hat von den Frühern

förderlich, die Wahrheit einzusehen, sondern auch für jene Erörterung, welche das erste Prinzip betrifft." 251 a 5—8.

¹) de coel. IV, 1. — ²) ibid II, 14. — ³) ib. IV, 3. 310 b 3.

⁴) Phys. VIII, 10. 266 b 30. — ⁵) ib. 256 b 28.

nicht mit Unrecht den Namen Aether erhalten[1]). Er ist weder schwer noch leicht und bewegt sich darum weder nach unten noch nach oben, sondern ist auf die Kreisbewegung eingerichtet. Aristoteles nimmt nämlich an, dass sich sämmtliche Himmelskörper im Kreise um die Erde drehen, die selbst unbewegt sein soll.

Es ist das eine Anschauung, die er von seinen Vorgängern übernahm, und die bekanntlich im wesentlichen auch in der Folge bis in den Anfang der neuern Zeit die vorherrschende war, und es sei uns bei dieser Gelegenheit gestattet zu bemerken, dass diese Annahme der Vorzeit nicht ausschliesslich auf dem sinnlichen Scheine beruhte, sondern mit Vernunftgründen gestützt wurde. Aristoteles zieht die Möglichkeit, dass die Erde sich drehe und die Gestirne stille stehen, ausdrücklich in Betracht: „Da der Augenschein lehrt," sagt er, „dass sowohl die Gestirne als der ganze Himmel ihren Ort verändern, so muss dieser Wechsel entweder zu Stande kommen, indem beide ruhen, oder indem sie bewegt werden, oder indem das eine ruht und das andere bewegt wird. Dass denn nun beide ruhen, ist unmöglich, sobald wenigstens die Erde ruht; denn sonst ergäben sich die Phänomene nicht, die wir vor uns haben. Dass aber die Erde ruhe, sei vorausgesetzt"[2]). Die Voraussetzung, die er hier macht, sucht er dann einige Capitel weiter durch eine Reihe von Gründen, im ganzen vier, zu rechtfertigen[3]). Freilich leiden dieselben an dem Fehler, dass sie theils wieder auf einer Art Sinnestäuschung, theils auch auf doctrinären Voraussetzungen beruhen[4]).

[1]) de coel I, c. 2 et 3. — [2]) de coel. II, 8 init. — [3]) l. c. cap. 14.

[4]) Das an erster Stelle angedeutete Gebrechen haftet dem ersten und vierten Argumente an: ein erdhafter Körper in der Luft zeigt keine Neigung zur Kreisbewegung 296 a 31, und: ein senkrecht emporgeschleuderter Körper kommt an derselben Stelle wieder herab, b 23, also bewegt sich auch die Erde nicht im Kreise, weil die Bewegung des Ganzen der des Theils analog ist, a 30. Diese Begründung ist nicht rein doctrinär, wie Prantl in seiner Uebersetzung der Schrift vom Himmelsgebäude in der Anmerkung 58 meint. Vielmehr ist die Voraussetzung des Aristoteles grundsätzlich richtig. Nur versieht er es in der Anwendung. Denn, wenn diese Körper sich mit der Erde bewegen, so sieht man das eben nicht,

Wir müssen nun von einer andern astronomischen Vorstellung reden, die wir bei Aristoteles und den Alten antreffen, und die für unsern Gegenstand von Wichtigkeit ist. Das ist die Annahme, dass die Gestirne sich nicht selbständig durch

weil die Lage zu einander dieselbe bleibt. Aristoteles wird hier von dem Schein verführt, dass der Zustand der Erde nicht Bewegung, sondern Stillstand ist. Das dritte Argument geht von der Thatsache aus, dass die schweren Körper im Falle nach dem Mittelpunkt der Erde streben, und dass das Leichte, wie das Feuer, sich parallel in entgegengesetzter Richtung bewegt, b 18. Hieraus gehe hervor, dass die Erde sich im Mittelpunkt der Welt und demnach an ihrem natürlichen Orte befinde und also ruhe. Hier liegt freilich Doctrinarismus zu Grunde, nämlich die falsche Voraussetzung, dass das Schwere als Ganzes wie als Theil nach dem Mittelpunkte und das Leichte nach der Peripherie des Weltalls strebt, und dass es keine andere Bewegungsursache für die Körper geben könne als diese. Umstritten und schwierig ist der Sinn des zweiten, allein noch übrigen Argumentes. Wir setzen zuerst seinen Wortlaut her: „Es zeigt sich, dass die sämmtlichen Körper, welche im Kreise bewegt werden, mit Ausnahme der ersten Sphäre, zurückbleiben, ὑπολειπόμενα (Prantl übersetzt: auch wieder eine rückgängige Raumbewegung haben), und in mehr als einer Bewegung bewegt werden, und demnach müsste auch die Erde, ob sie sich nun um die Mitte oder in der Mitte liegend bewegt, in zwei Bewegungen bewegt werden. Wenn dieses aber stattfände, so müssten nothwendig Vorbeigänge und Wendungen *(παρόδους καὶ τροπάς)* der fest eingefügten Sterne (Fixsterne) entstehen; man sieht aber nichts dergleichen geschehen, sondern immer gehen die nämlichen Sterne an den nämlichen Orten der Erde auf und unter," 296a 34—b 6. Prantl meint Anmerkung 58 des zweiten Buches, dass hier der platonisch-aristotelische Standpunkt zu Grunde gelegt sei, nach welchem jedenfalls die Drehung der obersten Sphäre, d. h. des Fixsternhimmels nebst ihrem ganzen Einfluss auf die sämmtlichen übrigen Sphären, in voller Geltung bleibt. Allein diese Auslegung ist wohl sicher verfehlt. Denn einmal kann Aristoteles in der Untersuchung, ob die Erde oder Sterne und Himmel sich drehen, die Drehung des Himmels, auch die des Fixsternhimmels, nicht wohl voraussetzen, und sodann ist, wie wir gleich weiter im Text sagen werden, die Annahme von dem alles beherrschenden Umschwung der obersten Sphäre in der Fassung bei Prantl verkehrt. Diesen Irrthum theilt übrigens mit Prantl Zeller, der überhaupt die Erklärung des Aristoteles in unheilvoller Weise verwirrt hat, und dem zur Stunde auch noch viele katholische Schriftsteller wie einem zuverlässigen Führer folgen. (Vergl. Philosophie der Griechen, II. 2. 462. A. 1.) In Wahrheit bedarf auch die scheinbare Tagesumdrehung der Planetensphären bei Aristoteles einer besondern bewegenden Ursache. Wir möchten uns, freilich salvo meliori die Himmelsräume bewegen, sondern fest in bestimmte Sphären oder mit der Erde concentrische Hohlkugeln eingefügt sind und erst durch den Umschwung der letztern mit herumgeführt werden[1]). Diese Sphären sollen aus demselben Stoff wie die Gestirne bestehen. Ihre Existenz als unterschiedene Schichten im Aether, sowie ihre Bestimmung, die Gestirne am Himmel herumzuführen, ist eine consequente Forderung des geocentrischen Systems. Aristoteles beweist die Sphärendrehung an erster Stelle aus der Beobachtung, dass die Sterne nach der täglichen Umdrehung an demselben Orte sich wiederfinden[2]). Es haben also nach seiner Annahme alle ihren Kreis in einer Zeit vollendet. Nun beschreiben aber die einen einen grössern Kreis als die andern; ein Stern etwa in der Nähe des Himmelsäquators einen grössern, als einer in der Nähe

---

iudicio, für folgende Deutung der Stelle aussprechen. Zunächst wird nicht zu bezweifeln sein, dass unter der doppelten Bewegung, welche die Erde, wenn sie überhaupt bewegt wird, nach Aristoteles haben müsste, mit Thomas von Aquin im Commentar zu dieser Stelle lib. II. lect. 26, diejenige zu verstehen ist, die einmal dem täglichen scheinbaren Umschwung des ganzen Himmels von Osten nach Westen und sodann der Bewegung der Planeten in entgegengesetzter Richtung durch die Zeichen des Thierkreises als Ursache zu Grunde liegt. Warum nun wäre diese zusammengesetzte Bewegung nothwendig? Darum, weil sonst die Planeten nicht hinter der Bewegung der Fixsterne zurückblieben. Es wird nämlich angenommen, dass diese Erscheinung, die sogenannte Rechtläufigkeit der Planeten, dann so zu Stande käme, dass die Planeten stille stehen und die Erde allein sich bewegt. Und nun sagt Aristoteles: wenn die Erde eine solche combinirte Bewegung hätte, so müsste ein Gleiches wie an den Planeten an den Fixsternen hervortreten, auch sie müssten sich von Westen nach Osten zu bewegen scheinen. Dieses aber sei nicht der Fall. Der Fehler in der Beweisführung des Aristoteles würde also darin liegen, dass er nur zwei Möglichkeiten kennt: entweder bewegt sich die Erde, während der ganze Himmel ruht, oder umgekehrt. Die wirklich zutreffende Annahme, dass die Erde und die Planeten sich bewegen, während die Fixsterne stille stehen, hat er ausser Acht gelassen. Hiervon aber möchte der Grund sein, dass er Planeten und Fixsterne nur als zusammengehörige Einheit zu betrachten weiss: wenn die Fixsterne still stehen, dann auch die Planeten, die aus demselben Stoffe sind, — also wirklicher Doctrinarismus.

[1]) De coel. II, 8. — [2]) 289 b 10.

des Nordpols. Es wäre nun aber unter Voraussetzung individueller Bewegung der reine Zufall, dass diejenigen Sterne, die eine grössere Bahn beschreiben, geschwinder, und die mit kleinerer Bahn langsamer bewegt werden, und zwar genau so viel langsamer, als die zurückzulegende Strecke kleiner ist. Dagegen „ergibt sich nichts Grundloses, wenn der Stern in seiner Sphäre haftet und mit dieser herumbewegt wird. Denn es ist wohl begründet, dass die Geschwindigkeit des grössern Kreises eine grössere ist, wofern die Kreise um dasselbe Centrum gebunden sind“ [1]). Unter Annahme der Erdumdrehung entsteht natürlich gar keine Schwierigkeit, da die Wiederkehr der Sterne an den alten Ort nur auf der Bewegung der Erde beruht.

War nun das Sphärensystem der Mechanik des Himmels zu Grunde gelegt, so galt es, von ihm aus den Lauf der Gestirne, besonders die scheinbar so unregelmässige Bewegung der Planeten zu erklären. Aristoteles liefert gegen Ende der Metaphysik einen Versuch zur Lösung dieser Aufgabe [2]). Er nimmt eine grosse Zahl von Sphären an, die zwar alle concentrisch um die Welt- und Erdmitte liegen und sich bewegen, dabei aber zum Theil verschiedene Drehungsaxen haben [3]). Während die Fixsterne gemeinsam in der obersten Sphäre sind und mit derselben täglich in einfachem Umschwunge von Osten nach Westen geführt werden, ist die Drehung der sieben damals bekannten Planeten, zu denen auch Sonne und Mond gehören, das gemeinsame Resultat mehrerer Drehungen. Ausser der Sphäre nämlich, in welcher der betreffende Planet haftete, nahm Aristoteles noch mehrere dieselbe umschliessende Sphären

---

[1]) 289 b 32 ff.

[2]) Im achten Capitel des zwölften Buches.

[3]) Eine endgültige Bestimmung über die Zahl der Sphären will Aristoteles nicht treffen. Die Frage gehört, wie er erklärt, eigentlich in die Astronomie, jene Wissenschaft, die, weil sie die Substanz der Himmelskörper betrachtet, am meisten unter den mathematischen Disciplinen mit der Philosophie verwandt ist, 1073 b 3. Darum will er sich darauf beschränken, die Ansichten damaliger berühmter Astronomen wiederzugeben, ibid. lin. 11. Indessen versieht er ihr Gutachten mit bestimmten eigenen Modificationen, ibid. l. 38 seqq.

mit verschiedenen Drehungsaxen an. Eine derselben hatte die Aufgabe, den Stern in der Richtung des gesammten Himmels zu drehen [1]). Man wird also anzunehmen haben, dass nach Aristoteles die Fixsternsphäre nicht genügt, um alle Planeten in der täglichen Umdrehung herumzuführen [2]). Andere wurden angenommen, um den verschiedenen Erscheinungen des Stillstandes und der Rückläufigkeit der Planeten, ihrer wechselnden Geschwindigkeit und scheinbaren Grösse gerecht zu werden [3]). Indem nun die unterste Sphäre [4]) mit dem Planeten den Zug der obern Sphären gleichzeitig an sich erfährt, kommt die eigenthümliche Bewegung der einzelnen Planeten zu Stande.

Es fragt sich nun: woher kommt Aristoteles zufolge die Bewegung der Sphären? Wie haben wir uns ihre wirkende Ursache zu denken? Wir haben schon gehört, dass den himmlischen Körpern, den Sphären also und den Gestirnen, die Kreisbewegung natürlich ist, nicht anders als dem Schweren und Leichten die Bewegung nach unten und nach oben. Hieraus folgt aber im Sinne des Aristoteles nicht, dass sie sich selbst bewegen. Die Selbstbewegung, freilich nicht schlechthin verstanden — denn schlechthin bewegt nichts sich selbst —, sondern bloss beziehungsweise, ist das Merkmal des Lebendigen [5]). Es werden also die himmlischen Körper gleich den irdischen durch ein anderes bewegt. Aber es waltet hier zwischen beiden Arten von Körpern ein wichtiger Unterschied ob. Die irdischen Körper werden nach Aristoteles von dem sie erzeugenden Princip bewegt [6]). Es entstehen nämlich die Elemente und die aus ihnen gemischten Körper dadurch, dass der formlose Urstoff unter Einwirkung einer erzeugenden, d. h.

---

[1]) 1073 b 18 und 24. Die Worte: „Von welchen (Sphären) die erste die der Fixsterne sei," bedeuten richtig, wie Bullinger in seiner Erklärung der Metaphysik S. 220 bemerkt: von welchen die erste die mit den Fixsternen in gleicher Richtung sich drehende sei.

[2]) Vgl. Thom. v. A. im Comment. zur Metaphys. lib. XII, lect. VII.

[3]) „Nur so ist es möglich, dass die Bewegung der Planeten alle Erscheinungen hervorbringt 1074 a 4."

[4]) 1074 a 3: „Die Sphäre des unten angebrachten Sternes."

[5]) Phys. VIII, 4. 255 a ff. — [6]) ibid. 256 a 1.

wirkenden Ursache eine bestimmte Wesensform erhält, und insofern nun diese Form das active Princip der Bewegung der Naturkörper ausmacht, wird die letztere auf das erzeugende Princip zurückgeführt. Darum sagt Aristoteles, wo er das Erzeugende als das Bewegende angibt, nicht einfach, Schweres und Leichtes werde vom Erzeuger bewegt, sondern von dem, durch welches es als Leichtes und Schweres erzeugt oder hergestellt ist. Und ganz entsprechend sagt er anderswo: „Für die Bewegung nach oben und nach unten ist das Bewirkende das Schwermachende und Leichtmachende“ [1]). Es wird also hier die Bewegung doch gewissermaassen wieder ausschliesslich auf die Natur oder Wesensbeschaffenheit des Bewegten zurückgeführt, nur dass dieselbe als von anderswoher empfangen bezeichnet wird. Bei den Sphären aber nimmt Aristoteles als Urheber ihrer Bewegung besondere Individuen an, die durch fortgesetzte Kraftwirkung die fortgesetzte Drehung hervorbringen. Dieses sind die Intelligenzen oder Sphärengeister. Er nennt sie ewige und an und für sich unbewegte Substanzen [2]). Ihre Zahl bestimmt er nach der Zahl der Sphären [3]). Nur die oberste Sphäre, die der Fixsterne, lässt er durch die Gottheit bewegt sein. „Der Urgrund,“ so liest man bei ihm, „der Urgrund und das erste der Wesen ist sowohl an und für sich als in jeder Beziehung unbewegt, und von ihm wird die erste, ewige und einzige (einfache) Bewegung bewirkt“ [4]).

[1]) de coel. IV, 3. 310a 32. — [2]) Met. XII, 8. 1073a 33 f.

[3]) 1074a 15 f.

[4]) Wir haben anderwärts die Möglichkeit offen gelassen, dass auch die oberste Sphäre bei Aristoteles von einer endlichen Intelligenz bewegt wird. Dies scheint uns jetzt weniger richtig. Im 7. Capitel des 12. Buches der Metaphysik wird die Stelle, die mit den Worten beginnt: „ihm kommt ein seliges Leben zu“ 1072b 14, von Thomas von Aquin, wohl irrig, nicht auf die Gottheit, sondern auf die Seele des Himmels bezogen. Damit mag vielleicht die Vorstellung von einem endlichen Beweger der ersten Sphäre bei den ältern Erklärern zusammenhängen. Wir haben dieselbe früher im Anschluss an Suarez für haltbar erklärt. Für sie beweist auch die Idee von dem ersten sich selbst Bewegenden, die wir am Ende der Physik antreffen, nichts, wie wir weiter unten sehen werden.

Es stellt sich jetzt die Frage ein, wie die Annahme besonderer Sphärenbeweger vom Standpunkte des Aristoteles aus zu rechtfertigen sei, da ihm doch die Kreisbewegung der Himmelskörper eine naturgemässe ist, und es mithin scheinen könnte, dass sie folgerichtig von selbst ohne weitere Ursache vor sich gehen muss. So kommt ja auch die Bewegung des Schweren, des Wassers etwa, wenn es in der Luft und aus ihr erzeugt wird und als Regen niederfällt, von selbst zu Stande. Es ist eben die Bewegung des Schweren nach unten naturgemäss. — Die Antwort lässt sich nach dem, was wir früher von dem Widerspruch einer ziellosen Bewegung gesagt haben, leicht geben. Der rastlose Umschwung der Sphären hat kein Ziel, welches als eigene Vervollkommnung oder Entelechie der Himmelskörper gelten könnte, erscheint vielmehr im Dienste fremder Zwecke, und darum kann er nicht rein aus dem natürlichen Triebe der Sphären hervorgehen, sondern bedarf eines fortwährenden äussern Impulses. Wo die Bewegung ein Ziel hat wie bei den irdischen Körpern, da gilt das Ziel als der eigenthümliche und natürliche Ort des Bewegten, der Ort aber wieder gilt als die Form, die das Bewegte umkleidet und ihm seine naturgemässe Vollendung gibt. „Die Bewegung eines jeden in seinen eigenen Ort,“ sagt Aristoteles, „ist nichts anderes als die Bewegung in seine eigene Form“[1]). Bei der fortgesetzten Kreisbewegung aber wird jeder Punkt der Bahn, nachdem er erreicht worden, wieder verlassen, und so kann hier keinerlei eigene Vollendung die Triebfeder sein. Sie muss vielmehr auf ein höheres Princip zurückgeführt werden, welches sie zum Besten des Ganzen angeordnet hat[2]). Die Sphärendrehungen haben nämlich nach Aristoteles den Zweck, den irdischen Zeugungen zu dienen, indem die kreisenden Gestirne, selbst unvergänglich und unveränderlich[3]), den Wechsel von Entstehen und Vergehen im sublunarischen Bereiche hervorrufen[4]).

---

[1]) de coelo IV, 3. 310 a 33 ff. — [2]) Man vergleiche den Anfang des letzten Capitels der Metaphysik. — [3]) de coel. I, 3.

[4]) Metaphys. XII, 6. Ende. — Ein Einwand, den man gegen die innere Uebereinstimmung der aristotelischen Auffassung erheben könnte,

Wir haben nun noch einige weitere wichtige Bestimmungen der aristotelischen Natur- und Weltauffassung zu nennen und zu erörtern. Die Bewegung in der Welt ist ewig und ohne Ende und nothwendig. Dass es von jeher Bewegung gab und immer auch für alle Zukunft geben muss, beweist Aristoteles zu Anfang des achten Buches der Physik. Freilich führt er den Beweis unter zwei Voraussetzungen, von denen die erste nur in einem gewissen Sinne richtig, die zweite thatsächlich unrichtig ist. Er setzt nämlich erstens voraus, dass die Welt, wenn sie geworden sein soll, durch Bewegung wurde, das heisst durch Bildung aus vorhandenem Stoff, und zweitens, dass die Bewegung, wenn sie überhaupt je angefangen haben soll, auf dem Wege der Natur anfing.

Die erste Voraussetzung nun ist nur in dem Sinne richtig, wenn man das Wort Werden gleichbedeutend mit Entwickelung nach Art der Pflanzen oder der Thiere oder der chemischen Verbindungen nimmt, und Aristoteles gibt deutlich zu verstehen, dass er im vorliegenden Falle das Wort in dem bezeichneten engern Sinne anwendet. Er sagt nämlich gleich eingangs der Untersuchung über die Ewigkeit der Bewegung: „Alle, die von der Natur vom wirklich naturphilosophischen Standpunkt aus sprechen, stehen für die Existenz der Bewegung ein, indem sie die Welt entstehen lassen und ihre gesammte Betrachtung sich um das Entstehen und Vergehen dreht, das es unmöglich gibt, ohne dass Bewegung ist [1].“ Indem also hier für das Werden ein Stoff und eine Ent-

erweist sich als hinfällig. Wir kennen den ersten der vier Gründe, womit Aristoteles den Stillstand der Erde erhärten will: drehte sich die Erde, so müssten sich auch die erdhaften Körper in der Luft drehen. Hiernach könnte es scheinen, dass bei Aristoteles consequenter Weise die Himmelskörper sich von selbst drehen müssten, da ja auch der Stein aus der haltenden Hand von selbst niederfällt. Indessen löst sich die Schwierigkeit leicht, wenn man sich den Stein nicht einfach aus der Hand gelassen denkt, sondern gestossen oder geworfen, etwa auch geradezu in der Richtung der Erdperipherie geschleudert. Er zeigt dann keinerlei Neigung oder Trieb, die peripherische Richtung einzuschlagen oder zu behalten, sondern es tritt die Gravitation in Kraft.

[1]) Phys. VIII, 1. 250b 15 ff.

wickelung gefordert wird, handelt es sich nur um jenes Werden, das dem Bereich der Natur angehört. Ein anderes Werden, nicht aus vorhandenem Stoffe, wie es z. B. der vernünftigen Seele des Menschen nach Aristoteles zukommt, bleibt ausser Betracht.

Die zweite Voraussetzung ist derart, dass aus ihr allein ohne die erste die Ewigkeit der Bewegung folgt, wie wir gleich sehen werden. Es wäre nun immerhin möglich, dass Aristoteles wie die erste, so auch diese zweite Voraussetzung nicht für sicher wahr hält, sondern sie nur vom Standpunkte der frühern Naturphilosophen aus macht, um diese aus ihren eigenen Annahmen zu widerlegen. Hierfür würde auch der Umstand sprechen, dass Aristoteles nicht wohl in einer physikalischen Schrift etwas über die Nothwendigkeit des göttlichen Wirkens, welches die Urquelle der Bewegung ist, konnte entscheiden wollen. Denn es entspricht seinen Gewohnheiten nicht, die Disciplinen zu vermengen, vielmehr halten seine Untersuchungen strengstens, oft in auffallender Weise, die Grenzen der einzelnen Wissenschaften inne. Gegen diese Auffassung aber kann wieder geltend gemacht werden, dass Aristoteles hier die Ewigkeit der Bewegung, die doch nur aus ihrer Nothwendigkeit folgen würde, absolut zu behaupten scheint. Thomas v. Aquin wenigstens hält dafür, dass man ihn ohne Leichtfertigkeit nicht anders erklären könne [1]). Das gehe sowohl aus der Art des Beweisverfahrens als auch daraus hervor, dass hier und im 12. Buche der Metaphysik die ewige Bewegung zum Ausgang des Gottesbeweises genommen werde. So müsste denn auch die Nothwendigkeit des göttlichen Wirkens hier als Wahrheit vorausgesetzt sein. Nun ist freilich auf der andern Seite wieder die Frage von der Freiheit oder Nothwendigkeit in dem Willen und dem Wirken des aristotelischen Gottes ein umstrittener Punkt. Ebenso sind nach des Aquinaten eigenem wiederholten Anerkenntniss Stellen aus Aristoteles vorhanden, wo er die Weltewigkeit für ein Problem erklärt, und so könnte an und für sich noch immer

---

[1]) Commentar zu dieser Stelle, Buch 8 Lect. 2.

die Deutung verfochten werden, dass Aristoteles in unserer Stelle die Ewigkeit der Bewegung nicht als Wahrheit erhärten, sondern nur als logisch rechtmässiges Ergebniss vom Standpunkte der Früheren und vom Standpunkte der rein physikalischen Betrachtung aus erweisen will. Indessen scheinen doch die beiden Gründe, die Thomas anführt, ausschlaggebend zu sein. Aristoteles sagt ausdrücklich, dass die Frage von der ewigen Bewegung nicht bloss im Interesse der Naturbetrachtung, sondern auch im Interesse derjenigen Erörterung entschieden werden muss, die das erste Princip betrifft [1], und er legt die Definition der Bewegung zu Grunde, um darzuthun, dass es vor jeder angenommenen Bewegung ein Bewegliches geben muss, das dann wieder zugleich bewegend ist, woraus dann wieder folgt, dass die Bewegung ewig sein muss [2]. So will er denn das Ergebniss auch als seine eigene Lehrmeinung vertreten. Auch sagt er am Ende der ganzen Beweisführung: „Es ist also offenbar, dass es eine ewige Bewegung gibt, und sie nicht bald war, bald nicht war. Denn so zu sprechen gleicht auch weit mehr einer Fiction“ [3].

Doch wie lautet nun der Beweis, den er für die Ewigkeit und Nothwendigkeit der Bewegung führt? Damit eine einzelne Bewegung, so sagt er, zu Stande komme, müssen Dinge da sein, die bewegt werden können. Etwas muss vorher verbrennbar sein, ehe es verbrannt wird, wie etwas auch fähig sein muss, ein Verbrennen zu bewirken, ehe es brennen macht. Diese Dinge nun müssen entweder einmal geworden sein, nachdem sie nicht waren, oder sie müssen ewig sein. Sind sie geworden, so muss vor derjenigen Veränderung und Bewegung, die wir eben angenommen haben, eine andere stattgefunden haben, durch die das Bewegbare oder Bewegungskräftige hervorgebracht wurde. Von dieser frühern Bewegung nun gilt dasselbe wie von der erstgedachten: sie setzt ein Bewegbares und Bewegendes voraus, und wenn man nicht in's Unendliche zurückgehen soll, so muss man ein Bewegbares und Bewegendes

[1]) 251a 5 ff. — [2]) 251a 8–11. — [3]) 252a 3 ff.

annehmen, das immer war und nicht erst wurde. Nun kann man aber auch nicht annehmen, dass Bewegliches und Bewegungskräftiges immer waren, und es doch nicht allezeit Bewegung gab. Denn es leuchtet ohne weiteres ein, dass, wo Bewegliches und Bewegungskräftiges sich gegenüberstehen, eine wirkliche Bewegung erfolgen muss, da die Dinge immer so viel wirken, als sie können. Wenn daher jetzt eine Bewegung zu Stande kommt, die bis dahin nicht war, so kann dies nur daran liegen, dass die Dinge bis jetzt noch nicht in die Beziehung gebracht waren, um in den thatsächlichen Verkehr des Wirkens und Leidens zu treten. Tritt also diese Beziehung jetzt ein, so muss davon wieder eine Veränderung die Ursache sein, so dass wir vor der ersten Veränderung eine andere hätten[1]).

Man kann sich dem gegenüber nicht darauf berufen, dass oft eine und dieselbe Ursache entgegengesetzte Wirkungen hervorbringt, so dass etwa auch in der Natur ein Bewegendes ohne weiteres bald Grund der Bewegung, bald der Ruhe sein könnte. Jene Erscheinung gehört von Hause aus dem Gebiet des Wissens an. Denn die Wissenschaft der Gegensätze ist eine. Aber wenn z. B. der Arzt seine Wissenschaft missbraucht, um statt Kranke gesund, Gesunde krank zu machen, so gibt er seinem Können mit Absicht die verkehrte Richtung, so dass es also an einem bestimmten Grunde des entgegengesetzten Erfolges nicht fehlt. Ebenso mag auch in der Natur das Warme kalt machen, aber doch nur dann, wenn es sich entfernt, statt sich zu nähern. Thut es das letztere, so macht es warm. Es bleibt also dabei, dass, wenn die Dinge sich in dem bestimmten Verhältniss befinden, wo die Bewegung wirklich erfolgen kann, sie auch erfolgt, und dass demnach, wenn sie erst jetzt erfolgt, vorher durch eine andere Bewegung das Verhältniss hergestellt werden musste. Jede Bewegung also, die man als erste denkt, muss eine andere vor sich gehabt haben, und so muss denn die Bewegung anfangslos und ewig sein[2]).

---

[1]) Phys. VIII, 1. 251 a 9–28. — [2]) A. a. O. 251 a 28–b 10.

Das wäre somit der Beweis für die Ewigkeit der Bewegung. Aristoteles aber fügt noch eine zweite Begründung, ebenfalls anknüpfend an früher entwickelte Begriffsbestimmungen hinzu, die wir nicht übergehen wollen. Sie beginnt mit der Frage: „Wie kann es ein Früher oder Später geben ohne Zeit, oder Zeit ohne Bewegung?“ [1]) Aristoteles will sagen: da die Bewegung nach früherer Darlegung als successiver Vorgang auf dem Früher und Später beruht, so sind Bewegung und Zeit unzertrennliche Begriffe [2]). Sodann lässt er die Thesis in Form eines Bedingungssatzes folgen: „wenn demnach die Zeit (nach früherer Bestimmung) die Zahl der Bewegung oder selbst irgend eine Bewegung ist, so muss, wenn anders immer Zeit ist, nothwendig auch eine ewige Bewegung sein“ [3]). Dann führt er den Beweis, dass die Bedingung zutrifft, das heisst, dass die Zeit ewig ist. Abgesehen davon, dass alle Philosophen, mit Ausnahme Plato's, die Zeit für anfangslos erklären, folgt es aus der Natur der Sache. Die Grenze jeder Zeit ist der Zeitmoment. Jeder solche Moment aber ist gleichzeitig Ende der vorausgegangenen und Anfang der folgenden Zeit, so dass vor jeder angenommenen Zeit eine frühere liegt. Sie ist also immer [4]).

Somit wäre denn auch die Bewegung ewig, da ja die Zeit nichts anderes als eine Bestimmung der Bewegung ist [5]).

Man sieht wohl ohne Mühe, dass dieser zweite Beweis auf blossen Voraussetzungen beruht, gleich dem ersten. Es wird hier die ideale oder mögliche Zeit mit der wirklichen gleichgesetzt oder, was auf dasselbe herauskommt, stillschwei-

---

[1]) 251 b 10 ff.

[2]) Thomas v. A. irrt hier wohl in der Auslegung, indem er im Commentar 8, 2 erklärt, insofern müsse es vor oder nach jeder Zeit ein Früher oder Später geben, als man sagen muss: hatte die Zeit einen Anfang, so war vor ihr keine Zeit. Das „Vor“ aber enthält ein „Früher“. Aber wenn die Frage des Aristoteles: wie kann es ein Früher oder Später geben ohne Zeit, das ausdrücken soll, so wollte ja hiermit schon ohne weiteres bewiesen sein, dass die Zeit ewig ist, und es brauchte der Beweis nicht erst nachgehends erbracht zu werden, wie bei Aristoteles geschieht.

[3]) Zeile 12 f. — [4]) 251 b 14—26. — [5]) Zeile 26 ff.

gend angenommen, es lasse sich nicht denken, dass jemals keine Zeit sein oder gewesen sein solle.

Welches Gewicht indessen unser Philosoph auf die Ewigkeit der Bewegung legt, gibt sich noch nachträglich dadurch kund, dass er auf den Nachweis dieser Ewigkeit ein eigenes Capitel zur Widerlegung der entgegenstehenden Bedenken folgen lässt. Es ist nicht überflüssig, dieselben sammt den Lösungen kurz herzusetzen. Besonders der dritte Einwurf mit seiner Erledigung ist lehrreich, weil er auf die Entstehung jener Bewegung, die den lebendigen Wesen eigenthümlich ist, Licht wirft.

Es bestehen, so ungefähr führt Aristoteles aus, folgende Schwierigkeiten gegen die eben vorgetragene Lehre, wonach die Bewegung unmöglich je entstehen konnte, nachdem sie einmal nicht war. Erstens gibt es keine ewig dauernde Veränderung, weil jede Veränderung von einem bestimmten Punkte ausgeht und einem bestimmten Punkte zustrebt: eine Bewegung dagegen ohne Ziel und Ende gibt es nicht. Zweitens. Es können die todten Dinge, wie ein Stein, in Bewegung kommen, nachdem sie vorher sowohl als Ganzes wie ihren einzelnen Theilen nach geruht haben. Warum also sollte dies nicht auch bei dem Weltall möglich sein? Drittens und letztens. Viel augenfälliger noch findet sich der unvermittelte Uebergang von der Ruhe zur Bewegung bei den lebendigen Wesen. Mitunter, wenn vorher keine Bewegung in uns war, sondern wir uns ruhig verhielten, fangen wir an uns zu bewegen, und es entsteht in uns aus uns selbst ein Anfang der Bewegung, ohne dass etwas von aussen bewegt. Bei der so eben angeführten zweiten Schwierigkeit ist es nämlich in dieser Beziehung anders. Denn da lässt sich immer ein äusseres Agens nachweisen, das die neu auftretende Bewegung bewirkt.

Indessen ist die Lösung dieser Schwierigkeiten nicht so schwer. Die erste Schwierigkeit hebt sich durch eine Unterscheidung. Die Bewegung von einem Terminus zum andern, entgegengesetzten, ist freilich begrenzt, und wenn die Bewegung immer neu wiederholt wird, wie z. B. wenn die Saite einer Harfe immer von neuem angeschlagen wird, so mag es ja fraglich sein, ob es dieselbe Bewegung ist, die fortdauert, oder ob es immer eine neue Bewegung ist, sicher gibt es aber eine locale Bewegung, die von Terminus zu Terminus geht und doch wiederholt werden kann, ohne dass ihre Einheit und Stetigkeit verloren geht. Das ist nämlich die Kreisbewegung der himmlischen Sphären.

Was die zweite Schwierigkeit angeht, so haben wir schon gehört, dass die beginnende Bewegung von aussen kommt. Das von aussen Bewegende aber muss freilich auch bewegt sein, weil sonst nicht abzusehen ist, warum es jetzt erst bewegt, nachdem es dies bis dahin nicht gethan hat.

Grösser ist die Schwierigkeit, die der dritte Einwurf bereitet, indessen löst sie sich durch den Hinblick auf den Einfluss der äussern Objecte. Ein Thier z. B., das anfängt sich zu bewegen, nachdem es vorher geruht hat, thut dies etwa, weil die Kälte oder der Anblick des Futters einen Eindruck auf das Gefühl oder das Gesicht macht und hierdurch wieder Vorstellungen oder Strebungen entstehen, die das Thier bestimmen, sich in Bewegung zu setzen. So sehen wir z. B. auch, dass das Thier aus der vollkommensten Ruhe, derjenigen des Schlafes, wieder erwacht, nicht in Folge sinnlicher, sondern bloss vegetativer Bewegung. Während der Verdauung nämlich schläft es; ist aber die Nahrung durch die Verdauung aufgelöst, so erwacht es und bewegt sich [1]).

So bestätigt es sich denn, wenn wir unserm Philosophen glauben wollen, immer mehr, dass keine Bewegung neu auftritt, ohne dass ihr eine andere als active Ursache vorhergeht, und dass somit die Bewegung überhaupt keinen Anfang gehabt haben kann, sondern von Ewigkeit her sein muss.

Es ist aber nicht bloss die Bewegung im allgemeinen ewig, sondern es muss auch eine bestimmte Bewegung oder auch ihrer mehrere geben, welche ewig sind. Denn wenn die Bewegung immer sein soll, so muss sie eine stetige, ununterbrochene sein. Sie kann das aber nicht sein, wenn bloss

---

[1]) 2. Capitel im 8. Buche der Physik. Vergleiche zu dem zuletzt Gesagten Cap. 6, 259b 9—14.

die eine Bewegung auf die andere folgt. Ist sie aber stetig oder continuirlich, so ist sie auch eine[1]). Dasselbe lässt sich auch so zeigen. Die Zeit muss immer sein, wie bewiesen wurde. Sie ist aber stetig, und demnach auch die Bewegung, weil die Zeit entweder die Bewegung selbst ist oder eine Bestimmung an ihr[2]).

Hieraus lässt sich wieder schliessen, welcher Art die ewige Bewegung sein muss. Sie muss eine Kreisbewegung sein. Denn unter den Veränderungen kann, wie sich nachweisen lässt, nur die örtliche stetig sein, und von den örtlichen Bewegungen wieder kann nur die Kreisbewegung ohne Ende fortgesetzt werden, ohne ihre Einheit einzubüssen[3]).

So müssen wir denn als die erste Bewegung, von der jede andere abhängt, die Bewegung des Himmels, der Sphären und Gestirne, und besonders die des ersten Himmels oder des Fixsternhimmels ansehen, welche die allereinfachste, schnellste und gleichmässigste Drehung und das Maass aller Bewegung und aller Zeit ist[4]).

Dieses sind also die physikalischen und kosmologischen Voraussetzungen bei Aristoteles, mit denen man bekannt sein muss, wenn man seinen Beweis für das Dasein des Göttlichen als höchster bewegender Ursache verstehen will.

Dieser Beweis nun wird sowohl gegen Ende der Bücher der Physik als derjenigen der Metaphysik entwickelt, aber mit dem Unterschiede, dass Aristoteles sich dort damit bescheidet, auf das Dasein eines unbewegten Bewegers zu führen, welcher entweder den obersten Himmel, den er bewegt, beseelt und demnach mit demselben eine natürliche Einheit bildet, oder ganz von der Materie getrennt ist. Hier dagegen, in der Metaphysik, beweist er, dass das letzte und höchste Bewegende kein Theil eines sich selbst Bewegenden ist, sondern durchaus getrennt für sich besteht. Dass unter jenem ersten Bewegenden der Physik nach Aristoteles die Gottheit gedacht

[1]) Phys. VIII, 6. 259a 15—18. — [2]) Metaphys. XII, 6. 1071b 7—10.
[3]) A. a. O. Zeile 10 f. — [4]) Vgl. Physik IV, 14. 223b 18—21; ebenda VIII, 9, 265b 8—16 und de coel. II, 6. Anfang.

werden soll, ist ohne Bedenken anzunehmen. Denn erstens legt er diesem Wesen eine unendliche Kraft bei, damit es die ewige Bewegung bewirken könne [1]; sodann hatte er im 1. Capitel des 8. Buches gesagt, es solle durch die Erörterung der Ewigkeit der Bewegung auch die Wahrheit bezüglich des ersten Princips an's Licht treten [2]. Endlich scheint er im 5. Capitel sein erstes unbewegtes Bewegendes geradezu dem göttlichen Nous des Anaxagoras gleichzusetzen [3]. Hiermit stimmt auch die Auffassung von St. Thomas überein, der seinen klassischen Commentar zur Physik mit den Worten beschliesst: „Et sic terminat Philosophus considerationem communem de rebus naturalibus in primo principio totius naturae, qui est super omnia Deus benedictus in saecula. Amen. (Rom. IX, 5)".

Fragen wir nach dem Grunde, aus dem wohl Aristoteles die Gottheit am Ende der Physik unter jenen unfertigen und schwankenden Begriff bringt, so möchte zu antworten sein, dass er in der Physik den Gottesbeweis nur so weit verfolgen wollte, als es durch die Betrachtung der sinnlichen Welt geschehen konnte, dagegen die Vollendung des Beweises der Metaphysik überliess, welche von dem Immateriellen handelt. Oder um es noch zutreffender zu sagen, derjenige Begriff, der erst die Gottheit ihrer Eigenthümlichkeit nach kennzeichnet und unterscheidet, der Begriff der lautern Wirklichkeit, der wesenhaften Thätigkeit gehört nicht der Physik, sondern der Metaphysik als der Wissenschaft des Seienden und seiner Bestimmungen an. Aus diesem Begriffe aber ergibt sich erst die Erhabenheit des Urwesens über den Stoff und seine Abgeschiedenheit von ihm, wie wir noch sehen werden.

Wenn wir uns nun den Nachweis eines unbewegten Bewegers, wie die Physik ihn liefert, im Ueberblick vorführen wollen, so könnte dazu schon allein der Inhalt des achten Buches genügen, wo auch im ersten Capitel, wie wir hörten, ausdrücklich gesagt wird, dass die Untersuchung auch bezüg-

---

[1] Phys. VIII, 10. 266a 22 f. — [2] A. a. O. 251a 5 ff. — [3] A. a. O. 256 b 24 ff.

lich des ersten Princips von Bedeutung sei. Auch gibt Aristoteles in demselben Capitel zu verstehen, dass jetzt erst die theoretische Betrachtung der Bewegung in die praktische mit Anwendung auf die Wirklichkeit übergehen solle. Denn er betont einleitend zu allererst, dass an dem wirklichen Dasein der Bewegung nicht gezweifelt werden könne, womit er eben andeuten will, dass nun bestimmte Wesen als Träger und Urheber der Bewegung in Betracht kommen sollen, während bis dahin von der Bewegung in abstracto gehandelt wurde [1]). Indessen müssen wir doch auch das siebente Buch in Betracht nehmen, weil auch in diesem ein eigener Nachweis eines ersten Bewegers geführt wird, in der Art, dass die beiden fundamentalen Sätze eine eigene Begründung erhalten: alles Bewegte wird durch ein anderes bewegt, und, in der Reihe der bewegten Dinge kann man nicht in's Unendliche fortschreiten. Nur abstrahirt hier die Behandlung, wie schon gesagt, von der Wirklichkeit, indem zwar im allgemeinen eine erste Bewegung und ein erstes Bewegendes nachgewiesen werden soll, dagegen von der Beschaffenheit beider und, wenigstens nach einer Textesrecension, auch von den Eigenschaften der bewegten Dinge überhaupt abgesehen wird.

Die Erörterung im siebenten Buche ist in den Grundzügen die folgende. An der Spitze steht der Satz: alles Bewegte muss nothwendig durch etwas bewegt werden. Man bemerke, dass es heisst, durch etwas, nicht, durch ein anderes, das heisst, wie das Folgende nahelegt, entweder von einem innern oder von einem äussern Beweger, welches letztere von einem andern bewegt werden heisst, obschon auch die Bewegung durch einen Theil des Bewegten selbst gewissermaassen als Bewegung durch ein anderes zu gelten hat, insofern Bewegtes und Bewegendes nicht in jeder Beziehung eins sind. Die Begründung des Satzes aber ist diese: Wenn das Bewegte das Princip der Bewegung nicht in sich selbst hat, so ist es offenbar, dass es von einem andern bewegt wird; denn dann wird das Bewegende ein von ihm dem Subjecte nach Ver-

[1]) Vgl. den Commentar von St. Thom. zu dieser Stelle.

schiedenes sein. Hat aber das Bewegte jenes Princip in sich, so würde es nur dann in Wahrheit sich selbst bewegen, wenn es als Ganzes sich selbst bewegte, und nicht so, dass ein Theil von ihm den andern bewegt. In letzterm Falle läge zwar das Bewegende und das Bewegte nicht auseinander, aber jedes wäre doch in gewissem Sinne ein anderes. Nun ist es aber nicht möglich, dass etwas als Ganzes sich selbst bewegt. Denn die Bewegung des Ganzen hängt von der Bewegung der Theile ab. Das Ganze hört ja auf, sich zu bewegen, wenn ein Theil still steht. Und wenn demnach auf die Ruhe des Theiles die Ruhe des Ganzen folgt, so muss ein gleiches von der Bewegung gelten. Hängt aber die Bewegung des Ganzen von den Theilen ab, so muss man zugestehen, dass das Ganze durch etwas bewegt wird [1]).

Somit wäre diese Prämisse erledigt, und es folgt sofort die Begründung der andern: das Bewegte kann nicht endlos immer durch ein anderes bewegt werden. Es müssten dann nämlich alle bewegenden Factoren auch bewegt werden und zwar in derselben Zeit, in der sie bewegen. Denn das erste wird vom zweiten dadurch bewegt, dass dieses selber vom dritten bewegt wird, usw. Da nun das erste, d. h. uns nächstliegende Bewegte in begrenzter Zeit bewegt wird, so müssten die Bewegungen aller andern Glieder der Reihe in derselben begrenzten Zeit vor sich gehen. Das ist aber unmöglich; denn da jener Glieder nach der Voraussetzung unendlich viele sind, so handelte es sich um eine unendliche Bewegung, eine solche kann aber nicht in begrenzter Zeit stattfinden [2]).

Dieses ganze Beweisverfahren findet sich bei Aristoteles in den Raum von nicht ganz einem Capitel zusammengedrängt. Noch in demselben Capitel aber macht er sich gegen den Beweis der zweiten Prämisse einen Einwurf, dessen Lösung durch die ganzen zwei folgenden Capitel geht. Es ist nämlich nur dann eine Bewegung von unendlich vielen Dingen

---

[1]) Anfang des 1. Cap. im 7. Buche der Physik bis 242 a 15.

[2]) 242 a 15—b 19.

in endlicher Zeit unmöglich, wenn dieselben zusammen wie ein Bewegtes sind; sind sie dagegen wie viele Dinge, die einfach zu gleicher Zeit bewegt werden, so ist es nicht unmöglich, dass die Bewegung derselben in endlicher Zeit verläuft. Zum Zwecke des Nachweises also, dass in unserm Falle die sämmtlichen Glieder in der Reihe der bewegten Dinge wie ein Körper sein würden, wird im 2. und 3. Capitel ein sehr eingehender Inductionsbeweis dafür erbracht, dass allezeit und bei allen Arten der Bewegung das Bewegte und das Bewegende örtlich zusammen sein müssen, indem sie entweder in stetigem Zusammenhang stehen wie die Theile der Luft oder des Wassers, oder sich berühren wie Wasser und Luft. Die noch folgenden zwei Capitel in diesem 7. Buche haben mit dem vorausgehenden nur einen losen Zusammenhang, indem sie von der Commensurabilität der Bewegung handeln, und können hier füglich ausser Betracht bleiben, und so ist bereits alles Wesentliche angegeben, was im vorliegenden Buche bezüglich des Daseins eines ersten Bewegenden erörtert wird. Wie weit aber diese Erörterung uns zutreffend scheine, darüber werden wir uns weiter unten aussprechen. Jetzt geben wir die Uebersicht über das achte Buch.

Wir wissen bereits von früher her, dass die beiden ersten Capitel dieses Buches dem Nachweis der Ewigkeit der Bewegung gewidmet sind, und so für Aristoteles eine Grundlage für den nachfolgenden Beweis der Existenz eines ersten Bewegers herstellen. (Man vergleiche den ersten Abschnitt des gegenwärtigen Capitels.) Mit dem dritten Capitel beginnt die Untersuchung der Frage, wie sich die Ruhe und die Bewegung in den Dingen vertheilt. Von dieser Frage hängt die Hauptfrage wesentlich ab. Die letztere ist entschieden, sobald feststeht, dass es einerseits solche Dinge gibt, die ewig bewegt werden, anderseits solche Wesen oder ein solches, welches ewig bewegt, ohne je bewegt zu werden [1]. Es wird nun zuerst gezeigt, dass es solche Dinge gibt, die weder ewig ruhen, noch ewig bewegt werden, vielmehr zuweilen von der Ruhe

---

[1]) 253a 30 ff.

zur Bewegung übergehen oder umgekehrt [1]). Indessen sind nicht alle Dinge dieser Art. Vielmehr existiren neben ihnen einige, die ewig ruhen, und einige, die ewig bewegt werden, und dieses sollen die folgenden Capitel darthun [2]).

Die an den Dingen erscheinende Bewegung führt nämlich wieder auf andere Dinge zurück, die ihnen dieselbe mittheilen. Die Induction ergibt, dass alles Bewegte durch etwas bewegt wird. Sehen wir von den Dingen ab, die nur mitfolgender Weise bewegt werden, auf Grund nämlich der Bewegung eines andern, so ist es unter den an und für sich bewegten Dingen bei den naturwidrig bewegten am augenscheinlichsten, dass sie durch ein anderes bewegt werden [3]).

Augenscheinlich ist dieses auch bei den lebenden Wesen. Nur ist hier das Verhältniss des bewegenden Theils zum bewegten, der Seele zum Leibe, unklar. Man weiss nicht, wie man sie auseinander halten soll [4]). Grösserer Schwierigkeit unterliegt die Sache bezüglich der naturgemässen Bewegung der leblosen elementaren Körper, des Schweren und Leichten [5]). Insofern die genannte Bewegung naturgemäss ist, liegt ihr Grund laut der Definition des Naturgemässen in dem Schweren und Leichten selbst. Doch ist hier nicht der active, sondern der passive Grund der Bewegung zu verstehen: jene Körper sind von Natur aus darauf eingerichtet, nach oben und nach unten bewegt zu werden [6]). Um aber die activ bewegende Ursache zu finden, hat man zwischen Ursache und Ursache zu unterscheiden [7]). In gewissem Sinne kann das Bewegende in der Natur des Schweren und Leichten gefunden werden, aber das ist nur die unmittelbare und nächste Ursache, die letzte liegt in dem erzeugenden Princip, durch welches das Schwere erst die Schwere und das Leichte die Leichtigkeit erhält. Das Wasser z. B. ist zwar auch in gewissem Sinne leicht, nämlich der Möglichkeit, der Potenz nach, insofern es in Luft verwandelt werden kann, die von Natur aus wirklich leicht ist. Wirkliche Luft aber wird es erst durch das zeu-

[1]) 3. Cap. bis 254a 15. — [2]) Vergl. die letzten Zeilen des Cap. Vergl. auch 254a 15 f. — [3]) 4. Cap. 254b 24 ff. — [4]) Ebenda Zeile 27—33. — [5]) Z. 33 ff. — [6]) 255b 30 f. — [7]) 255a 18 bis 20.

gende Princip [1]). Dieses muss demnach als die eigentliche Wirkursache der Bewegung des Schweren und Leichten angesehen werden. Nebendem aber kann man in gewissem Sinne auch noch dasjenige als Ursache bezeichnen, wodurch ein etwa vorhandenes Hinderniss der Bewegung hinweggeräumt wird, wie wenn einer die stützende Säule unter dem Gewölbe wegzieht oder von einem luftgefüllten Schlauche unter dem Wasser den Stein losmacht. Eine solche Ursache bewegt per accidens, d. h. zufälliger oder mitfolgender Weise [2]).

So ergibt sich denn ausnahmslos, dass alles Bewegte durch etwas bewegt wird [3]).

So weit reicht das vierte Capitel. Das fünfte, sehr bedeutsame Capitel enthält den Nachweis, dass man nicht ohne Aufhören immerfort andere bewegende Ursachen annehmen kann, vielmehr an ein Letztes kommen muss. Es zerfällt in zwei Haupttheile. Im ersten wird gezeigt, dass es ein erstes und höchstes Bewegendes gibt, welches entweder gar nicht oder nur durch sich selbst bewegt wird [4]); im zweiten, dass das erste Bewegende, wenn es sich selbst bewegt, nothwendig aus zwei Theilen besteht, deren einer bewegt ist, während der andere gänzlich unbewegt ist. Der erste Theil gliedert sich wieder in zwei Unterabtheilungen. Die erste ist uns bereits aus dem ersten Hauptstück der vorliegenden Schrift bekannt, aus dem Abschnitt über die Unmöglichkeit eines Fortschreitens in's Unendliche. Sie enthält jene Betrachtung, in welcher unser Autor die Reihe der bewegenden Dinge aufwärts und abwärts verfolgt, um darzuthun, wie dieselben unmöglich alle in fremder Kraft und gleichsam bloss als Werkzeuge bewegen können, wie es vielmehr ein unabhängig und unmittelbar Bewegendes geben muss, welches entweder gar nicht oder bloss von sich selbst bewegt wird [5]).

Dasselbe Ergebniss wird mit einem seltenen Aufgebote von Dialektik in der zweiten Unterabtheilung angestrebt. Es wird daselbst der Satz begründet, dass nicht alles Bewegende

---

[1]) 255 b 8—10. — [2]) Ebenda Z. 24 ff. — [3]) Schluss des 4. Capitels. [4]) Bis 257 a 27. — [5]) Bis 256 b 3.

auch bewegt wird, oder, wie Aristoteles auch sagt, dass nicht alles Bewegte durch Bewegtes bewegt wird [1]). Aristoteles will hieraus nicht, wie er an und für sich könnte, direct folgern, dass es ein unbewegtes Bewegendes gibt, sondern nur, dass es ein Erstes gibt, welches entweder gar nicht bewegt wird oder nur durch sich selbst, oder, wie es bei unserm Autor im vorliegenden Zusammenhang wörtlich heisst: „Das Bewegte wird (wenn man die bewegende Ursache verfolgt) entweder gleich von vorneherein von dem sich selbst Bewegenden bewegt, oder die Sache geht einmal auf ein Derartiges zurück" [2]).

Die Begründung ist nun folgende. Der Satz, dass alles Bewegte durch Bewegtes bewegt wird, müsste entweder bloss thatsächlich oder mit innerer Nothwendigkeit richtig sein, und da keines von beiden zutrifft, so muss er falsch sein, und das contradictorische Gegentheil von ihm muss wahr sein.

Dass nicht etwa bloss zufällig alle Bewegung von Bewegtem ausgehen würde, wenn sie überhaupt nur von ihm ausginge, folgt daraus, dass dann möglicher Weise, soweit es auf das Verhältniss der Begriffe ankäme, alle Bewegung von Nichtbewegtem herrühren könnte. Wenn das Bewegende aber nicht thatsächlich bewegt wird, so bewegt es auch nicht. Denn nach der gegnerischen Meinung wird alles Bewegende bewegt und gibt es keine active Bewegung ausser von einem passiv Bewegten. So würde es also möglich sein, dass irgend einmal gar keine Bewegung wäre. Dieses aber streitet mit der Ansicht des Aristoteles, nach welcher, wie wir wissen, die Bewegung nothwendig immer ist [3]). Man vergleiche unsere obige Auseinandersetzung über die diesbezüglichen Gedanken des Aristoteles.

Aber auch das andere Glied des Dilemma's ist unzulässig; es ist nicht innerlich, nicht kraft der Beziehung der Begriffe nothwendig, dass alles Bewegende bewegt wird, oder, was dasselbe ist, dass es insofern bewegt wird, als es bewegt. Denn es müsste dann entweder in derselben Gattung der Bewegung bewegt werden, nach welcher es bewegt, oder in einer andern [4]).

[1]) 256 b 4 f. — [2]) 256 b 1—3. — [3]) 256 b 3 bis 13. — [4]) Z. 27—31.

Das ist aber beides unmöglich. Würde das Bewegende immer in einer andern Gattung bewegt, so müsste die Sache doch zuletzt, da die Arten der Bewegung nicht unendlich an Zahl sind, dahin kommen, dass ein Bewegendes in derselben Gattung bewegt wird wie das nächstliegende Bewegte, von dem wir ausgegangen sind, und so kämen wir denn auf die eine Folge hinaus, dass das Bewegende in der Art bewegt werden müsste, wie es bewegt, das Geschleuderte z. B. müsste geschleudert, das Unterweisende unterwiesen werden, was offenbar widersinnig ist; denn der Unterwiesene muss das Wissen nothwendig nicht besitzen, der Unterweisende aber wohl[1]).

So ergibt sich denn als Ertrag dieses ganzen indirecten Beweisverfahrens, dass nicht alles Bewegte von immer wieder selbst Bewegtem bewegt wird, weder mit Nothwendigkeit noch bloss thatsächlich, sondern einmal wird es Halt machen, und man wird an ein erstes Bewegtes kommen[2]).

In dem zweiten Haupttheil des Capitels wird, wie gesagt, gezeigt, dass das erste Bewegte, falls es durch sich selbst bewegt wird, in zwei Theile, einen bewegenden und einen bewegten, zerfällt. Aristoteles führt diesen Abschnitt mit der Bemerkung ein, es liege für jedermanns Urtheil viel näher, ein sich selbst Bewegendes, denn ein durch ein anderes Bewegtes als Ursache und Grund der Bewegung aufzustellen. Denn was an sich Ursache sei, sei immer früher als das, was erst durch die Beziehung auf ein anderes Ursache sei[3]). Darum sei nunmehr zu untersuchen, in welcher Weise der Vorgang der Selbstbewegung stattfinden könne[4]). Wir wissen schon, dass diese Sätze nicht die wahre Meinung des Aristoteles wiedergeben, sie sind bloss dialektisch vorgebracht. Nach Aristoteles wird das erste Bewegte durch ein anderes bewegt, und das erste Bewegende ruht, und jener Grund wegen der Priorität des an und für sich Verursachenden erledigt

---

[1]) Von 256 b 31 bis 257 a 25. — [2]) 257 a 25 f.

[3]) 257 a 27—31. Es heisst Zeile 30 f.: *τὸ αὐτὸ καθ' αὑτὸ ὂν αἴτιον ἀεὶ πρότερον τοῦ καθ' ἕτερον καὶ αὐτοῦ ὄντος*. Prantl übersetzt diese Worte unglücklich: „immer ursprünglicher als jenes, welches gleichfalls, aber in Bezug auf ein anderes, Ursache ist." — [4]) Z. 31—33.

sich durch die Erwägung, dass die Bewegung überhaupt nicht zu den innern, sondern zu den äussern Bestimmungen der Substanz gehört und demnach durch sich auf ein anderes als actives Princip hinweist. Hier kommt vielmehr der Grundsatz zur Anwendung, dass das Bewegen begrifflich eher ist als das Bewegtwerden, und dass ein Bewegen rein aus sich in seinem Urheber die passive Bewegung ausschliesst. Wir haben aber auch schon den wirklichen Grund vernommen, aus dem Aristoteles sich in der Physik auf den Nachweis eines höchsten sich selbst Bewegenden beschränkt. Die Betrachtung der sinnlichen Welt führt nicht weiter. Als untergeordneten Grund können wir, wie schon früher einmal angedeutet worden, noch die Rücksicht auf den Standpunkt der Platoniker nennen, die vor allen durch anderes bewegten Principien ein durch sich selbst bewegtes aufstellten[1]).

Die Frage nun, wie etwas sich selbst zu bewegen vermöge, wird von dem Philosophen dahin entschieden, dass ein Theil desselben bewegt werden, der andere aber ganz unbewegt sein muss. Denn nichts könne in ungetheilter Ganzheit sich selbst bewegen, und dies aus zwei Gründen: erstens, weil etwas nicht zugleich passiv und activ, und zweitens nicht zugleich potential und actual sein könne. „Es ist festgestellt worden", sagt in letzterer Beziehung unser Autor, „dass bewegt wird, was bewegbar ist; dies aber ist das der Potenz, nicht der Wirklichkeit nach Bewegte; das Potentiale aber schreitet zur Wirklichkeit. Die Bewegung aber ist die unvollendete Wirklichkeit des Bewegbaren. Das Bewegende hingegen ist bereits der Wirklichkeit nach, wie z. B. das Warme erwärmt und überhaupt dasjenige erzeugend ist, was die Form bereits hat. Folglich müsste dasselbe in derselben Beziehung warm und nicht warm sein. Und gerade so auch müsste es mit allem andern sich verhalten, dessen bewegende Ursache die begrifflich und nominell gleiche Bestimmung (mit dem

---

[1]) Man vergleiche Plato, Phädrus, Cap. 24. 245 C: „Allein also das sich selbst Bewegende, weil es sich selbst nicht verlässt, hört niemals auf, in Bewegung zu sein, sondern auch allem übrigen, was bewegt wird, ist dieses Urquell und Anfang der Bewegung."

Bewegten) haben muss[1]. Also ist von dem sich selbst Bewegenden der eine Theil bewegend, der andere bewegt[2] ... und somit ist einleuchtend, dass das zuerst Bewegende unbewegt ist. Denn mag das Bewegte, das aber von etwas bewegt wird, sogleich bei dem ersten Unbewegten Halt machen, oder mag es zu einem Bewegten kommen, das sich selbst bewegt und so den Haltpunkt bildet, es ergibt sich in beiden Fällen, dass das Erstbewegende bei allem Bewegten ein selbst nicht mehr Bewegtes ist" (Schluss des Cap.).

Jene Unbeweglichkeit aber, die dem ersten Bewegenden zukommt, muss noch näher bestimmt werden, und dieser Aufgabe dient bis kurz vor dem Ende das 6. Capitel[3]. Das erste Bewegende ist nicht nur an und für sich unbeweglich, es kann auch nicht mitfolgender Weise bewegt werden. Bewegende Principe, die nicht direct oder an und für sich bewegt werden, sind auch die Thierseelen. Sie werden aber per accidens bewegt, und zwar in zweifacher Weise, einmal indem die Seele mit dem Leibe zu Grunde geht, dann indem sie in Einheit mit ihm directe Eindrücke von aussen, von der umgebenden sinnlichen Welt empfängt, durch welche sie erst bestimmt wird, den Leib willkürlich in der Ortsbewegung zu bewegen. Auf keine dieser beiden Weisen aber kann das erste Bewegende bewegt werden. In der ersten Weise nicht: denn es muss unvergänglich und ewig sein, sonst könnte es nicht die ewige und ununterbrochene Bewegung hervorbringen[4].

---

[1]) *ὅσων τὸ κινοῦν ἀνάγκη ἔχειν τὸ συνώνυμον* 257 b 12 — sachlich kann hier kein Zweifel sein. Synonym heisst, was einen gemeinsamen Namen hat und unter denselben Wesensbegriff fällt. Kateg. 1. C. 1 a 6. „Es gibt nämlich", bemerkt St. Thomas im Commentar Lection 10, „auch nicht synonyme Wirkursachen, wie die Sonne z. B. einen Menschen erzeugt, wenn freilich auch hier gilt, dass die Wirkung irgendwie im Wirkenden ist, nämlich nicht nach derselben, sondern nach einer höheren Weise." In Bezug auf den Wortsinn aber scheint es fraglich, ob Prantl's Uebersetzung richtig sei: „Wo das Bewegende den begrifflich gleichen Namen haben muss." Mit synonym kann doch nicht der gleiche Name, sondern nur das Gleichnamige gemeint sein. — [2]) 257 b 6—13.

[3]) bis 259 b 31. — [4]) Anfang des Cap. bis 258 b 12. Wir möchten hier eine Correctur des Textes vorschlagen, nach *εἶναί τι* Zeile 11 das

Auch wäre der Wechsel von Entstehen und Vergehen im sublunarischen Bereiche, der nothwendig ewig ist, unerklärlich [1]). Aber auch in jener andern Weise kann das erste Bewegende nicht bewegt werden, dass es nach Art der Sinnenwesen in der Bewegung, die es bewirkt, selbst wieder unter fremdem Einflusse steht [2]). Es würde dann nicht immer gleichmässig bewegen können wegen der Abhängigkeit von wechselnden Einflüssen, und so kämen wir zu keiner einen, einfachen und ewigen Bewegung als Leistung des ersten Bewegenden. Die bewegenden Principe der Thiere bewegen nicht immer gleichmässig in localer Bewegung, sondern bisweilen ruht das Thier auch, und dieses darum, weil die örtliche Bewegung, die allein unter den Bewegungen der Willkür untersteht und darum auch allein dem Thun des Thieres zugeschrieben werden kann, nicht ausschliesslich von dem seelischen Principe ausgeht, sondern unter unbeständigen äussern Einflüssen erfolgt [3]). „Sie, die Thiere," sagt Aristoteles, „werden nicht immer stetig von sich selbst bewegt. Denn ein anderes ist das Bewegende für jedes der sich selbst bewegenden Wesen, ein anderes, sage ich, das selbst bewegt und verändert wird. In diesen allen aber wird das erste Bewegende (die Seele), welches das Princip des sich selbst Bewegens ist, von sich selbst bewegt,

---

Wort ἀΐδιον einzusetzen, so dass zu übertragen wäre: „Da aber die Bewegung immer sein muss und keine Lücke lassen darf, so muss es nothwendig etwas Immerwährendes geben, welches als Erstes bewegt." Ohne dieses ἀΐδιον enthält der Nachsatz nicht mehr, als was schon am Schluss des vorangehenden Capitels ausdrücklich als sicheres Ergebniss der Untersuchung bezeichnet war. Ueberdies muss er etwas enthalten, was sich als besondere Folge der ewigen Bewegung darstellt. Dasselbe ergibt sich aus dem gleich im Texte folgenden Satze: „Dass nun ein jedes unbewegt bewegende Princip ewig sei, hat für gegenwärtige Untersuchung kein Interesse, wohl aber muss es ein von aller äussern Veränderung (nicht Bewegung, damit auch der Untergang einbegriffen sei, wie Simplicius f. 291 bemerkt) ganz unberührtes Princip geben" Z. 12 ff. Auch Argyropylos übersetzt: „esse quippiam primo movens perpetuum immobileque necesse est."

[1]) von 258 b 16 bis 259 a 6. — [2]) von 259 a 20 bis b 31.

[3]) 259 b 6 ff.

freilich nur mitfolgender Weise. Denn der Körper wechselt den Ort und demnach auch das im Körper Befindliche und in der Hebelbewegung sich selbst Bewegende. Hiernach kann man es glaubhaft finden, dass wenn etwas zu demjenigen gehört, was unbewegt bewegt, aber mitfolgender Weise selbst bewegt wird, es keine continuirliche Bewegung bewirken kann [1]. Folglich muss, wenn es doch nothwendig ist, dass stetig Bewegung sei, irgend ein erstes Bewegendes bestehen, das unbewegt ist, auch beziehungsweise [2]), wofern im All der Dinge, wie wir uns ausdrückten (C. 1 im Anf.), eine unaufhörliche und unsterbliche Bewegung sein und das Seiende unverrückt in demselben Stande und an derselben Stelle bleiben soll [3]. Denn wenn das Princip sich gleich bleibt, so muss dasselbe bei dem Weltall der Fall sein, als welches an jenes oberste Princip geknüpft ist."

Man kann hiergegen nicht etwa einwenden, dass auch die Beweger der untern Sphären der Planeten mit ihrer Sphäre bewegt werden — indem die untere Sphäre dem Zuge der höhern folgt — und doch eine ewige und stetige Bewegung bewirken. Denn jene Beweger werden von anderm nicht mit Rücksicht auf sich selbst, sondern mit Rücksicht auf ihre Sphären bewegt; die Thierseelen aber werden, wenn sie unter äusserm Einfluss den Leib bewegen, auch selbst bewegt; denn der äussere Eindruck trifft gleichzeitig Leib und

---

[1]) Prantl gibt S. 427, indem er die Worte „mitfolgender Weise" falsch verbindet, folgende Uebersetzung, die von Mangel an Verständniss zeugt und in sich widersprechend ist: „Man kann glaubhaft finden, dass, wenn bloss je nach Vorkommniss etwas von jenem besteht, was selbst nicht mehr bewegt ist, aber bewegend wirkt und selbst bewegt wird usw."

[2]) Mit Codex H muss gelesen werden: *καὶ κατὰ συμβεβηκός*, nicht *καὶ μὴ κατὰ συμβεβηκός*. — [3]) Prantl überträgt S. 427: „Wenn . . . Bewegung sein soll, und es muss das Seiende selbst in sich selbst und in dem Nämlichen beharren." Die Abhängigkeit des letzten Satzes von der Conjunction Wenn ist also nicht ausgedrückt. — Die Worte *καὶ μένειν τὸ ὂν αὐτὸ ἐν αὐτῷ καὶ ἐν τῷ αὐτῷ* Zeile 26 haben wir im Anschlusse an Simplicius 291 f. gedeutet. Das Weltall bleibt nach diesem Commentator, der in gleichem Sinne auch Alexander anführt, insofern an demselben Orte, als es eine Kugel ist, die sich zwar um sich selbst dreht und dabei die Lage ihrer Theile ändert, als Ganzes aber ihren Ort behält.

Seele, die ja ein Wirken und Leiden haben. Eben darum aber, weil die Thierseele direct der äussern Einwirkung offen steht, ist sie vergänglich und kann keine ewige Bewegung bewirken [1]).

Der letzte Theil des sechsten Capitels wie auch das ganze siebente, achte und neunte Capitel dienen der Erforschung und Beschreibung des ersten Bewegten und seiner Bewegung. Auf Grund der festgestellten Beschaffenheit des ersten Bewegers, vermöge deren er ewig und ganz und gar unbeweglich ist, müssen wir annehmen, dass auch das erste von ihm Bewegte ewig ist [2]). Es muss nämlich, wie Simplicius erklärend beifügt [3]), Bewegendes und Bewegtes als solches zugleich da sein. Aber auch a posteriori lässt uns Aristoteles dieses Ergebniss gewinnen. Das Entstehen und Vergehen in der Natur lässt sich nämlich nur aus der Bewegung durch ein ewig Bewegtes begreifen. Denn während das Unbewegte sich gleich bleibt und darum nur einerlei Wirkung hervorbringt, tritt das Bewegte immer wieder in ein anderes Verhältniss zu seinem Objecte, ist ihm z. B. bald näher, bald ferner, und wirkt darum auch verschieden auf es ein, überlässt es das eine Mal der Ruhe und bringt es ein anderes Mal in Bewegung [4]).

Was aber des nähern die Art und Beschaffenheit der ersten Bewegung betrifft, so muss es vor allem eine Ortsbewegung sein. Denn diese ist, wie Aristoteles mit vielen

---

[1]) Aristoteles deutet diese ganze Gedankenfolge mehr an, als er sie ausspricht. Er hat nur diese Worte: „Es ist aber nicht dasselbe, mitfolgender Weise von sich selbst und von einem andern bewegt werden. Denn jenes von einem andern findet sich auch bei einigen Principen am Himmel, wie viele ihrer in mehrern Bewegungen bewegt werden, das andere aber nur bei den corruptibeln Wesen“ 259 b 28—31. St. Thomas trifft mit bemerkenswerther Schärfe den Sinn jenes Ausdrucks: von einem andern per accidens bewegt werden, indem er im Commentar zu dieser Stelle, Lection 13 erklärt: moveri per accidens ab altero id est ratione alterius. Der sprachliche Grund, aus dem Aristoteles das schwerverständliche ὑφ' αὑτοῦ dem καθ' αὑτό und das ὑφ' ἑτέρου dem καθ' ἕτερον vorzog, ist offenbar, weil man nicht sagen kann: κινεῖσθαι κατὰ συμβεβηκὸς καθ' αὑτό. — [2]) 259 b 32 ff. — [3]) f. 294 b. — [4]) 260 b 1—10.

Gründen darthut, unter den drei Gattungen oder Arten der Bewegung die erste. Es muss demnach auch die erste und ewige kosmische Bewegung eine örtliche sein; ferner ist die örtliche allein wahrhaft continuirlich (C. 7). Innerhalb der örtlichen Bewegung ist aber wieder die Kreisbewegung die einzige, die unbeschadet ihrer Einheit und Stetigkeit ewig fortdauern kann. Die geradlinige Bewegung kann nicht ewig anhalten. Denn sie müsste, um im Gange zu bleiben, umbiegen, und würde so ihre Stetigkeit verlieren, einmal, weil sie sich aus entgegengesetzten Bewegungen zusammensetzte, und sodann weil sie beim Umbiegen eine, wenn auch noch so kurze Unterbrechung erlitte (C. 8). So muss denn die Kreisbewegung auch als die erste räumliche Bewegung gelten. Denn weil sie allein ewig fortgesetzt werden kann, so ist sie vollkommener als jede andere. Das Vollkommene ist aber eher als das Unvollkommene. Wir haben ja gesehen, dass die geradlinige Bewegung umkehren müsste und so ihre Einheit verlöre. Dass sie aber im unendlichen Raum etwa ewig fortginge, ist darum unmöglich, weil es erstens ein solches Unendliches nicht gibt, und zweitens das Unendliche nicht durchschritten werden kann, und darum auch keine Bewegung auf ein solches Durchschreiten abzielt (C. 9).

Das zehnte und letzte Capitel beansprucht in besonderer Weise unsere Aufmerksamkeit. Es handelt von dem ersten Beweger und sucht dessen Geistigkeit darzuthun. So führt uns der Schluss der Physik nicht nur zum letzten Grunde der ganzen Naturordnung, sondern eröffnet auch die Aussicht auf ein jenseits der Physik liegendes Gebiet des Wissens durch die Aufzeigung einer körperlosen und jeder physikalischen Bewegung entrückten Substanz[1]).

---

[1]) Wir können es uns nicht versagen, bei dieser Gelegenheit auf ein bezeichnendes Beispiel moderner Aristoteles-Erklärung hinzuweisen, welches uns Prantl liefert. Der Erweis der Geistigkeit des ersten Bewegers am Schluss der Physik gehört zu dem Schwersten, was der Kunst des Auslegers begegnet. Thomas von Aquin kann sich hier in absichtlicher Hervorhebung von Schwierigkeiten kaum genugthun. Prantl dagegen weiss weder etwas von Schwierigkeiten, noch hält er ein Wort der Er-

Wir wollen den Beweis, den Aristoteles für die Geistigkeit des ersten Bewegers erbringt, ausführlich vernehmen und gleich an dieser Stelle auf seine Triftigkeit prüfen, da wir dadurch für später die Uebersicht erleichtern.

Zum Ausgang nimmt unser Autor die irrige Annahme von der Ewigkeit der Bewegung. Eine solche ewige Bewegung könne nur die Leistung einer unendlichen Kraft sein. Eine unendliche Kraft aber könne nur in einem unkörperlichen Wesen ihren Sitz haben, da alles Körperliche begrenzt sein müsse, das Begrenzte aber kein Träger unbegrenzter Kraft sein könne.

Dass die ewige Bewegung in dem Beweger eine unendliche Kraft erfordert, begründet Aristoteles auf eine Weise, die dem Verständnisse keine geringe Schwierigkeit bietet. Wir setzen zuerst den Wortlaut des Beweises her: „Es sei *A* das Bewegende, *B* das Bewegte, *C* die unendliche Zeit. Nun soll *D* einen Theil von *B* bewegen, etwa *E*. Es wird das nun nicht in der Zeit *C* thun; denn das Grössere wird in mehr Zeit bewegt. Demnach ist die betreffende Zeit, nennen wir sie *F*, endlich. Und so werde ich, indem ich (beständig) zu *D* hinzuthue (und von *A* hinwegnehme), *A* aufzehren, und (ebenso werde ich) *B* (aufzehren), indem ich zu *E* hinzuthue. Dagegen die Zeit werde ich dadurch, dass ich beständig Gleiches hinwegnehme, nicht aufzehren. Sie ist ja unendlich. Demnach wird das ganze *A* das ganze *B* in einem endlich grossen Theile der Zeit *C* bewegen. Also ist es nicht möglich, dass irgend etwas durch ein Endliches in unendlicher Bewegung bewegt wird [1]."

läuterung für nöthig. Er geht mit Stillschweigen über die ganze Stelle hinweg. Nur verweist er auf frühere Anmerkungen, und was steht in denselben? Nämlich, dass der erste Beweger des Aristoteles sich nur potentiell von dem ersten Bewegten, dem materiellen Fixsternhimmel unterscheidet, so dass also diese hohle Kugel oder vielmehr ihre Bewegung eigentlich das höchste Princip ist. Es wäre ja auch zu ärgerlich, wenn ein Denker wie Aristoteles zu einem Urgrunde gelangte, an welchem auch ein gläubiges Gemüth sich erbauen könnte. Man vergleiche bei Prantl die Anmerkungen 18, 19 und 38 zum 8. Buche der Ph.

[1]) 266 a 15 bis 23.

Um diesen Beweis richtig aufzufassen, müssen wir vor allem wissen, was unter jener Bewegung eines Theiles von *B* zu verstehen ist. St. Thomas gibt uns darüber Aufschluss [1]). Es ist gemeint, dass ein Theil des ganzen bewegten *B* an irgend einem Zeichen vorbei bewegt wird. Das geschieht offenbar in weniger Zeit, als das Ganze vorbeibewegt wird. Auch ist dazu zweifellos ein geringeres Maass oder eine geringere Menge von bewegender Kraft erforderlich. Denn um ein modernes Beispiel anzuwenden, es ist, theoretisch zu reden, vier Mal weniger Dampfkraft nöthig, um einen Eisenbahnzug von zwölf Wagen um drei Wagenlängen an einem Wärterhaus vorbeizutreiben, als um den ganzen Zug vorbeizubringen. Sollte nun die bewegende Kraft *A* endlich sein, so steht sie in einem endlichen Grössenverhältniss zu *D*. Wenn ich demnach *D* beständig um sich selbst vermehre, so wird es zuletzt *A* gleich, und im selben Verhältniss werde ich dann die bewegte Grösse *E* vermehren, bis sie *B* gleich ist. Im gleichen Verhältniss muss aber offenbar auch die Zeit zunehmen. Man denke nur an das von uns gewählte Beispiel! Je mehr Wagen an einem Punkte vorbeifahren, desto länger die Zeit, und ebenso muss die bewegende Kraft um so grösser sein, je länger der Zug ist, oder vielmehr, um genau nach Aristoteles zu reden, es muss umgekehrt bei gleicher Geschwindigkeit, je grösser die aufgewandte Bewegungskraft ist, desto grösser auch die Last sein. Nun muss aber die Zeit, in welcher die *B* gleiche Grösse bewegt wird, eine endliche sein. Denn sie ist gleich der Bewegungszeit von *E* multiplicirt mit der Zahl, um welche *B* grösser ist als *E*. Dieses Ergebniss ist aber falsch. Denn nach Aristoteles ist die Bewegung ewig. Somit muss die Voraussetzung falsch sein, dass die bewegende Kraft und die bewegte Grösse endlich sind.

Es ist aber hier, wie uns wieder St. Thomas [2]) belehrt, zu bemerken, dass es sich in Wirklichkeit zwar nicht um die

---

[1]) Commentar zur Physik zu dieser Stelle, Lect. 21.

[2]) A. a. O. Um unsern Lesern das Urtheil über den Sinn des Aquinaten zu erleichtern, setzen wir seine Ausführung her. Sed contra hoc potest aliquis objicere, quod Aristoteles supra non probavit motum

Bewegung eines unendlichen Körpers handelt, vielmehr haben wir nur eine ewige Wiederholung derselben Kreisbewegung des Alls vor uns. Darum kann auch nach Thomas ein endlicher Beweger den Himmel drehen, wenn dieser Beweger nur immer in derselben Verfassung erhalten wird, so dass seine Kraft unentwegt dieselbe bleibt. Aber die erste Ursache der endlosen und in diesem Sinne auch unendlichen Bewegung muss eine unendliche Kraft haben, d. h. eine Kraft, die im Stande ist, einen unendlichen Körper, wenn er möglich wäre, zu bewegen, nämlich einem einmaligen vollständigen Platz-

---

esse infinitum secundum partes mobilis, sicut motus corporis infiniti dicitur infinitus: quia totum universum corporeum finitum est, ut probatum est in tertio hujus, et probabitur in primo de Coelo. Unde non videtur esse demonstratio Aristotelis sic verificata ad propositum concludendum, ut scilicet primus motor, qui movet motum infinitum, sit infinitus. Sed dicendum, quod id quod est causa prima motus infiniti, oportet quod sit per se causa infinitatis motus: quia semper causa quae est per se, est prior ea quae est per aliud, ut supra dictum est. Virtus autem causae per se determinatur ad effectum per se, et non ad effectum per accidens. Sic enim supra docuit Aristoteles, in secundo, comparare causas effectibus. Cum autem contingat motum esse infinitum dupliciter, sicut dictum est; scilicet secundum partes mobilis, et secundum partes magnitudinis, supra quam transit motus; per se infinitum est in motu ex partibus mobilis, per accidens autem secundum partes longitudinis: quia quantitas motus, quae attenditur secundum partes mobilis, competit ei secundum proprium subjectum, et ita ei inest per se. Quantitas autem motus, quae accipitur secundum partes longitudinis, est secundum reiterationem motus ipsius mobilis: prout scilicet mobile totum, quod complevit motum suum per unam partem longitudinis, iterato pertransit aliam. Id ergo, quod est causa prima infinitatis motus, habet virtutem super infinitatem motus quae est per se, ut scilicet possit movere mobile infinitum, si contingat; et ideo necesse est quod sit infinitum. Et quamvis primum mobile sit finitum, tamen habet quamdam similitudinem cum infinito, ut dictum est in tertio. Ad hoc autem quod aliquid sit causa motus infiniti per reiterationem motus quae est per accidens, non oportet quod habeat virtutem infinitam, sed sufficit si habet virtutem immobilem finitam: quia semper manente eadem virtute poterit reiterare eumdem effectum: sicut sol habet virtutem finitam, et tamen posset movere inferiora elementa tempore infinito, si motus esset sempiternus secundum positionem Aristotelis. Non enim est prima causa infinitatis motus, sed quasi ab alio mota ad movendum tempore infinito secundum positionem praedictam.

tausche zu unterwerfen. Denn diejenige Unendlichkeit, die sozusagen mitfolgender Weise zu Stande kommt, indem sie sich aus unendlich vielen endlichen Bewegungen zusammensetzt, muss ideell in einer unmittelbaren Unendlichkeit gründen, die in der Bewegung einer unendlichen Grösse besteht, und die Kraft zur Verursachung des ersten Unendlichen, die gewissermaassen durch die Zeitdauer unendlich wird, muss in einer andern Kraft gründen, die dadurch unendlich ist, dass sie alle Kraft in ungetheilter Einheit umfasst.

Dies ist ungefähr die Weise, in welcher St. Thomas, den aristotelischen Spuren folgend, den Beweis für die unendliche Kraft des ersten Bewegers erklärt.

Was die Gültigkeit dieses Beweises betrifft, so wird dieselbe dem Grundgedanken nach einzuräumen sein, wenn man die doppelte Voraussetzung zu Grunde legt, dass die fortgesetzte Bewegung einen fortgesetzten Kraftaufwand des Bewegenden darstellt, und dass die bewegende Kraft etwas ursprünglich fertig Vorhandenes ist und sich nicht immer wieder neu erzeugen kann. Denn dann stellt die ewige Bewegung wirklich eine unendliche Kraftleistung dar, wie das Beispiel einer ewig bewegten Dampfmaschine ersichtlich macht. Keine noch so grosse Aufspeicherung von Dampfkraft würde die Maschine ewig im Gange halten, es wäre dazu ein unendlicher Vorrath erforderlich. Nun wird, wie man weiss, nach dem Gesetze von der Beharrung nur eine einmalige Kraftäusserung erfordert, um das durch sie bewegte Object ewig in Bewegung zu erhalten. Wofern also kein Widerstand zu überwinden ist, was bei vollständiger Isolirung des Objectes der Fall wäre, kann die ewige Kreisbewegung das Ergebniss einer einmaligen endlichen Kraftwirkung sein, und so scheint das Argument des Aristoteles um die tragende Unterlage zu kommen, wenigstens so weit es sich um seine absolute Gültigkeit handelt. Freilich ist die thatsächliche Bewegung des Himmels, d. h. der Erde und der Planeten, nicht bloss Beharrung, sondern auch Wirkung fortgesetzt thätiger Kräfte, z. B. der Centripetalkraft. Hier käme nun die Frage in Betracht, ob sich die verbrauchte Kraft nicht ewig neu durch Verwandlung oder

Umsatz ersetzt. Die neuere Naturforschung entscheidet sich dahin, dass die bewegende Kraft nur theilweise durch Umsatz wiederkehrt, mithin eine allmälige Abnahme erleidet und zuletzt aufhören muss. Eben daraus schliesst sie, dass die Bewegung nicht immer war, sondern einen Anfang hatte. Denn, wenn das ursprüngliche Maass der bewegenden Kräfte oder auch aller Kräfte, die sich ja in mechanische Bewegung umsetzen können, nicht unendlich war, so kann es nur eine endliche Zeit sein, in der das Maass auf den jetzigen Stand herabsank. Hier ist nun wieder trotz der Verschiedenheit des Ergebnisses der leitende Gedanke der Schlussfolgerung derselbe, wie bei Aristoteles. Er nimmt eine ewige Bewegung an und schliesst daraus, dass die bewegende Kraft unendlich ist. Ist nämlich eins von beiden, Zeit oder Kraft, endlich, so ist es auch das andere, und ist umgekehrt das eine unendlich, so muss es auch das andere sein.

So viel bezüglich der Begründung des ersten Beweisgliedes bei Aristoteles, dass die endlose Bewegung eine unendliche Kraft als wirkende Ursache erfordert. Wenden wir uns nun zu dem zweiten Mittelsatz in dem Beweisverfahren: In einer endlichen Grösse kann keine unendliche Kraft sein. Der Beweis dieses Satzes lautet bei dem Philosophen so: „Es sei die grössere Kraft diejenige, die immer das Gleiche in weniger Zeit vollführt, z. B. warm oder süss macht, oder schleudert, oder überhaupt bewegt. Nothwendig ist also einerseits, dass von dem Endlichen mit unendlicher Kraft das Leidende etwas erleidet, anderseits, dass es von ihm eine grössere Einwirkung als von einem andern erleidet. Denn die unendliche Kraft ist ja grösser. Dagegen kann dabei sicher keine Zeit vergehen. Ist nämlich *A* die Zeit, in der die unendliche Gewalt etwas erwärmt oder gestossen hat, dagegen *A B* die Zeit, in der eine endliche Gewalt dies gethan hat, so werde ich, indem ich zu dieser letztern immer eine grössere endliche hinzunehme, einmal dahin kommen, dass sie in der Zeit *A* die Bewegung bewirkt hat. Denn durch beständige Addition zu Endlichem werde ich über jede bestimmte Grösse hinauskommen und ebenso durch beständige Subtraction hinter jeder zurückbleiben. So würde denn die endliche Gewalt in der gleichen Zeit wie die unendliche bewegen, was unmöglich ist [1]).“

Aristoteles geht hier von der Voraussetzung aus, dass alle Bewegung Zeit braucht, was wohl ohne Anstand zugegeben werden muss. Nun zeigt er, dass die unendliche Kraft im Augenblicke, ohne alle Zeitdauer, bewegen müsste, da sie sonst, in bestimmter Zeit bewegend, nicht mehr leistete, als eine endliche, wenn auch noch so grosse Kraft, die in derselben Zeit bewegt. Da es also ein Widerspruch ist, dass etwas in einem Augenblicke bewegt, so folgt die Unmöglichkeit der Annahme, von der ausgegangen wurde, es sei die bewegende Kraft unendlich. — Unter den vielen Bedenken, die Thomas dialektisch gegen diesen Beweis vorbringt und schlichtet [2]), scheint uns besonders das folgende beachtenswerth: Das Argument soll darthun, dass die unendliche Kraft in keiner Grösse oder in keinem Körper sein könne. Wenn sie aber ohne allen Zeitverbrauch bewegen müsste, wie gefolgert wird, so scheint das auch in dem Falle von ihr zu gelten, dass sie sich in einem immateriellen Wesen findet. Also hätten wir auch hier den Widerspruch einer Bewegung ohne Zeit, und somit müsste auch hier die Annahme der unendlichen Kraft, aus der der Widerspruch sich ergab, fallen gelassen werden. Aber, erwidert Thomas, die Kraft im Stoffe hat das Eigenthümliche, dass sie wirkt, soviel sie kann, d. h. nach ihrer ganzen Intensität, die unendliche würde also wirklich auf das Unmögliche hinzielen, in der Nicht-Zeit zu bewegen. Ist die Kraft aber nicht im Stoffe, so muss sie in einem immateriellen und folglich intelligenten Wesen sein, und ein solches wirkt nicht, soviel es kann, sondern soviel der Zweck erheischt, und dies darum, weil es nicht durch seine Natur, sondern durch eine intelligible Form wirkt, d. h. nach Maassgabe der vernünftigen Vorstellung von dem im gegebenen Falle aufzuwendenden Kraftmaass. Aristoteles will also mit dem vorliegenden Argumente nur darthun, dass eine unendliche Kraft als Naturkraft undenkbar ist, indem sie zu

[1]) 266a 26—b 5. — [2]) Im Comment. a. a. O. und Summa c. gent l. I, c. 20.

dem bezeichneten Widerspruch einer zeitlosen Bewegung führen würde, und man wird diese Beweisführung wohl im wesentlichen gelten lassen müssen.

Es ergibt sich aber aus der Fassung des Argumentes sowohl wie aus der angegebenen Erläuterung des Aquinaten, dass nun auch schon das eigentliche Ziel des ganzen Beweisverfahrens erreicht ist, der Nachweis einer geistigen, ewig bewegenden Substanz. Denn es ist jetzt nicht sowohl bewiesen worden, dass die unendliche Kraft nicht in einer endlichen Grösse sein kann, als vielmehr, dass sie überhaupt in keiner Grösse, d. h. in keinem Körper sein kann. Somit ist es nicht nöthig, noch mit Aristoteles die Begrenztheit alles Körperlichen darzulegen, der freilich auch zu diesem Zwecke nur auf frühere Erörterungen verweist[1]); wir haben vielmehr jetzt schon vom Standpunkte des Aristoteles, von der Voraussetzung ewiger activer Bewegung aus, die Unkörperlichkeit und Geistigkeit ihres Princips als eine rechtmässige Folgerung erkannt. Es genügt demnach auch das bisher Gesagte, um die zusammenfassenden Sätze würdigen zu können, mit denen Aristoteles seine Physik beschliesst: „Es ist jetzt gezeigt worden, dass das Endliche (Körperliche) unmöglich eine unendliche Kraft haben und von einem Endlichen etwas eine unendliche Zeit bewegt werden kann. Das erste Bewegende aber bewirkt ja eine ewige Bewegung durch unendliche Zeit. Demnach ist es offenbar, dass es untheilbar und theillos ist und keine Grösse hat.“

Wir kommen nunmehr zu der Metaphysik. In derselben wird, wie schon gesagt, der Gottesbeweis der Physik durch den Nachweis vervollständigt, dass das erste Bewegende durchaus vom Stoffe getrennt und in einer ganz einzigen Weise über jede Verbindung mit demselben erhaben ist. Es ist nämlich die lautere Wirklichkeit, die das leidende Vermögen der zusammengesetzten Substanzen ausschliesst. Aristoteles erörtert das Dasein und Wesen Gottes in den 5 letzten Capiteln des 12. Buches (Λ). Für uns kommen, da es sich

---

[1]) 267 b 20 ff.

bloss um das Dasein Gottes handelt, hauptsächlich nur die beiden ersten Capitel, das 6. und 7. des 12. Buches, in Betracht.

In dem 6. Capitel begründet Aristoteles zuerst kurz die Nothwendigkeit der Annahme einer ewigen und unbewegten Substanz. Als Beweisgrund erscheint wieder wie in der Physik die ewige Bewegung des Himmels, die eine zureichende Ursache erfordert[1]). Sodann bestimmt er die Natur der Ursubstanz, indem er sagt, sie müsse ein Princip sein, dessen Wesenheit Wirklichkeit sei: *δεῖ ἄρα εἶναι ἀρχὴν τοιαύτην ἧς ἡ οὐσία ἐνέργεια*[2]). Hiermit soll sie, wie wir später noch näher begründen wollen, als eine Substanz bezeichnet werden, die nicht wie die endlichen Wesen von der Möglichkeit des Daseins und Wirkens zur Wirklichkeit übergeht, etwa wie der Urstoff nach Aristoteles durch die Einwirkung der Naturkräfte in bewegungskräftiges Feuer oder Wasser übergeht; vielmehr soll sie als ursprünglich kraft ihres Wesens daseiend und wirkend hingestellt werden. Die Begründung dieses Begriffes entnimmt unser Philosoph wieder der ewigen Bewegung. Sie erheischt ein Princip, das nicht bloss bewegen oder wirken kann und nicht bloss thatsächlich bewegt, sondern auch seinem Wesen nach Thätigkeit und Wirklichkeit ist. Denn nur was nothwendig und immer da ist und bewegt, kann aus sich eine immerwährende Bewegung bewirken. „Wenn es", so sagt Aristoteles, „etwas gibt, was zwar bewegen und wirken kann, aber nicht wirkt, so gibt es keine Bewegung. Denn das, was das Vermögen hat, kann auch nicht wirken. Es hilft also nichts, wenn wir auch ewige Substanzen aufstellen, wie die Vertreter der Ideenlehre, wofern nicht in denselben ein Princip enthalten ist, welches eine Veränderung bewirken kann. Indessen ist auch eine solche andere Substanz, abgesehen von den Ideen, nicht ausreichend (*οὐ τοίνυν οὐδ' αὕτη ἱκανὴ οὐδ' ἄλλη οὐσία παρὰ τὰ εἴδη*. — *οὐδ' ἄλλη* steht wegen der vorausgehenden Negation statt *καὶ ἄλλη*; das Komma nach *ἱκανή* bei Bekker fällt besser aus).

---

[1]) met. XII, 6. 1071 b 3—11. — [2]) 1071 b 19 f.

Denn wenn sie nicht thatsächlich wirkt, ist keine Bewegung. Aber auch das genügt nicht, wenn sie wirkt, dabei aber ihre Substanz Vermögen ist. Denn in diesem Falle gäbe es keine ewige Bewegung. Denn was der Potenz nach ist, ist möglicherweise auch nicht. Folglich muss es ein solches Princip geben, dessen Substanz Actualität ist" [1]).

Aus dem übrigen Inhalt des Capitels ist bemerkenswerth, dass Aristoteles aus der nachgewiesenen Actualität des ersten Bewegenden folgert, es habe immer eine fertige Form und Gestaltung der Welt gegeben, und es sei dem gegenwärtigen Zustande nicht das Chaos oder die Nacht vorangegangen, von der man in den Mythologien höre [2]). Hier tritt ganz unverhohlen die Meinung auf, dass die Dinge nicht bloss mit Nothwendigkeit ein ewiges bewegendes Princip erfordern, sondern dass dieses auch nothwendig ewig bewegt und so die Wirklichkeit verursacht.

In dem 7. Capitel wird die Bestimmung der göttlichen Wesenheit zu Ende geführt. Zuerst wird nochmals, wie im vorigen Capitel, gezeigt, dass es einen ewigen unbewegten Beweger geben muss, der die subsistirende Wirklichkeit ist [3]). Da wir nämlich die ewige Bewegung des Himmels vor uns haben, so müssen wir auch auf ein Bewegendes als active Ursache desselben schliessen [4]). Dieser Schluss beruht auf der stillschweigenden Anwendung des Axioms, wonach alles Bewegte durch ein anderes bewegt wird. Dieses Bewegende nun muss durchaus unbewegt sein. Es muss nämlich in der Reihe der bewegenden Ursachen ein Erstes geben, das selbst nicht

---

[1]) 1071 b 12—20.

[2]) „Demnach war nicht eine endlose Zeit hindurch Chaos oder Nacht, sondern immer dasselbe entweder im Kreislauf oder anders, wofern nämlich die Wirklichkeit früher ist als die Möglichkeit, 1072 a 7 ff." — Nach Aristoteles kehren die Dinge immer im Kreislauf wieder, indem die Zeugung beim Untergang der Einzelwesen die Art erhält. Nach Anaxagoras waren die Formen der Einzeldinge, wie Fleisch, Knochen usw., wenn auch mit einander vermischt, von Anfang an in der Weltsubstanz vorhanden.

[3]) Vom Anfang des Capitels bis Zeile 26.

[4]) 1072 a 21—24.

bewegt wird, und wir haben auch schon eingesehen, dass dasselbe die subsistirende Wirklichkeit sein muss, die jeden fremden Einfluss ausschliesst. „Da das, was bewegt wird und bewegt,“ so lesen wir, „in der Mitte steht, so gibt es also etwas, was unbewegt bewegt, ein Ewiges, welches gleichzeitig Substanz und Actualität ist“ [1]). — Hier ist zu bemerken, dass im 5. Capitel des 8. Buches der Physik unbestimmt geschlossen wurde, das erste Bewegende müsse entweder gar nicht oder nur von sich selbst bewegt sein. Da nun an unserer Stelle nur von seiner Unbeweglichkeit verlautet und ausserdem seine reine, ungetrübte Actualität betont wird, so ist stillschweigend das andere Glied der Alternative fallen gelassen. Das erste Bewegende ist also kein Theil eines sich selbst Bewegenden [2]).

Nachdem die Unbeweglichkeit und lautere Actualität des ersten Bewegers wiederholt ausgesprochen worden ist, erhebt sich die aristotelische Forschung noch zu einer letzten Bestimmung des göttlichen Wesens, zu demjenigen Begriffe von Gott, der sowohl nach aussen hin seine von aller Bewegung und Unruhe freie Thätigkeit erklärt, als nach innen ein vollendetes seliges Leben gewährleistet: Das ist der Begriff **der subsistirenden Wahrheit und Güte**. Es gibt nämlich nur Eines, was bewegt, ohne irgendwie bewegt zu werden: jenes Wahre und Gute, welches als Object vor unserm Geiste und Willen steht. Demnach muss das erste Bewegende, weil unbewegt, in dieser Weise und als solches bewegen. Es ist also Wahrheit und Güte. Es muss aber auch das erste Wahre und das erste Gute sein, weil es sonst nicht das erste Bewegende wäre. Wenn es aber wirklich im Gebiete des Wahren und Guten das Erste ist, so folgt daraus wieder neuerdings,

---

[1]) Der Text bei Bekker lautet: *ἐπεὶ δὲ τὸ κινούμενον καὶ κινοῦν, καὶ μέσον τοίνυν ἐστί τι ὃ οὐ κινούμενον κινεῖ, ἀΐδιον, καὶ οὐσία καὶ ἐνέργεια οὖσα* 1072 a 24—26. In dieser Form ist der erste Theil des Textes wohl schwerlich haltbar. Wir setzen mit andern das Komma statt hinter *κινοῦν* hinter *τοίνυν*. Sodann accentuiren wir statt *ἐστί* — *ἔστι*.

[2]) Man vergleiche den Schluss der 4. Lection (Ausg. v. Vivès) im Commentar von St. Thomas.

dass es eine durchaus einfache, wirkliche und vollkommene Substanz ist. Denn die Substanz und das Einfache und Wirkliche sind das Erste in der geistigen Erkenntniss. Aus ihnen wird erst das Accidenz und das Zusammengesetzte und das Mögliche erkannt, und in dem Begriffe dieser letztern ist derjenige der erstern eingeschlossen. Aber auch in der Reihe der begehrten Dinge ist das eine früher als das andere, weil das eine um des andern willen begehrt und geliebt wird; so muss denn das erste Appetible das Beste, das höchste Gut sein [1]). — Es bewegt demnach als geliebt, indem die vernünftige Schöpfung, die Sphärengeister, ihm als letztem Ziele und höchstem Gute zustreben und deshalb die materielle Welt bewegen [2]). Ihm muss aber auch ein seliges Leben zukommen. Denn es ist die Actualität des Denkens, und diese ist lautere Lust [3]). Gott — denn so können wir ihn nunmehr nennen — muss aber auch das Leben selbst sein. „Denn des Geistes Thätigkeit ist Leben, er aber ist die Thätigkeit, und die subsistirende Thätigkeit ist sein Leben, das beste und ewige" [4]). Und dieser Begriff von Gott stimmt auch mit der allgemeinen Meinung überein. „Denn wir sagen, dass Gott ein ewiges und vollkommenstes Lebendiges ist, so dass ihm Leben und Fortdauer stetig und ewig eignet. Denn das ist Gottes eigenstes Wesen" [5]).

Wir kehren nun wieder zu St. Thomas und zur summa contra gentiles zurück, um den aristotelischen Gottesbeweis in der Gestalt, die er in der genannten Schrift aufweist, zu erörtern. Zur Orientirung bemerken wir nochmals, dass die bisherige Darlegung nöthig war, um die physikalische Grundlage des Beweises und seinen Zusammenhang bei Aristoteles selbst zu erklären. Nunmehr handelt es sich darum, die einzelnen Beweisglieder in der Ordnung, wie sie bei St. Thomas folgen, auf ihre Richtigkeit und Haltbarkeit zu prüfen, na-

---

[1]) 1072 a 26—b 1. — [2]) 1072 b 3 f. — [3]) Zeile 14 ff.

[4]) Z. 26 ff. verglichen hinsichtlich der Anwendung des Wortes ὁ θεός mit Z. 25, wo die Benennung zum ersten Male vorkommt, indem dabei die unaussprechliche Glückseligkeit Gottes festgestellt wird.

[5]) Z. 28—30.

mentlich aber zu untersuchen, mit welchem Erfolge Aristoteles die Idee von Gott als der lautern Wirklichkeit geltend gemacht hat. Diese Idee ist das Neue, was uns das vorliegende Hauptstück in Bezug auf die Gotteserkenntniss bieten soll. Indessen ist es auch von Werth, zu erfahren, inwieweit der uns schon vertraute Begriff des unbewegten Bewegers durch die Untersuchungen der Physik bestätigt wird. Dass derselbe auf beweisbaren Prämissen beruht, hat uns zwar bereits die Erörterung über den ersten Gottesbeweis der theologischen Summa zur Genüge gezeigt. Aber Aristoteles hat diese Prämissen in eigener Weise begründet, und es lohnt sich gewiss, diese Weise näher zu prüfen, um über sie ein sicheres Urtheil fällen zu können. Wie sehr uns diese Aufgabe durch unsere vorausgeschickte doppelte Uebersicht erleichtert werde, wird die Erörterung selbst ergeben.

Die Wiedergabe der aristotelischen Beweisführung lautet bei Thomas in ihrem Anfange nebst den einleitenden Sätzen wie folgt: „Nachdem wir gezeigt haben, dass es kein eitles Bemühen ist, das Dasein Gottes zu beweisen, wollen wir daran gehen, die Gründe herzusetzen, mit denen sowohl die Philosophen als die katholischen Lehrer das Dasein Gottes bewiesen haben.

„Zuerst aber werden wir die Gründe hersetzen, deren sich Aristoteles zum Erweise des Daseins Gottes bedient, der dieses von Seiten der Bewegung zu beweisen unternimmt, und zwar auf doppeltem Wege.

„Der erste Weg ist dieser: Alles, was bewegt wird, wird durch ein anderes bewegt. Es steht aber durch die sinnliche Wahrnehmung fest, dass etwas bewegt wird, z. B. die Sonne, also wird sie dadurch bewegt, dass ein anderes sie bewegt. Jenes Bewegende also wird entweder bewegt oder nicht. Wird es nicht bewegt, so haben wir also das Gewollte: man muss ein unbewegtes Bewegendes annehmen, und dieses nennen wir Gott. Wird es aber bewegt, so wird es nach dem Gesagten durch ein anderes Bewegendes bewegt. Mithin muss man entweder in's Unendliche fortschreiten oder an ein unbewegliches Bewegendes kommen; man kann aber nicht in's Unendliche fortschreiten; also ist es nothwendig, ein erstes unbewegliches Bewegendes aufzustellen“ [1]).

Dieser Abschnitt ist keiner Erklärung bedürftig. Wir bemerken nur, dass Thomas im Anschlusse an Aristoteles annimmt, die Sonne bewege sich wirklich um die Erde. Die Gültigkeit des Beweises wird selbstverständlich durch diesen Irrthum nicht berührt, da ja jedenfalls, wenn die Sonne sich nicht bewegt, die Erde sich bewegt.

St. Thomas fährt fort:

„In dieser Beweisführung aber sind zwei Sätze zu beweisen, nämlich dass alles Bewegte durch ein anderes bewegt wird, und dass man mit den bewegenden und bewegten Dingen nicht in's Unendliche fortschreiten kann.

„Das erste nun beweist der Philosoph auf dreifache Weise.

„Erstens in folgender Weise: Wenn etwas sich selbst bewegt, so muss es den Grund seiner Bewegung in sich haben; sonst würde es offenbar durch ein anderes bewegt. Ebenso muss es ein ursprünglich Bewegtes sein, d. h. auf Grund seiner selbst bewegt werden, nicht auf Grund eines Theiles von sich, so wie etwa das Thier durch die Bewegung seines Fusses bewegt wird. Denn so würde das Ganze nicht durch sich selbst, sondern durch seinen Theil, und ein Theil durch den andern bewegt. Ebenso muss es theilbar sein und Theile haben, da alles, was bewegt wird, theilbar ist, wie im sechsten Buche der Physik bewiesen wird. Dieses vorausgesetzt, folgert er also:

---

[1]) „Ostenso igitur quod non est vanum niti ad demonstrandum Deum esse, procedamus ad ponendum rationes, quibus tam philosophi quam doctores catholici Deum esse probaverunt.

„Primo autem ponemus rationes quibus Aristoteles procedit ad probandum Deum esse, qui hoc probare intendit ex parte motus, duabus viis.

„Quarum prima talis est: Omne quod movetur, ab alio movetur. Patet autem sensu aliquid moveri, utputa solem; ergo alio movente movetur. Aut ergo illud movens movetur, aut non. Si non movetur, ergo habemus propositum, quod necesse est ponere aliquod movens immobile, et hoc dicimus Deum. Si autem movetur, ergo ab alio movente movetur. Aut ergo est procedere in infinitum, aut est devenire ad aliquod movens immobile; sed non est procedere in infinitum; ergo necesse est ponere aliquod primum movens immobile.“ Summa c. g. l. I. c. 13.

„Das, was durch sich selbst bewegt werden soll, ist ein ursprünglich Bewegtes. Aber auf die Ruhe eines Theiles von ihm folgt die Ruhe des Ganzen. Denn falls während ein Theil ruht, der andere Theil von ihm bewegt würde, so wäre nicht das Ganze selbst das ursprünglich Bewegte, sondern der Theil von ihm, der bewegt wird, während der andere ruht. Es wird aber nichts, was auf Grund der Ruhe von anderm ruht, durch sich selbst bewegt. Denn wessen Ruhe auf die Ruhe von anderm folgt, dessen Bewegung muss auf die Bewegung von anderm folgen, und so wird es nicht durch sich selbst bewegt. Also wird das, was durch sich selbst bewegt werden sollte, nicht durch sich selbst bewegt. So muss denn also alles, was bewegt wird, durch ein anderes bewegt werden.

„Diesem Beweisgrunde steht nicht im Wege, dass man etwa sagen möchte, es könne an dem, was sich selbst bewegen soll, kein Theil ruhen, und wiederum, dass dem Theil Ruhe und Bewegung nur mitfolgender Weise zukommt, wie Avicenna chicanirt. Denn die Kraft des Beweisgrundes beruht darauf, dass wenn etwas sich selbst ursprünglich und an und für sich, nicht auf Grund seiner Theile bewegte, alsdann sein Bewegtwerden von nichts abhangen darf. Die Bewegung des Theilbaren aber hängt wie auch sein Sein von den Theilen ab, und so kann es sich nicht selbst ursprünglich und an und für sich bewegen. Für die Wahrheit des angeführten Bedingungssatzes ist also nicht erforderlich, dass jene Ruhe eines Theiles des sich selbst Bewegenden eine absolut wahre Voraussetzung sei, sondern es braucht nur der Bedingungssatz wahr zu sein, dass das Ganze ruhen würde, wenn ein Theil ruhte, und dieser Satz kann ganz gut wahr sein, wenn auch der Vordersatz etwas Unmögliches aussagt, wie z. B. dieser Bedingungssatz wahr ist: wenn der Mensch ein Esel ist, so ist er unvernünftig“ [1]).

---

[1]) „In hac autem probatione sunt duae propositiones probandae, scilicet quod omne motum movetur ab alio, et quod in moventibus et motis non sit procedere in infinitum. Quorum primum probat Philosophus tribus modis. Primo sic: Si aliquid movet seipsum, oportet quod in se habeat principium motus sui; aliter manifeste ab alio moveretur. Oportet

Dieser Text lässt sich in drei Abschnitte theilen. Im ersten werden einige Voraussetzungen der nachstehenden Beweisführung genannt, im zweiten folgt diese selbst, im dritten wird ein Einwand gegen den vorgelegten Beweis zurückgewiesen. Die Voraussetzungen sind nach dem ersten Capitel des siebenten Buches der Physik angegeben, dem auch der nachfolgende Beweis entnommen ist. Da wir schon oben den Inhalt dieses Capitels angegeben haben, im Anfang der Uebersicht über den aristotelischen Gottesbeweis, so können wir hier die beiden ersten Voraussetzungen als bekannt und hinreichend erklärt ansehen: wir meinen die Annahme, dass das sich selbst Bewegende, um eben im wahren und eigentlichen Sinne sich selbst zu bewegen, erstens das Princip seiner Bewegung in sich haben und zweitens sich selbst seiner Tota-

---

etiam quod sit primomotum, scilicet quod moveatur ratione sui ipsius et non ratione suae partis, sicut movetur animal per motum pedis. Sic enim totum non moveretur a se, sed a sua parte, et una pars ab alia. Oportet etiam ipsum divisibile esse et habere partes, quum omne quod movetur sit divisibile, ut probatur in sexto Physicorum. His suppositis sic arguit: Hoc quod a seipso ponitur moveri, est primomotum: ergo ad quietem unius partis ejus non sequitur quies totius. Si enim quiescente una parte alia pars ejus moveretur, tunc ipsum totum non esset primomotum, sed pars ejus quae movetur alia quiescente. Nihil autem quod quiescit quiescente alio, movetur a seipso. Cujus enim quies ad quietem sequitur alterius, oportet quod motus ad motum alterius sequatur; et sic non movetur a seipso. Ergo hoc quod ponebatur a seipso moveri, non movetur a seipso; necesse est ergo omne quod movetur ab alio moveri. Nec obviat huic rationi quod forte aliquis posset dicere quod ejus quod ponitur movere seipsum, pars non potest quiescere; et iterum, quod partis non est quiescere vel moveri nisi per accidens, ut Avicenna calumniatur; quia vis rationis in hoc consistit, quod si aliquid seipsum moveat primo et per se, non ratione partium, oportet quod suum moveri non dependeat ab aliquo; moveri autem ipsius divisibilis, sicut et ejus esse, dependet a partibus; et sic non potest seipsum movere primo et per se. Non requiritur ergo ad veritatem conditionalis inductae, quod supponat partem moventis seipsum quiescere quasi quoddam verum absolute, sed oportet hanc conditionalem esse veram, quod si quiesceret pars, quiesceret totum; quae quidem potest esse vera, etiamsi antecedens sit impossibile: sicut ista conditionalis est vera: Si homo est asinus, est irrationalis."

lität nach bewegen muss. Diese beiden Punkte sind in der erwähnten Uebersicht deutlich hervorgetreten. Nur das dritte, dass Aristoteles die Theilbarkeit alles Bewegten als weitere Voraussetzung der Beweisführung bezeichnet, wurde übergangen. Es genügte uns, dass er die Annahme offenbar macht. Denn der folgende Beweis beruht darauf, dass die Bewegung eines sich selbst Bewegenden von den Theilen des Bewegten abhängig sein würde. Wir müssen aber hier, wo es sich um die Prüfung der Richtigkeit des Beweises handelt, in Kürze zusehen, ob die Voraussetzung von der Theilbarkeit alles Bewegten zu Recht besteht. Dass alles Bewegte theilbar ist, wird von Aristoteles an zwei Stellen des sechsten Buches der Physik begründet. Wir müssen dieselben um so mehr in Betracht nehmen, als sie uns in den Begriff der Bewegung bei Aristoteles einen neuen Einblick thun lassen. Die erste Stelle bildet den Anfang des vierten Capitels und lautet:

„Alles, was sich verändert, ist nothwendig theilbar. Denn da jede Veränderung aus etwas in etwas vor sich geht, und das sich Verändernde in dem Augenblicke, wann es in jenem ist, worein es sich verändert, sich nicht mehr verändert, hingegen in jenem Augenblicke, wann es in jenem ist, woraus es sich verändert, noch nicht sich verändert, weder es selbst noch irgend ein Theil von ihm — denn was sich sowohl an sich als auch seinen Theilen nach gleich bleibt, verändert sich nicht —, so ist also nothwendig ein Theil des sich Verändernden in diesem, und der andere in jenem; denn weder in beiden noch in keinem von beiden kann das sich Verändernde sein. Ich meine aber mit jenem, worein es sich verändert, das Nächste in der Veränderung, wie z. B. bei der Veränderung aus dem Weissen das Graue, nicht das Schwarze; denn es ist nicht nothwendig, dass das sich Verändernde in irgend einem der beiden Extreme sei. Es leuchtet also ein, dass alles, was sich verändert, theilbar sein wird“ [1]).

Um diesen Beweis richtig zu verstehen, bemerke man vor allem, dass es sich in demselben nicht bloss um die Theil-

---

[1]) 234 b 10—20.

barkeit des räumlich Bewegten, sondern überhaupt dessen handelt, an dem eine Veränderung vor sich geht. Denn darauf zielt die unter Beweis gestellte Behauptung. Demnach ist unter der Veränderung das substantiale Werden miteinbegriffen. Sodann beachte man, dass die Beweisführung stillschweigend voraussetzt, jede Veränderung vollziehe sich successiv und continuirlich. Denn es wird angenommen, dass sie durch Zwischenstufen geht. Diese Annahme ist nun zwar beim substantialen Werden Aristoteles zufolge nicht richtig, denn dasselbe ist ihm ein momentanes; indessen geht ihm doch immer eine successive Veränderung, eine Zubereitung des Stoffes, voraus, und insofern findet der vorliegende Beweis auch hier seine Anwendung. Was nun die Weise betrifft, in welcher aus der Successivität und Stetigkeit der Veränderung auf die Theilbarkeit des Veränderten geschlossen wird, so fügt sich derselben am natürlichsten die Raumbewegung. Denn sie ist, wie wir aus dem Ueberblick über das 8. Buch der Physik wissen, diejenige Veränderung, die vor den andern den Charakter der Stetigkeit und Gleichmässigkeit besitzt. Suchen wir uns nun den vorliegenden Beweis zunächst in Bezug auf sie klar zu machen, so wird der Uebergang des Bewegten aus dem ursprünglich eingenommenen Raume in den ihm nächstliegenden zur Grundlage genommen. Unter dem nächstliegenden Raume ist derjenige zu verstehen, der mit dem ursprünglichen gleiche Grösse hat und an ihn anstösst, ohne irgend einen Theil mit ihm gemein zu haben. In einem andern Sinne kann es keinen nächsten Raum geben. Wir sehen hieraus aber, dass die Theilbarkeit des Bewegten im vorliegenden Beweise in gewissem Sinne vorausgesetzt wird. Denn nur was Theile hat, kann einen Raum continuirlich einnehmen. Der Beweis will also offenbar mehr veranschaulichen als begründen. Er legt den eigentlichen Charakter der Bewegung klar, der darin besteht, dass die einzelnen Stadien der Veränderung successiv und stetig durchlaufen werden. Eine Bewegung wie etwa die eines mathematischen Punktes ist keine Bewegung, weil der Punkt keinen Raum einnimmt und ihm darum auch keiner zunächst liegt, den er mit jenem vertauschen könnte. Im übrigen ist die Beweisführung, wenn wir sie auf die Ortsbewegung beziehen, durchaus einfach und unter den aristotelischen Voraussetzungen einleuchtend: in dem Uebergange vom ursprünglichen zum nächst angrenzenden Raume muss das Bewegte theils noch in jenem, theils schon in diesem sein, also Theile haben. Schwieriger ist dagegen die Beweisführung, wenn wir sie auf die qualitative Veränderung anwenden, wie das von Aristoteles gewählte Beispiel des Farbenwechsels nahelegt. Denn während die Raumveränderung, das heisst der Uebertritt in einen bestimmten Raum, successiv die Theile des Bewegten trifft, scheint die qualitative Veränderung nur die Aufeinanderfolge der Zustände zu bedeuten, die sich einfach an dem Dinge finden, abgesehen davon, ob es Theile hat oder nicht. Da uns aber eine eingehende Lösung dieser Schwierigkeit zu weit abführen würde, so begnügen wir uns, auf die einschlägige Erklärung von St. Thomas im Commentare zu dieser Stelle hinzuweisen [1]).

Wenden wir uns jetzt zu der andern Stelle, wo die Sache mehr ex professo behandelt und erklärt wird, und darum auch, wie wenigstens St. Thomas erachtet [2]), wirklich triftige Gründe zum Erweise unseres Satzes auftreten.

Der erste der drei Gründe, die an der gedachten Stelle, am Anfange des zehnten Capitels, vorgebracht werden, ist freilich nichts weiter als eine Verdeutlichung der Beweisführung, die wir schon im vierten Capitel gefunden haben. Zunächst wird die Behauptung dahin präcisirt, dass kein Theilloses selbständig bewegt werden könne, wenn auch mitfolgender Weise. Denken wir uns, um die letztere Weise zu verstehen, etwa einen mathematischen Punkt, der mit dem Körper oder der Linie, an der er ist, bewegt wird [3]). Sodann wird der Beweisgrund entwickelt. „Es verändere sich (das nach der Annahme Theillose) aus *AB* in *BC* hinein, seien nun diese beiden bestimmte Grössen (Räume oder Umfänge wie bei der Ortsveränderung oder der Zu- und Abnahme) oder Formen (qualitative Veränderung) oder contradictorische Gegensätze

---

[1]) In phys. l. VI, lect. V. — [2]) Ib. lect. XII. — [3]) 240 b 8 - 20.

(Sein und Nichtsein eines Dinges). Die Zeit, in der als erster die Veränderung geschieht, sei *D* (also nicht die Zeit, in welche die Zeit der Veränderung hineinfällt, wie der Theil in's Ganze und wie die Stunde in den Tag, sondern die unmittelbare Zeitdauer des Vorgangs). Nun ist es nothwendig während der Zeit der Veränderung entweder in *AB* oder *BC* oder theils in diesem theils in dem andern . . . Nun kann es nicht den Theilen nach in jedem von beiden sein, weil es dann theilbar wäre; ebenso kann es nicht in *BC* sein, weil es sich dann schon verändert hätte, da es doch nach der Annahme erst in der Veränderung begriffen ist. So bleibt denn nur übrig, dass es während der Zeit, in der es sich verändert, in *AB* ist. Also ruht es; denn dass etwas eine Zeit hindurch in dem Nämlichen ist, galt uns (C. 8 gegen Ende) als Ruhe. Folglich kann das Theillose nicht bewegt werden und überhaupt sich nicht verändern; denn nur so gäbe es eine Bewegung desselben, wenn die Zeit aus einzelnen Jetzt bestände; dann nämlich wäre es immer in dem Jetzt bereits bewegt und verändert worden, so dass es nie bewegt würde, sondern immer bereits bewegt wäre" [1]).

Aus diesen letzten Sätzen des Textes sehen wir wieder, wie der Begriff der Bewegung als successiven und stetigen Vorganges zur Grundlage des Beweises genommen wird. Bestände die Zeit aus untheilbaren Theilen, so würde in jedem derselben ein Theil der Bewegung, also eine wirkliche, wenn auch noch so unbedeutende Bewegung, stattfinden und Bewegtwerden und Bewegtsein zusammenfallen. Die wirkliche Bewegung ist aber das, was zwischen Anfang und Ende der Veränderung in der Mitte liegt.

Die beiden andern Gründe gegen die Bewegung eines Theillosen sind nach Thomas rationes efficaces ad propositum ostendendum und beziehen sich nach demselben auf die Raumbewegung insbesondere [2]). Da ihre Fassung bei Aristoteles ziemlich verständlich ist, so setzen wir sie einfach wie sie lauten, ohne weitere Erklärung her: „Alles Bewegte kann

---

[1]) 240 b 20—241 a 1. — [2]) Comm. lect. XII.

nicht eher in einer grössern Ausdehnung bewegt werden als in einer ihm gleichen oder kleinern. Wenn dem aber so ist, so müsste offenbar auch ein Punkt vorerst in einer kleinern oder ihm gleichen Ausdehnung bewegt werden; da er aber untheilbar ist, so kann er nicht zuvor in einer kleinern Ausdehnung bewegt werden; also dann in einer ihm gleichen. Demnach bestände die Linie aus Punkten; denn es wird dann der Punkt, indem er immer in gleicher Strecke bewegt wird, die ganze Linie aufmessen. Ist aber dies unmöglich, so ist es auch unmöglich, dass das Untheilbare bewegt werde. — Ferner, wofern alles in einer Zeit, und nichts in dem Jetzt bewegt wird, und jede Zeit theilbar ist, so möchte es für alles und jedes Bewegte eine Zeit geben, die kleiner ist als jene, in der es durch eine ihm gleiche Strecke bewegt wird [1]). Denn diese wird die Zeit sein, in der es (erstmalig) bewegt wird, da alles in einer Zeit bewegt wird, jede Zeit aber ist oben (C. 2) als theilbar nachgewiesen worden. Wenn demnach ein Punkt bewegt wird, so müsste es eine Zeit geben kleiner als jene, in der er selbst bewegt wurde. Das ist aber unmöglich. Denn in der kleinern Zeit muss ein kleineres (bei derselben Geschwindigkeit an einem Punkte vorbei) bewegt werden. Demnach müsste das Untheilbare in Kleineres theilbar sein, wie auch die Zeit in Zeiten. Denn einzig in dem Falle würde das Theillose und Untheilbare bewegt werden, wenn etwas in dem ungetheilten Jetzt bewegt werden könnte. Denn Sache einer und derselben Begründung ist es, ob etwas in dem Jetzt und ob ein Untheilbares bewegt werde" [2]).

Hiermit sind die Gründe für den Satz, dass alles Bewegte theilbar ist, angegeben. Wären dieselben schlechthin beweisend, so wäre auch der nachfolgende Beweis, dem jener Satz als Grundlage dient, unseres Erachtens unanfechtbar, der nächstfolgende Beweis, meinen wir, für die Behauptung, dass das

---

[1]) *εἴη ἄν τις χρόνος ἐλάττων ὁτῳοῦν τῶν κινουμένων* (*ᾗ*, wie die beste Handschrift hat) *ἐν ᾧ κινεῖται ὅσον αὐτό* Z. 14 f. — Prantl übersetzt S. 331: „So muss es auch eine Zeit geben, welche um jedweden Theil desjenigen kleiner ist, was in der Zeit bewegt wird, in welcher ein Quantum wie das bewegte Ding selbst bewegt wird." — [2]) 241 a 8—26.

Bewegte immer durch anderes bewegt wird. Wir ziehen es aber vor, eine Entscheidung über die Triftigkeit dieser Gründe abzulehnen. Wenn wir uns nicht täuschen, hat die Sache noch ihre ungelösten Schwierigkeiten. So möchte es z. B. zweifelhaft sein, ob die Lehre von den Atomen und ihrer Bewegung, wie sie neuerdings verschiedentlich Aufnahme gefunden, durch die Beweisführung des Aristoteles endgültig widerlegt ist. Jedenfalls ist die Entscheidung für unsern Zweck entbehrlich, da auch der vereinzelte Beweisgrund, den der Satz von der Theilbarkeit des Bewegten vorbereitet, entbehrlich ist. Wir haben ja noch andere Beweisgründe. Lassen wir also das Gewicht der vorgelegten Argumente auf sich beruhen, und gehen wir jetzt daran, den ersten Beweis für den Satz, dass alles Bewegte durch ein anderes bewegt wird, zu betrachten.

Wir haben hier vor allem zu bemerken, dass der Text der Wiedergabe bei Thomas einer Verbesserung bedarf. Wir haben dieselbe in unserer obigen Uebersetzung bereits zu Grunde gelegt. Die Ausgabe von Vivès, Paris 1874, hat nach den Handschriften: ergo ad quietem unius partis ejus sequitur quies totius, sie lässt also das non aus und bemerkt in der Fussnote, das non der Ausgabe sei irrig, wie aus der Reihenfolge der Schlüsse von selbst hervorgehe. Diese Bemerkung ist richtig in Bezug auf das Nachfolgende. Denn nachdem gesagt worden, dass auf die Ruhe des Theiles nicht die des Ganzen folge, kann nicht zur Begründung dessen nachgewiesen werden, dass mit dem Theile das Ganze zur Ruhe kommt. Es muss also der fragliche Satz von der Ruhe sprechen, die von dem Theile aus sich dem Ganzen mittheilt. Nun aber passt der Satz nicht zum Vorausgehenden, wenn er mit dem folgernden Also eingeführt wird. Denn bei dem primomotum ist nicht das das Eigene, dass auf die Ruhe des Theiles die des Ganzen folgt, sondern dass es sich nicht auf Grund der Bewegung der Theile bewegt. Dass die Ruhe des Ganzen auf die der Theile folgt, ist gerade die Verneinung seiner Eigenthümlichkeit, indem dann auch, wie der Beweis hervorhebt, die Bewegung des Ganzen auf die der Theile folgt. Es empfiehlt sich also, so zu conjecturiren, wie wir gethan haben, indem wir übersetzten, als ob da stände: sed oder atqui ad quietem unius partis ejus sequitur quies totius.

Bevor wir nun den Beweis inhaltlich beurtheilen, haben wir noch seinen Wortlaut nach Aristoteles herzusetzen. Wir übertragen, da der Text des 7. Buches der Physik verschieden überliefert ist, nach der Ausgabe von Prantl, welcher sich an das Ergebniss der Untersuchungen Spengel's anschliesst.

„Alles Bewegte muss von etwas bewegt werden. Denn wenn es den Grund der Bewegung nicht in sich selbst hat, so wird es offenbar durch ein von ihm Verschiedenes bewegt; denn es wird alsdann das Bewegende ein anderes sein. Hat es aber jenen Grund in sich selbst, so sei *AB* als dasjenige genommen, was an und für sich bewegt wird, nicht aber dadurch, dass einer seiner Theile bewegt wird. Erstens nun ist die Annahme, dass *AB* darum durch sich selbst bewegt wird, weil es sowohl ganz als auch durch nichts ausserhalb bewegt wird, etwas Aehnliches, wie wenn *KL LM* bewegte und selbst bewegt würde, und man darum leugnen wollte, dass *KM* von etwas bewegt werde, weil es eben nicht augenfällig ist, welches von beiden das Bewegende und welches das Bewegte ist. Sodann braucht, was nicht von etwas bewegt wird, in seiner Bewegung nicht aufzuhören, weil ein anderes ruht, wohl aber muss etwas, wenn es ruht, weil ein anderes in seiner Bewegung aufgehört hat, von etwas bewegt werden. Wenn dieses nun angenommen ist, wird alles Bewegte von etwas bewegt werden. Da wir nämlich *AB* als Bewegtes genommen haben, so muss dasselbe theilbar sein; denn alles Bewegte ist theilbar. Es sei nun bei *C* getheilt. Wenn nun *CB* nicht bewegt wird, so wird *AB* nicht bewegt werden. Denn würde es bewegt werden, so würde offenbar *AC* bewegt werden, während *BC* ruht. Demnach würde es (*AB*) nicht an und für sich und ursprünglich bewegt werden, was doch als Annahme zu Grunde lag. Es muss demnach, wenn *CB* nicht bewegt wird, *AB* ruhen. Was aber ruht, wenn ein anderes nicht bewegt wird, das wird zugestandenermaassen von etwas bewegt; und so wird nothwendig alles Bewegte von etwas bewegt; denn immer wird das Bewegte theilbar sein, und muss, wenn der Theil nicht bewegt wird, nothwendig auch das Ganze ruhen“ [1]).

Was den Sinn dieses Argumentes angeht, so ist dasselbe so klar und einfach, dass er keiner besonderen Erläuterung bedürftig scheint, besonders nachdem wir den Hauptgedanken der Stelle bereits oben in der Gesammtübersicht über den aristotelischen Gottesbeweis angegeben haben. Auch die erhobenen Einwürfe gegen die Gültigkeit des Beweises werden unseres Erachtens von St. Thomas eben so bündig als verständlich abgewiesen. Wir erwähnen nur noch, dass auch Suarez sich mit dem angewandten Beweismittel nicht zufrieden geben will. „Ich sehe nicht ab“, sagt er in seiner Metaphysik am Ende einer längern kritischen Erörterung, „wie das genannte Axiom (quod movetur, ab alio movetur) durch jenen Discurs erhärtet werden sollte. Darum haben die andern vorgebrachten Beweise mehr Wahrscheinlichkeit für sich“ [2]). Zur Begründung seiner Meinung sagt der doctor eximius, das Argument beweise wohl, dass die Bewegung des Ganzen von der der Theile abhängig sei, aber diese Abhängigkeit brauche nicht die Selbstbewegung auszuschliessen. Diese sei dann vorhanden, wenn jeder Theil sich selbst bewege und keiner einen andern, und das Ganze nur insofern von den Theilen bewegt werde, als seine Bewegung aus der der Theile resultire. Auch bei einem solchen Verhältnisse sei es wahr, dass das Ganze stille stehe, wenn der Theil still steht. Aber dies sei nicht darum der Fall, weil der Theil das Ganze bewege, sondern weil vermöge des Zusammenhanges der Theile das Ganze zugleich mit dem Theile in seiner Bewegung aufhören müsse. Dieser Einwurf scheint aber schon durch die Erläuterung von Thomas entkräftet zu sein. „Die Kraft des Argumentes,“ so erklärte er, „liegt darin, dass wenn etwas sich selbst ursprünglich und an und für sich, nicht auf Grund

---

[1]) Anfang des 7. Buches der Physik; in der kleinen Ausgabe von Bekker S. 128 f.

[2]) Disputationes Metaphys. disp. 18, sect. 7, n. 40.

der Theile bewegt, sein Bewegtwerden von nichts anderm abhangen darf; das Bewegtwerden des Theilbaren aber hängt, wie auch sein Sein, von den Theilen ab; und so kann es sich nicht selbst ursprünglich und an und für sich bewegen." — Da die Bewegung des Ganzen aus der der Theile resultirt, so ist das Erstbewegte und Erstbewegende eben der Theil, und das Ganze ist erst mit Rücksicht auf den Theil bewegt und bewegend. Wir haben also im Ganzen nicht den letzten activen Grund, nicht die letzte wirkende Ursache, nach der wir fragen, zu erblicken. Wir werden vielmehr an die Ursache gewiesen, die erst das Ganze durch die Verbindung der Theile hergestellt und zu einem einheitlichen wirkenden Principe gemacht hat. Darum nannte auch der englische Lehrer, als er im Anschlusse an Aristoteles die Voraussetzungen dieses Beweises bezeichnete, als erste derselben, dass das sich selbst Bewegende das Princip seiner Bewegung in sich haben müsse. Das Princip ist hier der schlechthin erste Anfang und Grund. Derselbe kann aber in keinem Zusammengesetzten liegen. — Der Beweis scheint also thatsächlich von Suarez' Einwurfe nicht getroffen zu werden, und sein einziger Mangel möchte, wie schon bemerkt, der sein, dass die Voraussetzung von der Theilbarkeit alles Bewegten, worauf er ruht, nicht streng bewiesen ist.

Was wir so eben bezüglich der Zurückführung der Bewegung auf das hervorbringende Princip des Bewegten gesagt haben, findet seine Bestätigung in den Ausführungen des Aristoteles, die in der Fortsetzung der Darstellung bei St. Thomas wiedergegeben werden. Der englische Lehrer bringt das zweite Argument für die Abhängigkeit aller Bewegung von fremdem Einflusse in dem folgenden Texte: „Zweitens führt er (Aristoteles, für den Satz, dass alles Bewegte durch ein anderes bewegt wird) folgenden Inductionsbeweis. Alles was mitfolgender Weise bewegt wird, wird nicht von sich selbst bewegt; denn es wird in Folge der Bewegung eines andern bewegt. Ebenso auch dasjenige nicht, was gewaltsam bewegt wird, wie am Tage liegt; aber auch diejenigen Dinge nicht, die naturgemäss als aus sich heraus Bewegtes bewegt werden, wie die Thiere, die ausgemachter Weise durch ihre Seele bewegt werden; aber auch wiederum diejenigen naturgemäss bewegten Dinge nicht, die wie das Schwere und Leichte bewegt werden; denn diese werden von dem Erzeugenden und dem ein Hinderniss Hinwegnehmenden bewegt. Alles aber, was bewegt wird, wird entweder an und für sich oder mitfolgender Weise bewegt. Wenn an und für sich, entweder gewaltsam oder naturgemäss und das letztere entweder als aus sich heraus Bewegtes, wie das Thier, oder als nicht aus sich heraus Bewegtes, wie das Schwere und Leichte. Also wird alles, was bewegt wird, durch ein anderes bewegt" [1]).

Was zunächst den Ort dieses Argumentes bei Aristoteles betrifft, so ergibt unsere obige Gesammtübersicht, auf die wir zum bessern Verständnisse des Textes verweisen, dass es sich im 4. Capitel des 8. Buches der Physik findet. Bezüglich des Inhalts liegt die ganze Schwierigkeit in der naturgemässen Bewegung des Schweren und Leichten und überhaupt in der physikalischen Bewegung der Körper. Bei den andern Bewegungen ist die Richtigkeit der Behauptung unschwer einzusehen. Hinsichtlich des Schweren und Leichten ist einmal noch etwas genauer, als es schon früher geschehen, zu erklären, wie Aristoteles sich das Erzeugende als Ursache der Bewegung gedacht habe, sodann ist anzugeben, wie sich zu dem Satze: omne quod movetur ab alio movetur, in seiner Anwendung auf die naturgemässe Bewegung der Körper die heutige fortgeschrittene Statik und Mechanik stelle.

Was das erstere betrifft, so gibt es für Aristoteles eine naturgemässe Bewegung des Schweren und Leichten nur in-

---

1) „Secundo probat per inductionem sic: Omne quod movetur per accidens, non movetur a seipso: movetur enim ad motum alterius. Similiter neque quod movetur per violentiam, ut manifestum est; neque quae moventur per naturam, ut ex se mota, sicut animalia quae constat ab anima moveri; nec iterum quae moventur per naturam, ut gravia et levia, quia haec moventur a generante et removente prohibens. Omne autem quod movetur, aut movetur per se, aut per accidens. Si per se, vel per violentiam, vel per naturam; et hoc vel motum ex se, ut animal, vel non motum ex se, ut grave et leve. Ergo omne quod movetur, ab alio movetur." l. c.

sofern, als die schweren und leichten Körper sich ausserhalb ihres natürlichen Ortes befinden und nach demselben hinstreben. Denn wenn sie sich an ihrem Orte befinden, so bewegen sie sich nicht, sondern ruhen. Sind sie nun durch Gewalt ausser ihren Ort gerathen, so wird das Aufhören der Gewalt in Verbindung mit ihrer natürlichen Beschaffenheit die Ursache sein, dass sie wieder an ihren Ort zurückkehren. Das meint unser Philosoph, wenn er sagt, dass diese Körper vom Erzeugenden und in Folge der Hinwegnahme eines Hindernisses bewegt werden. Sind sie aber darum ausser ihrem Orte, weil sie ausserhalb desselben entstanden sind, wie z. B. das Wasser in den obern Lufträumen nach Aristoteles aus der Luft entsteht und als Regen niederfällt, so ist das erzeugende Princip allein die Ursache der Bewegung. In beiden Fällen aber ist es darum Ursache, weil es eben dem Schweren und Leichten die Natur verleiht, vermöge deren es nach unten oder nach oben hinstrebt. Wir sehen also hieraus, wie sehr mit Recht wir vorhin bemerkten, dass ein Wesen, welches erst als einheitliches Wirkungsprincip hergestellt werden muss, wie der zusammengesetzte Körper, im Sinne des Aristoteles niemals sich selbst bewegt, sondern durch ein anderes bewegt wird[1]).

Was nun das andere angeht, die Frage nämlich, ob man

---

[1]) Aus der vorstehenden Auslegung, die unseres Wissens auch diejenige der mittelalterlichen Interpreten ist, ersieht man, dass das erzeugende Princip des Schweren und Leichten bei Aristoteles nicht die Gottheit, wenigstens nicht ausschliesslich, sein kann. Denn zum mindesten jene täglich wiederkehrende Erzeugung der elementaren Körper ist nichts anderes als das Werk der Naturkraft, die das eine Element in das andere verwandelt. Wir begreifen darum nicht recht, wie Prantl in seinen „sacherklärenden" Anmerkungen folgende aufgeklärte Auslassung zu Phys. VIII, 4. 256 a 1 anbringen konnte: „Natürlich sind die Participien *γεννήσαντος, ποιήσαντος* usf. nicht masculinisch zu übersetzen, denn einen die Welt im Detail schaffenden Gott, welcher wie jener im platonischen Timäus alles gleichsam mit eigenen Händen bis in's Einzelnste eigens bildet und an seine Stelle setzt, kennt Aristoteles, wie sich von selbst versteht, nicht; eine solch' kindische Ausdrucksweise kann auch nur entweder in der Kinderstufe von Völkern oder bei Leuten vorkommen, deren Phantasie mit dem Verstande davonläuft; die Philosophie aber liegt hoffentlich in der verständigen Form." S. 524.

auch vom Standpunkte der neuern Physik zu einem gleichen Ergebnisse der äussern Abhängigkeit aller Bewegungsvorgänge gelangt wie die aristotelische Naturphilosophie, so möchte diese Frage zu bejahen sein. Denn auch heutzutage noch, wo die alte Unterscheidung zwischen schweren und leichten Körpern und solchen, die nach Art der Himmelskörper von diesem Gegensatze ausgenommen sind, längst aufgegeben ist, bleibt der Schluss, dass alle Bewegung der Körper von aussen kommt, berechtigt. Zu diesem Schlusse führt nämlich das Gesetz von der Trägheit des Stoffes. Auf Grund desselben muss man erstens behaupten, dass kein Körper aus sich von der Ruhe zur Bewegung übergeht — er verhält sich ja gegen beides gleichgültig —, und zweitens, dass kein Körper von sich aus und ursprünglich in Bewegung ist. Denn das wäre der gerade Gegensatz zur Trägheit, indem solcher ursprünglich bewegte Körper immerfort gegen die Ruhe sich sträuben und, in der Bewegung gehemmt, zu derselben zurückstreben würde. — Der vorliegende Inductionsbeweis muss also, wenn auch mit einiger Modification, als gültig angesehen werden.

Ueber den dritten Beweis des Aristoteles hat Thomas das Folgende: „Drittens beweist er es also: Nichts ist gleichzeitig in Bezug auf dasselbe im Actus und in der Potenz; aber alles, was bewegt wird, ist als solches in der Potenz; denn die Bewegung ist die Wirklichkeit des Potentialen als solchen; alles aber, was bewegt, ist als solches im Actus, weil nichts wirkt, ausser in sofern es in dem Actus, in der Wirklichkeit ist. Also ist nichts in Beziehung auf das nämliche actual bewegend und bewegt; und so bewegt nichts sich selber“ [1]).

Die Stelle, auf welche dieser Text sich bezieht, findet sich im 5. Capitel des 8. Buches der Physik und ist in der Uebersicht im Wortlaute wiedergegeben. Wie jene Uebersicht

---

[1]) „Tertio probat sic: Nihil idem est simul in actu et in potentia respectu ejusdem; sed omne quod movetur, in quantum hujusmodi, est in potentia, quia motus est actus existentis in potentia, secundum quod hujusmodi. Omne autem quod movet est in actu, in quantum hujusmodi, quia nihil agit, nisi secundum quod est in actu. Ergo nihil est respectu ejusdem movens actu et motum; et sic nihil movet seipsum.“ l. c.

zeigt, dient sie unmittelbar dem Nachweise, dass bei einem Wesen, welches sich selbst ganz unabhängig bewegen würde, der eine Theil von ihm bewegt, der andere bewegende Theil dagegen gänzlich unbewegt sein müsste. Auffallen muss der Umstand, dass das in seiner Anwendung so bedeutsame Axiom: nichts kann gleichzeitig actual und potential sein, von Aristoteles nicht mehr in den Vordergrund gerückt und nicht ausführlicher begründet wird. Jedenfalls haben wir oben bei Erörterung des ersten Beweises der theologischen Summa erkannt, dass es den wahren Sachgrund des Satzes enthält, wonach nichts schlechthin sich selbst bewegt. Es liefert uns also für denselben einen Beweis a priori, eine eigentliche demonstratio, die, weil sie immer aus dem Wesen der Sache geführt wird, eine ausnahmslose Gültigkeit beansprucht. Aristoteles hat sich damit begnügt, den Beweis im allgemeinen aus dem Gegensatze der Begriffe Actus und Potenz zu führen, und hat die Anwendung auf die verschiedenen Gattungen des Actuellen und Potentiellen in der Bewegung dem weitern Nachdenken überlassen. Wir glauben oben am angeführten Orte genügend gezeigt haben, wie sich diese Anwendung auf die verschiedenen Arten der Bewegung mit Einschluss der seelischen Bewegungen zu vollziehen hat.

Hiermit sind die drei Beweisgründe für den Satz: quod movetur, ab alio movetur, erledigt. Indem wir uns zu der weitern Darstellung bei Thomas wenden, erwarten wir die Vorlegung der aristotelischen Argumente für den andern Satz, dass es mit den bewegten Dingen nicht in's Unendliche geht. Indessen hat der englische Lehrer vorher noch eine Aussprache über die verschiedene Anwendung des Wortes Bewegung bei Aristoteles und bei Plato.

„Man muss aber wissen,“ sagt er, „dass Plato, der behauptet hat, dass alles Bewegende bewegt wird, die Bezeichnung Bewegung allgemeiner als Aristoteles genommen hat. Aristoteles nämlich nimmt Phys. III. die Bewegung im eigentlichen Sinne, wonach sie der Actus des Potentiellen als solchen ist, wie sie sich nur an den theilbaren und körperlichen Dingen findet, gemäss dem im 6. Buche der Physik erbrachten

Nachweise. Nach Plato aber ist das sich selbst Bewegende kein Körper. Denn er nahm die Bewegung im Sinne jeglicher Thätigkeit der Art, dass das Verstehen und Thätigsein ein Bewegtwerden ist: welche Redeweise auch Aristoteles im dritten Buche von der Seele berührt. Demgemäss also sagte Plato, das erste Bewegende bewege sich selbst, weil es sich erkennt und will oder liebt; und dieses steht in gewisser Beziehung mit den Beweisgründen des Aristoteles in keinem Widerspruche. Denn es ist kein Unterschied, ob man zu einem Ersten kommt, das sich im Sinne Plato's bewegt, oder ob man zu einem Ersten kommt, das in Aristoteles' Sinne ganz unbeweglich ist" [1]).

Wir haben hier einen jener Nachweise vor uns, wie wir denselben auch bei den griechischen Commentatoren begegnen, dass die beiden grossen Philosophen der sokratischen Schule, Plato und Aristoteles, zum öftern in der Sache übereinstimmen, wo sie in den Worten von einander abweichen. Sie geben der Gottheit, insofern sie die erste Ursache der Bewegung ist, ganz entgegengesetzte Bezeichnungen. Aristoteles sagt und beweist, dass sie gänzlich unbewegt ist, Plato im Gegentheil nennt sie durch sich selbst bewegt. Diese Verschiedenheit aber, so bemerkt Thomas, beruht auf der abweichenden Anwendung des Wortes Bewegung. Bei Plato ist Bewegung gleich Thätigkeit überhaupt, bei Aristoteles ist sie richtiger bloss die Thätigkeit des Potentiellen und darum Unvollendeten, insofern

---

[1]) „Sciendum autem quod Plato, qui posuit omne movens moveri, communius accepit nomen motus quam Aristoteles. Aristoteles enim, Phys. III, proprie accipit motum, secundum quod est actus exsistentis in potentia secundum quod hujusmodi, qualiter non est nisi divisibilium et corporum, ut probatur in sexto Physicorum. Secundum Platonem autem movens seipsum non est corpus. Accipiebat enim motum pro qualibet operatione, ita quod intelligere et operari sit quoddam moveri: quem etiam modum loquendi Aristoteles tangit in tertio De Anima. Secundum hoc ergo dicebat Plato primum movens seipsum movere, quod intelligit se et vult vel amat se; quod in aliquo non repugnat rationibus Aristotelis. Nihil enim differt devenire ad aliquod primum quod moveat se secundum Platonem, et devenire ad primum quod omnino sit immobile secundum Aristotelem." l. c.

es ein solches ist. Demgemäss sagt Plato, dass die Gottheit sich selbst bewegt, weil sie sich selbst erkennt und liebt und also in gewissem Sinne durch sich selbst zur Thätigkeit bestimmt wird. Aristoteles dagegen leugnet, dass sie bewegt wird, weil das göttliche Erkennen und Wollen in Wirklichkeit aus keiner passiven Potenz, wie das endliche, hervorgeht. Der englische Lehrer bemerkt aber, dass auch Aristoteles in der Psychologie den Sprachgebrauch, der für Plato maassgebend war, berühre. Er blickt dabei auf das 7. (8.) Capitel des 3. Buches hin, wie man aus seinem Commentar zu diesem Capitel ersieht. Der betreffende aristotelische Text lautet: „Es scheint das Sinnenfällige das sinnlich Wahrnehmende aus einem Potentiellen zu einem Actuellen zu machen. Denn es leidet nicht und wird nicht verändert. Darum ist dieses eine andere Art von Bewegung. Denn die Bewegung war uns die Thätigkeit des Unvollendeten, die Thätigkeit schlechthin aber ist eine andere, nämlich die Thätigkeit, welche dem Vollendeten angehört“ [1]). — Der Sinn dieses Textes, von Aristoteles freilich mehr angedeutet als förmlich ausgesprochen, ist folgender: Nach dem Zusammenhange der Stelle wird der Vorgang des Denkens nach der Analogie der Wahrnehmung erklärt, indem ähnlich wie das äussere sinnenfällige Object den Sinn, so die Phantasmen den Verstand zu seiner Thätigkeit bestimmen. Das sensible Object wirkt aber nicht so auf den Sinn ein wie die körperlichen Qualitäten aufeinander, indem die eine die andere austreibt und sich an ihre Stelle setzt, sondern einfach so, dass es den Sinn vom Vermögen zur Thätigkeit überführt. Nachdem der Sinn aber einmal zur Thätigkeit übergegangen ist, kann er dieselbe eine Zeit lang fortsetzen, während die eigentliche Bewegung nur so lange vorhanden ist, bis der andere der Gegensätze, etwa die Wärme, in welche das Kalte überführt wurde, erreicht ist. Darum ist das Wahrnehmen, wie auch das Denken und Wollen, eine andere Art von Bewegung, nämlich die Thätigkeit dessen, was schon als Thätiges da ist, während die eigentliche Bewegung die Thä-

---

[1]) l. c. 431 a 4—7.

tigkeit dessen ist, was erst zur ruhigen bleibenden Thätigkeit schreitet. In jener uneigentlichen Bewegung aber, wie St. Thomas beifügt [1]), bewegt die Seele bei Plato sich selbst, insofern sie sich selbst erkennt und liebt.

Wir müssen aber auch jenen Text bei Plato kennen lernen, der wohl an erster Stelle dem englischen Lehrer vorschwebte, da er von dem platonischen Gotte als dem sich selbst Bewegenden redete. Derselbe enthält zugleich, wenn auch indirect, einen Beweis für das Dasein des ersten Bewegers. Unmittelbar handelt er von der Unsterblichkeit der Seele, der göttlichen sowohl, wie Plato sich ausdrückt, als der menschlichen [2]), und führt den Beweis, dass es solche unsterbliche Wesen geben müsse, weil nur von ihnen die Bewegung am Himmel und in der Natur herrühren könne. Die Stelle steht im Phädrus im 24. Capitel und hat folgenden Wortlaut: „Jede Seele ist unsterblich. Denn das Immerbewegte ist unsterblich; was aber ein anderes bewegt und durch ein anderes bewegt wird, hat, in wie fern es ein Ende der Bewegung hat, ein Ende des Lebens. Allein also das sich selbst Bewegende hört, weil es sich selbst nicht verlässt, niemals auf, bewegt zu werden, sondern auch allem übrigen, was bewegt wird, ist dieses Quelle und Anfang der Bewegung. Der Anfang aber ist ungeworden. Denn aus dem Anfange muss alles werden, was da wird, er selbst aber aus keinem andern. Denn würde der Anfang aus etwas anderm, so wäre er nicht der Anfang. Da es aber ungeworden ist, so muss es auch unvergänglich sein. Denn, wenn der Anfang untergeht, so kann weder er selbst jemals aus etwas, noch etwas anderes aus ihm werden, wenn doch alles aus dem Anfang entstehen muss. Sonach ist der Bewegung Anfang und Grund das sich selbst Bewegende; dieses aber kann weder untergehen noch werden, oder der ganze Himmel und die ganze Schöpfung müssten zusammenfallen und stille

---

[1]) Comment. zu den Büchern von der Seele, 3. Buch, 12. Lection.

[2]) Phädrus, K. 23. 245 C. — Die nachfolgende Stelle im 24. Capitel hat eine gewisse Berühmtheit erlangt und ist auch von Cicero zwei Mal in's Lateinische übersetzt worden, Tuscul. 1, 23 und de republ. 6, 25. 26.

stehen, und hätten nicht wieder, wodurch sie in Bewegung gesetzt, entstehen könnten“ [1]).

In diesem Text geht die Beweisführung vom Begriffe des Immerbewegten, des ἀεικίνητον aus. Wir haben unter demselben nach der Deutung, die Thomas dem platonischen κινεῖν gibt, das immer Thätige zu denken. Dass es nun ein solches immer thätiges Wesen oder auch ihrer mehrere gibt, folgert Plato daraus, dass es ein durch sich selbst Thätiges geben muss. „Nur was sich selbst bewegt,“ sagt er, „hört, weil es sich selbst nicht verlässt, niemals auf, in Bewegung zu sein.“ Dass aber ein durch sich Thätiges sein muss, folgt wieder daraus, dass alles, was durch ein anderes vom Vermögen zur Thätigkeit geführt wird, sich im letzten Grunde auf ein durch sich und aus sich Thätiges zurückführen muss: „Aber auch allem übrigen ist dieses, nämlich das sich selbst Bewegende, Quelle und Anfang der Bewegung.“ Das aus sich Thätige muss aber auch aus sich da sein und folglich ewig sein; denn es ist nichts anderes vorhanden, dem es sein Dasein verdanken könnte: Der Anfang ist ein Ungewordenes; denn aus dem Anfange muss alles werden, was da wird, er selbst aber aus keinem andern . . . und da er unentstanden ist, so muss er auch unvergänglich sein.“

Aus diesem Inhalte des Textes ergibt sich eine Uebereinstimmung zwischen Plato und Aristoteles in den Hauptmomenten des Gottesbeweises. Man kann sagen, dass in dieser Stelle bereits die lebensvollen Ansätze und Keime vorliegen, die später bei Aristoteles ihre naturgemässe Entwickelung und Ausgestaltung fanden. Wir vermissen zwar in der platonischen Beweisführung die klare Unterscheidung zwischen dem creatürlichen und dem göttlichen Geiste, es fehlt die genaue Bestimmung der Begriffe, die schulgerechte Form einer stetig und ohne Lücken fortschreitenden Beweisführung, aber die grundlegende Conception des Gottesbeweises ist vorhanden: die Idee einer ewig thätigen, ursprunglosen Substanz als Quelle und Anfang alles Lebens und aller Bewegung in der Schöpfung.

---

[1]) Phädrus, C. 24. 245 C, D.

Indem wir nun wieder zum Texte der summa contra gentiles zurückkehren, begegnen wir den drei Argumenten für den Satz, dass die Reihe der durch anderes bewegten Dinge nicht in's Endlose fortläuft. „Den andern Satz aber," so schreibt Thomas, „dass man nämlich mit den bewegenden und selbst wieder bewegten Dingen nicht in's Unendliche fortschreiten kann, beweist Aristoteles mit drei Gründen.

„Der erste derselben lautet: Wenn es mit den Bewegern und dem Bewegten in's Unendliche fortgeht, so müssen alle diese unendlich vielen Dinge Körper sein. Denn alles, was bewegt wird, ist theilbar und körperhaft, wie im sechsten Buche der Physik bewiesen wird. Jeder Körper aber, der als Bewegtes bewegt, muss zu der gleichen Zeit, wo er bewegt, bewegt werden; mithin werden alle jene unendlich vielen Objecte zur selben Zeit bewegt, in der nur eines von ihnen bewegt wird. Nun wird aber ein Einzelnes unter ihnen, da es endlich ist, in endlicher Zeit bewegt. Das aber ist unmöglich; also ist es unmöglich, dass man mit den Bewegern und dem Bewegten in's Unendliche geht.

„Die Unmöglichkeit aber, dass die vorgenannten unendlich vielen Dinge in endlicher Zeit bewegt werden, beweist er also: Das Bewegende und das Bewegte müssen bei einander sein, wie er durch Induction für die einzelnen Arten der Bewegung nachweist. Aber die Körper können nur auf Grund der Stetigkeit oder der gegenseitigen Berührung zusammen sein. Da also alle vorgenannten bewegenden und bewegten Dinge, wie bewiesen worden, Körper sind, so müssen sie durch Stetigkeit oder Berührung gleichsam wie ein einziges Bewegtes sein. Und so wird ein Unendliches in endlicher Zeit bewegt werden, was unmöglich ist, wie im sechsten Buche der Physik bewiesen wird" [1]).

---

[1]) „Aliam autem propositionem, scilicet quod in moventibus et motis non sit procedere in infinitum, probat tribus rationibus. Quarum prima, talis est, Phys. VII: Si in motoribus et motis proceditur in infinitum, oportet omnia hujusmodi infinita corpora esse, quia omne quod movetur est divisibile et corpus, ut probatur in sexto Physicorum. Omne autem corpus quod movet motum, simul dum movet movetur; ergo omnia ista

Bevor wir dieses Argument besprechen, wollen wir noch, wenn auch mit Abkürzungen, seinen Wortlaut nach Aristoteles aus dem 1. Capitel des 7. Buches der Physik vorlegen. Derselbe schliesst sich unmittelbar an jenen oben beigebrachten Text an, welcher das erste Argument für den Satz: quod movetur, ab alio movetur enthält. Wir folgen hier wieder dem Texte bei Prantl: „Da aber alles Bewegte von etwas bewegt werden muss, wenigstens wenn es sich um die örtliche Bewegung handelt [1]), und das Bewegende wieder von einem andern Bewegten bewegt wird, und dieses wieder von einem an-

---

infinita simul moventur, dum unum eorum movetur; sed unum eorum quum sit finitum, movetur tempore finito; ergo omnia illa infinita moventur tempore finito. Hoc autem est impossibile; ergo impossibile est quod in motoribus et motis procedatur in infinitum. Quod autem sit impossibile quod infinita praedicta moveantur tempore finito, sic probat: Movens et motum oportet esse simul, ut probat inducendo in singulis speciebus motus. Sed corpora non possunt simul esse nisi per continuitatem vel contiguationem. Quum ergo omnia praedicta moventia et mota sint corpora, ut probatum est, oportet quod sint quasi unum mobile per continuationem vel contiguationem. Et sic unum infinitum movebitur tempore finito; quod est impossibile, ut probatur sexto Physicorum." l. c.

[1]) Der Text bei Prantl heisst: *ἐάν γέ τι κινῆται τὴν ἐν τόπῳ κίνησιν ὑπ' ἄλλου κινουμένου.* Prantl, übersetzt: „Wann nämlich Etwas in der örtlichen Bewegung von einem andern ebenfalls Bewegten bewegt wird," und macht dazu folgende Anmerkung S. 518: „Diese Worte sind nämlich die Berufung auf den so eben beispielsweise von der örtlichen Bewegung geführten Beweis." Dagegen ist aber unseres Erachtens zu erinnern, dass der gedachte Beweis nur so viel darthun sollte und konnte, dass alles Bewegte durch ein anderes, nicht durch sich selbst, dagegen nicht, dass es durch ein anderes Bewegtes bewegt wird. Wir glauben darum, dass die Worte *ὑπ' ἄλλου κινουμένου,* die vielleicht aus einer Wiederholung derselben gleich darauf im Text folgenden Worte entstanden sind, ausfallen müssen. Vorausgesetzt, dass dem so ist, hätte der Satz den Sinn, den wir in der Wiedergabe ausgedrückt haben. Es würde die Richtigkeit des Satzes, dass alles nicht durch sich, sondern durch ein anderes bewegt wird, wenigstens für die Raumbewegung als sicher angenommen. Der vorausgehende Beweis hatte sich ja einmal zunächst auf diese bezogen, wenn es auch leicht ist, ihn der qualitativen Veränderung anzupassen. Sodann ist es im Folgenden Aristoteles' Absicht, vornehmlich aus der örtlichen Bewegung das Dasein Gottes abzuleiten.

dern, und so immer fort, so muss es nothwendig irgend ein erstes Bewegendes geben, und es darf nicht in's Unendliche fortgehen. Gesetzt nämlich, es gäbe kein Erstes, sondern es ginge in's Unendliche fort, so soll denn *A* von *B* bewegt werden, *B* von *C*, *C* aber von *D*, und so immer das Folgende vom Folgenden. Da also vorausgesetzt wird, dass das Bewegende dadurch bewegt, dass es bewegt wird, nothwendig aber die Bewegung des Bewegten und die Bewegung des Bewegenden gleichzeitig geschieht, — denn zugleich wird das Bewegende bewegt und das Bewegte bewegt —, so ist offenbar, dass die Bewegung von *A*, *B*, *C* und von jedem der bewegenden und bewegten Dinge gleichzeitig sein wird. Also nehme man die Bewegung eines jeden, und es sei *E* die des *A*, *F* die des *B*, *G H* die von *C D*; . . . . Man nehme aber auch die Zeit, in welcher *A* seine Bewegung durchgemacht hat, und sie sei *K*. Da aber die Bewegung von *A* endlich ist, so wird es auch die Zeit sein. Da aber die bewegenden und die bewegten Dinge der Zahl nach unendlich sind, so wird auch die Bewegung *E F G H*, als welche aus allen Bewegungen besteht, unendlich sein . . . Da aber *A* und jedes der übrigen gleichzeitig bewegt wird, so wird die ganze Bewegung in derselben Zeit vor sich gehen wie die von *A*; die von *A* geht aber in endlicher Zeit vor sich; und so wäre eine unendliche Bewegung in endlicher Zeit, was unmöglich ist. — So könnte nun das zu Anfang Gesagte erwiesen scheinen, ist es aber nicht, weil keinerlei Unmöglichkeit nachgewiesen ist. Denn es kann in endlicher Zeit unendliche Bewegung sein, nur freilich nicht von einem Dinge, sondern von vielen, und gerade dies ist hier der Fall; denn jedes wird in seiner eigenen Bewegung bewegt; dass aber vieles gleichzeitig bewegt wird, ist keine Unmöglichkeit. — Aber wenn das, was zuerst (und unmittelbar) örtlich und in körperlicher Bewegung bewegt, nothwendig mit dem Bewegten entweder in Berührung oder continuirlich sein muss, wie wir das bei allem sehen, so sind nothwendig auch jene bewegten und bewegenden Dinge continuirlich oder berühren sich, so dass aus allem ein Eines wird. Ob aber dasselbe unendlich oder endlich ist, macht für unsern Fall keinen Unterschied; denn jedenfalls wird die Bewegung unendlich sein, da es die Bewegung von unendlich vielen Dingen ist“ [1]).

Dieser Text bietet inhaltlich grosse Schwierigkeiten. Die unendliche Vielheit der Beweger soll darum unmöglich sein, weil sie in endlicher Zeit bewegen müssten, während für unendlich viele Bewegungen unter den gegebenen Verhältnissen eine unendliche Zeit erforderlich sein würde. Aber hiergegen ist erstens, wie uns scheint, zu bemerken, dass nicht ersichtlich ist, warum die ungezählten Bewegungen in endlicher Zeit vor sich gehen müssten. Denn der Grund, dass alle Einzelbewegungen gleichzeitig sein müssten, ist hinfällig. Er hat nur vom aristotelischen Standpunkte aus Bedeutung, wonach alles Bewegte während der ganzen Dauer seiner Bewegung durch ein anderes bewegt wird. Ein Beharren in der einmal empfangenen Bewegung kennt Aristoteles nicht. Es kann aber ganz wohl z. B. eine Luft- oder Wasserschicht, nachdem sie selbst bewegt worden, erst nach einer, wenn auch noch so verschwindend kleinen Zeitdauer auf die folgende Schicht bewegend einwirken, sei es, dass sie während derselben durch das Leere hindurch sich zu ihr hinbewegt hat und dann auf sie stösst, sei es, dass sie sich während der Zeitpause durch Ausdehnung dahin bewegt hat. Man denke an die Ringe im Wasser, die der hineingeworfene Stein hervorbringt, oder an die successiv sich bildenden Schallwellen in der Luft. Wenn aber die Einzelbewegungen nicht gleichzeitig sind, sondern aufeinander folgen, so ist keine Nothwendigkeit vorhanden, dass ihre Gesammtheit in endlicher Zeit erfolgt, und der behauptete Widerspruch ist unerwiesen. Zweitens würde dieser Widerspruch auch zu viel beweisen. Wenn in dem gegebenen Falle unendlich viele Bewegungen unendlich viele Zeit erforderten, so würde eine Anzahl derselben mehr Zeit erfordern, als die Einzelbewegung. Das wäre aber unmöglich, weil alle Bewegungen gleichzeitig erfolgen sollen. Es würde sich also

---

1) Phys. VII, 1. In der kleinen Ausgabe von Bekker S. 124 bis S. 127.

die Folge ergeben, dass eine Bewegung nicht von mehrern abhängt, so wenig sie von unendlich vielen abhängt. Endlich drittens, gesetzt auch, dass von der einen Seite alle fraglichen Bewegungen gleichzeitig sein und also in endlicher Zeit vor sich gehen müssten, so sieht man doch aus dem Texte nicht deutlich, wie sich von der andern Seite der Widerspruch ergeben soll, dass die Gesammtbewegung unendliche Zeit erfordert. Ausdrücklich wird auf die Begründung verzichtet, dass die vielen Bewegungen derjenigen eines einzigen unendlich grossen Körpers gleichzusetzen wären. Vielmehr wird hervorgehoben, dass die Bewegung unendlich sein würde, weil sie die Bewegung von unendlich vielem ist. Es hätte aber dann gesagt werden müssen, dass die Bewegung von unendlich vielem von einander Abhängigen darum unendliche Zeit erfordert, weil die Mittheilung und Fortpflanzung der Bewegung von einem zum andern, wenn sie auch noch so wenig Zeit erfordert, dennoch, weil sie sich unendlich oft wiederholen müsste, eine unendliche Zeit erfordern würde. Dieses aber findet sich in dem Texte nicht ausgesprochen.

Aus den angegebenen Gründen können wir nicht anders als das Urtheil fällen, dass die Triftigkeit des in Rede stehenden Argumentes nicht einleuchtet, vielmehr durchaus zweifelhaft ist. Dasselbe ist aber auch sehr entbehrlich. — Wir bemerken noch, dass Thomas sich seiner unseres Wissens nur an dieser Stelle bedient, oder es vielmehr anführt. Im Commentar zum 8. Buche der Physik lesen wir in der 9. Lection die bezeichnenden Worte: „Die Unmöglichkeit, bei den bewegenden und bewegten Dingen in's Unendliche fortzugehen, ist zwar oben im 7. Buche bewiesen worden, aber hier (im 5. C.) beweist Aristoteles dieselbe a u f e i n e m s i c h e r e r n W e g e."

Der angedeutete sicherere Weg ist uns schon bekannt und wird gleich in der Fortsetzung des Textes der kleinern Summa angegeben: Es ist unmöglich, dass alle bewegenden Ursachen Ursachen zweiten Ranges sind, d. h. in fremder Kraft bewegen; es muss eine unabhängige Ursache geben. Der Text lautet: „Der zweite Beweisgrund für das nämliche ist dieser:

Bei geordneten Bewegern und Bewegtem, wo nämlich eins durch's andere in regelrechter Abfolge bewegt wird, muss ein derartiges Verhältniss bestehen, dass, wenn das erste Bewegende in Wegfall kommt oder aufhört, zu bewegen, keines von den andern mehr bewegt oder bewegt wird; denn das erste ist für alle andern die Ursache der Bewegung. Wenn aber nun Bewegendes und Bewegtes der Ordnung nach in's Unendliche aufeinander folgen, so wird es kein erstes Bewegendes geben, sondern alle Glieder werden gleichsam bewegende Mittel sein. Folglich würde keines aus den andern bewegt werden können, und so würde nichts in der Welt bewegt.

„Der dritte Beweis kommt auf dasselbe hinaus und hält sich bloss in umgekehrter Ordnung, indem er nämlich von oben her anfängt. Er lautet so: Das, was in Weise des Werkzeuges bewegt, kann nur bewegen, wenn etwas existirt, was ursprünglich und selbständig bewegt. Wenn man aber bei den bewegenden und bewegten Dingen in's Unendliche fortschreitet, so werden alle bewegenden Factoren gleich wie werkzeuglich bewegende Ursachen sein, indem sie als bewegte Beweger in Ansatz kommen, dagegen wird nichts wie ein ursprünglich und selbständig Bewegendes sein; und so würde überhaupt nichts bewegt werden.

„Und so ist der Beweis der beiden Sätze erklärt, die auf jenem ersten Wege der aristotelischen Beweisführung für das Dasein eines ersten unbewegten Bewegers vorausgesetzt wurden“ [1]).

---

[1]) „Secunda ratio ad idem probandum talis est, Phys. VIII: In moventibus et motis ordinatis, quorum scilicet unum per ordinem ab alio movetur, hoc necesse est inveniri, quod remoto primo movente vel cessante a motione nullum aliorum movebit neque movebitur, quia primum est causa movendi omnibus aliis. Sed si sunt moventia et mota per ordinem in infinitum, non erit aliquod primum movens, sed omnia erunt quasi media moventia. Ergo nullum aliorum poterit moveri, et sic nihil movebitur in mundo. — Tertio probatio in idem redit, nisi quod est ordine transmutato, incipiendo scilicet a superiori; et est talis Phys. VIII: Id quod movet instrumentaliter non potest movere, nisi sit aliquid quod principaliter moveat. Sed, si in infinitum procedatur in moventibus et

Wir wollen zur Erklärung dieses Textes nach den oben beim ersten Gottesbeweise der theologischen Summa gegebenen Erläuterungen desselben nichts weiter hinzufügen. Hervorgehoben sei nur noch, dass Thomas hier den ersten Weg der Beweisführung für das Dasein Gottes endigen lässt. Da indessen zunächst doch nur die Idee eines unbewegten Bewegers begründet worden ist, so bleibt hier ähnlich wie in der theologischen Summa die Congruenz dieser Idee mit dem Gottesbegriffe dem weitern Nachdenken überlassen.

Wir kommen nun zur Darstellung des zweiten Weges, den Aristoteles nach Thomas zum Erweise des ersten Bewegers einschlägt.

„Der zweite Weg," so fährt der englische Lehrer fort, „ist der folgende. Wenn alles Bewegende bewegt wird, so ist dieser Satz entweder durch sich oder mitfolgender Weise wahr. Wenn mitfolgender Weise, so ist er also nicht nothwendig. Denn was bloss mitfolgender Weise wahr ist, ist nicht nothwendig. Es ist demzufolge möglich, dass kein Bewegendes bewegt wird. Aber wenn das Bewegende nicht bewegt wird, so bewegt es nicht, wie der Gegner sagt; demnach ist es möglich, dass nichts bewegt wird; denn wenn nichts bewegt, so wird auch nichts bewegt. Das aber hält Aristoteles für eine Unmöglichkeit, dass irgend einmal keine Bewegung sei. Also war das erste nicht möglich, weil aus einem möglichen Falschen kein unmögliches Falsches folgt. Und so war der Satz: alles Bewegende wird durch ein anderes bewegt, nicht mitfolgender Weise wahr.

„Imgleichen, wenn zwei Bestimmungen in einem Subjecte mitfolgender Weise verbunden sind, und eine von ihnen ohne die andere sich findet, so ist es wahrscheinlich, dass die andere ohne jene sich finden könne. So z. B. wenn die Bestimmungen „weiss" und „gebildet" sich an Sokrates finden,

---

motis, omnia erunt quasi instrumentaliter moventia, quia ponentur sicut moventia mota; nihil autem erit sicut principale movens; ergo nihil movebitur. — Et sic patet probatio utriusque propositionis, quae supponebatur in prima demonstrationis via, qua probat Aristoteles esse primum motorem immobilem." l. c.

und bei Plato gebildet ohne weiss gefunden wird[1]), ist es wahrscheinlich, dass in einem andern Subjecte weiss ohne gebildet gefunden werden könne. Wenn demnach die Bestimmungen bewegend und bewegt in einem Subjecte mitfolgender Weise verbunden sind, das „Bewegt“ aber in einem Subjecte sich vorfindet, ohne dass es activ bewegt, so ist es wahrscheinlich, dass das „Bewegend“ sich vorfindet, ohne dass das Betreffende bewegt wird. Und hiergegen gilt nicht etwa die Berufung auf zwei Bestimmungen, deren eine von der andern abhängt, aber nicht umgekehrt, wie an der Substanz und dem Accidens ersichtlich ist; denn diese sind an und für sich, nicht mitfolgender Weise verbunden[2]).

„Wenn aber der vorgemeldete Satz an und für sich wahr ist, so folgt in gleicher Weise Unmögliches oder Unstatthaftes, indem das Bewegende entweder in derselben Art der Bewegung, in der es activ bewegt, passiv bewegt werden muss, oder in einer andern. Wenn in derselben, so wäre also nothwendig, dass das qualitativ Verändernde qualitativ verändert wird, und noch weiter, dass das Heilende geheilt und das Lehrende gelehrt wird, auch in Bezug auf dasselbe Wissen. Das aber ist unmöglich. Denn der Lehrende muss das Wissen haben, der Lernende aber darf es nicht haben, und so würde sich ergeben, dass einer dasselbe hätte und nicht hätte, was unmöglich ist. Wenn es aber in einer andern Art von Bewegung bewegt wird, so nämlich, dass etwa das qualitativ Verändernde räumlich bewegt wird, das räumlich Bewegende zunimmt usw., so ergibt sich, da die Gattungen und Arten der Bewegung begrenzt sind, die Folge, dass man nicht in's Unendliche fortgehen kann, und so wird es ein erstes Bewegendes geben, das nicht durch ein anderes bewegt wird.

„Man könnte aber hierzu etwa sagen, es vollziehe sich eine Umbiegung in der Art, dass man nach Durchschreitung aller Gattungen und Arten der Bewegung wieder zu der ersten

---

[1]) In einigen Ausgaben findet sich irrig: inveniuntur in Socrate et in Platone, et invenitur musicum absque albo.

[2]) In einigen Ausgaben steht verkehrt: non conjunguntur per se, sed per accidens.

zurückkehren müsse, so dass, wenn das räumlich Bewegende qualitativ verändert werde und das qualitativ Verändernde zunehme, das die Zunahme Bewirkende wieder räumlich bewegt werde. Indessen würde sich hieraus die nämliche Folge ergeben wie vorhin, nämlich, dass jenes, was in irgend einer Art von Bewegung activ bewegt, in der nämlichen passiv bewegt wird, nicht unmittelbar, sondern mittelbar. Also bleibt nur übrig, dass man ein Erstes setzen muss, das von keinem äussern Agens bewegt wird" [1]).

[1]) „Secunda via talis est, Phys. VIII: Si omne movens movetur, aut haec propositio est vera per se, aut per accidens. Si per accidens, ergo non est necessaria; quod enim est per accidens verum, non est necessarium. Contingens est ergo nullum movens moveri; sed si movens non movetur, non movet, ut adversarius dicit; ergo contingens est nihil moveri; nam si nihil movet, nihil movetur. Hoc autem habet Aristoteles pro impossibili, quod scilicet aliquando nullus motus sit. Ergo primum non fuit contingens, quia ex falso contingente non sequitur falsum impossibile. Et sic haec propositio: Omne movens movetur, non fuit per accidens vera. Item Physic. VIII: Si aliqua duo sunt juncta per accidens in aliquo, et unum illorum invenitur sine altero, probabile est quod alterum absque illo inveniri possit; sicut si „album" et „musicum" inveniuntur in Socrate, et in Platone invenitur „musicum" absque „albo", probabile est quod in aliquo alio possit inveniri „album" absque „musico". Si igitur movens et motum conjunguntur in aliquo per accidens, motum autem invenitur absque eo quod moveat, probabile est, quod movens inveniatur absque eo quod moveatur. Nec contra hoc potest fieri instantia de duobus quorum unum ab altero dependet, sed non e contrario, ut patet de substantia et accidente, haec enim conjunguntur per se, non per accidens. Si autem praedicta propositio est vera per se, similiter sequitur impossibile vel inconveniens, quia vel oportet quod movens moveatur eadem specie motus qua movet, vel alia. Si eadem, ergo oportebit quod alterans alteretur, et ulterius quod sanans sanetur, et quod docens doceatur, etiam secundum eandem scientiam. Hoc autem est impossibile; nam docentem necesse est habere scientiam, addiscentem vero necesse est non habere. Et sic idem habebitur ab eodem et non habebitur, quod est impossibile. Si autem secundum aliam speciem motus moveatur, ita scilicet quod alterans moveatur secundum locum et movens secundum locum augeatur et sic de aliis, quum sint finita genera et species motus, sequetur quod non sit abire in infinitum; et sic erit aliquod primum movens, quod non movetur ab alio. Nisi forte aliquis dicat quod fiat reflexio hoc modo, quod completis omnibus generibus et speciebus motus, iterum oporteat redire ad primum, ut, si movens secundum locum alteretur

Wir wollen hier im Texte absetzen, um nicht zu viel auf einmal erklären zu müssen. Wir haben im Voranstehenden den indirecten Beweis des Satzes, dass eines oder einiges bewegt, ohne bewegt zu werden. Aus unserer schon oft angezogenen Uebersicht der aristotelischen Beweisführung ergibt sich, dass wir die vorliegende Erörterung bei dem Philosophen im 5. Capitel des 8. Buches der Physik (von 256 b 3 an) zu suchen haben. In jener Uebersicht ist auch dem Verständnisse schon vorgearbeitet. Betrachten wir zuerst den Theil des Beweises, welcher darthut, dass der Satz: alles Bewegende wird bewegt, nicht zufällig oder mitfolgender Weise wahr sein kann. Der entsprechende Text nebst der Einleitung zu dem ganzen Beweise lautet bei Aristoteles wie folgt:

„Wenn alles Bewegte von Bewegtem bewegt wird, so findet sich dieses entweder mitfolgender Weise an den Dingen, so dass zwar Bewegtes bewegt, nicht aber eben dadurch, dass es immer selbst bewegt wird, oder nicht, sondern an und für sich. Erstens nun, ist es mitfolgender Weise der Fall, so ist es nicht nothwendig, dass das Bewegte bewegt wird. Wenn aber das, so ist es klar, dass es möglich ist, dass einmal nichts auf der Welt bewegt wird. Denn das Accidentelle ist kein Nothwendiges, sondern hat die Möglichkeit, nicht zu sein. Setzen wir nun das Mögliche als wirklich, so wird sich kein Unmögliches ergeben, höchstens vielleicht ein Unrichtiges. Aber es ist unmöglich, dass keine Bewegung sei. Denn es ist oben (C. 1) gezeigt worden, dass nothwendig allezeit Bewegung ist. Und wohlbegründet hat sich dieses ergeben. Denn drei Dinge müssen sein, Bewegtes, Bewegendes und das, womit etwas bewegt. Das Bewegte nun muss bewegt werden, braucht aber nicht zu bewegen; das, womit etwas bewegt, muss bewegen und bewegt werden; denn dasselbe verändert sich mit, indem es mit dem Bewegten zusammen und in dem

---

et alterans augeatur, iterum augens moveatur secundum locum. Sed ex hoc sequeretur idem quod prius, scilicet quod id, quod movet secundum aliquam speciem motus, secundum eandem moveatur, non immediate, sed mediate. Relinquitur ergo quod oportet ponere aliquod primum, quod non moveatur ab aliquo exteriori.“ l. c.

nämlichen Zustande wie jenes ist; (besonders) klar aber ist dies bei dem örtlich Bewegenden: denn da muss bis zu einem gewissen Grade[1]) gegenseitige Berührung sein; das Bewegende aber, in dem Sinne nämlich, dass es nicht Mittel der Bewegung ist, muss unbewegt sein. Da wir aber das Letzte vor Augen haben, nämlich, was wohl bewegt werden kann, aber kein Princip der Bewegung in sich hat, und sodann auch jenes, was zwar bewegt, dabei aber von einem andern und nicht von sich selbst bewegt wird[2]), so ist es wohlbegründet, um nicht zu sagen nothwendig, dass auch das Dritte besteht, was bewegt, ohne bewegt zu sein“[3]).

Der erste Theil dieses Textes geht bis zu den Worten: und wohl begründet hat sich dies ergeben, und enthält den eigentlichen Nachweis, dass die Behauptung von dem Bewegtsein alles Bewegenden nicht mitfolgender Weise wahr sein kann, das heisst, es ist unmöglich, dass bloss wegen solcher Bestimmungen, die zum Begriffe des Bewegenden hinzukommen, nicht auf Grund dieses Begriffes selbst, auf das Bewegen für das Bewegende immer das Bewegtsein folgt. Wir haben diesen logisch oder formell durchaus unanfechtbaren Beweis schon oben in der allgemeinen Uebersicht erklärt und fügen hier nur zweierlei bei. Erstens zeigt der Vergleich zwischen dem Texte des Aristoteles und der Auslegung bei Thomas, dass der Erstgenannte ein Glied in der Beweisführung stillschweigend vorausgesetzt hat, welches der letztere ergänzt, dass nämlich, falls alles Bewegende unbewegt wäre, vom gegnerischen Standpunkte aus eingeräumt werden müsste, dass dann auch nichts activ bewegen würde. Nach den Gegnern bewegt ja nur das, was bewegt wird. Zweitens ist die Nothwendigkeit der Bewegung, worauf das ganze Argument ruht, eine irrige Voraussetzung, und darum ist auch die Beweisführung materiell unrichtig. Sie bleibt aber werthvoll, insofern sie zeigt, was

---

[1]) Diese Worte stehen nach Simplicius f 284 b im Hinblicke auf die geschleuderten Objecte, wo nach Aristoteles der fortdauernde Contact zwischen Beweger und Bewegtem durch die Luft vermittelt wird.

[2]) Nach der Conjectur von Prantl: *ὃ κινεῖ μέν, ὑπ' ἄλλου δὲ κινεῖται, ἀλλ' οὐχ ὑφ' αὑτοῦ.* — [3]) l. c. 256 b 7—24.

vom Standpunkte der ewigen und nothwendigen Bewegung aus, die ja ein Hauptdogma des alten und neuen Materialismus ist, als Folge sich ergeben würde.

Was den zweiten Theil des Textes betrifft, so beachte man, dass sein Inhalt dem mit item, si aliqua duo anfangenden zweiten Argument bei Thomas entspricht. Zum richtigen Verständnisse muss man vor allem wissen, dass der hier gebotenen Erörterung nicht etwa wieder die Voraussetzung zu Grunde liegt, alles Bewegende werde zufällig bewegt. Denn so brächte die Folge, dass ein unbewegtes Bewegendes sein könnte, in keine Verlegenheit, und die Wahrscheinlichkeit, dass es wirklich eines gäbe, wäre von vornherein durch jene Voraussetzung ausgeschlossen. Es liegt hier vielmehr, wie uns scheint, die Voraussetzung zu Grunde, dass die zwei Bestimmungen „bewegt“ und „bewegend“ so sich zusammen finden, dass die Nothwendigkeit oder Zufälligkeit der Verbindung zweifelhaft ist. Jedenfalls soll der Nachweis, dass die Existenz eines unbewegten Bewegers wahrscheinlich ist, zeigen, dass die Annahme, alles Bewegende werde bewegt, unwahrscheinlich ist. Demselben Zwecke dienen auch die im Texte folgenden Sätze über Anaxagoras, die wir gleich noch bringen werden. Im übrigen ist der Sinn des Textes nach der Erklärung bei Thomas hinreichend klar. Nur fehlte vielleicht bei Thomas besser der Zusatz per accidens nach den Worten: si aliqua duo sunt juncta und ebenso nach den Worten: si igitur movens et motum conjunguntur in aliquo. Ferner müsste bei Thomas nicht stehen: es ist wahrscheinlich, dass die betreffende eine Bestimmung ohne die andere gefunden werden kann, sondern: gefunden wird. Denn er selbst bemerkt im Commentar zu dieser Stelle: „Es ist wahrscheinlich, dass, wenn zwei Bestimmungen per accidens verbunden sind, und eines ohne das andere gefunden wird, auch das andere ohne jenes gefunden wird. Aber dass es ohne jenes gefunden werden kann, das ist nothwendig“ [1]). Was das Bedenken wegen solcher Bestimmungen betrifft, die von einander abhängen,

---

[1]) In physic. l. VIII, lect. IX.

so ist dasselbe ein Zusatz von St. Thomas. Die Accidentien können nicht ohne die Substanz sein, die Materie nicht ohne die Form, wohl aber ist die göttliche Substanz ohne Accidentien, und die subsistirende Form kann ohne Materie sein. — Lassen wir jetzt noch die wenigen Sätze folgen, die sich bei Aristoteles an den voranstehenden Text anschliessen und der Fortführung des unternommenen Beweisverfahrens unmittelbar vorangehen. „Darum spricht auch Anaxagoras richtig, indem er behauptet, dass der (göttliche) Geist leidenlos und unvermischt ist. Denn er lässt ihn ja das Princip der Bewegung sein. Denn so (als herrschendes Princip, ἀρχή, der Bewegung) kann er nur bewegen, wenn er unbewegt ist, und so nur herrschen, wenn er (mit der von ihm bewegten Welt) unvermischt ist“ [1]. So spricht also auch die Autorität des Anaxagoras dafür, dass es ein erstes und unbewegtes Bewegendes gibt, und so, will Aristoteles sagen, wird das Bewegtsein alles Bewegenden ohne Ausnahme immer zweifelhafter, und stellen sich immer neue Bedenken gegen die schon förmlich widerlegte Annahme ein, als ob jedes Bewegende, wenn auch nur zufällig und thatsächlich, bewegt wäre.

Vernehmen wir nun die Fortsetzung des aristotelischen Textes: „Aber nun auch (zweitens), wenn das Bewegende nicht mitfolgender Weise, sondern nothwendig bewegt wird, und nicht bewegen würde, wenn es nicht bewegt würde, so muss das Bewegende, insofern es bewegt wird, entweder so bewegt werden, dass dieses nach derselben Art der Bewegung geschieht, oder nach einer andern. Ich will sagen, es muss entweder das Wärmende auch selbst erwärmt und das Heilende geheilt und das räumlich Bewegende räumlich bewegt

---

[1] 256 b 24 ff. — Anaxagoras hatte gesagt, der göttliche Geist müsse unvermischt sein, um zu herrschen, Psychol. III, 4. 429 a 18 f., das heisst, um selbst unbewegt alles zu bewegen. Auf diesen Ausdruck „herrschen“ wird hier angespielt in Anknüpfung an den Doppelsinn von ἀρχή, Anfang, das auch wie das lateinische principium Herrschaft bedeutet. Prantl übersetzt den Text des Aristoteles unglücklich: „Denn so wohl allein möchte er bewegend sein, ohne selbst bewegt zu sein, und alles bewältigen, ohne sich mit ihm zu vermischen.“ S. 411.

werden, oder das Heilende muss räumlich bewegt werden, das räumlich Bewegende aber zunehmen. Aber es ist offenbar, dass dies unmöglich ist. Denn man muss dann so sprechen, dass man bis zu dem weiter nicht mehr Theilbaren [1]) unterscheidet, muss z. B. sagen, dass, wenn etwas Geometrie lehrt, dieses selbe Geometrie gelehrt wird, oder wenn es schleudert, es nach derselben Art des Schleuderns geschleudert wird. Oder so geht es nicht zu, sondern das eine ist aus dieser, das andere aus jener Gattung der Bewegung, z. B. soll das räumlich Bewegende zunehmen, das es zunehmen Machende aber von einem andern qualitativ verändert werden und das dieses qualitativ Verändernde wieder in einer andern Bewegung bewegt werden. Aber es muss zum Stehen kommen; denn die Bewegungen sind begrenzt. Zu sagen aber, es biege wieder um, und das qualitativ Verändernde werde örtlich bewegt, heisst nichts anderes thun, als wenn einer von vorn herein sagte, das räumlich Bewegende werde räumlich bewegt und das Lehrende gelehrt. Denn es ist offenbar, dass auch von dem höhern Bewegenden alles Bewegte bewegt wird, und zwar von dem frühern Bewegenden noch in höherm Maasse. Aber nun ist dieses ja unmöglich; denn da würde folgen, dass das Lehrende lernte, wovon das eine nothwendig das Wissen nicht hat, das andere es hat" [2]).

Zur Erklärung dieses Textes diene Folgendes. Wie schon oben in der Uebersicht bemerkt, hängt die ganze vorstehende Schlussfolgerung von dem Satze ab, dass das Bewegende nicht immer so bewegt zu werden braucht, wie es selbst bewegt. Die andere Annahme, dass das Bewegende anders bewegt wird, führt auf die Frage, ob es nicht anders bewegt wird, zurück.

---

[1]) Prantl übersetzt verkehrt: „zum nicht mehr weiter theilbaren Individuum herab". Aber es handelt sich nicht um Einzelwesen, sondern um die untersten Arten, zu denen man eben herabsteigen muss, wenn das Bewegende genau in der Art, wie es bewegt, auch bewegt werden soll. Will man das nicht, so hält man eben bei einer höhern Art ein, und dann ergeben sich dieselben Consequenzen, wie im zweiten Gliede der Alternative.

[2]) 256 b 27—257 a 14.

Wird nämlich das Bewegende bewegt, so wird es, wie hier von Aristoteles nach dem frühern vorausgesetzt wird, durch ein anderes bewegt, und dieses andere kann nicht immer anders bewegen, weil es nur eine begrenzte Zahl von Bewegungsarten gibt. Wenn man aber nun annehmen soll, dass das Bewegende immer in der Art bewegt wird, wie es bewegt, auch dann, wenn es als letzter und unabhängiger Grund bewegt, so ist das wirklich eine Unmöglichkeit. Wir kämen dann auf denselben Widerspruch wie früher, als es sich um die Widerlegung der schlechthinnigen Selbstbewegung handelte, etwas müsste zugleich und in derselben Beziehung actuell und potentiell sein.

So wäre es also überhaupt unmöglich, dass das Bewegende mit Nothwendigkeit bewegt wird. Dieses war aber, wie man sich erinnern möge, das andere Glied des Dilemma's, mittelst dessen Aristoteles darthun wollte, dass überhaupt nicht alles Bewegende auch bewegt wird, und wir müssen nun fragen, ob dieses Ergebniss gegenwärtig auf Grund des Dilemma's rechtmässig feststeht. Diese Frage ist formell zu verneinen. Denn wir haben ja oben gesehen, dass die erste Alternative, es sei zufällig so, dass alles Bewegende bewegt wird, zu Unrecht ausgeschlossen ist. Es wurde dabei die falsche Voraussetzung von der Nothwendigkeit der Bewegung zu Grunde gelegt.

Dennoch dürfen wir vielleicht behaupten, dass dieser Mangel materiell dem Beweise wenig Eintrag thut. Die ganze Unterscheidung nämlich von zufälliger und nothwendiger Wahrheit der Behauptung vom Bewegtsein alles Bewegenden kann fallen gelassen werden, ohne dass das Argument wesentlich anders wird. Man kann einfach sagen: nicht alles Bewegende kann bewegt werden; denn sonst fehlte überall jene Wirklichkeit oder Actualität, von der ausgegangen werden muss, um zu jener zu gelangen, welche das Ziel der Bewegung bildet. Dies ist im Grunde nichts anderes, als wenn man mit Aristoteles an unserer Stelle sagt: was wärmt, braucht nicht erst warm zu werden, und was lehrt, nicht erst zu lernen. Es ist aber auch, wie wir beifügen möchten, nichts anderes, als was wir denselben auf dem von St. Thomas so bezeichneten ersten Wege des Gottesbeweises haben vorbringen und ausführen hören: nichts kann in derselben Beziehung actual und potential, bewegend und bewegt sein, woraus folgt, dass auch beide Wege des Beweises unter sich im Grunde nur einer sind, indem der ganze Unterschied in der Form besteht.

Nun ist noch ein Wort über den Satz zu sagen, der bei Aristoteles Thomas zufolge als Schlusssatz des bisher betrachteten indirecten Beweises steht: es bleibt nur übrig, dass man ein Erstes setzt, welches von keinem äussern Agens bewegt wird. Dieser Schluss überrascht; man sollte erwarten: also gibt es ein erstes unbewegtes Bewegendes oder auch ihrer mehrere. Wir haben aber schon oben in der Uebersicht des Zusammenhanges der aristotelischen Beweisführung bemerkt, dass dieser indirecte Beweis bei dem Philosophen eigentlich nicht das Dasein eines unbewegten Bewegers erhärten soll, vielmehr soll er ersichtlich machen, dass die Reihe der bewegten Dinge nicht in's Unendliche geht, sondern bei einem ersten Bewegten endet, das entweder durch ein Ruhendes oder durch sich selbst bewegt wird. Ebendort haben wir auch angemerkt, dass die Prämissen freilich an sich weiter führen würden. Imgleichen haben wir bei jener Gelegenheit sattsam erklärt, warum Aristoteles bei der Nachweisung der ersten Ursache zunächst nicht auf ein unbewegtes, sondern auf ein durch sich selbst bewegtes Wesen hinführt.

Wie beschaffen nun dieses erste Bewegende sein müsse, wenn es sich selbst bewegt, darüber berichtet Thomas nach Aristoteles wie folgt.

„Weil aber auf Grund des Ergebnisses, dass ein erstes Bewegendes ist, welches von keinem äussern Agens bewegt wird, noch nicht folgt, dass dasselbe ganz unbeweglich ist, so geht Aristoteles weiter, indem er erklärt, dies könne in zweifacher Weise der Fall sein. Einmal so, dass jenes Erste durchaus unbeweglich ist, und wenn man das annimmt, hat man die Behauptung, dass es nämlich ein erstes unbewegliches Bewegendes gibt. Sodann in der Weise, dass jenes Erste durch sich selbst bewegt wird; und dieses stellt sich als wahrscheinlich dar, indem das, was durch sich ist, immer eher besteht, als das, was durch ein anderes ist. Darum ist es der Vernunft entsprechend, dass auch bei den bewegten Dingen das erste Bewegende durch sich selbst, nicht durch ein anderes bewegt wird. Aber unter dieser Annahme folgt wieder dasselbe. Denn man kann nicht sagen, dass das sich selbst Bewegende ganz vom Ganzen bewegt wird; denn so würden die obgemeldeten Unzuträglichkeiten sich einstellen: dass nämlich etwas zugleich lehrte und gelehrt würde, und ähnlich in andern Bewegungen; und ferner, dass etwas zugleich actuell und potentiell wäre; denn das Bewegende ist als solches actuell, das Bewegte dagegen potentiell. Es bleibt also nur übrig, dass ein Theil von ihm bloss bewegend und der andere bewegt ist, und so bekommen wir dasselbe wie vorhin, dass es nämlich ein unbewegtes Bewegendes gibt. Das gedachte sich selbst Bewegende muss nämlich Theile haben, da alles Bewegte theilbar ist[1]).

„Man kann aber nicht sagen, dass beide Theile bewegt werden, so dass der eine durch den andern bewegt wird, noch auch dass ein Theil sich selbst bewegt und den andern bewegt, noch dass das Ganze den Theil bewegt, oder der Theil das Ganze bewegt, weil die vorausgeschickten Unzuträglichkeiten sich einstellen würden, dass nämlich etwas gleichzeitig in der nämlichen Art der Bewegung bewegen und bewegt werden würde, und gleichzeitig potentiell und actuell wäre, und das Ganze nicht ursprünglich, sondern auf Grund des Theils ein sich selbst Bewegendes wäre. Es bleibt also nur übrig, dass

[1]) Dieser Satz fehlt bei Vivès. Die Ausgabe von Bloud und Barral, Paris 1881, hat: ipsum enim habere partem necessarium est, cum omne movens sit divisibile. Hier sind zwei Fehler: statt partem muss partes und statt movens motum stehen. Bei Aristoteles findet sich der Inhalt dieses Satzes am Anfange, statt wie hier am Ende der Schlussfolgerung: „Vorausgesetzt, dass etwas sich selbst bewegt, so müssen wir untersuchen, wie und in welcher Art es bewegt. Nothwendig nun ist, dass alles Bewegte in immer wieder Theilbares theilbar ist. Denn es wurde oben in den allgemeinen physikalischen Erörterungen nachgewiesen, dass alles an und für sich Bewegte continuirlich ist.“ Phys. VIII, 5. 257 a 29—b 1.

von dem sich selbst Bewegenden ein Theil unbeweglich ist und den andern Theil bewegt“ [1]).

Dieser Text braucht nicht weiter erklärt zu werden. Wir bemerken nur, dass wir den letzten Abschnitt desselben in unserer frühern Uebersicht unerwähnt gelassen haben, und dass derselbe sich bei Aristoteles gleichfalls im fünften Capitel, Zeile 257 b 13 bis Zeile 258 b 4 findet.

St. Thomas fährt, mit Aristoteles das erste sich Bewegende weiter bestimmend, fort: „Aber weil in denjenigen sich bewegenden Wesen, die bei uns sind, den Thieren nämlich, der bewegende Theil, d. i. die Seele, wenn er auch an und für sich unbeweglich ist, dennoch mitfolgender Weise bewegt wird, deshalb zeigt er ferner, dass in dem ersten sich selbst Bewegenden der bewegende Theil weder an und für sich noch mitfolgender Weise bewegt wird. Da nämlich die bei uns

---

[1]) „Quia vero hoc habito, scilicet quod sit primum movens quod non moveatur ab aliquo exteriori, non sequitur quod sit penitus immobile; ideo ulterius procedit Aristoteles, Physic. VIII, dicendo quod hoc potest esse dupliciter: Uno modo ita, quod illud primum sit penitus immobile; quo posito habetur propositum, scilicet quod sit aliquod primum movens immobile; alio modo, quod illud primum moveatur a se; et hoc videtur probabile; quia quod est per se, semper est prius eo quod est per aliud. Unde et in motis primum motum rationabile est per seipsum moveri, non ab alio. Sed hoc dato iterum idem sequetur. Non enim potest dici quod movens seipsum moveatur totum a toto; quia sic sequerentur praedicta inconvenientia, scilicet quod aliquid simul doceret et doceretur. et similiter in aliis motibus, et iterum, quod aliquid simul esset in actu et in potentia; nam movens, in quantum hujusmodi est actu, motum vero in potentia. Relinquitur ergo, quod una pars ejus est movens tantum et altera mota; et sic habetur idem quod prius, scilicet quod sit aliquod movens immobile. Ipsum enim habere partes necessarium est, cum omne motum sit divisibile. Non autem potest dici quod utraque pars moveatur, ita quod una ab altera; neque quod una pars moveat seipsam et moveat alteram; neque quod totum moveat partem; neque quod pars moveat totum; quia sequerentur praemissa inconvenientia, scilicet quod aliquid simul moveret et moveretur secundum eandem speciem motus, et quod simul esset in potentia et actu, et ulterius quod totum non esset primo movens se sed ratione partis, Physic. VIII. Relinquitur ergo quod moventis se ipsum oportet unam partem esse immobilem et moventem aliam partem.“ l. c.

befindlichen sich bewegenden Wesen, die Thiere, vergänglich sind, so wird der bewegende Theil in ihnen mitfolgender Weise bewegt. Die vergänglichen sich bewegenden Wesen müssen aber auf ein erstes sich Bewegendes zurückgeführt werden, das ewig ist. Also muss ein Beweger eines sich selbst Bewegenden bestehen, der weder an und für sich noch mitfolgender Weise bewegt wird.

„Dass es aber auf seinem Standpunkte nothwendig ein ewiges sich Bewegendes geben muss, ist einleuchtend. Denn wenn die Bewegung ewig ist, wie er voraussetzt, so muss auch die Erzeugung der sich selbst bewegenden entstehenden und wieder vergehenden Wesen unaufhörlich sein. Aber die Ursache dieser Unaufhörlichkeit kann kein einzelnes von den sich bewegenden Wesen selbst sein, weil es nicht immer ist; aber auch nicht alle zusammen, sowohl weil sie der Zahl nach unendlich wären, als auch weil sie nicht gleichzeitig sind. Es bleibt also nur übrig, dass es ein immerwährendes sich selbst Bewegendes gibt, das da die Unaufhörlichkeit der Erzeugung für die niedern sich bewegenden Wesen um uns verursacht; und so wird sein Beweger weder an und für sich noch mitfolgender Weise bewegt.

„Imgleichen, bei den sich selbst bewegenden Wesen sehen wir, dass sie sich zuweilen neu zu bewegen beginnen wegen einer solchen Bewegung, wobei das Thier nicht durch sich selbst bewegt wird, wie wenn es nach Verdauung der Nahrung oder in Folge eines Witterungswechsels vom Schlafe erwacht, eine Bewegung, wodurch der sich selbst bewegende Beweger mitfolgend selber bewegt wird. Hieraus aber ist zu entnehmen, dass kein sich selbst bewegendes Wesen, dessen Beweger an sich oder mitfolgender Weise bewegt wird, immer bewegt ist. Aber das erste sich selbst Bewegende ist immer bewegt; sonst könnte keine ewige Bewegung sein, da jede andere Bewegung durch die Bewegung des ersten sich selbst Bewegenden verursacht ist. Es bleibt also nur übrig, dass das erste sich selbst Bewegende durch einen Beweger bewegt wird, der nicht bewegt wird, weder an sich noch mitfolgend.

„Mit dieser Begründung streitet es nicht, dass die Beweger

der niedern Sphären eine ewige Bewegung bewirken und doch als mitfolgend bewegt bezeichnet werden; denn sie werden mitfolgend bewegt genannt nicht mit Bezug auf sich selbst, sondern auf die von ihnen bewegten Sphären, welche der Bewegung der höhern Sphäre folgen"[1]).

Die aristotelischen Texte, auf welche die vorstehende Darstellung hinzielt, sind von uns einigermaassen schon früher erklärt worden. Wir haben nunmehr diese Erklärung zu vervollständigen. Aristoteles will zeigen, dass das erste sich Bewegende nothwendig ewig ist und ewig bewegt, oder wie

---

[1]) „Sed quia in moventibus se quae sunt apud nos, scilicet in animalibus, pars movens, scilicet anima, etsi sit immobilis per se, movetur tamen per accidens, ideo ulterius ostendit, quod primi moventis seipsum pars movens non movetur neque per se neque per accidens. Moventia enim se quae sunt apud nos, scilicet animalia, quum sint corruptibilia, pars movens in eis movetur per accidens. Necesse est autem moventia se corruptibilia reduci ad aliquod primum movens se, quod sit sempiternum. Necesse ergo est aliquem motorem esse alicujus moventis seipsum, qui neque per se neque per accidens moveatur. Quod autem necesse sit secundum suam positionem aliquod movens seipsum sempiternum esse patet. Si enim motus est sempiternus, ut ipse supponit, Phys. VIII. oportet quod generatio moventium seipsa, quae sunt generabilia et corruptibilia, sit perpetua. Sed hujus perpetuitatis non potest esse causa aliquod ipsorum moventium se, quia non semper est; nec simul omnia, tum quia infinita essent, tum quia non sunt simul. Relinquitur ergo quod oportet esse aliquod movens seipsum perpetuum, quod causat perpetuitatem generationis in his inferioribus moventibus se; et sic motor ejus non movetur neque per se neque per accidens. Item, in moventibus se videmus quod aliqua incipiunt de novo moveri propter aliquem motum quo non movetur a seipso animal, sicut quum excitatur a somno digesto cibo aut aere alterato; quo quidem motu ipse motor movens seipsum movetur per accidens. Ex quo potest accipi quod nullum movens seipsum movetur semper, cujus motor movetur per se vel per accidens. Sed primum movens seipsum movetur semper; alias non posset esse motus sempiternus, quum omnis alius motus a motu primi moventis seipsum causetur. Relinquitur igitur quod primum movens seipsum movetur a motore qui non movetur neque per se, neque per accidens. Nec est contra hanc rationem quod motores inferiorum orbium movent motum sempiternum et tamen dicuntur moveri per accidens; quia dicuntur moveri per accidens, non ratione suiipsorum, sed ratione suorum mobilium, quae sequuntur motum superioris orbis." Continuatio textus in loco cit.

er beides in einem ausdrückt, dass der bewegende Theil desselben gar nicht, auch nicht mitfolgend bewegt wird. Zwar liesse sich das durch die einfache Erwägung erreichen, dass sonst ein früher Seiendes und Bewegendes sein müsste, von welchem jenes vermeintliche Erste Sein und Bewegung empfinge, so dass es also nicht das erste Bewegende wäre. Aber Aristoteles verfährt, wohl zur bessern Veranschaulichung, etwas umständlicher. Er beweist zuerst, dass jenes Erste immer ist, sodann, dass es immer bewegt. Beide Male aber geht er von dem Gegensatze aus, der nothwendig jenes erste sich Bewegende von den untergeordneten vergänglichen Wesen, die sich selbst bewegen, trennt. Die letztern sind bald, bald sind sie nicht, sie entstehen und vergehen wieder, und so wird der bewegende Theil in ihnen, die Seele, welche an sich unbeweglich ist, mitfolgend bewegt. Zwar vergeht die sinnliche Seele, wie alle Formen, an sich nicht, wie sie auch an sich nicht entsteht, es entsteht und vergeht an sich das Ganze, das Sinnenwesen, die Seele nur mitfolgend [1]). Auch ist dieses Entstehen und Vergehen an sich keine Bewegung, wie wir wissen [2]), wohl aber geht ihm eine Bewegung voraus, die Krankheit oder sonst ein Zufall, der in die Kategorie der qualitativen Veränderung fällt, und inwiefern die Seele mit dem Leibe eine Natur bildet, wird sie hier mitfolgend bewegt. Nun kann aber ein gleiches bei jenem ersten sich Bewegenden nicht der Fall sein. Es muss immer sein. Denn sonst fehlte für das unaufhörliche Entstehen und Vergehen die hinreichende Ursache, aus der es begriffen werden kann. Die Erzeugung, auch jede einzelne, kann nur zu Stande kommen, wenn die allgemeinen physikalischen und kosmischen Voraussetzungen derselben vorhanden sind [3]), und da die Zeugungen ewig fort-

---

[1]) Metaph. XII, 3. 1069 b 35: „Es entsteht weder der Stoff noch die Form."

[2]) Man vergleiche das früher über den Begriff der Bewegung Gesagte.

[3]) Vgl. Phys. VIII, 6. 259 a 3 ff.: „Es existirt ein Umfassendes und zwar neben dem einzelnen Entstehenden und Vergehenden, welches Ursache ist, dass das eine ist und das andere nicht ist, überhaupt Ursache der stetigen Veränderung."

dauern, so müssen auch ihre Voraussetzungen ewig gewahrt bleiben. Dieselben liegen aber vor allem in der Umdrehung des obersten Himmels durch einen Beweger, der entweder mit dem Himmel verbunden ist oder getrennt für sich besteht.

Dies der Beweis für das immerwährende Sein der ersten sich bewegenden Substanz. Man kann hiergegen nicht etwa einwenden, die ewigen Zeugungen seien hinreichend erklärt, wenn immer nur ein Erzeugtes vom andern abhänge; so komme die endlose Reihe zu Stande, ohne dass man noch ein Ewiges ausser und über ihr annehme. „Davon," sagt Aristoteles, „dass jenes entsteht und jenes vergeht und das stetig so fortdauert, ist keines von den zwar unbeweglichen aber nicht immer daseienden Dingen die Ursache, noch auch kann es daher kommen, dass das eine dieses bewegt, das andere anderes [1]). Denn von dem immerwährenden und ununterbrochenen Processe ist weder ein Einzelnes in der Reihe die Ursache, noch alle zusammen. Denn dass jenes sich so verhält, ist etwas Immerwährendes und Nothwendiges, alle zusammen aber sind an Zahl unendlich und sind nicht alle gleichzeitig" [2]).

Aristoteles hat hier, wenn wir es recht verstehen, die ganze Widerlegung in die letzte Periode zusammengefasst. Indem er sagt: dass jenes (die endlose Abfolge der Gene-

---

[1]) Das muss der Sinn der Stelle sein: *„οὐδ' αὖ τῶν ἀεὶ μὲν ταδὶ κινούντων, τούτων δ' ἕτερα,"* 258 b 28 f. Dass die Worte, wie sie da stehen, das bedeuten können, sagen wir nicht. Uns kommt der Text verdorben vor. Prantl scheint uns nur Worte zu machen, wenn er übersetzt, S. 423: „Noch auch eines von demjenigen (kann die Ursache sein), was wohl immerwährend ist und irgend bestimmte Dinge in Bewegung setzt, aber eben Dinge, welche von jenem verschieden sind." Das brauchte wohl nicht gesagt zu werden, dass die Bewegung der Weltdinge nicht von einem Beweger komme, der zwar tapfer bewege, nur aber eben Dinge, die mit der Welt nichts zu thun haben.

[2]) 258 b 26—32. Die letzten Worte des Textes: *τὰ δὲ πάντα ἄπειρα, καὶ οὐχ ἅμα πάντα ὄντα* übersetzt Prantl: „Das eben Genannte aber als Sämmtliches ist unbegrenzt Vieles und existirt nicht zugleich, insofern es Sämmtliches ist." Prantl hat übersehen, dass *πάντα* das zweite Mal nicht Prädikat ist, sondern einfach Wiederholung des Subjects, die durch *ἅμα* begründet ist. *ὄντα* ist nicht appositiv gesetzt, sondern das Prädicat: *ὄντα ἐστίν* statt *ἐστίν*.

rationen) sich so verhält, ist etwas Immerwährendes und Nothwendiges, begegnet er der Annahme, als ob ein Einzelnes in der Reihe davon die Ursache sein könnte. Denn das Einzelne ist vorübergehend und zufällig. Indem er sodann sagt: sie alle zusammen aber sind an Zahl unendlich und sind nicht zugleich, widerlegt er die Auffassung, als ob die ganze Reihe die genügende Erklärung gäbe, mit zwei Gründen: erstens kann eine Wirkung nicht von unendlich vielen Ursachen abhängen. Man kann nämlich, wie unser Philosoph im zweiten Buche der Metaphysik lehrt, in der Reihe der wirkenden Ursachen nicht in's Unendliche gehen; so kann z. B. der Mensch nicht von der Zeugungskraft des Menschen, diese von den allgemeinen physikalischen Ursachen, namentlich dem Einflusse der Sonne, dieser wieder von höhern und allgemeinern Ursachen usw. in's Unendliche abhängig sein [1]). So können auch die unendlich vielen gezeugten Individuen keine Erscheinung erklären, die eben an die gemeinsame Causalität ihrer aller gewiesen wäre. Aber das geht zweitens auch darum nicht an, weil kein einheitliches Verursachen stattfinden kann, wo die Ursachen nicht gleichzeitig existiren.

Um aber einzusehen, dass diese beiden Gründe auch im vorliegenden Falle gelten, wo es sich um eine successive Wirkung handelt, bedenke man, dass die Ursache dieser Wirkung gesucht wird, die alles, was im Laufe der Zeit aus ihrer Causalität hervorgeht, virtuell von Anfang an in sich enthält. Die immer wieder neu entstehenden Einzelwesen sind eben die Wirkung selbst, jedes einzelne aber entsteht unter der Einwirkung der höchsten und allgemeinsten Ursache, die eben darum auch dauern muss, so lange die Zeugungen dauern.

Deshalb knüpft Aristoteles mit Recht an die eben citirten Sätze die nachstehende Folgerung: „Demnach ist es klar, dass, wenn auch unzählige Male einige unbewegt bewegende Principe (Seelen) und viele sich selbst bewegende Wesen (beseelte Wesen) vergehen, um wieder andern Platz zu machen, und auch das eine Unbewegte dies und das andere jenes in Bewegung setzt,

[1]) 2. Capitel, 994 a 5 ff.

es nichtsdestoweniger doch ein Umfassendes, und zwar neben dem Einzelnen gibt, welches Ursache ist, dass das eine ist und das andere nicht ist, und überhaupt Ursache der stetigen Veränderung; und dies ist dann für jene (die Einzelwesen), jene aber für andere (von ihnen erzeugte Einzelwesen) die Ursache der Bewegung“ [1]).

Wir haben jetzt eingesehen, dass das erste sich Bewegende immer besteht und somit jener mitfolgenden Bewegung entrückt ist, welcher die entstehenden und vergehenden Wesen unterliegen. Die letztern erfahren aber auch noch eine andere mitfolgende Bewegung, der jenes Erste gleichfalls entzogen ist, weil es sonst nicht immer und in derselben Weise bewegen könnte. Das Thier wird nämlich durch Naturbedürfnisse und Sinneseindrücke, z. B. Hunger oder Kälte, afficirt, und die Seele des Thieres dabei mitfolgend bewegt, und unter dem bestimmenden Einflusse solcher Affectionen bewegt sich dann das Thier, nachdem es etwa vorher geruht hat. Das erste Bewegende aber kann nicht in dieser Weise mitfolgend bewegt werden, sonst würde es gleichfalls wie die Thierseele bald bewegen, bald nicht. Es muss aber immer und stetig bewegen, denn sonst käme die ewige und ununterbrochene Bewegung in der Welt nicht zu stande. So folgt denn, dass das erste Princip der Bewegung weder an sich, noch in einer der beiden genannten Weisen mitfolgend bewegt wird: es ist ganz und gar unbewegt.

Trotzdem gibt es eine Art mitfolgender Bewegung, die auch die ewigen Beweger der untern Himmelssphären erleiden: sie folgen der Bewegung, in der sich ihre Sphäre unter dem Einflusse der höhern Sphären bewegt. Aber das streitet offenbar mit einem ewigen activen und gleichmässigen Bewegen nicht. Denn dadurch wird das Verhältniss der Beweger zu ihrer Sphäre nicht berührt oder verschoben, so dass die Ewigkeit und Stetigkeit der Bewegung gesichert steht.

Wir sind nun an dem Punkte angelangt, wo die Darstellung bei St. Thomas die Bücher der Physik verlässt, um

---

[1]) 258 b 32—259 a 6.

nach der Metaphysik, freilich kurz, den Abschluss des Gottesbeweises zu liefern. Der Text bei Thomas lautet: „Weil aber Gott kein Theil eines sich selbst Bewegenden ist, so sucht Aristoteles weiter von diesem Beweger aus, welcher Theil des sich selbst Bewegenden ist, einen andern ganz getrennten Beweger zu ermitteln, welcher Gott ist. Da nämlich alles sich selbst Bewegende durch das Begehren bewegt wird, so muss der Beweger, welcher Theil eines sich selbst Bewegenden ist, wegen des Begehrens nach einem Begehrten bewegen, welches ihm als Bewegendes übergeordnet ist. Denn das Begehrende ist gleichsam ein Bewegt-Bewegendes, das Begehrte aber ein ganz unbewegt Bewegendes. So muss denn ein erster getrennter ganz unbewegter Beweger sein, welcher Gott ist“ [1]).

Dieser Text ist in einer Beziehung leicht verständlich. Aristoteles erkennt, wie wir wissen, als letzten Beweger das höchste Gut, das aber nicht als wesenlose Abstraction zu denken ist, sondern als eine allervollkommenste intelligente Substanz. Dieses subsistirende Gut ist es, das alles bewegt, indem alles so angelegt ist, dass es zu ihm als letztem Ziele hinstrebt. Es selbst aber ist unbewegt, weil es durch die Erkenntniss und Liebe seiner selbst im Besitze aller Wahrheit und Seligkeit ist und demnach keiner andern Güter bedarf. Dass es aber auch an kein anderes wie ein Theil gebunden ist, ergibt sich hiernach von selbst. Denn die absolute Vollkommenheit kennt keine Ergänzung ihres Daseins durch einen Theil. Dagegen leuchtet nicht ohne weiteres ein, dass das begehrte Gut, wodurch jenes sich selbst Bewegende bei Aristo-

---

[1]) „Sed quia Deus non est pars alicujus moventis seipsum, ulterius Aristoteles Metaphys. XII, investigat ex hoc motore qui est pars moventis seipsum, alium motorem separatum omnino, qui est Deus. Quum enim omne movens seipsum moveatur per appetitum, oportet quod motor, qui est pars moventis seipsum, moveat propter appetitum alicujus appetibilis, quod est eo superius in movendo; nam appetens est quodammodo movens-motum, appetibile autem est movens omnino non motum. Oportet igitur esse primum motorem separatum, omnino immobilem, qui Deus est,“ l. c.

teles und Thomas bewegt werden soll, etwas Subsistirendes ist, eine wirkliche Substanz. Der Beweis hierfür liegt darin, dass das erste wirkliche Bewegende, das die Vernunft als vorhanden erweist, das erste Object des Denkens und Begehrens sein muss. Dass es dieses ist, folgt wieder aus seiner lautern Actualität. Bevor wir aber die hierher gehörigen Erörterungen der Metaphysik eingehender behandeln, wollen wir noch vernehmen, was Thomas am Schlusse seiner Darstellung dieses ganzen Gottesbeweises als Anhang beifügt, damit dieser letzte Abschnitt nicht allzu weit vom Ganzen abzustehen komme. Der englische Lehrer trägt also zuletzt noch zwei Einsprüche gegen den vollendeten Beweis vor und gibt deren Lösung an, wie folgt:

„Die vorstehenden Beweisführungen scheinen aber durch einen doppelten Umstand entkräftet zu werden.

„Der erste ist, dass sie von der Voraussetzung der Ewigkeit der Welt ausgehen, was bei den Katholiken als Irrthum gilt. Und hierauf ist zu sagen, dass der wirksamste Weg zum Erweise des Daseins Gottes, der aus der Annahme der Ewigkeit der Welt ist, unter deren Voraussetzung das Dasein Gottes weniger einleuchtend zu sein scheint [1]). Denn wenn Welt und Bewegung einmal angefangen hat, liegt es auf der Hand, dass man eine Ursache setzen muss, um Welt und Bewegung neu hervorzubringen. Denn alles, was neu wird, muss von einem neu herstellenden Principe herrühren, da nichts sich selber von der Potenz in den Act oder vom Nichtsein in's Sein überführt.

„Das andere ist der Umstand, dass in den vorgenannten Beweisen vorausgesetzt wird, das erste Bewegte, nämlich die Himmelssphäre, sei durch sich selbst bewegt, woraus ihr Beseeltsein folgt, das von vielen nicht zugegeben wird. Und hierauf ist zu sagen, dass, wenn das erste Bewegte [2]) nicht durch sich selbst bewegt sein soll, es unmittelbar durch ein gänzlich Unbewegtes bewegt werden muss. Darum trägt auch

---

[1]) Wir lesen mit den meisten Handschriften nach Vivès: via efficacissima est ex suppositione aeternitatis mundi, qua posita.

[2]) Auch Vivès hat primum movens, was falsch.

Aristoteles diesen Schluss in Form einer Alternative vor, dass man nämlich entweder sofort an ein abgesondertes erstes unbewegt Bewegendes kommen muss, oder an ein sich selbst Bewegendes, von welchem aus man sofort zu dem ersten unbewegt Bewegenden gelangt“ [1]).

Wir haben diesen durchaus klaren Worten zur Erläuterung nichts beizufügen. Nur möchten wir bemerken, dass eine Beseeltheit der höchsten Sphäre von Aristoteles nicht angenommen wird. Sie wird ihm zufolge nicht einmal von einem besondern Geiste, sondern unmittelbar von Gott bewegt, was, abgesehen von frühern Erwägungen, auch noch daraus hervorgeht, dass Metaphysik XII, 8 bei der Berechnung der Zahl der Sphärengeister ein Beweger der Fixsternsphäre nicht mitgezählt wird [2]). Ueber die Beseeltheit der Sphären überhaupt herrschte im Mittelalter Uneinigkeit der Meinungen, wie Thomas hier sagt: a multis non conceditur. Er selbst will die Frage nicht entscheiden [3]). Ob Aristoteles das Verhältniss der Sphärengeister zu den Sphären als Beseelung oder bloss als Bewegung gefasst, mag dahin stehen. Jedenfalls ist an keine Beseelung in dem Sinne zu denken, wie die vege-

---

[1]) „Praedictos autem processus duo videntur infirmare:

Quorum primum est, quod procedunt ex suppositione aeternitatis motus; quod apud Catholicos supponitur esse falsum. Et ad hoc dicendum quod via efficacissima ad probandum Deum esse, est ex suppositione aeternitatis mundi; qua posita minus videtur esse manifestum quod Deus sit. Nam si mundus et motus de novo incepit, planum est quod oportet poni aliquam causam, quae de novo producat mundum et motum; quia omne quod de novo fit, ab aliquo innovatore opportet sumere originem, quum nihil educat se de potentia in actum vel de non esse in esse.

Secundum est, quod supponitur in praedictis demonstrationibus primum motum, scilicet corpus coeleste, esse motum ex se; ex quo sequitur ipsum esse animatum; quod a multis non conceditur. Et ad hoc dicendum est, quod si primum motum non ponitur motum ex se, oportet quod moveatur immediate a penitus immobili. Unde etiam Aristoteles sub divisione hanc conclusionem inducit, quod scilicet oporteat vel statim devenire ad primum movens immobile separatum, vel ad movens seipsum, ex quo statim devenitur ad movens primum immobile separatum,“ l. c.

[2]) l. c. 1074 a 6 ff.

[3]) Quodlibetum Duodecimum, q. V. art. 8. Utrum coelum sit animatum.

tative und sensitive Seele beseelt. Dass die Himmel aber durch Geister **bewegt** werden, ist auch Thomas nach dem Stande des Wissens seiner Zeit, die die Gesetze der Himmelsmechanik nicht kannte, entschieden anzunehmen geneigt [1].

Indem wir uns jetzt zum Text der Metaphysik wenden, begegnet uns gleich im Anfang der Begriff **der lautern Wirklichkeit**, auf den wir so grosses Gewicht legen. Aus diesem Begriffe lässt sich alles übrige ableiten, was etwa fehlt, um den göttlichen Charakter des ersten Bewegers zu erhärten: seine Immaterialität, seine Stellung als erstes Bewegendes auch im Leben des Geistes, seine lautere Vernünftigkeit und Erkenntniss, die wieder die Quelle seiner vollkommenen Glückseligkeit ist.

Wir wissen bereits, dass Aristoteles den Begriff der lautern Wirklichkeit zum ersten Male im sechsten Capitel des zwölften Buches aufgestellt und begründet hat. Im Anfang des Capitels hatte er das Dasein einer ewigen und unbewegten Substanz auf Grund der ewigen Bewegung ausgesprochen, und man sieht leicht, dass diese Aufstellung auch dann in Kraft bleibt, wenn die Bewegung einen Anfang nahm. Wenn das erste Bewegende auch erst in der Zeit bewegte, so muss es doch ewig sein und in seiner Thätigkeit von niemand und nichts abhangen, sonst wäre es nicht das erste Seiende und Bewegende, sondern das wäre vielmehr jenes, von dem es das Sein empfinge und zum Bewegen bestimmt würde. Diese ewige Substanz nun, so erklärte Aristoteles, müsse ein Princip von der Art sein, dass **seine Wesenheit Wirklichkeit sei**: denn sonst sei die ewige Bewegung nicht möglich. Wir haben also hier den Begriff der reinen Wirklichkeit und seine Begründung. Bevor wir aber den Sinn dieser Begründung untersuchen, wollen wir, um nichts zu übergehen, noch eigens darthun, dass Aristoteles thatsächlich die reine Wirklichkeit in der von uns vorausgesetzten Bedeutung behauptet und mit der Wendung *ἀρχὴ, ἧς ἡ οὐσία ἐνέργεια* hat ausdrücken wollen.

Das bestätigen uns erstens die alten griechischen Com-

[1] Opusc. IX. Resp. ad magistrum Joannem de Vercellis. q. IV. et V.

mentatoren. Wenigstens in der Sammlung der Scholien von Brandis findet sich zu den Worten Z. 18: wenn ihre Wesenheit Vermögen ist, die Erklärung: „das heisst, wenn ihr irgend eine Potentialität beigemischt und sie nicht gänzlich von Potentialität frei ist“ [1]). Wir können aber zweitens die Sache auch leicht aus sich selbst entscheiden.

Ausser dem von uns angenommenen Sinne ist nämlich nur noch ein zweiter denkbar, der, dass das erste Princip als Form im Gegensatz zum Stoffe bestimmt wird. Nach der Lehre des Aristoteles kann bekanntlich die Wesenheit oder Substanz, *οὐσία*, theils Stoff, theils Form oder beides sein. Die Form aber ist ihm die Wirklichkeit, der Stoff die Möglichkeit [2]). Indessen würde diese Bedeutung an unserer Stelle nicht ausreichen. Die Form ist nämlich nur Wirklichkeit im Verhältnisse zum Stoffe, aber sie ist selbst wieder Vermögen im Vergleiche zu ihrer Thätigkeit. Jene Wirklichkeit, so lehrt Aristoteles, die durch die Form vertreten wird, ist von zweifacher Art, einmal wie das Wissen, sodann wie das Denken [3]), womit er eben den doppelten Charakter der Form als substantiales Vermögen und als accidentale Erscheinung ausdrücken will. Nun spricht aber unser Philosoph an der vorliegenden Stelle der Metaphysik offenbar von der Wirklichkeit im Sinne der Thätigkeit, des Bewegens nämlich; er fordert eine Thätigkeit, zu der das Thätige nicht bloss im Stande ist und die es nicht bloss thatsächlich ausübt, sondern die auch nothwendig und immer sein muss. Wäre das Thätige aber bloss in dem Sinne wesentlich wirklich wie die Form, so könnte die Thätigkeit gar wohl nicht sein, ähnlich wie das thatsächliche Denken der wissenschaftlichen Begriffe mit dem Besitze desselben nicht immer verbunden ist. Demnach bedeutet jene Wirklichkeit als Bestimmung der ersten Wesenheit Thätigkeit, womit auch das von Aristoteles gewählte Wort *ἐνέργεια* im Einklange steht, welches im Gegensatze zu *ἐντελέχεια* mehr die Thätigkeit als für sich Vollendetes und

---

[1]) S. 803 a 6 ff. — [2]) Psychol. II, 1. 412 a ff.
[3]) l. c. lin. 10 seq.

Fertiges, nicht die Wesensgestaltung als Princip der Vollendung für anderes bezeichnet [1]).

Nachdem wir im allgemeinen festgestellt haben, wie Aristoteles die wesenhafte Wirklichkeit versteht, müssen wir genauer zusehen, wie er sie begründet. Zu diesem Ende setzen wir noch einmal die entscheidenden Sätze des Textes her: „Wenn sie (die bewegende Wesenheit) nicht thatsächlich wirken soll, wird keine Bewegung sein. Aber auch dann nicht, wenn sie wirken soll, indessen ihre Wesenheit Vermögen ist. Denn es wird keine ewige Bewegung sein, *οὐ γὰρ ἔσται κίνησις ἀΐδιος*. Denn was der Potenz nach ist, ist möglicherweise auch nicht. Folglich muss ein solches Princip sein, dessen Wesenheit Wirklichkeit ist“ [2]).

Wie man sieht, wird hier die wesenhafte Wirklichkeit mit der Thatsache der ewigen Bewegung begründet. In welcher Weise die Thatsache jenen Begriff fordere, wird nur mit den Worten angedeutet: das der Möglichkeit nach Seiende kann auch nicht sein: *ἐνδέχεται τὸ δυνάμει ὂν μὴ εἶναι.* Indessen ist es leicht, aus diesem Satze die Schlussreihe zu ergänzen. Wenn das erste Princip auch nicht sein kann, so ist auch die Bewegung möglicher Weise nicht, und wenn sie nicht nothwendig ist, so ist sie nicht ewig [3]).

Wir müssen uns klar machen, inwiefern nach der Vorstellung unseres Philosophen diese Sätze durch logische Nothwendigkeit verknüpft sind. Aristoteles kann sich eine Bewegung, die erst in der Zeit auftritt, nachdem vorher überhaupt keine Bewegung war, nicht denken. Denn die Bewegung muss nach ihm nicht bloss auf ein Letztes und Ewiges und von sich aus, d. h. kraft seines Wesens Thätiges zurückgeführt werden, sondern dieses aus sich und ewig thätige Wesen

---

[1]) Man vergleiche unsere Schrift: Die substantiale Form und der Begriff der Seele bei Aristoteles. Schöningh, Paderborn 1896. S. 85 f.

[2]) l. c. 1071 b 17—20.

[3]) So erklärt auch Thomas von Aquin im Commentar zur Metaphysik: Si sit tale movens, in cujus substantia admiscetur potentia, contingit id non esse. Quia quod est in potentia contingit non esse. Et per consequens continget quod motus non erit ex necessitate et sempiternus.

muss auch dem endlichen Erfolge nach ewig thätig sein, d. h. ewig bewegen, so dass es also auch ein ewig Bewegtes geben muss. Wenn wir, das ist der Gedanke, über den Aristoteles nicht hinauskommt und den er besonders im ersten Capitel des achten Buches der Physik entwickelt, wenn wir annehmen, dass das erste Princip erst in der Zeit bewegt, nachdem es vorher geruht hat, so wird es verändert, es ist der Möglichkeit nach thätig gewesen und ist nun in Wirklichkeit thätig, und so müsste dann wieder ein höheres Princip gesetzt werden, durch welches es vom Vermögen zur Wirklichkeit überführt wird, und so kämen wir an kein Ende, ausser man setzt von vornherein ein ewig und nothwendig Thätiges und Bewegendes.

Diese Speculation unseres Philosophen krankt an dem Mangel einer Unterscheidung, zu welcher das Denken freilich kaum anders als im Lichte des Christenthums gelangen kann. In sich betrachtet ist die Thätigkeit Gottes nothwendig und ewig, und muss es kraft der Denkgesetze, wie sie Aristoteles z. B. im eben genannten Capitel der Physik hervorhebt, sein. Aber in Bezug auf das, was sie ausser sich wirkt, ist sie nach der Offenbarung weder ewig noch nothwendig. Gott ändert sich nämlich nicht, wie Aristoteles befürchtet, ob er früher wirkt oder später, und ob er überhaupt wirkt oder gar nicht. Denn sein Wirken, sein Thätigsein wird nicht nach Weise des Endlichen durch fremde Objecte, sondern ist ewig durch sich selbst bestimmt.

Wir haben den Sinn der aristotelischen Schlussfolgerung nach unserer Auffassung angegeben: zum Erweise der reinen Actualität des ersten Bewegers stützt sich Aristoteles nicht, wie er sollte, auf die Bewegung schlechthin, sondern auf die ewige Bewegung, weil er annimmt, ein aus sich oder durch seine Wesenheit existirendes und bewegendes Wesen könne eben nur Urheber einer solchen und keiner neu beginnenden Bewegung sein.

In diesem Sinne sind auch noch einige andere Sätze zu verstehen, die Aristoteles im Anschluss an jene Beweisführung vorträgt; zunächst die Sätze, die unmittelbar folgen: „Demnach also müssen diese Wesenheiten auch ohne Stoff sein. Denn sie müssen ewig sein, wofern es doch ein anderes Ewiges gibt. Mithin müssen sie in Wirklichkeit sein" [1]). Wir bemerken vorab, dass der Pluralis Wesenheiten statt des Singulars so erklärt werden kann, dass Aristoteles nach seiner Gewohnheit einstweilen noch unbestimmt ausdrückt, was erst der Fortgang der Untersuchung klarstellen soll, und darum in Wirklichkeit nichts anderes sagen will, als was der Singularis ausdrückt. Demnach ist die Immaterialität des ersten Bewegers ausgesprochen. Wie aber wird sie begründet? Unmittelbar freilich aus der Actualität des ersten Princips, die den vollen Gegensatz zu der Potentialität des Stoffes bildet. Aber diese Actualität selbst wird aus der Ewigkeit des ersten Bewegers und diese seine Ewigkeit aus der Ewigkeit der Bewegung abgeleitet. Was uns hier interessirt, ist die Ableitung der Actualität des Urwesens aus seinem Charakter als ewiger Beweger. Aristoteles brauchte an sich kein anderes Beweismoment als das des Bewegens oder Thätigseins rein aus sich heraus, aber dieses Moment ist ihm unzertrennlich von thatsächlichem ewigen Bewegen. Auch die von uns schon früher in der allgemeinen Uebersicht angezogenen Sätze, in denen das Actuale im endlichen Bereiche für das Ursprüngliche und immer Dagewesene ausgegeben wird, sind uns jetzt verständlich. „Es war immer dasselbe," sagte Aristoteles, „sei es im Kreislauf, sei es auf andere Weise, wenn anders die Actualität eher ist als die Potentialität" [2]). Hier liegt wieder nichts anderes als die irrige Meinung zu Grunde, dass ein ewig Actuelles auch nothwendig ewig schafft. Darum war unserm Philosophen zufolge das Erste nicht bloss schlechthin, sondern auch im Umfange der Schöpfung, nicht das Unvollkommene, sondern das Vollkommene [3]). Eben dahin

---

[1]) l. c. 1071 b 20—22. — [2]) 1072 a 8 f.

[3]) **Suarez scheint zu irren, wenn er den Beweis für die Actualität des Urwesens so nimmt, als stütze derselbe sich einfach auf die ewige Bewegung, wie sie auch von den Sphärengeistern ausgeht, nicht auf jene erste Bewegung, die von keiner andern abhängt. Diepp. Metaphysicae, Index in l. XII, c. VI, q. 3. Ebenso scheint die Bemerkung verfehlt,**

gehört der Anfang des siebenten Capitels, den wir ohne weitere Erklärung noch beifügen wollen: „Da nun einerseits die Sache sich wirklich so verhalten kann, und da anderseits im andern Falle die Dinge aus der Nacht und dem »Alles in einander« und aus dem Nichtseienden entstanden sein müssten, so möchten sich die vorliegenden Fragen wohl auf diese Weise lösen lassen, und es gibt wirklich etwas, was immer bewegt ist in unaufhörlicher Bewegung, und zwar in einer Kreisbewegung; und dies leuchtet nicht bloss durch das Nachdenken ein, sondern ist auch durch die thatsächliche Erfahrung bezeugt. So wäre denn also der erste Himmel ewig. Demnach gibt es auch etwas, was seine Bewegung bewirkt. Da aber das, was bewegt wird und bewegt, in der Mitte steht, so gibt es also etwas, was unbewegt bewegt, ein Ewiges, welches gleichzeitig Substanz und Actualität ist“ [1]).

Nachdem wir die Begründung der substantialen oder reinen Actualität in der aristotelischen Fassung betrachtet haben, ist nunmehr anzugeben, wie sie schlechthin begründet werden muss. Wir setzen als bewiesen voraus, dass es ein erstes unbewegtes Bewegendes gibt. Da es also bewegt, so ist es insofern actuell. Diese Actualität aber muss unmittelbar mit seinem Wesen gegeben sein. Ginge sie erst aus der Wesenheit hervor, wie der Act aus dem Vermögen, so wäre es bewegt. Wir haben aber angenommen, dass es unbewegt ist. So ist denn die erste Substanz wesentlich actuell, insofern sie bewegt. Dann muss sie aber auch ganz und gar actuell sein, denn das Wesen lässt sich nicht theilen, und etwas kann nicht zugleich wesentlich actuell und wesentlich

---

die er ebendaselbst in der vierten Quästion macht, der Frage, ob von dem Philosophen die Immaterialität der himmlischen Beweger hinreichend damit bewiesen werde, dass sie ewig sind: „Es ist wirklich schwer, diesem Beweisgrunde Gewicht beizulegen, da das Gebrechen der Schlussfolgerung sogleich an den Himmeln selbst zum Vorschein kommt, die ewig und doch nicht immateriell sind.“ An Suarez schliesst sich in der Auslegung des aristotelischen Beweises für die reine göttliche Actualität sein Ordensgenosse **Kleutgen** an, Philosophie d. Vorzeit, II. Bd. 9. Abh. N. 946. 1. Auflage.

[1]) l. c. 1072 a 19 ff.

potentiell sein, weil diese beiden Momente einander entgegengesetzt sind und sich ausschliessen. Wir können das letztere auch noch anders ausdrücken. Was durch sein Wesen thätig ist, ist Thätigkeit, so wie was wesentlich leuchtet, Licht, und was wesentlich schwarz ist, Schwärze ist. Nun ist aber das erste Princip durch sein Wesen thätig, also ist es Thätigkeit und nichts als Thätigkeit.

Der ganze Beweis stehe hier der grössern Deutlichkeit wegen auch noch indirect. Wäre in Gott irgend welche Potentialität, so gäbe es ein Höheres und Ursprünglicheres als Gott, das die Potentialität in den Act überführte. Denn aus der Möglichkeit allein kann keine Wirklichkeit werden, wie jedermann einsehen muss. Wäre aber etwa gar kein Princip der Verwirklichung da, so fehlte auch die Möglichkeit; denn eine Möglichkeit, die nicht verwirklicht werden kann, ist keine Möglichkeit. Wollte man aber annehmen, das actuirende Princip liege in Gott selbst, so läge es entweder in seiner Wesenheit, so dass es mit derselben nothwendig als wirklich actuirend schon gegeben wäre, oder es läge in Gottes freier Bestimmung, so dass erst durch sie das actuirende Princip in ihm in Wirksamkeit träte. Fliesst nun die Actuirung nothwendig aus der Wesenheit, so ist durch dieselbe alle Möglichkeit ursprünglich nicht bloss aufgehoben, sondern ausgeschlossen, nicht bloss erfüllt, sondern überboten. Es ist für dieselbe gar kein Raum, so wenig als die Eigenschaften des Dreiecks oder des Kreises, die aus dem Wesen dieser Figuren fliessen, für die entgegengesetzten Bestimmungen Raum lassen. Soll aber das actuirende Princip erst durch Gottes freien Entschluss in Wirksamkeit gesetzt werden, so müsste dieser Entschluss wieder durch ein höheres determinirendes Princip zu Stande kommen, und so gelangten wir wieder zu der Folge, dass Gott nicht das erste bewegende und bestimmende Princip wäre. Demnach ist die göttliche Actualität durch keinerlei Potentialität getrübt. Sie ist das lautere Sein und Wirken[1]).

---

[1]) Man vergleiche die Beweisführung bei Thomas v. Aquin, summa c. g. I, 16, quod in Deo non sit potentia passiva.

Betrachten wir noch, um diesen wichtigen und entscheidenden Punkt in desto helleres Licht zu stellen, das Verhältniss von Potentialität und Actualität in den zufälligen endlichen Wesen. Auch in ihrer Wesenheit oder Substanz muss ein Wirkliches als erstes gesetzt werden. Die Wesenheit muss wirklich sein, um thätig sein zu können. Das Mögliche kann nicht Träger wirklicher Bestimmungen oder Grund wirklicher Erscheinungen sein. Es leuchtet also ein, dass wir auch die endlichen Substanzen oder Wesenheiten als wahre und eigentliche Wirklichkeiten anzusehen haben. Ein bestimmtes Dasein ist nothwendig mit ihrer Substanz gegeben. Wie unterscheidet sich also dieses, möchten wir sagen, wesentliche Wirklichsein von der ersten und absoluten Actualität? Und wie sollte es verwehrt sein, in Bezug auf dasselbe die nämlichen Folgerungen wie für jene zu ziehen, dass es nämlich für die Potentialität keinen Raum lasse? Die Lösung dieser Aporie liegt einfach darin, dass die Wesenheiten der existirenden endlichen Dinge zwar wirklich sind, aber nicht aus und durch sich, sondern durch ein anderes. Sie sind aus sich Vermögen, zu sein, und wie darum das Vermögen zu sein und nicht zu sein ihnen eigen ist, so ist es auch kein Widerspruch, dass sie innerhalb der accidentalen Kategorieen so und anders zu sein vermögen. Es ist eben nicht die Wirklichkeit selbst, die durch die Accidentien ihre Bestimmung erhält, sondern das Subject der Wirklichkeit, das sich zu dieser gleichsam wie der bildsame Stoff verhält.

Die unendliche Wesenheit ist nicht bloss unwandelbares Sein, sondern auch unwandelbare Thätigkeit. In den endlichen Wesen wechselt die Thätigkeit, während ihre Wesenheit im Sein beharrt. Unser Geist bleibt z. B. derselbe, ob wir thatsächlich denken oder nicht. Nichtsdestoweniger wäre es an sich möglich, dass auch ein endliches Wesen in derselben Thätigkeit von sich aus immer beharrte. So hat man z. B. von dem Abstractionsvermögen in uns, dem sogenannten intellectus agens, obschon, wie wir glauben mit Unrecht, behauptet, derselbe sei immer thätig, um die sinnlichen Vorstellungen in uns unbewusst in's Licht der Intelligibilität zu erheben[1]). Allein, selbst wenn dem so wäre, so fehlte noch viel an der lautern Actualität, die das Unendliche unterscheidet. Jene Thätigkeit ginge ewig aus der Wesenheit hervor wie der Act aus dem Vermögen, so dass die Wesenheit nicht die Thätigkeit wäre, sondern sie hätte. Ueberdies wäre die Wesenheit in jener Thätigkeit nicht ganz actuirt, sie ginge in ihr nicht auf, sondern ein Theil von ihr bliebe zurück, um als Grundlage anderer, wechselnder Erscheinungen zu dienen.

So mögen wir denn die Actualität betrachten, wie die Denkgesetze sie für das erste Wirkende herausstellen, oder wie die Beobachtung sie für die uns bekannten abhängigen Dinge lehrt, in beiden Fällen bestätigt es sich, dass die erste Wirklichkeit reine Wirklichkeit ist. Denn was aus sich wirklich ist, kann nichts anderes als Wirklichkeit sein, und wo die Wirklichkeit mit Potentialität gemischt ist, da kann keine volle Unabhängigkeit des Seins bestehen, wie im ersten Wirklichen.

Somit steht die Existenz einer lautern Wirklichkeit als eine unabweisbare Forderung des Denkens fest. Es kann, um noch einmal alles zusammen zu fassen, keinen Uebergang von der Möglichkeit des Seins und der vollkommenen Thätigkeit zu der Wirklichkeit beider geben, ohne dass es ein ursprünglich Seiendes und Thätiges gibt, eine ewige Substanz, die durch ihr Wesen ist und wirkt. Denn das Wirkliche kann im letzten Grunde nicht aus dem Möglichen hervorgehen, sondern muss durch eine Wirklichkeit möglich sein und wirklich werden. Die Existenz jener ersten Wirklichkeit wird uns übrigens auch durch das Kleinste verbürgt, was nur irgend eine Veränderung erfährt, und wir haben, um ihres Daseins gewiss zu werden, nicht gerade nöthig, mit Aristoteles die Veränderung bis zum höchsten Himmelsumschwung zu verfolgen. Der erhabene Aufschluss über den Namen der Gottheit: „Ich bin, der ich bin," welchen die Offenbarung enthält[2]), er wird durch jede, auch die leiseste Bewegung des

[1]) Vgl. Brentano, Die Psychologie des Aristoteles, S. 165.

[2]) Exod. III, 14.

wandelbaren Seins bestätigt und gleichsam stillschweigend wiederholt, indem jede Veränderung im endlichen Sein auf das ewige, wandellose Sein des Urwesens als letzte Erklärung zurückweist.

Die Beschaffenheit dieses Seins in sich können wir uns nicht vorstellen. Es ist für jede endliche Intelligenz unbegreiflich. Indessen können wir aus dem, was wir einmal von dem ersten Sein erkannt haben, eben nämlich aus seiner ungetrübten Lauterkeit, eine Reihe von weitern Vollkommenheiten für dasselbe ableiten. Es muss ein rein geistiges Wesen sein. Denn das Materielle und Körperliche ist in mannigfacher Weise abhängig, potential und leidend. Das aus sich Wirkliche aber ist durchaus unabhängig und von jeder Potentialität frei. Es muss die Quelle aller höhern Erkenntniss sein, die lautere Wahrheit, die zugleich das höchste Gut des Geistes ist. Denn nur die Wahrheit bewegt, ohne bewegt zu werden, da sie zwar den Geist zur Erkenntniss führt, von diesem vollkommener, von jenem unvollkommener begriffen wird, in sich aber unverändert dieselbe bleibt. Endlich muss jenes Wesen selber die lautere Erkenntniss und weiterhin die lautere Seligkeit sein. Denn da das Endliche das Intelligible erst aufnehmen muss, um denkend zu werden und die Seligkeit des Denkens zu verkosten, so ist jenes wesenhaft das Intelligible.

Von diesen drei Vollkommenheiten nun, der Geistigkeit, der Intelligibilität und der lautern glückseligen Erkenntniss, behandelt unser Philosoph die beiden letztgenannten im weitern Verfolg seiner Untersuchung noch besonders, und erst nachdem er diese Wahrheiten begründet und erklärt hat, nennt er das erste Bewegende G o t t und erklärt, jenes Wesen als daseiend erwiesen zu haben, das in der Vorstellung aller als das göttliche Wesen steht. So weit müssen also auch wir die Darstellung des Aristoteles verfolgen. Zuerst demnach haben wir zu betrachten, wie er das erste Bewegende als Quelle der Erkenntniss oder als erste und subsistirende Wahrheit erweist. Er thut dieses, wie wir schon wissen, indem er es zugleich als das erste Appetible und höchste Gut, das als solches, als begehrter Endzweck, bewegt, in Evidenz stellt.

Wir wollen zunächst den Wortlaut des einschlägigen Textes der Metaphysik, den wir bisher noch nicht gebracht haben, hersetzen.

„Es (das unbewegt Bewegende, das ewig und Substanz und Energie zugleich ist) bewegt aber auf folgende Weise.

„Das Begehrte und das Intelligible (*τὸ ὀρεκτὸν καὶ τὸ νοητόν*) bewegen, ohne bewegt zu werden. Von diesen beiden aber ist je das Erste dasselbe. Denn das sinnlich Begehrte ist ein gut Scheinendes, das erste mit dem Willen Begehrte aber ist ein gut Seiendes. Wir begehren aber nach etwas, weil es uns gut erscheint, nicht erscheint uns etwas gut, weil wir nach ihm begehren. Der Anfang aber ist das Denken. Der denkende Geist aber wird von dem Intelligibeln bewegt, intelligibel aber ist die eine Reihe an und für sich, und in dieser Reihe ist das Erste die Substanz, und als Substanz ist wieder das Erste die einfache und actuelle Substanz. Man muss aber wohl unterscheiden zwischen dem Einfachen und dem Einen. Denn das Eine bedeutet ein Maass, das Einfache aber zeigt an, wie das Betreffende beschaffen ist. Nun stehen auch das Schöne und das an sich Erwählenswerthe in derselben Reihe, und zwar ist das Erste immer das Beste oder ein Analogon zu ihm. Dass aber das Warum zum Unbewegten gehört, zeigt die Unterscheidung. Das Warum ist nämlich ein Warum, für das etwas erstrebt wird, und ein Warum, welches Ziel des Strebens ist[1]). Von diesen gehört das letztere zum Unbewegten, das erstere nicht.

„So bewegt es denn als geliebt[2]), mit Bewegtem aber bewegt es das übrige.

„Wird nun etwas bewegt, so kann es sich auch anders verhalten. Daher kann die erste Ortsbewegung, wenn sie auch

---

[1]) Wir folgen der Conjectur von Christ: *„ἔστι γὰρ τινὶ τὸ οὗ ἕνεκα καὶ τινός.“*

[2]) Wir lesen mit Codex A^b *κινεῖ δή*, statt *κ. δέ*, ebenso mit Codex *E* und *T* *κινουμένῳ* statt *κινούμενον*, was übrigens im Sinne wohl wenig Unterschied macht.

Actualität ist[1]), insofern sie bewegt wird, sich dem Orte nach anders verhalten, auch wenn sie der Substanz nach es nicht kann. Da aber ein selbst unbewegtes Bewegendes ist, ein Actuelles, so kann dieses sich auf keine Weise anders verhalten. Denn die Ortsbewegung ist die erste der Veränderungen, und von dieser ist die erste die Kreisbewegung, diese aber wird von jenem bewirkt. Also muss es ein nothwendig Seiendes sein, und sofern es nothwendig ist, verhält es sich recht, und so ist es Princip (*καὶ ᾗ ἀνάγκη, καλῶς, καὶ οὕτως ἀρχή*, d. h. sofern es nothwendig ist, hat es die rechte Verfassung, um Princip zu sein)[2]). Das Nothwendige nämlich ist auf dreierlei Weise: erstens durch Gewalt, sofern es gegen den eigenen Trieb ist, zweitens als das, ohne welches etwas nicht gut geräth (*οὗ οὐκ ἄνευ τὸ εὖ*), drittens als das, was nicht anders sein kann, sondern einfachhin nothwendig ist. Von einem solchen Principe folglich hängt der Himmel und die Natur ab" [3]).

Aristoteles verfolgt in diesem Text eine doppelte Absicht. Einmal will er die Vollkommenheit des ersten Bewegenden in's Licht stellen, wie auch in dem folgenden Abschnitt dieses Capitels, wo er von dessen Erkenntniss und Glückseligkeit handelt; sodann will er anschaulich machen, wie dasselbe bewegen könne, ohne bewegt zu werden, um so die Möglichkeit der Bewegung vor der Vernunft zu rechtfertigen. Denn die Vernunft fordert, wie alles Bisherige sattsam gezeigt hat, für alles Bewegte als letzten Grund ein Unbewegtes. Die moderne Aristoteles-Forschung freilich hat daraus, dass hier als letztes Bewegendes das gedachte Begehrte erscheint, mit Verleugnung aller Logik den Schluss gezogen, dass der aristotelische Gott überhaupt nicht als wirkungskräftiges Princip die Welt bewegt, sondern nur als ruhendes, ohnmächtiges Ziel, wie der menschliche Geist durch den abstracten Gedanken

---

[1]) Wir lesen mit **Bullinger**: *ὥστε ἡ φορὰ ἡ πρώτη εἰ καὶ ἐνέργειά ἐστιν, ᾗ κινεῖται.*

[2]) So erklärt den Sinn **Themistius** f. 14: illud vero initium quod hoc pacto necessarium est, id vere initium est.

[3]) l. c. XII, 7. 1072 a 26 – b 14.

eines begehrten Gutes, Vortheils oder Genusses bewegt wird. Es müsste da unser Philosoph eine Erklärung des bewegenden Urprincips gegeben haben, die dasselbe in Wirklichkeit aufhöbe. Und doch lag ihm im vorigen Capitel, wie wir sahen, nichts so sehr an, als zu versichern und zu erhärten, dass ohne wirkungskräftiges Princip keine Bewegung herauskomme [1]). Nein; Aristoteles will zeigen, wie Gott in jedem Sinne von Bewegung, auch der geistigen, bewege, ohne bewegt zu werden, und dies erfordert gerade den Nachweis, dass er als das intelligible Wahre und Gute bewegt. Dieses ist der Zweck und das Ziel jedes bewussten Strebens, und wenn dieser Zweck nicht in Gott selbst liegt und er nicht selbst dieser Zweck ist, so wird seine Thätigkeit von fremden Zwecken abhängig, und er hört auf, der erste und unbewegte Beweger zu sein. Demnach bewegt er alles, Körperliches und Geistiges, als Zweck, indem die active, von Gott ausgehende Bewegung ihn selbst, die Verwirklichung seiner wesenhaften Gedanken, zum Ziele hat. Nun ist es freilich wahr, dass dieser Gedanke bei Aristoteles dadurch etwas verdunkelt wird, dass er die Bewegung, die Gott auf den Geist ausübt, in den Vordergrund rückt und die andere, durch die das Körperliche bewegt wird, zurücktreten lässt: die letztere erscheint mehr als das Werk der endlichen Intelligenzen. Das kann aber einmal hinreichend daraus erklärt werden, dass es der Anschaulichkeit wegen geschieht. Denn das vom Ziel beherrschte Streben des end-

---

[1]) Wir haben uns hierüber weitläufiger in der Schrift ausgesprochen: Die aristotelische Auffassung vom Verhältnisse Gottes zur Welt und zum Menschen, Berlin, Mayer & Müller. Bei pantheistischen Gelehrten nimmt uns die angegebene gezwungene Auslegung nicht wunder. Uns fallen da immer die frühern Gewährsmänner solcher irrigen Deutung, die mittelalterlichen arabischen Philosophen, ein. Sie leugneten in Gott, nicht bloss in dem aristotelischen, alles, was nach Lebendigkeit und Wirkungskraft aussah, als könnte es ihnen einmal unbequem werden oder dabei Dinge zum Vorschein kommen, die über die Begriffe ihrer Schulweisheit hinausgingen. Dass auch katholische Gelehrte solchen Auffassungen folgen, erklärt sich wohl nur aus der Abhängigkeit von der protestantischen Wissenschaft, nachdem man den Faden der alten Ueberlieferung hat fallen lassen.

lichen Geistes macht uns die Unbeweglichkeit des göttlichen τέλος oder οὗ ἕνεκα einigermaassen begreiflich. Sodann räumen wir unbedenklich die Möglichkeit ein, dass unser Philosoph die äusserst schwierige Frage vom Wirken Gottes etwa nicht hinreichend bemeistert hat. Schon der Ausgang des endlichen Wirkens aus dem Vermögen und aus der Substanz, den wir erfahren, erklärt sich für das Denken schwer, wie viel mehr das Wirken der unveränderlichen Gottheit. Es kann also sein, dass Aristoteles in dem vorliegenden Versuche, die Sache zu veranschaulichen, sich im wohlempfundenen Bewusstsein seines Unvermögens auf die geistige Bewegung beschränkt hat. Jedenfalls aber hat er selbst der Annahme, als ob es sich nur um diese handele, so wirksam, als an ihm lag, dadurch vorgebeugt, dass er am Schlusse des Capitels die Bewegung der Welt als die Wirkung einer unendlichen Kraft bezeichnet und daraus neuerdings folgert, was schon vorher sicher gestellt war, dass der erste Beweger ein grössenloses, d. h. unkörperliches und geistiges Wesen sei [1]). Doch kehren wir jetzt wieder zu unserm Texte zurück, um zu sehen, wie Aristoteles den Charakter des ersten Bewegers als erstes Appetibles und erstes Intelligibles erhärtet.

Er thut dies mit den wenigen Worten: „Es bewegt so. Das Begehrte und das Gedachte bewegen, ohne bewegt zu werden.“

Wir haben hier eine virtuelle Schlussfolgerung, die formell so lauten würde: Nur das Begehrte und Gedachte bewegen, ohne bewegt zu werden. Nun aber bewegt das erste Bewegende, ohne bewegt zu werden. Also bewegt es als Begehrtes und Gedachtes. Der Obersatz wird von Aristoteles nicht besonders bewiesen, ergibt sich aber wie an sich, so auch vom Standpunkte des aristotelischen Systems ohne Mühe. Es gibt

---

[1]) L. c. 1074 a 5 ff. Aristoteles bezieht sich an dieser Stelle auf frühere Nachweisungen. Es sind die uns bekannten Stellen am Schlusse der Physik gemeint. Die Worte: „Es ist aber auch gezeigt worden, dass diese Substanz keine Grösse haben kann,“ wollen nicht so gedeutet sein, als ob er etwas Neues beweise, sondern er beweist nur neu, was schon bewiesen war, entsprechend seiner Gewohnheit, die Argumente zu häufen.

eine doppelte Bewegung, die physische und die vom Begehrungsvermögen abhängige. Für die erstere ist im Gebiet der Natur das höchste und erste Bewegende der Fixsternhimmel; dieser aber ist selbst bewegt und hat gerade dadurch seine centrale Bedeutung für alles irdische Geschehen. Diejenige Thätigkeit aber, die aus dem Begehren hervorgeht, sowie dieses selbst, steht offenbar unter dem Einflusse des Begehrten, d. h. des erkannten Guten. Und so bleibt für dieses allein der Vorzug übrig, zu bewegen, ohne bewegt zu sein.

Der Untersatz, dass das erste Bewegende bewegt, ohne bewegt zu werden, scheint zwar insofern keine Schwierigkeit zu bereiten, als er das anerkannte Ergebniss der ganzen Untersuchung vom Princip der Bewegung enthält. Aber inwiefern er hier am Platze sei, leuchtet nicht sofort ein. Denn wir haben den ersten Beweger streng genommen nur erst als Urheber der physikalischen Bewegung kennen gelernt. Hier aber handelt es sich um die geistige Bewegung. Indessen kann er die physikalische Bewegung als geistiges Wesen nicht hervorbringen ohne einen bewussten Zweck, und dieser ist ein erkanntes Gut, und wenn er dieses nicht selbst wäre, so würde er von demselben wie von aussen bewegt, da er doch als lautere Actualität in aller und jeder Beziehung unbewegt ist. Folglich ist er jenes erkannte Gut, und Urheber der Bewegung, insofern er es ist. Diese Bewegung braucht nicht nothwendig geistige Bewegung, Denken oder Wollen zu sein, wie wenn er als unmittelbares Object der Erkenntniss und der Liebe vor irgend einem Geiste stände, der dann, von dem Geschauten hingerissen, anderes, Körperliches bewegte; er kann unmittelbar Körperliches bewegen, und doch bewegt er dabei als intelligibles Gut, insofern er sich in seiner Thätigkeit Selbstzweck ist.

Nachdem feststeht, dass das erste Bewegende als Begehrtes und Gedachtes bewegt, hebt Aristoteles noch hervor, dass das erste Begehrte mit dem ersten Gedachten eins ist: „Von diesen beiden aber ist je das Erste dasselbe.“ Dass dieses in dem ersten Bewegenden so ist, versteht sich zwar von selbst, bedeutet aber einen Gegensatz zu der Weise unseres menschlichen Begehrens. Für uns ist das, was wir als erstes intelligibles oder geistiges Gut erkennen, nicht immer auch das Erste, was wir thatsächlich begehren. Vielmehr ziehen wir häufig ein sinnliches Gut vor. Die Lüsternheit lässt uns ein solches gut erscheinen. Indessen ist auch hier der Anfang des eigentlich menschlichen und frei gewollten Begehrens das Denken. Erst muss nämlich unter dem berückenden Einfluss der Begierde das Urtheil des Geistes von der Güte und dem Werthe des Begehrten, sei es auch nur die Güte des Ergötzlichen, zu Stande gekommen sein. Dann kann der Wille sich auf dasselbe richten, da derselbe eine vernünftige Seelenkraft ist: „Wir begehren mehr, weil das Ding gut scheint, als es gut scheint, weil wir begehren. Der Anfang aber ist das Denken.“

Nachdem gezeigt worden, dass das Intelligible und Appetible das erste Bewegende ist, erübrigt noch, hieraus die Vollkommenheit des ersten Bewegenden abzuleiten. Wir haben dieselbe zwar schon aus der Bewegung, die es in der sichtbaren Welt hervorbringt, erkannt, wir haben eingesehen, dass nur ein geistiges Wesen, welches Substanz und Thätigkeit zugleich ist, die physikalische Bewegung als höchster Urheber bewirken kann. Aber dasselbe lässt sich auch daraus folgern, dass das erste Bewegende das erste Intelligible und das erste Appetible ist.

Zuerst daraus, dass es das erste Intelligible ist. Das erste Intelligible muss eben die einfache, actuelle Substanz sein. Es muss vor allem ein Positives und Gutes, nicht ein Negatives und Schlechtes sein. Denn letzteres wird nur aus ersterm erkannt. Aristoteles drückt dies mit den Worten aus: „Die eine von den beiden Reihen ist an und für sich intelligibel.“ Er meint eben die Reihe des Positiven und Guten. Sodann muss es eine Substanz und zwar eine einfache und wirkliche Substanz sein. Denn der Begriff des Accidens setzt den der Substanz voraus, da er aus diesem bestimmt wird, und der Begriff des Zusammengesetzten und Möglichen oder Vermögenden den des Einfachen und Wirklichen oder Wirkenden. So ist denn klar: das erste Intelligible ist die einfache actuelle Substanz. Aristoteles fügt bei, dass man unter dem Einfachen hier nicht das Eins verstehen dürfe. Die griechischen Scholien bei Brandis [1]) erblicken in diesen Worten eine Verwahrung gegen die Meinung, als ob nur eine unbewegte Substanz wäre, Themistius [2]), wohl besser, eine Verwahrung vor der Auffassung des Einfachen als quantitativ Einfachen, das etwa Bestandtheil eines Ganzen sein könnte. Thomas von Aquin [3]) nimmt die Bemerkung, wohl am besten, als gegen Plato gerichtet, der das intelligible Eins zum ersten Princip aller Dinge machte. Schon im vorigen Capitel hatte unser Philosoph die ewigen Substanzen nach Art der Ideen, als der lebendigen Wirkungskraft ermangelnd, abgewiesen [4]).

Sodann wird dasselbe, wie vorhin, aus der Natur des Appetibeln gefolgert. Dies thut Aristoteles in folgender Weise. „Das Schöne," sagt er, „und das um seiner selbst willen Erwählenswerthe steht in derselben Reihe," das heisst, in derselben Reihe des Positiven und Guten wie das Intelligible. Man erwählt mitunter auch ein Uebel, aber nicht um seiner selbst willen, sondern wegen eines höhern Zweckes, wie man z. B. eine bittere Arznei nimmt. „Und das Erste," fährt er fort, „ist immer das Beste oder ein Analoges," das heisst, das Frühere in der Gattung des Intelligibeln ist auch das Bessere unter dem Appetibeln. Hier stände also, wenn unsere Deutung des Textes, die wir dem Aquinaten [5]) entlehnen, richtig ist, der Superlativ statt des Comparativs. Inwiefern das als Intelligibles Frühere auch für das Begehren vorzüglicher ist, wird von Aristoteles als selbstverständlich nicht weiter begründet. Ein mögliches Gut ist weniger als ein wirkliches, und ein materielles weniger als ein geistiges, und eine Eigenschaft weniger als ihr Träger. Die Worte: oder ein Analoges, erklären wir: oder ein Schöneres, Tugendhafteres, Genussreicheres je nach der Art der Gutheit des Betreffenden [6]).

---

[1]) 805 a 20 ff. — [2]) f. 13. — [3]) Commentar, Lection 5 bei Vivès. — [4]) l. c. 1071 a 14 ff. — [5]) Commentar, 5. Lection.

[6]) Die Deutung von Bullinger, Arist. Metaph. 218: oder das Schönste, Einfachste, Intelligibelste können wir uns deshalb nicht an-

So ist denn das erste Bewegende das Beste, das höchste Gut. Als solches ist es Endzweck oder letztes Ziel alles endlichen Strebens und Geschehens. In ihm findet jegliches seine Vollendung, es selbst aber kennt keinen Zuwachs an Vollkommenheit. Dies ist der Sinn der Worte: „dass aber das Warum zum Unbewegten gehört usw." „Demnach," so heisst es weiter, „bewegt es als geliebt, das Bewegte aber bewegt das Uebrige," oder, „mit Bewegtem aber bewegt es das Uebrige". Alle Bewegung im Geistesleben, jedes Forschen nach Wahrheit und jedes Streben nach Glückseligkeit zielt im letzten Grunde auf das Urwesen hin, unmittelbar aber steht dasselbe vor den Sphärengeistern, die, von seiner Liebe ergriffen und bewegt, das Uebrige bewegen, welches einer Erkenntniss und Liebe des höchsten Gutes unfähig ist, die ewigen Himmel und die hinfällige irdische Natur, indem der Lauf des Himmels den Wechsel von Entstehen und Vergehen hervorbringt [1]).

Im letzten Abschnitt des Textes, um das noch beizufügen, wird von der Nothwendigkeit gesprochen, die sich im ersten Beweger findet. Es ist eine absolute Nothwendigkeit, da das erste Bewegende sich nicht anders verhalten kann, als es sich verhält. Wahrscheinlich soll hiermit auch an dieser Stelle zu verstehen gegeben sein, dass auch die Bewegung, die es bewirkt, absolut nothwendig ist; und wenn dem so sein sollte, so haben wir hier eine Wiederholung des uns schon bekannten Irrthums, der Ueberspannung des Begriffes der lautern Actualität auf Kosten der göttlichen Freiheit [2]).

---

eignen, weil das Subject des Satzes eben das Intelligibelste und Einfachste ist, demnach dies nicht als Aussage stehen kann.

[1]) Diese Erklärung der Worte: „So bewegt es denn als geliebt, mit Bewegtem aber bewegt es das Uebrige," müssen wir allein vertreten. Dass das Bewegte, womit das Erstbewegende bewegt, geistig Bewegtes ist, scheint sicher; ziemlich sicher auch, dass der Fixsternhimmel keinen eigenen Beweger haben soll; auch bewegt er nicht so ohne weiteres die niedern Sphären, wie wir früher gesehen haben.

[2]) Der Deutung von Thomas von Aquin, Lect. 5 nach Viv., wonach die Bewegung in der Weise nothwendig wäre, wie etwas, ohne welches eine Sache nicht gut geräth, d. h. nur unter Voraussetzung eines bestimmten Zweckes nothwendig, können wir nicht beitreten, obgleich sie auch von dem alten Scholiasten bei Brandis festgehalten wird.

Nachdem wir im Vorstehenden den Text über das intelligible Wahre und Gute als erstes Bewegendes erläutert haben, wollen wir nunmehr an die Lehre selbst noch eine Besprechung anknüpfen, theils um neuen Missverständnissen zu begegnen, theils um im Zusammenhange damit von einer weitern Anwendung zu reden, die man dieser Lehre geben kann und thatsächlich gegeben hat. Man hat sie nämlich zum Motiv eines eigenen Gottesbeweises genommen, indem man aus dem vielen Wahren und Guten, das unsern Geist bewegt, auf die höchste Wahrheit und Güte schloss, in welcher jenes gründet.

Um von den Missverständnissen anzufangen, so kann der Begriff des Urwesens als der reinen Wahrheit und Güte uns leicht entweder als nichtssagend vorkommen, wenn wir nämlich an der Substantialität Gottes festhalten, oder, wenn wir den Begriff ernst nehmen, so mag er uns als eine Verflüchtigung des höchsten Wesens erscheinen, als eine Verweisung desselben aus dem Gebiete der festen Wirklichkeit in die Region nebelhafter Abstractionen. Dieser vielleicht unbewusste Eindruck mag auch die Entstehung der Auffassung begünstigt haben, als ob die Gottheit bei Aristoteles nur als Zweck bewege, aller Wirkungskraft ermangelnd. Woher kommt aber jene Nebenvorstellung des Schattenhaften und Wesenlosen, die den Ideen der Wahrheit und Güte anklebt, auch dann, wenn dieselben auf die allerrealste Substanz bezogen werden? Offenbar daher, weil wir das Wahre und Gute nur auf dem Wege der Abstraction, nicht auf dem Wege der Intuition erkennen. Wir vermögen nichts Intelligibles, nicht einmal die eigene Seele in der Weise mit unserm Geiste zu erfassen, wie wir mit dem Auge das Licht oder die Gestalt schauen [1]. Was

[1] „Wenn der Geist so (durch Selbstverähnlichung mit dem Object) das Einzelne wird, wie man den actuell Wissenden wissend nennt, dann ist er auch im Stande, sich selbst zu erkennen (d. h. erst durch seine Thätigkeit wird er seiner selbst inne; er erkennt sich also nicht von vornherein aus seinem Wesen)," Ar. d. anim. III, 4. 429 b 5 ff. „Er ist in der Weise intelligibel wie das andere Intelligible (d. h. nicht actuell, sondern potentiell)," ibid. 430 a 2 f. Vgl. Thomas v. A. S. c. g. III, 46, quod anima in hac vita non intelligat seipsam.

wir direct erkennen, sind nichts als Körper oder Eigenschaften von Körpern. Was wir aber als Wahrheit erkennen, d. h. denken — denn wahr sein und Gegenstand des Denkens oder intelligibel sein ist eins —, das erkennen wir immer als abgezogen von dem Körperlichen, als etwas, was erst durch unsere eigene Thätigkeit, eben durch das Denken und in ihm Dasein und Gestalt erhält. So verbinden wir denn mit dem Wahren den Begriff des Unwirklichen, nur in unserm Geiste Vorhandenen, wenn wir dabei auch selbstverständlich nicht an willkürliche Vorstellungen denken. Wir verwechseln dabei das Sinnenfällige mit dem Wirklichen und die unmittelbare Erkenntniss mit Erkenntniss überhaupt. Weil das Gedachte nichts Körperliches ist, und weil wir seinen Inhalt nicht unmittelbar vor uns haben, wie bei der sinnlichen Wahrnehmung, so sind wir geneigt, es selbst einfach für nichts zu halten, das Denken aber, womit wir es erreichen, für einen Vorgang, der uns kein objectiv Reales vermittelt. Oder wenn wir auch nicht so weit gehen, so meinen wir doch, Denken müsse immer Abstrahiren sein, ein Ablesen von Beziehungen aus dem Wirklichen. Eine directe Aufnahme des Objects in den Geist, wie sie bei der Wahrnehmung von seiten des Sinnes geschieht, können wir uns als Denken nicht leicht vorstellen.

Um uns dieses Vorurtheils zu entledigen und den wahren Sachverhalt einzusehen, müssen wir uns vor allem klar machen, dass das Denken durch eine reale Einwirkung des Gedachten auf den Geist zu Stande kommt, wie Aristoteles sagt: „Der denkende Geist wird vom Gedachten bewegt, *νοῦς ὑπὸ τοῦ νοητοῦ κινεῖται*“. Von hier aus werden wir begreiflich finden, dass Gott, dessen Wesen Wirken ist, nach seinem Wesen sich Gegenstand der Erkenntniss ist, wie es in den aristotelischen Worten implicite ausgesprochen ist: „Es bewegt so. Das Begehrte und das Gedachte bewegen, ohne bewegt zu werden.“

Wie lässt sich also die Einwirkung des Gedachten auf den Geist nachweisen, und worin soll sie bestehen? Wir haben hier natürlich an keine unmittelbare Einwirkung äusserer Objecte zu denken. Wir haben ja schon gesagt: was wir unmittelbar erkennen, sind Körper und Eigenschaften von Körpern.

Aber gewiss ist doch, dass wir das Gedachte von den äussern Objecten entnehmen, es daraus ablesen, und zwar nicht nach Willkür, sondern kraft der Nöthigung, die uns das Gedachte auferlegt. Nehmen wir z. B. den einfachen abstracten Gedanken: zwei Mal zwei sind vier. Diesem Gedanken entspricht kein Wirkliches als Object. Und doch wurzelt es allseitig in der Wirklichkeit. Der Zwei liegt der Gedanke der Einheit zu Grunde, die wir zwar, da sie intelligibel ist, nicht an den Einzeldingen sehen — sie erscheinen vielmehr dem Sinne als Ausgedehntes und Theilbares, also als Vieles —, die aber die Dinge zu Einzeldingen macht. Wenn wir ferner zwei sagen, so haben wir in diesem Worte alle Gattungen des Seienden von der Substanz bis zur untersten Stufe des accidentalen Seins zusammengefasst und erkennen klar, dass diese Bezeichnung an allen diesen Dingen, soweit sie zwei Mal da sind, sich erfüllt. Die Zwei setzt weiterhin den Gedanken der Gattung und Art voraus, und auch dieser ist aus der Wirklichkeit gezogen. Alles Wirkliche ist zwar individuell, aber die Uebereinstimmung des Wirklichen, worin die Gattungen und Arten gründen, ist darum nichts Unwirkliches, sie ist eine wahre und objective. Was endlich den ganzen Satz betrifft, so drückt er nur allgemein aus, was sich im einzelnen in greifbarer Weise verwirklicht. Man denke nur an die Rechenmaschine, an der man zwei Abtheilungen von je zwei Kugeln zusammenschiebt, um die Sache ad oculos zu demonstriren. Die Momente also, die in dem gedachten mathematischen Satz enthalten sind: die Einheit, die Seinsweisen, die Gattungen und Arten, endlich die Beziehungen, in welche wir das Subject zum Prädicat setzen, sie sind wahr und real, und die Wirklichkeit um uns drängt sie uns als wahr und real unabweisbar auf.

Wenn aber dem so ist, so muss es ein Wirkliches geben, das in der Art auf unsern Geist einwirkt, dass er das Seiende auffasst, und es sich in Begriffen und Urtheilen zurechtlegt. Denn wo eine Einwirkung, da ein Wirkendes, und das Wirkende muss ein Concretes und Substanz sein. Das Allgemeine kann nicht wirklich sein und wirken, und das Wirkliche, das nicht selbst Substanz ist, ist an der Substanz. Nun ist sicher, dass die körperlichen Objecte jenes Wirkliche nicht sein können, eben weil das Körperliche auf den Geist nicht einwirken kann. Es ist ja auf die niedere Stufe des Seins gestellt und kann dem Höhern nichts mittheilen, was es nicht schon in vollkommenerer Weise hätte. Auch ist offenbar das Ergebniss der Einwirkung, der Gedanke, nichts von alledem, was die Sinne vom Körperlichen wahrnehmen. Wo ist also jenes Wirkliche zu suchen? —

Wir stehen hier vor einer der grössten Schwierigkeiten, die dem Geiste bei dem Versuche, sich selbst und seine Thätigkeit zu verstehen, begegnen. Aristoteles sucht diese Schwierigkeit durch seine Lehre von der thätigen Vernunftkraft, dem später so genannten intellectus agens, zu überwinden. Da die sinnenfälligen Dinge um uns nur entfernter Weise Gegenstand des Denkens oder intelligibel sind, so bedarf es eines Factors, der sie unmittelbar in den Gesichtskreis des Geistes rückt, ähnlich wie die dunkeln körperlichen Gegenstände beleuchtet werden müssen, um nicht bloss an sich sichtbar zu sein, sondern auch wirklich gesehen zu werden. Dieser Factor ist eine Kraft der Seele oder des Geistes selbst. „Der Verstand,“ sagt Aristoteles, „der darin sich bethätigt, dass er die Seele zu allem macht (d. i. zum lebendigen Bilde des Erkannten, wodurch die Erkenntniss entsteht), ist wie ein Habitus, nach Art des Lichtes. Denn in gewisser Weise macht auch das Licht die Farben, die nur potentiell sind, zu wirklichen Farben“ [1]). Wir hätten also hier, was wir suchen, das geistige Agens, das auf die Seele einwirkt und sie denken macht: es ist das Licht der verständigen Seele selbst in Verbindung mit den Sinnesbildern der wahrgenommenen körperlichen Objecte.

Wir wollen zwar nicht verschweigen, dass diese Lösung lange nicht jedes Dunkel hebt, das die Frage umgibt. Insbesondere bleibt schwierig, wie das Licht des thätigen Verstandes sich mit den Sinnesbildern, den sogenannten Phan-

---

[1]) Psychol. III, 5. 430 a 15 ff.

tasmen, verbindet, um in der Seele die intellectuelle Vorstellung zu erzeugen. Aber wir haben doch an dem Vergleiche mit dem Lichte ein Mittel, um uns die Einwirkung des Intelligiblen auf den Geist und damit die Bedeutung der Intelligibilität vorzustellen. Intelligibel sein bedeutet hiernach keine äussere Beziehung zu dem denkenden Vermögen, sondern eine active Kraft des Intelligibeln. Das Licht oder der beleuchtete Körper wirkt durch das Auge auf die sinnliche Seele ein und gestaltet sie beim Sehen gewissermaassen in sein eigenes Bild um, ja, man kann sagen, dass das sinnlich Geschaute selbst in die Seele eintritt und sein Sein geistiger Weise in ihr wiedererzeugt. So hat auch das Intelligible die Kraft, sich selbst gleichsam in der Intelligenz fortzupflanzen, indem es dieselbe in sein Bild umgestaltet.

Hiernach werden wir nun verstehen, was Aristoteles sagen will, wenn er das erste Bewegende das erste Intelligible nennt. Die sinnenfälligen Objecte werden erst durch ein fremdes Licht intelligibel, die geistige Substanz aber muss es aus sich sein und muss sich dem Geiste, dessen Sehschärfe nicht durch die leibliche Hülle behindert ist, offenbaren. Es ist also bei den geistigen Substanzen das Erkannte und das, wodurch es erkannt wird, von vornherein eins, und beides braucht nicht erst von zwei Seiten zusammenzutreffen, wie wenn der intellectus agens sich mit den sinnlichen Vorstellungen der Dinge verbindet. Aber es ist nicht gesagt, dass das unmittelbar intelligible Sein von keinem Andern abhängt. Das Licht der Intelligibilität in ihm kann von einer höhern Ursache kommen, ähnlich wie die Planeten ihr Licht der Sonne entlehnen. Was aber das erste Intelligible ist, muss einer geistigen Sonne vergleichbar sein, die ganz Licht ist und ihre Klarheit andern mittheilt. Was aber die Einwirkung dieses Urlichtes auf den Geist betrifft, so ist zu unterscheiden zwischen dem ersten Bewegenden, den Sphärengeistern, und dem menschlichen Verstande. Das erste Bewegende, wie uns Aristoteles noch in der unmittelbaren Fortsetzung des Textes belehren wird [1],

---

[1]) l. c. 1072 b 18–26.

nimmt das Licht nicht etwa bloss auf, wie der menschliche Verstand das Intelligible. Auch geniesst es nicht bloss seinen Anblick, wie wiederum unser Geist das Gedachte, nachdem er es erfasst hat, gleichsam anschaut und verkostet. Vielmehr sind beide, das Licht und der Schauende, im ersten Beweger auf wunderbare Weise eins. Auf tieferer Stufe stehen die Sphärengeister. Das Urlicht gelangt zu ihnen wie ein anderes, und sie nehmen es auf, betrachten und geniessen es: „es bewegt als geliebt“; als geliebt, das heisst, wie Thomas von Aquin bedeutsam anmerkt, nicht bloss als begehrt, da das Begehren nach dem geht, was man noch nicht hat, die Liebe aber auch das umfasst, was man hat. Was aber die niedrigste Form der Intelligenz angeht, die menschliche, so vermag sie das intelligible Licht nicht direct, sondern nur gedämpft durch die Schatten der Körperwelt aufzunehmen. „Wie die Augen der Nachtvögel,“ sagt unser Philosoph, „sich gegen das Tageslicht verhalten, so auch der Verstand unserer Seele zu dem, was von Natur das Allerklarste ist“ [1].

Wir haben das menschliche Denken betrachtet, um von ihm aus gleichnissweise zu begreifen, was es heisst, Gott sei das subsistirende Gedachte oder die Wahrheit. Aber können wir vielleicht auch das Dasein eines Wesens, welches die Wahrheit ist, aus der blossen Thatsache des Denkens erkennen und beweisen? Und hat vielleicht auch Aristoteles in dem Text, den wir betrachtet haben, einen solchen Beweis zu führen beabsichtigt? Wir haben dem Text die Bedeutung beigelegt, dass das Dasein eines unbewegten Bewegers als bewiesen vorausgesetzt und dann daraus, dass nur die Wahrheit unbewegt bewegt, geschlossen wird, jener unbewegte Beweger sei die Wahrheit. Dass auch jene Bewegung, die als eigenthümliche Wirkung von der Wahrheit, oder sagen wir dem Intelligibeln ausgeht, von ihm bewirkt wird, haben wir nicht aus der geistigen Bewegung, die wir erfahren, sondern aus der Natur des ersten Bewegers erschlossen. Seine Thätigkeit gilt bewusstem Zwecke, der bewusste Zweck ist aber ein

---

[1]) Metaph. II, 1. 993 b 9 ff.

Intelligibles, und da er in Gott liegt und Gott ist, so muss Gott das Intelligible sein. So erst erkannten wir, dass es eine wesenhafte und wirkungskräftige Wahrheit gibt, die als Erkanntes zwar nicht in sich selbst, der Unbewegten und Unwandelbaren, wohl aber in dem endlichen Geiste die Bewegung des Denkens hervorruft. Wenn ferner Aristoteles aus der Ordnung des Denkens und Begehrens den Schluss zog, dass Gott eine einfache und actuelle Substanz sei, indem das erste Gedachte und Begehrte eine solche Substanz ist, so haben wir das nicht so genommen, als gebe uns die Betrachtung unseres Denkens die Gewissheit von dem Dasein einer aus sich wirklichen Substanz, sondern wir erblickten darin einen Congruenzbeweis, der das Dasein der genannten Substanz voraussetzt; die Vollkommenheit des ersten Bewegers, so nahmen wir die Sache, die wir schon erkannt haben, steht auch im Einklange mit der Ordnung des vernünftigen Denkens und Begehrens. Wenn wir nämlich die Ordnung des Erkennens nehmen, wie sie an sich nach der Natur des Objects sein sollte, so muss das erste Erkannte die mehrgenannte Substanz sein. Ebenso muss dieselbe als erstes Begehrtes stehen, wenn die Ordnung des Begehrens der Ordnung der Gutheit der Dinge entsprechen soll. Von uns wird diese Ordnung im Denken nicht befolgt und öfter auch nicht im Begehren. Unser erstes Gedachtes ist weder die Substanz noch das Accidens, sondern das Sein im allgemeinen, abgesehen von seiner Seinswährung, und unser Wollen ist oft nicht auf das Gute und Beste, sondern auf Scheingüter gerichtet. Die von uns vertretene Auffassung des aristotelischen Textes stimmt im grossen Ganzen mit derjenigen von St. Thomas [1]) überein. Man hat sich aber auch für die andere Auffassung erklärt, wenigstens was im allgemeinen die Ableitung des intelligibeln göttlichen Wesens aus dem menschlichen Denken betrifft. Wie steht es um die Berechtigung dieser Auffassung?

Man kann vor allem einräumen, dass diese Deutung in dem Text des Aristoteles einen gewissen Anhalt hat. Wenn

---

[1]) In l. metaph. XII, 5.

es heisst: „Es bewegt aber in folgender Weise. Das Begehrte und das Gedachte bewegen, ohne bewegt zu werden. Von diesen sind die Principien dieselben,“ so ist erstens offenbar an eine Bewegung gedacht, die eben im Denken und Begehren besteht, oder, was dasselbe ist, die das Gedachte und Begehrte in einem andern bewirkt, insofern es von demselben gedacht und begehrt wird. Sollten die Worte heissen: das Begehrte bewegt die Körper, ohne bewegt zu werden, so muss doch jedenfalls das Bewegtwerden als Verneinung der geistigen Bewegung genommen werden. Sonst wäre nichts bewiesen, die absolute Unbeweglichkeit des ersten Bewegers nicht dargethan. Bedeutet aber das „ohne bewegt zu werden“ so viel als, ohne geistig bewegt zu werden, so muss auch das „es bewegt“ im Sinne von, es bewegt geistig, genommen werden. Denn offenbar ist das Bewegen in demselben Sinne gemeint, wie das Nichtbewegtwerden. Hieraus folgt nun zweitens, dass die Worte: „Von diesen sind die Principien dieselben,“ von den Principien zu verstehen sind, die für Anderes, Endliches Princip des Denkens sind, nicht gleichsam für das erste Bewegende selbst. Und dies wird vollauf bestätigt durch die spätern Worte: „So bewegt es denn als geliebt, und mit Bewegtem bewegt es das Uebrige.“ Denn diese, wie immer man sie deute, beziehen sich auf die Bewegung, die das Urprincip als Begehrtes und Gedachtes hervorruft.

Hieraus ergibt sich mit Sicherheit, dass Aristoteles an unserer Stelle die geistige Bewegung des Denkens ebenso auf ein höchstes Bewegtes und Bewegendes zurückführt, wie in der Physik die physikalische in der sichtbaren Welt. Hier war das erste Bewegte der Fixsternhimmel, das erste Bewegende aber wurde zweifelhaft gelassen: entweder war es die Seele des höchsten Himmels oder ein rein geistiges Wesen. Dort aber ist das erste Bewegte die Gesammtheit der Sphärengeister, das erste Bewegende die Gottheit als absolute Wahrheit und Güte. Wenn dem aber so ist, so könnte man vermuthen, dass Aristoteles in beiden Fällen das Dasein des ersten unbewegten Bewegers in analoger Weise bewiesen habe, dass er, wie er in der Physik aus der physikalischen Bewegung seine Schlüsse zog, so in der Metaphysik aus der geistigen, m. a. W., dass er aus dem abhängigen Denken der endlichen Wesen allein, abgesehen von der physikalischen Bewegung, auf das Dasein eines Wesens schloss, welches als absolute Wahrheit und Güte jeden endlichen Geist bewegt.

Trotzdem ist noch nicht ausgemacht, dass man über unsere einmal gegebene Erklärung hinausgehen muss. Thomas von Aquin scheint nicht viel weiter zu gehen, als wir zu Anfang gegangen sind. Auch ist zu bedenken, dass im andern Falle der ganze Beweis aus der physikalischen Bewegung, den Aristoteles in der Physik mit solcher Sorgfalt geführt hat und in der Metaphysik kurzgefasst zu Grunde legt, nicht streng nothwendig wäre. Endlich lässt sich der Umstand, dass er das geistige Bewegtsein der Sphärengeister aus der göttlichen Intelligibilität erklärt, anders auslegen. Er will den Weg zeigen, auf dem man vom Niedrigsten zum Höchsten gelangt, ohne damit zu sagen, dass dies auch der Weg der erstmaligen Auffindung ist. Er stellt von unten anhebend den stufenweisen Zusammenhang des Seienden in Evidenz, aber daraus folgt nicht, dass auch die Erkenntniss immer diese Ordnung einhält. Ueberdies würde gerade an unserer Stelle dieser aufsteigende Gang nicht durchweg zum Ziele führen. Die erste physikalische Bewegung, der Umschwung des obersten Himmels, geht ja nicht auf eine endliche Intelligenz zurück. Hier muss also jedenfalls ein Schluss a priori zu Hülfe genommen werden: das erste Intelligible kann auch unmittelbar Körperliches bewegen, weil es in seiner Thätigkeit auf sich selbst gerichtet und darum unbewegt bleibt.

Indessen haben wir noch den Beweis selbst, der aus dem endlichen Denken für das Dasein eines ersten Intelligiblen geführt werden kann, in Betracht zu nehmen, um auch aus diesem Gesichtspunkte den Sinn des Textes beurtheilen zu können. Wir wollen versuchen, den Beweis möglichst im Anschlusse an die Worte des Aristoteles zu führen, um zu sehen, ob er etwa doch in denselben intendirt sein könne.

Wir haben nicht bloss die Bewegung in der Natur, sondern auch diejenige im Leben des Geistes zu erklären. Hier erst, in dem Gedachten und Begehrten, finden wir das letzte und höchste bewegende Princip. Denn während es auch die Geister, die an sich am wenigsten der Bewegung unterliegen, bewegt, ist es selbst durchaus unbewegt. Wir müssen also zusehen, dass wir das erste Gedachte und Begehrte feststellen, dann ist auch das höchste Bewegende festgestellt. Wenn wir zu diesem Ende unser eigenes Geistesleben betrachten, so ist vor allem klar, dass kein sinnliches Gut am Anfang stehen kann. So lange dasselbe nur sinnlich begehrt wird, ist es kein Object des Willens. Um es zu werden, muss das Urtheil von seiner Gutheit vorhergehen. In dem Unenthaltsamen kommt dieses Urtheil unter dem Einfluss der Begierde zu Stande. Der rechten Ordnung aber entspricht es, dass erst die Vernunft urtheile und dann der Wille begehre. Jedenfalls aber ist der Anfang der geistigen Bewegung in uns das Denken. Wo aber findet sich sein erster und höchster Gegenstand, das erste und ursprüngliche Intelligible? Jenes Intelligible, das unsern Geist bewegt, kann es nicht ohne weiteres sein. Die äussern Objecte sind nur entfernt, potentiell intelligibel, und die thätige Vernunftkraft in uns, der intellectus agens, muss ebenfalls erst unmittelbar gewissermaassen intelligibel werden, muss nämlich den intelligibeln Kern der Phantasmen herausschälen und sich in diesem der Seele eindrücken, damit letztere zum Denken gelange. Wenn nun beide, wenngleich in verschiedener Weise, nur entfernt und mittelbar intelligibel sind, die Dinge und die Seele, so können sie das erste Intelligible nicht sein. Dasselbe muss vielmehr eine rein aus sich wirkliche und thätige einfache Substanz sein. Eine Substanz muss es sein; denn der Sinn nimmt die Accidentien auf, die Farbe, den Klang, der denkende Geist aber muss zuerst die Substanz auffassen, bevor er ein Accidens als solches auffassen kann. Und eine einfache und wirkliche und wirkende Substanz muss es sein; einfach und wirklich, weil wieder der entsprechende Gedanke früher ist als der des Gegensatzes, und wirkend und ganz und gar aus sich wirkend, weil sie sonst nicht unmittelbar intelligibel ist, d. h. das Denken erzeugt wie das Licht das Sehen. Dieses ist also die

Substanz, von der auch der Geist und die Dinge ihre Intelligibilität empfangen. Denn sie vereinigt das Licht, das beiden getrennt innewohnt, aber in gegenseitigem Verhältnisse, in sich als der gemeinsamen Quelle. Sie ist die lautere Wahrheit, weil sie eben das unmittelbar Intelligible ist, das in sich selber subsistirt. Sie muss aber auch die lautere Güte sein. Denn das Gut des Geistes ist die Erkenntniss oder fängt doch mit ihr an, die Erkenntniss aber kommt im letzten Grunde vom ersten Intelligibeln. So ist dieses denn das höchste Gut und das letzte Ziel aller Geister, und so bewegt es sie und durch sie die Körperwelt.

Wir haben diesen Beweis so kurz gefasst, als es anging, wenn er einigermaassen gemeinverständlich sein sollte. Was wir aber vom Unsrigen hinzugethan, scheint uns nichts zu sein, was nicht ein Aristoteles nach seiner Weise gerade die schwierigsten Probleme zu erledigen übergehen konnte. Er liebt bei solchen Gelegenheiten eine prägnante Kürze, die dem eigenen Denken ein gutes Theil überlässt. Es ist, wie wenn er Blitze würfe, die auf einen Augenblick die Finsterniss erhellen, aber doch lang und deutlich genug, damit ein scharfes und waches Auge die Gegenstände unterscheiden kann. Wir haben in unserer Fassung des Beweises nur eigens betont, dass das unmittelbare Object unseres Denkens, das Intelligible im Sinnlichen, nicht das erste Object des Denkens überhaupt sein kann. Das ist aber etwas, was Aristoteles wohl voraussetzen konnte. Es ist ja keine actuelle einfache Substanz. Ausserdem haben wir noch mit der Wendung, dass die beiden Factoren des Denkens, die Dinge und der intellectus agens, gegenseitig im Verhältnisse stehen, ein besonderes Beweismoment andeuten wollen: es muss nämlich ein Drittes geben, welches sie in's Verhältniss gebracht hat, welches macht, dass die Dinge potentiell intelligibel sind und der Geist potentiell intelligent, und dieses Dritte muss das absolut Intelligible sein, da auch der intelligente Geist erst gewissermaassen intelligibel werden muss, um thatsächlich zu denken. Aber dieses Beweismoment ist unsere Zuthat; wir haben es nur beigegeben, um die Sache noch überzeugender zu machen.

Demnach ist nun unser letztes Urtheil, dass der entwickelte Beweis wahrscheinlich in der Absicht des Aristoteles gelegen hat. Wir können noch in Anschlag bringen, dass der Text des Philosophen eigentlich erst durch diese Deutung einen Inhalt gewinnt, da in demselben bei der andern Deutung nur schon Gefundenes in neuer Weise dargethan wird. Der ganze Inhalt läge in den Worten: „es bewegt aber so: das Begehrte und das Gedachte bewegen, ohne bewegt zu werden", und etwa noch in den folgenden: „von diesen sind die Anfänge dieselben". Die weiterstehenden Erörterungen hätten nur den Zweck, die schon bekannte Eigenschaft des ersten Bewegers als actuelle geistige Substanz von einer andern Seite zu zeigen. Auch wenn man sagte, der Zweck des ganzen Abschnittes sei, zu verdeutlichen, wie der erste Beweger bewege, ohne bewegt zu werden, gilt dasselbe. Der Nachweis wäre mit den Worten: „von diesen sind die Anfänge dieselben," abgeschlossen. Dazu kommt, dass bei der zweiten Deutung die Sorgfalt, die auf den ersten Anfang der geistigen Bewegung verwandt wird, besser erklärt ist. Es soll nämlich nach dieser Deutung aus der geistigen Bewegung in uns das erste geistig Bewegende, d. h. das erste Intelligible als daseiend erkannt werden. Das Wichtigste scheint uns aber, dass nur so im Texte selbst ein Beweis zu Stande kommt, es sei das erste Bewegende wirklich das erste Intelligible. Wir haben den Beweis ergänzend beigefügt, indem wir die Sache aus der lautern Actualität und der geistigen Natur des ersten Bewegers erschlossen. Aehnlich haben wir Thomas da, wo der Beweis in der kleinern Summa die Erörterung der Metaphysik wiedergibt, erwägen hören, dass es kein äusseres Gut geben kann, welches den ersten Beweger als Ziel des Strebens bewegt. Bei Aristoteles aber fehlen diese Gedanken.

Nun könnte man sich freilich wieder darauf berufen, dass umgekehrt bei Thomas in der kleinern Summa die Gedanken fehlen, die wir bei Aristoteles gefunden zu haben glauben. Er geht dort von dem schon Gefundenen aus, dass es nämlich einen an sich unbewegten Geist gibt, der entweder die Seele des höchsten Himmels ist oder für sich besteht, und beseitigt dann das erste Glied der Alternative durch den Hinweis auf die absolute Unbeweglichkeit und vollkommene Unabhängigkeit, die für das oberste Princip gefordert werden muss. Dagegen hat er von einem Nachweise eines ersten Intelligiblen aus unserer wandelbaren Intelligenz kein Wort. So könnte es also scheinen, dass der englische Lehrer einen solchen Beweis in der Metaphysik des Aristoteles nicht vorhanden glaubt, um so mehr, weil der Weg, den er einschlägt, sich auf denselben Text gründet, den wir für uns in Anspruch nehmen, und ein Text keinen doppelten Sinn haben kann. Indessen würde ja in diesem Falle die Autorität des englischen Lehrers noch nichts beweisen. Hier würde der Grundsatz gelten: tantum valet auctoritas quantum rationes. Es gibt aber vielleicht noch eine Vermittelung. Aristoteles hat zwar aus der Unbeweglichkeit oder der lautern Actualität des ersten Bewegers, die er bewiesen hatte, nicht direct dessen Stellung als erstes Intelligibles und Appetibles gefolgert, hat aber einen solchen Schluss als selbstverständlich betrachtet und hat denselben dadurch überboten, dass er noch auf einem andern Wege die Existenz der subsistirenden Intelligibilität erwies. Er setzt also jene Ableitung als selbstverständlich voraus, und insofern konnte Thomas jene Fassung, die er in der kleinern Summa dem Abschluss des Gottesbeweises gibt, im Sinne des Aristoteles vorlegen. Dieselbe war aber auch sehr nahegelegt, um den Zusammenhang zwischen der Physik und der Metaphysik zu wahren und die erstere als die Grundlage hervortreten zu lassen, auf welcher der Beweis der letztern aufbaut. Der Beweis aus dem menschlichen Denken sieht ja, wie wir schon angedeutet haben, ganz von den Ergebnissen der Physik ab. Man braucht aber nicht anzunehmen, dass dies in der Absicht des Aristoteles lag, auch dann nicht, wenn man sich unsere Auslegung der Metaphysik zu eigen macht. Jener Beweis aus dem Denken setzt immerhin etwas voraus, was schwerer zu beweisen scheint als die Existenz Gottes selbst, wenigstens wenn man sie aus der physikalischen Bewegung ableitet: die Geistigkeit der Seele, den übersinnlichen Charakter des Denkens, das Vorhandensein eines geistigen

Lichts. Aristoteles wird also auch wohl nicht gewollt haben, dass eine solche Voraussetzung ein nothwendiges Glied in der Kette des Beweises sein sollte.

Wir haben diesen Punkt ziemlich weitläufig behandelt. Wir sind aber noch nicht mit ihm zu Ende, da die Ideen, die wir jetzt bei Aristoteles gefunden zu haben glauben, auch sonst in der Geschichte der Gottesbeweise eine Rolle spielen. Der h. Augustinus bedient sich derselben, freilich in anderer Form, mit Vorliebe, wenn er das Dasein Gottes aus der Vernunft beweisen will. Wir können nicht umhin, auch über diese Form des Beweises aus der Bewegung uns zu äussern. Nachdem wir Aristoteles, Plato und Thomas vernommen haben, ist es angemessen und liegt nicht ausser dem Zwecke unserer Schrift, dass wir auch den grössten Philosophen unter den Kirchenvätern zu Worte kommen lassen, der in ähnlicher Weise die Gedanken Plato's in seine Speculation verwebt wie Thomas diejenigen von Aristoteles.

Der Beweis Augustins findet sich in weiterer Ausführung im zweiten Buch der Schrift De libero arbitrio. Das dort Gesagte fasst er in den spätern Bekenntnissen wie folgt zusammen: „Ich war sehr gewiss, dass, was an dir unsichtbar ist, seit Erschaffung der Welt in den erschaffenen Dingen erkennbar und sichtbar ist, auch deine ewige Kraft und Gottheit. Denn wenn ich untersuchte, woher ich die Schönheit der Körper, der himmlischen sowohl als der irdischen, begutachtete, und was mir gegenwärtig sei, wenn ich über das Wandelbare ohne Fehl urtheilte und sprach: das muss so sein und das nicht so: indem ich also untersuchte, woher ich urtheilte, wenn ich so urtheilte, hatte ich die unwandelbare und wahre Ewigkeit der Wahrheit über meinem wandelbaren Geiste gefunden. Und so gelangte ich stufenweise von den Körpern zu der durch den Körper wahrnehmenden Seele und von da zu ihrer innern Kraft, als welcher der körperliche Sinn das Aeussere verkünde, und bis zu der das Vermögen der Thiere reicht; und von da wieder zu dem Vermögen zu folgern, welchem zur Beurtheilung übermittelt wird, was die Sinne des Körpers liefern. Und da dieses auch sich selbst in mir wandelbar fand, erhob es sich zu der ihm inwohnenden Intelligenz und lenkte den Gedanken, dem bunten Haufen der Phantasmen sich entziehend, von den gewohnten Wegen ab, um zu finden, von welchem Lichte es erleuchtet werde, wenn es ohne Bedenken rufe, das Unwandelbare sei dem Wandelbaren vorzuziehen, und woher es das Unwandelbare selbst kenne. Denn wenn es das Unwandelbare nicht einigermaassen kännte, würde es dasselbe keineswegs dem Wandelbaren unbedenklich vorziehen. Und es gelangte zu dem, was nur mit einem zitternden Blicke angesehen werden kann, aber ich vermochte den Blick nicht darauf zu heften, und indem meine Schwachheit zurückgestossen wurde und ich wieder in's Alltägliche versank, behielt ich nur eine liebende Erinnerung, die gleichsam, nachdem sie den Geruch bekommen, das herbeisehnte, was ich zu verspeisen noch nicht fähig war" [1]).

Augustin steigt in dieser Betrachtung auf der Stufenleiter der erschaffenen Dinge vom Niedrigsten zum Höchsten auf,

---

[1]) Eram certissimus, quod invisibilia tua a constitutione mundi per ea quae facta sunt, intellecta conspiciuntur, sempiterna quoque virtus et divinitas tua.

Quaerens enim unde approbarem pulchritudinem corporum, sive coelestium sive terrestrium, et quid mihi praesto esset integre de mutabilibus judicanti et dicenti, hoc ita esse debet, illud non ita; hoc ergo quaerens, unde judicarem, quum ita judicarem, inveneram incommutabilem et veram veritatis aeternitatem supra mentem meam commutabilem. Atque ita gradatim a corporibus ad sentientem per corpus animam, atque inde ad ejus interiorem vim, cui sensus corporis exteriora nuntiaret, et quousque possunt bestiae. Atque inde rursus ad ratiocinantem potentiam, ad quam refertur ad judicandum, quod sumitur a sensibus corporis.

Quae se quoque in me comperiens mutabilem, erexit se ad intelligentiam suam et abduxit cogitationem a consuetudine subtrahens se a contradicentibus turbis phantasmatum, ut inveniret, quo lumine aspergeretur, quum sine ulla dubitatione clamaret incommutabile praeferendum esse mutabili, unde nosset ipsum incommutabile. Quod nisi aliquo modo nosset, nullo modo illud mutabili certo praeponeret. Et pervenit ad id, quod est in ictu trepidantis aspectus. Tum vero invisibilia tua per ea quae facta sunt, intellecta conspexi, sed aciem figere non valui et repercussa infirmitate redditus solitis non mecum ferebam nisi amantem memoriam et quasi olfacta desiderantem, quae comedere nondum possem Conf. lib. 7. cap. 17.

um über allem Erschaffenen das Unerschaffene zu finden. Die Folge der Stufen aber entnimmt er daher, dass das Höhere über das Niedere urtheilt, d. h. wie er in der Schrift vom freien Willen hervorhebt, nicht einfach es erkennt — denn dann müsste der Mensch, der die Weisheit erkennt, besser als diese sein —, sondern ihm gegenüber eine maassgebende und bestimmende Stellung gleichsam als Lenker und Richter einnimmt [1]). Auf diesem Wege stellt sich ihm als das Höchste die Vernunft dar. Von ihr gelangt er dann zu dem Urheber der Vernunft durch die Erwägung, dass diese wandelbar, jener unwandelbar, und das Unwandelbare höher ist als das Wandelbare.

Die unterste Stufe nämlich im Bereich der Dinge nehmen die Körper ein. Ueber ihnen steht der wahrnehmende Sinn, der auch gewissermaassen über sie urtheilt, indem die Wahrnehmung mit Lust oder Unlust verbunden ist [2]). Ueber den äussern Sinnen steht der innere oder der Gemeinsinn. Er prüft gewissermaassen, ob die äussern Sinne ihre Pflicht thun, indem er etwa, wenn z. B. das Auge eine Sache nicht gehörig sehen kann, Veranlassung gibt, dass das Sinnenwesen dasselbe in die erforderliche rechte Nähe und Richtung bringt [3]). Der innere Sinn aber untersteht wieder dem Urtheil der Vernunft, wie schon daraus hervorgeht, dass dieselbe sowohl bezüglich seiner als der Körper und der äussern Sinne den Vorzug des einen vor dem andern und ihre eigene Erhabenheit über sie alle ausspricht [4]). Auch richtet die Vernunft über die Zweckmässigkeit und Schönheit alles dessen, was in die körperliche und sinnliche Sphäre hineinfällt. Durch die Vernunft unterscheidet sich der Mensch vom Thiere. Was die Vernunft erkennt, z. B. die Sätze der Arithmetik, erfasst kein körperlicher Sinn. Jede Zahl enthält den Begriff der Einheit, da sie eine durch die Einheit gemessene Vielheit ist. Die Einheit aber muss jeder, der sie nur wahrhaft denkt, für etwas Uebersinnliches gelten lassen [5]).

---

[1]) De l. arb. lib. II, cap. 12.
[2]) ib. c. 12. — [3]) cap. 12. — [4]) c. 13. — [5]) c. 22.

Aber wenn auch die Vernunft in ihrem Urtheil über das Sinnliche von nichts Sinnlichem geleitet ist, so folgt daraus nicht, dass sie ganz und gar auf sich steht. Mit den Sinnenbildern wechseln ihre Begriffe, und daraus geht ihre Abhängigkeit hervor. Aber auch, wenn sie ihrem höchsten Vermögen nach, als Vernunft im engern Sinne oder als Intelligenz, den Gesetzen und Regeln alles Seins und Denkens zugewandt ist, findet sie sich wandelbar und abhängig, denn sie erkennt von jenen Gesetzen bald mehr bald weniger.

Aber wie die endliche Vernunft sich selbst als wandelbar erkennt, so erkennt sie auch, dass der Inhalt ihres höhern Denkens, jene allbeherrschenden Gesetze des Seins, unwandelbar sind. Denn sie sind ewig und nothwendig wahr. So gibt es also auch eine unwandelbare Wahrheit, die alles einzelne in sich fasst, was unwandelbar wahr ist. Die Wahrheit aber ist nichts rein Subjectives. Sie steht selbständig vor dem Geiste eines jeden, der sie erfassen kann, ähnlich wie auch ein körperliches Ding, das von zweien zugleich gesehen wird, eben damit als eine von beiden Beschauern unabhängige Wirklichkeit sich erweist [1]).

Diese Wahrheit nun muss über unsern Geist erhaben sein. Sie kann weder geringer als er, noch auch ihm bloss gleich sein. Nicht geringer: denn wir urtheilen nicht über sie, sondern nach ihr. Der Geist urtheilt und richtet wie über die Körper so über sein eigenes Denken und Wollen, und zwar nach den Regeln und Grundsätzen der Wahrheit und Gerechtigkeit; über diese letztern aber urtheilt er nicht und sagt nicht, so muss es sein, sondern freut sich, gefunden zu haben, wie es ist. Und die Wahrheit ist auch unserm Geiste nicht bloss ebenbürtig. Denn der Geist ist wandelbar und fühlt sich um so mehr gefördert, je mehr er jener sich nähert; jene aber ist unwandelbar und wächst nicht, wenn wir sie besser, und nimmt nicht ab, wenn wir sie schlechter erkennen, sondern immer gleich lauter und unversehrt erfreut sie den ihr zugewandten Geist mit ihrem Lichte und straft

---

[1]) ibid. c. 33.

den abgewandten mit Blindheit. Da sie also weder geringer als unser Geist, noch ihm gleich ist, so bleibt nur übrig, dass sie höher und erhabener ist als er [1]).

Ja, mehr noch! Sie ist des Geistes höchstes Gut, ist Gott. Denn in der Wahrheit wird jegliches Gute erkannt. In der Erkenntniss aber besteht des Geistes Seligkeit [2]).

Aber die Erkenntniss der höchsten Wahrheit, durch die alles einzelne Wahre wahr ist, kann in uns nur unvollkommen sein. Wie das Leibesauge auf die Sonne nur einen zitternden Blick werfen kann, um sich gleich wieder zu senken, so zeigt sich uns hienieden die absolute Wahrheit gleichsam nur in flüchtigem Aufleuchten. Aber die Erinnerung an das Gesehene weicht nicht von der Seele und entzündet in ihr die Sehnsucht nach klarerer Anschauung.

Diese ganze Betrachtung zielt, wie besonders in der Schrift vom freien Willen hervortritt, dahin, aus dem vielen Wahren, das wir erkennen, die höchste Wahrheit zu erweisen, die Gott selbst ist. Der Mittelbegriff aber, durch den aus dem vielen Wahren die eine Wahrheit abgeleitet wird, ist nicht ausdrücklich angegeben. Man könnte selbst auf den Gedanken kommen, dass Augustin zwischen beiden gar nicht unterscheidet, besonders wenn man die Erörterungen aus der Schrift vom freien Willen vor Augen hält. Er redet da von der Wahrheit, die alles Wahre enthält: nullo modo negaveris, sagt er, esse incommutabilem veritatem haec omnia quae incommutabiliter vera sunt continentem. Und die Existenz einer solchen Wahrheit ist ihm damit zweifellos gegeben, dass es unwandelbar Wahres gibt. Indessen geht schon aus dem Wortlaut der Bekenntnisse hervor, dass dies Augustin's Meinung nicht sein kann. Er unterscheidet bestimmt zwischen der Erkenntniss Gottes und der Erkenntniss der allgemeinen Principien, woraus folgt, dass ihm beide nicht dasselbe sind. Die Erkenntniss Gottes ist ihm ein zitternder Blick in die Sonne, die Erkenntniss der Principien die Erleuchtung durch ein abgeleitetes Licht, lumen, nicht lux: ut ratio inveniret,

---

[1]) c. 34. — [2]) c. 35, 36.

sagt er, quo lumine aspergeretur, quum sine ulla dubitatione clamaret incommutabile praeferendum esse mutabili. Ebenso ist ihm jene Erkenntniss des Unwandelbaren, die in der Erkenntniss der Principien besteht, nur einigermaassen eine Erkenntniss Gottes, offenbar nur insofern, als man von ihr aus zur Erkenntniss Gottes gelangt. Aber wo ist nun der logische Faden, der das eine mit dem andern verbindet?

Um ihn zu finden, müssen wir uns das Bild von der Sonne und dem Lichte, welches an andern Orten von Augustin noch weiter und deutlicher ausgeführt wird, gegenwärtig halten. Die Sonne leuchtet aus sich, die Luft aber oder andere Körper sind hell durch Aufnahme des Sonnenlichtes. So sind auch die Principien des Wissens, das Intelligible in unserm Geist, nicht anders intelligibel als durch das erste und höchste Intelligible, Gott. Dass sie nicht ohne weiteres intelligibel sind, geht eben aus der Wandelbarkeit unseres Geistes hervor, der sie bald mehr, bald weniger vollkommen erkennt. So wird also das Intelligible in unserm Geiste erst mit der Zeit actuell intelligibel, nachdem es potentiell intelligibel war. Aber es muss auf ein ursprünglich actuell Intelligibles zurückgehen. Denn es führt sich, wie wir schon früher bei Erforschung des ersten Bewegenden erkannten, alles Potentielle auf ein Actuelles zurück. Es muss also ein ursprünglich und aus sich Intelligibles geben, und dieses ist Gott, die persönliche Wahrheit. Er spendet unserer Seele das Licht, in welchem sie die ewigen Wahrheiten erkennt, da er uns als Schöpfer die Vernunft verliehen hat, und so wird er aus dem uns einwohnenden Lichte wie der Meister aus seinem Werke erkannt.

Man sieht leicht, dass dieser Beweis mit den Gedanken, die wir bei Aristoteles gefunden haben, zusammenhängt. Indessen hat die Betrachtungsweise bei St. Augustin etwas Eigenthümliches, was das Verständniss erschwert und die wesentliche Uebereinstimmung mit Aristoteles nicht sofort erkennen lässt. Statt die ewigen Principien zu betrachten, wie sie als Erscheinungen unseres Geistes in uns sind, und so von der geistigen Bewegung in uns zu ihrem Urheber aufzusteigen, liebt er es, sie in sich zu betrachten, wie sie als Gesetze und Regeln vor unserm Geiste oder über ihm stehen, und von ihnen aus unmittelbar auf Gott, die höchste Wahrheit, in der sie Bestand haben, zu schliessen. Dies ist eine Anlehnung an Plato und seine Lehre von den ewigen Ideen, welche St. Augustin soweit, als es die Wahrheit gestattete, annahm. Während Plato unbestimmt von der Subsistenz der Ideen redet und dieselben in uns durch zeugenden Einfluss die Begriffe hervorbringen lässt, verlegt Augustin dieselben unzweideutig in den Geist Gottes und lässt sie insofern Grund unseres Denkens sein, als unser Geist nach dem Bilde Gottes und der ihm einwohnenden Ideen erschaffen ist.

Es ist der englische Lehrer, der auf diesen Punkt aufmerksam macht, und wir müssen ihn darüber um so mehr vernehmen, als er bei dieser Gelegenheit sehr klar und überzeugend nachweist, wie man von der Bewegung im Leben des Geistes zum Dasein Gottes gelangt, nicht gerade insofern Gott das höchste Intelligible, sondern insofern er die höchste Intelligenz, die absolute Erkenntniss ist. Unsere Erörterung erhält durch diese Ausführungen eine dankenswerthe Bereicherung.

In den Quaestiones disputatae im zehnten Artikel der Frage über die geistigen Creaturen hat Thomas die Frage zur Erörterung gestellt, ob jenes Licht unseres Geistes, in welchem wir die Begriffe und Urtheile bilden, der intellectus agens, in allen Menschen der Zahl nach einer sei. Unter den Gründen, die er entsprechend der Einrichtung jener Schrift dialectisch zu Gunsten der irrigen Lösung anführt, ist der achte den Schriften Augustins entnommen. Augustin lehrt in dem Buch der 83 Fragen, dass wir nicht nach den sinnenfälligen Dingen über die Wahrheit urtheilen können, da sie beständigem Wandel unterliegen und ausserdem je nach der subjectiven Disposition verschieden auf die Sinne einwirken. Hieraus scheint aber zu folgen, dass man überhaupt nach nichts Geschaffenem über die Wahrheit urtheilen kann. Denn alles Geschaffene ist wandelbar und trügerisch. Da wir nun nach dem intellectus agens über die Wahrheit urtheilen, so muss er unerschaffen und folglich Gott, also einer sein.

In der Antwort unterscheidet der englische Lehrer zwischen einem zweifachen intellectus agens, dem göttlichen und dem menschlichen. Der göttliche besteht getrennt für sich, der menschliche aber ist eine Kraft der Seele und vervielfältigt sich darum mit den menschlichen Einzelwesen. Dass es aber einen intellectus separatus gibt, wird in folgender Weise bewiesen. Wir führen den Text wörtlich an: „Es muss über der menschlichen Seele einen Verstand geben, von dem ihr Verstehen abhängt, wie aus folgenden drei Gründen ersichtlich ist. Erstens: Alles, was einem Dinge durch Theilnahme zukommt, ist früher in einem andern wesentlich, wie wenn das Eisen feurig ist, es in der Wirklichkeit etwas geben muss, was durch seine Wesenheit und Natur Feuer ist. Die menschliche Seele aber ist verständig durch Theilnahme; denn sie versteht nicht nach jedem ihrer Theile, sondern nur nach dem höchsten. Es muss darum etwas Höheres als die Seele geben, das nach seiner ganzen Natur Verstand ist, woraus die verständige Natur der Seele sich ableitet und wovon ihr Verstehen abhängt. Zweitens: Vor allem Bewegten muss sich etwas finden, was nach jener Bewegung nicht bewegt werden kann, wie über den qualitativ veränderlichen Dingen ein nicht so veränderliches, der himmlische Körper, steht; denn jede Bewegung geschieht durch ein Unbewegliches als (letzte) Ursache. Das Verstehen der Seele aber verhält sich nach Weise der Bewegung; denn die Seele versteht dadurch, dass sie von den Wirkungen zu den Ursachen, und von den Ursachen zu den Wirkungen, und von Gleichem zu Gleichem, und von Entgegengesetztem zu Entgegengesetzem fortschreitet. Es muss also über der Seele einen Verstand geben, dessen Verstehen fest und ruhig ist ohne ein solches Fortschreiten. Drittens: Es muss nothwendig, wenn auch in ein und demselben die Potenz früher ist als der Actus, doch schlechthin der Actus der Potenz in einem andern vorausgehen; und gleicher Weise muss er allem Unvollkommenen vorhergehen. Die menschliche Seele aber befindet sich im Anfang in der Potenz zum Intelligiblen und erweist sich im Verstehen als unvollkommen, weil sie in diesem Leben nie zur ganzen Wahrheit des Intelligibeln gelangen kann. Folglich muss es über der Seele einen Verstand geben, der immer actuell ist und ein ganz vollkommenes Verständniss der Wahrheit besitzt [1]).

So also erweist Thomas das Dasein eines abgesonderten thätigen Verstandes, um sodann weiterhin zu zeigen, dass es auch einen mit der Seele als ihre Kraft vereinigten Verstand geben muss, der von jenem abhängt und sich zu ihm verhält, wie das particuläre Agens zum allgemeinen; und hieraus schliesst er alsdann, dass der getrennte Verstand, von welchem die menschliche Seele in ihrem Verstehen abhängt, kein anderer und weiterer als Gott sein kann, da das Licht, welches unsere Seele in dem intellectus agens besitzt, zu ihrer Natur gehört und daher nur von dem Urheber ihrer Natur kommen kann [2]). In diesem letzten Satze wird freilich die Schöpfung als Glaubenslehre vorausgesetzt. Indessen verschlägt dies nichts. Es handelt sich ja für uns nicht darum, ob es keinen abgesonderten Verstand zwischen Gott und der Seele gibt, sondern dass Gott der höchste und absolute Verstand ist.

So werden wir demnach des Daseins Gottes als höchster Intelligenz versichert. Wir haben aber auch schon vernommen, dass diese Intelligenz nicht durch unmittelbare Erleuchtung unsere Einzelerkenntnisse hervorruft. Dies geschieht vielmehr durch den intellectus agens, der als particuläre, zur vernünftigen Seele als Theil gehörige Kraft gleichsam der geschöpfliche Widerschein des unerschaffenen Lichtes ist. Hieraus ergibt sich, dass es nicht richtig sein kann, zu sagen, wir urtheilten über die Wahrheit gemäss dem göttlichen und nicht gemäss unserm menschlichen Verstande. Dies war der Einwurf, der unter Berufung auf Augustin erhoben wurde. Der englische Lehrer widerlegt denselben aber auch in dem nämlichen Artikel noch direct, und hier ist es, wo er auf den Sinn der Sätze bei Augustin näher eingeht und das Verhält-

---

[1]) Quaest. disp. de spir. creat. art. 10. — [2]) Ibid.

niss der ewigen Regeln unseres Denkens zur absoluten Wahrheit nach der Auffassung des Kirchenvaters auseinandersetzt.

Zuerst macht er auf den Doppelsinn des Ausdrucks, nach oder durch etwas urtheilen, aufmerksam, da sowohl die Regel wonach, als die Kraft der Seele, wodurch man urtheilt, gemeint sein könne, und bemerkt, dass wir durch den thätigen Verstand als Kraft, nicht als Regel über die Wahrheit urtheilen. Denn die Regel, nach welcher wir urtheilen, müsse, um eine unfehlbare Norm der Erkenntniss zu sein, unwandelbar sein, der Geist des Menschen aber sei wandelbar. Sodann redet er von der Regel der Wahrheit und der Norm der Gewissheit und gibt an, wie die verschiedenen Philosophen darüber dachten. Einige vorsocratische Forscher liessen kein anderes erkennendes Vermögen als den Sinn und keine andern Wesen als die Körper zu und behaupteten deshalb, wir könnten von der Wahrheit keine Gewissheit haben, und zwar aus zwei Gründen: einmal wegen der Wandelbarkeit der Erscheinungen und sodann wegen der Subjectivität der Wahrnehmung. Dies seien nun, bemerkt Thomas, auch die beiden Gründe, die Augustin berühre, um zu erhärten, dass die Sinne nicht über die Wahrheit urtheilen könnten. Die Alten aber hätten daraus geschlossen, wir könnten überhaupt keine Wahrheit erkennen. Sodann fährt Thomas wörtlich fort: „Darum verlegte sich auch Socrates, indem er an der Erkenntniss der objectiven Wahrheit verzweifelte, ganz auf die Moralphilosophie. Sein Schüler Plato dagegen, der den alten Philosophen darin beipflichtete, dass das Sinnliche in ewigem Fluss und Bewegung ist, und dass der wahrnehmende Sinn kein sicheres Urtheil über die Dinge hat, behauptete, um die Gewissheit des Wissens zu sichern, einerseits vom Sinnlichen getrennte und unbewegliche Formen, species, der Dinge, die er zum Gegenstande der Wissenschaften machte, andererseits behauptete er im Menschen eine übersinnliche Erkenntnisskraft, nämlich den Geist oder den Verstand, der in ähnlicher Weise von einer höhern intelligibeln Sonne erleuchtet werde, wie das Gesicht von der sichtbaren Sonne erleuchtet wird (Dial. VI. de repub. inter med. et fin.). Augustin aber, der dem Plato so weit folgte, als der katholische Glaube zuliess, behauptete keine für sich bestehenden Formen der Dinge, sondern behauptete an ihrer Stelle die Begriffe, rationes, der Dinge im göttlichen Geiste, und dass wir nach ihnen durch unsern vom göttlichen Lichte erleuchteten Verstand über alles urtheilen: nicht so, als ob wir die Begriffe selbst sähen; denn das wäre unmöglich, wenn wir nicht die Wesenheit Gottes sähen, sondern insofern als jene höchsten Begriffe auf unsern Geist einen Einfluss ausüben, imprimunt in mentes nostras. Denn in diesem Sinne sprach Plato a. a. O. davon, dass die Wissenschaften sich auf die getrennten Formen bezögen, nicht als ob sie selbst gesehen würden; sondern sofern unser Geist an ihnen theilnimmt, hat er ein Wissen von den Dingen . . . . Aristoteles aber (II. De anima, comma 161)[1]) hat einen andern Weg eingeschlagen. Zuerst zeigt er in vielfältiger Weise, dass es in den sinnenfälligen Dingen einen festen Inhalt gibt[2]); an zweiter Stelle, dass das Urtheil des Sinnes wahr ist in Bezug auf die sensibilia propria, dagegen irrt bezüglich der sensibilia communia, mehr aber noch bezüglich der sensibilia per accidens[3]); an dritter Stelle, dass über dem Sinne die Denkkraft steht, welche über die Wahrheit urtheilt, nicht vermöge etwaiger ausserhalb bestehenden intelligiblen Dinge, sondern vermöge des Lichtes des intellectus agens, welches das Intelligible macht[4]). Es trägt aber nicht viel aus, ob man sagt, dass die intelligibilia selber von Gott überkommen sind, oder dass das Licht, welches Intelligibles macht, von ihm überkommen ist"[5]).

Der englische Lehrer hat uns im Vorstehenden gezeigt, dass Augustin unserer Seele keineswegs den eigenen Besitz

[1]) Man beachte, dass manche alte lateinische Uebersetzungen das dritte Buch der Psychologie erst mit dem vierten Capitel beginnen.

[2]) Dies ist wohl nicht so zu verstehen, als ob Aristoteles sich förmlich so ausdrückte. Inhaltlich trifft die Angabe insofern zu, als im zweiten Buche von Cap 6—12 vom Gegenstand oder Inhalt sowohl der einzelnen Sinne als ihrer aller zusammen gehandelt wird.

[3]) Buch III, C. 3. Aristoteles sagt a. a. O. umgekehrt, am meisten irre der Sinn bezüglich der sensibilia communia wie Bewegung und Grösse.

[4]) Buch III, C. 4—5. — [5]) l. c. ad octavum.

einer Norm der Erkenntniss abspricht, sondern nur bestreitet, dass sie dieselbe von den Sinnen nehme. Er zeigt uns aber auch positiv, woher die Seele nach Augustin die Wahrheit erkennt. Das geistige Licht, worin sie sieht, beruht auf einer Theilnahme am unerschaffenen Lichte, der intelligiblen Natur Gottes. Hieraus geht aber auch hervor, dass unsere obige Deutung des augustinischen Gottesbeweises durch die Autorität von Thomas gestützt wird. Wenn Augustin von den ewigen und nothwendigen Wahrheiten auf die höchste und allumfassende Wahrheit oder von dem Lichte der Denkprincipien auf das Urlicht schliesst, so können wir jetzt nach Thomas beurtheilen, wie das zu verstehen ist. Der Kirchenvater redet in Anlehnung an die platonische Ideenlehre. Die höchsten Begriffe und Urtheile in uns sind ein Abdruck der Ideen im Geiste Gottes, und dieses Verhältniss der Abhängigkeit wird daraus erschlossen, dass sich unser Geist von den Ideen beherrscht und in dem Grade, als er sie erwirbt, gefördert findet. Nur lässt Augustin in diesem Schlusse ein Mittelglied aus: Die Ideen sind uns nicht angeboren, und darum muss es ein vermittelndes Princip in der Seele geben, das nach vorwärts das Intelligible erreicht und nach rückwärts auf jene höchste Vernunft zurückgeht, die alles Intelligible, alle Wahrheit, in sich begreift und darum auch dem menschlichen Geiste verleiht, das Intelligible zu erfassen. Aristoteles aber stellt dieses Zwischenglied ausdrücklich auf, den intellectus agens, und schliesst von dem Intelligiblen, das in uns als Product der Denkkraft erst allmälig aufleuchtet, auf jenes Intelligible, das ewig vollendet als absolute Wahrheit am Anfang alles Denkens steht.

Es sei uns gestattet, noch eine Bemerkung hinsichtlich einiger verkehrten Beurtheilungen zu machen, die der Gottesbeweis Augustin's gefunden hat. Wie man sieht, bleibt bei dem Kirchenvater ein Gedanke unausgesprochen. Dadurch wird das Verständniss erschwert. Aber darum ist man nicht befugt, zu Deutungen zu greifen, die des grossen Lehrers unwürdig sind, und zu denen in seinen Worten keine genügende Veranlassung geboten ist. Das richtige Verfahren besteht darin, seine Speculation so weit zu verfolgen, als sie klar und unzweideutig ist, und sodann das Unausgesprochene oder unbestimmt Gelassene nach den Regeln des gesunden Denkens und seinen sonstigen Anschauungen zu ergänzen oder klar zu stellen. Von verfehlter Deutung ist uns schon oben eine Probe begegnet, als wir davon sprachen, dass scheinbar nach Augustin in den Principien des Wissens unmittelbar die göttliche und absolute Wahrheit erkannt wird. Denn so hat man Augustin wirklich verstanden. Wir haben diesen Schein schon damals abgewiesen. Wer über den Punkt genauern Aufschluss wünscht, findet ihn bei St. Thomas in der kleinern Summa [1]. Man hat aber auch noch in neuerer Zeit die Auffassung vertreten, als ob die incommutabiliter vera, von welchen Augustin spricht, ihm zufolge eine eigene Subsistenz hätten und die höchste Wahrheit gleich ihnen von dem Kirchenlehrer hypostasirt werde, um so für die Abstraction eine Wirklichkeit ausser uns zu gewinnen [2]. Da wir gezeigt haben, dass es sich bei Augustin um keine Abstractionen, sondern um concrete Erscheinungen im Geistesleben, um das Licht der Intelligenz handelt, das als Erscheinung des wandelbaren Geistes einen unwandelbaren Grund erfordert, so brauchen wir uns auf die Widerlegung nicht einzulassen. Nur möchten wir hervorheben, dass es nicht zulässig ist, gleichsam zur Entschuldigung solcher Auffassungen von einer Entwickelung des Kirchenlehrers zu reden, als ob er in seinen Schriften nur langsam und schrittweise frühere Irrthümer überwinde und zur Klarheit durchdringe. Augustin selbst hat später in seinen Retractationen viel kleinere Dinge aus seinen Schriften zurückgenommen oder verbessert. Wie hätte er denn in der Folge solche Fehlgriffe unbeachtet lassen können? Uns wenigstens ist nicht bekannt, dass er etwas dergleichen richtig gestellt hätte.

Wir haben im Bisherigen den Weg, auf dem St. Augustin die unwandelbare göttliche Wahrheit erkennt, mit dem Wege, auf dem Aristoteles das erste Intelligible findet, verglichen.

---

[1] l. c. III, 47. — [2] Vgl. **Braig**, Gottesbeweis oder Gottesbeweise, S. 54 und C. **van Endert**, Der Gottesbeweis in der patristischen Zeit, S. 154 ff.

Wenden wir uns nun noch einmal unserm Philosophen zu, und treten wir mit ihm in jene letzte Erörterung ein, die darauf hinzielt, das erste Intelligible auch als erste Intelligenz zu erweisen und daraus seine vollkommene Glückseligkeit abzuleiten.

Der Text des Philosophen lautet: „Ihm (dem Princip, von welchem Himmel und Erde abhängt) kommt ein seliges Leben zu, wie uns nur auf kurze Zeit [1]). Denn für jenes Princip ist das ein stetiger Zustand — für uns ist das nämlich unmöglich —, da auch die Lust seine Actualität ist; und deswegen sind Wachen, Sinneswahrnehmung und Denken etwas so Angenehmes. Hoffnung aber und Erinnerung sind es ihretwegen. Das an und für sich seiende Denken aber hat zum Inhalte das an und für sich Beste, und je mehr es ein solches Denken ist, desto mehr. Sich selbst aber denkt der Geist in dem Maasse, als er das Intelligible erfasst. Er wird nämlich intelligibel, indem er berührt und denkt, so dass Geist und Intelligibles dasselbe sind. Denn der Geist ist das aufnehmende Princip des Intelligiblen und des Wesenhaften. Er ist aber actuell, wenn er es hat. Und so ist jenes mehr als dieses das Göttliche, was der Geist zu haben scheint, und das Schauen ist das Angenehmste und Beste. Ist nun Gott immerdar so glückselig, wie wir je und je, so ist das ein bewunderungswürdiges Sein; ist er es aber noch mehr, so ist es noch bewunderungswürdiger. Er ist es aber. Aber auch das Leben ist Er fürwahr [2]). Denn die Thätigkeit des Geistes ist Leben,

---

[1]) *διαγωγὴ δ' ἐστὶν οἵα ἡ ἀρίστη μικρὸν χρόνον ἡμῖν.* Mit dem Ausdrucke *διαγωγή* pflegt Aristoteles besonders die höchste, mit dem edelsten Genusse verbundene Denkthätigkeit zu bezeichnen. Man vergleiche auch Bonitz, Index aristotelicus 178. a, 26 seqq.

[2]) *καὶ ζωὴ δέ γε ὑπάρχει.* Diese Worte übersetzen Bender S. 309 und Bullinger S. 219: „Auch Leben kommt ihm zu". Falsch! Denn das versteht sich von selbst bei einem denkenden und seligen Geist, und lag auch schon in *διαγωγή* Z. 14. Bessarion hat: „Ceterum vita quoque profecto inexistit," mit dem ceterum so viel andeutend, als käme eine Bemerkung über den Zusammenhang hinaus. In der That stritte sie mit dem Zusammenhang, wenn sie den Sinn Bessarions hätte.

und jener ist die Thätigkeit, und die subsistirende Thätigkeit ist sein Leben, das beste und ewige. Wir sagen aber, dass Gott ein ewiges und bestes lebendiges Wesen, ζῷον, sei, so dass Gott stetes und ewiges Leben und Sein zukommt; das nämlich ist Gott" [1]).

Das Verständniss dieser Stelle wird im einzelnen durch die Kürze des Ausdrucks erschwert. Auch lässt uns St. Thomas hier im Stich, welcher irrthümlich annimmt, bis zu den Worten: „sich selbst aber denkt der Geist," sei von der Seele des Fixsternhimmels Rede, und in den folgenden Sätzen bis zu den Worten: „ist nun Gott immer," werde dessen Erkennen mit dem göttlichen verglichen [2]). Im wesentlichen aber kann über den Sinn der vorliegenden Erörterung kein Zweifel sein. Wir theilen sie in drei Abschnitte, den ersten rechnen wir bis zu den Worten: „sich selbst aber denkt der Geist," den zweiten bis zu den Worten: „aber auch das Leben," den dritten bis zu Ende. Im ersten wird gezeigt, dass die Seligkeit des Denkens dem Urwesen ewig zukommt, im zweiten, dass sein Denken seliger ist als das unserige, im dritten, dass sein Denken das subsistirende Leben ist. Zuerst also heisst es, dass das höchste Wesen ein seliges Leben geniesst, wie es uns nur zuweilen beschieden sein kann. Die Seligkeit ist nämlich seine Actualität, und dies darum, weil die Thätigkeit des Geistes Denken, jenes Wesen aber die Thätigkeit selbst ist. Das Denken aber macht die Seligkeit des Denkenden aus, wie ja überhaupt die Vollendung jedes Wesens darin liegt, dass die in ihm ruhenden Kräfte und Anlagen ganz und sämmtlich in die Wirklichkeit übersetzt werden. Darum, weil die Actualität Lust gewährt, sind ja auch Wachen, Wahrnehmen, Denken so angenehm, und Hoffnung und Erinnerung sind es darum, weil sie sich auf solche actuelle Zustände beziehen. Unter allem diesem aber ist das Höchste und Beste und Beseligendste das in sich bleibende, nur der Wahrheit,

---

[1]) 1072 b 14—30.

[2]) Dieser irrigen Auslegung des Aquinaten folgt Sylvester Maurus in seiner Paraphrase des Aristoteles. Der griechische Scholiast bei Brandis hat zu derselben keine Veranlassung gegeben.

dem Intelligiblen, zugewandte Denken, das nicht um eines praktischen Zweckes willen zu erkennen strebt, sondern die Erkenntniss an sich will, und wo das Denken vollständig in seinem Gegenstand ruht, wie bei dem Urwesen, da muss dieser Gegenstand das Allervollkommenste sein [1]. Somit ist das Denken des höchsten Wesens ein überaus seliges. Dasselbe wird im zweiten Abschnitt aus dem Vorzug dieses Denkens vor unserm Denken bewiesen. Was nämlich in uns das Göttlichste ist, die Selbsterkenntniss, kommt nur daher, dass der Geist sich einer Theilnahme an dem erfreut, was im höchsten Wesen das Wesenhafte ist, die Intelligibilität. Dieser Gedanke wird so ausgeführt: Der Geist erkennt sich selbst dadurch, dass er Intelligibles aufnimmt und dadurch die Intelligibilität annimmt: *κατὰ μετάληψιν τοῦ νοητοῦ*. Er wird nämlich selbst dadurch intelligibel, dass er Intelligibles berührt und erfasst. Denn in der Erkenntniss gestaltet er sich selbst zum Bilde des Erkannten und wird auf diese Weise das Erkannte [2], genauer das geistig Erkannte, das Intelligible oder das Wesenhafte, Bleibende des Dinges. Erst dadurch aber, dass er das Intelligible in sich hat, ist er thätig, denkt sich und anderes. So muss denn jenes, das Intelligible, als Grund mehr als dieses, das actuelle Denken, das Göttliche im Menschengeiste sein, und das Genussreichste und Beste ist eben das ruhige Festhalten und geistige Anschauen des Intelligiblen. Hieraus mögen wir urtheilen, wie erhaben die immerwährende Seligkeit Gottes — denn diesen Namen dürfen wir Ihm jetzt wohl geben — über jenen geistigen Genuss sein müsse, der uns mitunter in Momenten geistigen Aufschwunges und grösserer Klarheit zu theil wird. Denn jenes intelligible Licht, das unserm Geiste nur abgeleiteter Weise zukommt, ist Er wesenhaft. Er ist aber auch das wesenhafte Leben, dies wird im dritten Abschnitt gezeigt. Da Gott nämlich die wesenhafte Thätigkeit ist und denkt, und Denken Leben und vollkommenstes Leben ist, so

---

[1] Cf.: „Wer das Wissen um seiner selbst willen wählt, wird am meisten diejenige Wissenschaft wählen, die am meisten Wissenschaft ist, die des meist Intelligiblen, der höchsten Gründe," M. I, 2. 982 a 32.

[2] Vgl. De an. III, 4. 429 b 27 bis Schl. d. Cap.

muss Er das Leben selbst sein, ein Leben vollendeter Seligkeit und unaufhörlicher Dauer. Darum bezeichnen wir Gott auch herkömmlich als ein ewiges, unendlich vollkommenes lebendiges Wesen, ζῷον ἀΐδιον ἄριστον, und sprechen Ihm damit ewiges Leben und Sein zu. Denn dieses hat Er nicht bloss, sondern ist Er, wie das Denken ergibt.

Hiermit beschliesst Aristoteles den Beweis für das Dasein Gottes. Auch wir beenden hiermit die specielle Erörterung über diese Form des Gottesbeweises und heben nur noch hervor, dass die letzten Vollkommenheiten, aus denen Aristoteles Gott erkannt hat, die absolute Intelligibilität und Lebendigkeit, jene selben Momente sind, die uns in den Worten des menschgewordenen Gottes begegnen, da er von sich selber spricht: „Ich bin die Wahrheit und das Leben.“ Joan. 14, 6.

Drittes Hauptstück.

Der zweite und dritte Gottesbeweis, aus der Wirksamkeit der Weltdinge und aus ihrem Entstehen und Vergehen.

Wir kommen jetzt zu denjenigen Beweisen für das Dasein Gottes, die Thomas von Aquin an zweiter und dritter Stelle vorlegt und deren Prämissen sich auch, wie der genannte Lehrer wenigstens von dem zweiten Argumente bemerkt, bei Aristoteles finden. Das erste dieser beiden Argumente stützt sich auf die Existenz der wirkenden Ursachen, das zweite auf das Entstehen und Vergehen der Weltdinge.

Während also der Beweis, den wir bis jetzt erörtert haben, von den Veränderungen ausging, die die Dinge erleiden, hält sich der folgende an die Wirksamkeit, die sie ausüben. Im übrigen ist es derselbe Gedanke, der hier und dort zur Verwendung kommt: da die endlichen Dinge nicht rein aus sich und unabhängig von einer höhern Ursache wirken, so muss es eine letzte und höchste Ursache geben, in deren Kraft sie wirken und die selbst aus sich und unabhängig thätig ist, und diese ist Gott. Wie aber demnach der zweite Beweis mit dem ersten verwandt ist, so mit beiden der dritte: die Dinge erleiden und bewirken nicht nur accidentelle Veränderungen, sondern jenes Leiden und dieses Wirken erstrecken sich auch auf das Dasein selbst. Sie wechseln nicht nur ihre Eigenschaften und Zustände, sondern fangen auch an und hören auf zu sein, und wirken hierbei durch ihre Zeugungskraft mit. Soweit sie aber selbst vergänglich sind, können sie nicht die letzte Ursache sein, diese muss unvergänglich sein. Ebenso muss die letzte Ursache nothwendig sein. Was vergeht, ist zufällig. So gibt es demnach als letzten Grund aller Dinge ein Unvergängliches und Nothwendiges.

Wegen der Aehnlichkeit dieser beiden Argumente mit dem ersten wird unsere Erörterung über dieselben in mancher Beziehung kürzer sein. Die gemeinsame Grundlage wurde ja bereits hinreichend klar gelegt. In dem dritten Argument werden wir freilich den Begriff des Nothwendigen mit besonderer Sorgfalt zu entwickeln haben, um zu zeigen, dass derselbe sich nur in Gott erfüllt oder bewahrheitet. — Gehen wir nun gleich zu dem zweiten Gottesbeweise über.

Derselbe hat in der theologischen Summa folgende Fassung: „Der zweite Weg geht von der Beschaffenheit der wirkenden Ursache aus. Wir finden in der sinnlichen Welt, die uns umgibt, eine Ordnung der wirkenden Ursachen vor, aber es findet sich nicht, noch ist es möglich, dass etwas die wirkende Ursache seiner selbst sei. Denn so wäre es früher als es selbst, was unmöglich ist. Es ist aber nicht möglich, in der Reihe der wirkenden Ursachen in's Unendliche fortzuschreiten. Denn bei allen geordneten wirkenden Ursachen ist das Erste die Ursache des Mittlern, und das Mittlere ist die Ursache des Letzten, seien nun mehrere in der Mitte oder bloss eines. Mit der Ursache wird aber auch die Wirkung aufgehoben. Folglich gibt es, wenn es bei den wirkenden Ursachen kein Erstes gibt, kein Letztes noch Mittleres. Wenn es aber mit den wirkenden Ursachen in's Unendliche geht, so wird es keine erste wirkende Ursache geben, und so wird es weder eine letzte Wirkung noch wirkende Mittelursachen geben, was offenbar falsch ist. Also ist es nothwendig, eine erste wirkende Ursache anzunehmen, und die wird von allen Menschen Gott genannt“ [1]).

In diesem Text kommt ein Dreifaches in Betracht: der Sinn des geführten Beweises oder der eigentliche Beweisgrund, aus welchem das Dasein Gottes folgen soll, die Gültigkeit des Beweises an sich und endlich seine subjective Berechtigung bei St. Thomas bezüglich der Berufung auf die Unmöglichkeit einer unendlichen Reihe von wirkenden Ursachen. Wir wissen nämlich, dass nach Aristoteles die Zeugungen ewig dauern, und es scheint nach vielen Stellen, dass St. Thomas diese Annahme nicht gerade für einen offenbaren innern Widerspruch ausgeben will. Demnach sollte man meinen, dass er sich auf die Unmöglichkeit der unendlichen Reihe nicht berufen dürfe, und wenn wir auch schon oben diesen Punkt berührt haben, als von der Zurückführung der Bewegung auf die letzte Ursache Rede war, so wollen wir doch hier die Sache etwas ausführlicher besprechen.

Was nun den Sinn unseres Argumentes betrifft, so sei zuerst über den Begriff der wirkenden Ursache bemerkt, dass darunter jene Ursache zu verstehen ist, die durch ihre Thätigkeit verursacht, also die Ursache im gewöhnlichen Sinne des Wortes. Aristoteles nämlich, dem Thomas folgt, fasst den Begriff der Ursache im allgemeinen weiter, als es gewöhnlich

---

[1]) Secunda via est ex ratione causae efficientis. Invenimus enim in istis sensibilibus esse ordinem causarum efficientium; nec tamen invenitur, nec est possibile, quod aliquid sit causa efficiens sui ipsius; quia sic esset prius se ipso, quod est impossibile. Non autem est possibile quod in causis efficientibus procedatur in infinitum; quia in omnibus causis efficientibus ordinatis primum est causa medii, et medium est causa ultimi; sive media sint plura, sive unum tantum. Remota autem causa removetur effectus. Ergo si non fuerit primum in causis efficientibus, non erit ultimum, nec medium. Sed si procedatur in infinitum in causis efficientibus, non erit prima causa efficiens; et sic non erit nec effectus ultimus, nec causae efficientes mediae; quod patet esse falsum. Ergo est necesse ponere aliquam causam efficientem primam, quam omnes Deum nominant. Summa theol. p. I. q. 2, a 3.

geschieht. Er unterscheidet innere oder constituirende Ursachen eines Dinges, Stoff und Form, und äussere Ursachen, und von diesen ist die eine der Zweck, jene Ursache, um derentwillen etwas geschieht, und die andere ist die wirkende Ursache, die durch ihre Thätigkeit etwas zu Stande bringt oder herstellt, die Dinge verändert oder auch sie hervorbringt[1]. Thomas will nun, wie schon gesagt, aus den abhängigen wirkenden Ursachen die unabhängige ableiten: weil es wirkende Ursachen gibt, die unter fremder Einwirkung verursachen, so muss es auch eine wirkende Ursache geben, die ganz unabhängig ist und von der die andern abhängig sind. Dass es solche in Abhängigkeit wirkende Ursachen gibt, zeigt Thomas zunächst durch den Hinweis auf die Erfahrungs-Thatsache, dass es eine Ordnung, d. h. eine Abfolge von wirkenden Ursachen, gibt. So zerschlägt z. B. der fallende Stein die Statue, ist aber selbst durch den Wind bewegt worden. Indem Thomas nun von den abhängigen Ursachen zu der unabhängigen aufsteigen will, lässt er, wenn wir ihn anders recht verstehen, den Gegenstand oder Umfang der wirkenden Ursache unentschieden, d. h. er redet von den wirkenden Ursachen im allgemeinen, nicht bloss insofern sie Ursache des Daseins einer Substanz sind. Ein gewisser Schein in dieser Richtung wird freilich durch die Worte geweckt: es ist nicht möglich, dass etwas die wirkende Ursache seiner selbst sei. Das klingt nach der erzeugenden oder hervorbringenden Ursache. Aber dann wäre St. Thomas unvermerkt und in wenig logischer Weise zu dieser von den wirkenden Ursachen ohne Unterschied abgebogen, und dann hätte er auch am Ende des Beweisganges auf ein aus sich Daseiendes schliessen müssen, statt, wie jetzt, auf eine erste wirkende Ursache. Er versteht also unter jenem Etwas, das nicht Ursache seiner selbst sein kann, nicht bloss die Substanz, sondern auch das Accidens, und so hat er nur dem Causalitätsprincip: nihil fit a seipso einen etwas andern Aus-

[1]) Von den vier Ursachen oder Principien handelt Aristoteles besonders im zweiten Buch der Physik, Capitel 3, und im ersten Buch der Metaphysik, Cap. 3—7.

druck gegeben. Er zog es vor, zu sagen: nihil est causa efficiens sui ipsius, um bei dem maassgebenden Terminus causa efficiens zu bleiben. Die folgenden Worte des Textes: sonst wäre etwas vor sich selbst da, sind eine Form des Beweises des Causalitätsprincips. Nachdem dasselbe aber in dieser Weise festgestellt ist und demnach einleuchtet, dass jede Wirkung nach rückwärts auf ihre Ursache weist, wird der Schluss auf die letzte oder dem Wirken nach erste Ursache gezogen: man kann mit der Zurückführung der Wirkungen nicht in's Unendliche gehen, sondern muss eine erste Ursache annehmen. Das letztere, die Nothwendigkeit der ersten Ursache, wird von Thomas im Grunde unabhängig von der Frage der unendlichen Reihe bewiesen. Vielmehr wird die Unmöglichkeit dieser letztern aus der andern Unmöglichkeit dargethan, die in einer Reihe von Ursachen ohne ein Erstes liegt. Jenes Moment wird aber trotzdem von Thomas in den Beweisgang aufgenommen, um einigermaassen den Anschluss an Aristoteles zu wahren, der in demselben die Grundlage für das gegenwärtige Argument dargeboten hat. Das tritt klar in der Fassung hervor, die das Argument in der kleinern Summa hat. Um den Weg zu der Frage von der endlosen Reihe zu bahnen, scheint auch das Moment von der Ordnung der wirkenden Ursachen herangezogen zu sein. — So viel mag zur Erklärung der Texteswortе genügen. Nun kurz zum zweiten Punkt, der die Triftigkeit des vorliegenden Beweises betrifft.

Hier ist dreierlei darzuthun: dass es wirkende Ursachen gibt, dass es eine erste wirkende Ursache gibt, und dass dieselbe Gott ist. Das Erste folgt aus dem Causalitätsprincip: jede Wirkung hat eine Ursache. Der Beweis für dieses Princip liegt darin, dass man unter Wirkung etwas neu Auftretendes, was vorher nicht war, versteht. Dasselbe muss von etwas herkommen, was schon war, und ein solches heisst eben, insofern anderes von ihm herkommt, Ursache. So bestimmt, um ein Beispiel nach Aristoteles, Met. II, 2, anzuführen [1]), die heisse Luft jemanden, sein Kleid abzulegen. Er thut das nicht

[1]) l. c. 994, a 5 f.

rein willkürlich, sonst wäre nicht abzusehen, warum er es gerade jetzt und nicht früher oder später thut, sondern die Hitze ist es, die sein Thun als Ursache bestimmt. Sobald dieselbe den erforderlichen Grad erreicht hat, erfolgt der entsprechende Willensentschluss. Nun muss es aber auch eine erste Ursache geben. Denn ohne eine solche kann die letzte Ursache vor der Wirkung und können überhaupt die untergeordneten Ursachen nicht wirken. Hier kommt derselbe Gedanke zur Verwendung, den wir schon oben im ersten Hauptstück, als wir nach Aristoteles die Nothwendigkeit einer ersten bewegenden Ursache nachwiesen, auseinandergesetzt haben. Es ist auch nach Aristoteles bis auf das Wort dasselbe, von einer ersten wirkenden und von einer ersten bewegenden Ursache zu sprechen. Denn die wirkende Ursache bezeichnet er eben technisch als diejenige, von welcher der Anfang der Bewegung herrührt: *ὅθεν ἡ ἀρχὴ τῆς κινήσεως*. Das Wirken ist ja auch nach der Seite des Wirkenden dasselbe, was nach der Seite des Leidenden die Bewegung ist, und in diesem Sinne spricht auch Aristoteles von einem aktiven und passiven Moment in der Bewegung. „Die Bewegung," sagt er im dritten Capitel des dritten Buches der Physik, „ist zwar in dem Bewegten und ist seine Entelechie, aber die Energie des Bewegenden ist keine andere, denn beiden muss e i n e Entelechie inwohnen"[1]). Wir können also mit der ersten bewegenden Ursache auch die erste wirkende als erwiesen betrachten. Wenn dem aber so ist, so ist auch das Dritte erwiesen, was uns zu zeigen oblag, dass die erste wirkende Ursache Gott ist. Das erste Wirkende ist, wie das erste Bewegende das aus sich Wirkende und Wirkliche, die lautere Wirklichkeit. Wirkte es nicht kraft seines Wesens, und wäre es nicht das Wirken selbst, so wäre sein Wesen Möglichkeit und müsste durch ein früher Wirkendes in die Wirklichkeit überführt werden. Dann wäre es aber nicht das erste Wirkende. Somit ist die Triftigkeit des zweiten Gottesbeweises auf Grund des ersten ohne weiteres einleuchtend.

---

[1]) l. c. 202, a 13 ff.

Auch das Bedenken, das man gegen die Berechtigung der Beweisführung dem Standpunkte des englischen Lehrers entnimmt, lässt sich nicht bloss an den zweiten Gottesbeweis anknüpfen, sondern kehrt, wie wir schon wissen, nur aus dem ersten wieder. St. Thomas weist die endlose Reihe wirkender Ursachen in den Generationen nicht schlechterdings als einen philosophischen Widerspruch von sich, aber darum braucht ihm das Recht, auf eine oberste wirkende Ursache zu schliessen, nicht ohne weiteres bestritten zu werden. Die Vermittelung liegt in der Unterscheidung zwischen einer ersten Ursache in der Reihe und ausser und über der Reihe, einer gleichartigen und einer ungleichartigen Ursache. Wer von einer unendlichen Reihe vergangener Generationen spricht, muss consequenter Weise das Vorhandensein eines Endes nach rückwärts, also den Anfang, das erste Zeugende leugnen: er kann aber immerhin der Meinung sein, dass eine solche Reihe sich auf eine über ihr stehende Ursache zurückführt. Diese Meinung hat Thomas selbstverständlich gehabt, er wird also, soweit er auch an der innern Möglichkeit ewiger Zeugungen festhielt, angenommen haben, dass beide Meinungen miteinander verträglich seien; oder, um es noch anders zu sagen, nach Thomas ist, wie es der wahren Philosophie entspricht, die Reihe der Generationen nach rückwärts in der schöpferischen Allmacht abgeschlossen; ob aber von diesem Punkte aus, wenn wir diesen Ausdruck gebrauchen dürfen, bis zur Gegenwart eine endliche oder eine unendliche Abfolge von Generationen anzunehmen sei, das glaubt er vielleicht unbeschadet des göttlichen Ursprungs dahinstehen lassen zu dürfen. Unsere Aufgabe verpflichtet uns, streng genommen, nicht, ein Urtheil darüber zu fällen, ob die unendliche Reihe innerlich möglich ist, oder ob sie etwa gar schon mit der Annahme eines obersten und unabhängigen Princips an und für sich unvereinbar ist. Es genügt, dass Thomas das Dasein der obersten Ursache rechtmässig bewiesen hat. Trotzdem werden wir im Folgenden Gelegenheit nehmen, uns über den Standpunkt des englischen Lehrers und die Frage seiner Berechtigung und Consequenz mit einigen Worten zu äussern.

Eine solche Gelegenheit bietet schon gleich jene Fassung des zweiten Gottesbeweises, die in der summa contra gentiles vorliegt, und die wir jetzt in Betracht nehmen wollen. Der Beweis wird dort im Anschluss an Aristoteles geführt und hat folgenden Wortlaut:

„Auf einem andern Wege aber geht der Philosoph im zweiten Buche der Metaphysik, C. 2 vor, um zu zeigen, dass es bei den wirkenden Ursachen kein Fortschreiten in's Unendliche gibt, sondern man zu einer ersten Ursache kommen muss — und diese nennen wir Gott. Und dieser Weg hat folgende Gestalt: Bei allen geordneten wirkenden Ursachen ist das Erste die Ursache des Mittleren, und das Mittlere ist die Ursache des Letzten, mag nun bloss ein Mittleres sein oder ihrer mehr. Hebt man aber die Ursache auf, so hebt man das, dessen Ursache sie ist, auf; also wird, wo das Erste aufgehoben wird, das Mittlere nicht Ursache sein können. Wenn man aber bei den wirkenden Ursachen in's Unendliche geht, so wird keine Ursache die erste sein: also werden alle andern, die in der Mitte liegen, aufgehoben werden. Dieses aber ist offenbar falsch. Also muss man eine erste wirkende Ursache setzen, die Gott ist"[1]).

Mit der hier angezogenen Beweisführung aus Aristoteles hat es folgende Bewandtniss. Aristoteles hat im ersten Capitel des zweiten Buches der Metaphysik die Philosophie als die Wissenschaft der Wahrheit und den letzten Grund aller Dinge bezeichnet. „Wir können die Wahrheit," so hatte er gesagt, „nicht erkennen ohne Erkenntniss der Ursachen"[2]).

---

[1]) Procedit autem Philosophus alia via, in secundo Metaphysicorum, c. II, ad ostendendum non posse procedi in infinitum in causis efficientibus, sed esse devenire ad unam causam primam; et hanc dicimus Deum. Et haec via talis est: In omnibus causis efficientibus ordinatis primum est causa medii, et medium est causa ultimi; sive sit unum, sive plura media. Remota autem causa removetur id cujus est causa; ergo remoto primo medium causa esse non poterit. Sed si procedatur in causis efficientibus in infinitum, nulla causarum erit prima; ergo omnes aliae tollentur, quae sunt mediae. Hoc autem est manifeste falsum; ergo oportet ponere primam causam efficientem esse, quae Deus est, Sum. c. g. lib. I, c. 13. — [2]) l. c. 993 b 23 f.

Da nun diese Erkenntniss immer unvollendet bliebe, wenn sie nicht zu den ersten und höchsten Ursachen aufsteigen könnte, so zeigt er im zweiten Capitel, dass es wirklich ein höchstes Princip der Dinge geben muss und dass sich die Ursachen nicht in's Unendliche verlieren[1]). Zuerst stellt er dies als Behauptung auf, und zwar bezüglich aller vier Arten der Ursache, der materialen, der wirkenden, der finalen und der formalen Ursache, und erklärt diesen Gedanken bezüglich der drei erstgenannten Ursachen durch Beispiele. Uns interessirt hier das Beispiel für die wirkende Ursache: „Zweitens ist der Fortschritt in's Unendliche nicht möglich bei der wirkenden Ursache, *ὅθεν ἡ ἀρχὴ τῆς κινήσεως*, z. B. dass der Mensch von der Luft bewegt würde, diese aber von der Sonne, die Sonne aber vom Streite (nach Empedokles), und dass es hier kein Ende gäbe." Sodann führt er für die aufgestellte Behauptung den Beweis, zuerst bezüglich der wirkenden Ursache: „Von den Mittelgliedern, ausserhalb deren es ein Letztes und ein Früheres gibt, muss das Frühere die Ursache von allem Folgenden sein. Sollten wir nämlich sagen, welches von diesen dreien die Ursache ist, so werden wir das Erste angeben. Das Letzte kann es ja doch nicht sein; denn was am Ende steht, ist von nichts Ursache. Eben so wenig aber kann es auch das Mittlere sein; denn dieses ist nur von einem Ursache. Es macht aber keinerlei Unterschied, ob eins in der Mitte liegt oder ihrer mehr, und ob ihrer unendlich oder endlich viele sind[2]). Denn bei den in dieser Weise unendlichen Theilen und überhaupt bei dem Unendlichen (auch der Grösse nach) gehört alles unterschiedslos zu der Mitte, bis zu dem Letzten hin, das eben jetzt ist; und so wäre, wenn doch keines das Erste wäre, überhaupt keine Ursache da"[3]).

Aus den vorstehenden Anführungen erhellt, wie treu St. Thomas den Sinn des Aristoteles wiedergegeben hat. Wir

---

[1]) Man vergleiche den Commentar von Thomas, Anfang des letzten Abschnittes der zweiten Lection.

[2]) *οὐδ' ἄπειρα ἢ πεπερασμένα.* Bender übersetzt falsch: ob eine unbestimmte oder eine bestimmte Anzahl. — [3]) l. c. 994 a 11–19.

sehen, dass auch bei dem Philosophen der leitende Gedanke dieser ist: ohne die höchste wirkende Ursache würde es keine Mittelursachen und also überhaupt keine Verursachung geben. Es ist aber zu bemerken, dass Aristoteles diesen Gedanken nicht förmlich zum Erweis des göttlichen Daseins benutzt. Indem aber St. Thomas dieses thut, hat er im Geiste des Aristoteles gehandelt. Denn einmal wissen wir, dass die wirkende Ursache dem Philosophen gleich der bewegenden steht, vom ersten Beweger aber beweist er ausdrücklich, dass er Gott ist. Sodann legt auch der Zusammenhang, in welchem die Nothwendigkeit der ersten wirkenden Ursache bewiesen wird, den Gedanken an Gott sehr nahe. Es soll nämlich durch diesen Beweis dargethan werden, dass die Philosophie einen realen Inhalt und ein erreichbares Ziel hat. Nun hatte aber Aristoteles vorhin in der Einleitung zur Metaphysik gerade das Göttliche als Inhalt und Vorwurf der Philosophie bezeichnet und dies damit begründet, dass Gott zu den Ursachen gehöre, auf deren Erforschung die Weisheit ausgehe [1]. Somit begründet der vorliegende Beweis im Zusammenhang der aristotelischen Gedanken thatsächlich das Dasein des Göttlichen. Aristoteles kann nicht wohl einen förmlichen Gottesbeweis aus der wirkenden Ursache führen. Es ist ja für diese Ursache nicht einmal ein Name übrig geblieben, nachdem er sie im Bewegungsbeweis als bewegende Ursache verwandt hat. St. Thomas aber hat wohl daran gethan, diesen Beweis noch eigens in Verfolgung der aristotelischen Spuren zu entwickeln. Denn abgesehen davon, dass die wirkende Ursache im Vergleich zur bewegenden der allgemeinere Begriff ist und somit den Beweis auf eine breitere Grundlage stellt, ist sie auch der populairere Begriff und wohl derjenige, an dessen Hand der gesunde Sinn am ersten durch Nachdenken zu Gott gelangt.

---

[1] „Sie hat das Göttliche zum Inhalt", *κἂν εἴ τις τῶν θείων εἴη*, met. I, 2. 983 a 7. „Denn Gott scheint Allen zu den Ursachen zu gehören und ein Princip zu sein", Z. 8 f. Nun „betrachtet aber die Philosophie gerade die ersten Principe und Ursachen", 982 b 9 f.

Wir müssen aber noch einmal auf den Beweis des Aristoteles gegen die unendliche Reihe wirkender Ursachen zurückkommen. Derselbe enthält einen Gedanken, den wir in der Wiedergabe bei Thomas nicht finden. Die Mittelglieder, sagt Aristoteles, die zwischen der höchsten Ursache und dem letzten Verursachten liegen, sind für eins zu setzen, ob ihrer auch unendlich viele sein mögen. Hier wird in der allerdeutlichsten Weise zwischen einer doppelten Unendlichkeit unterschieden. Die eine wird geleugnet: „Die Ursachen der Dinge sind nicht an Zahl unendlich," so lautet die These am Anfang des Capitels. Von der andern wird gesagt, dass sie, wenn auch vorhanden, die These nicht hinfällig mache. Man sieht aber auch ganz deutlich, wie diese zweite Unendlichkeit zu verstehen ist: es sind unendlich viele Mittelursachen, die aber nach oben ein Ende an der höchsten Ursache haben. Wir haben also hier ganz genau jene selbe Unterscheidung zwischen einem Ersten oder einem Ende in der Reihe und einem solchen ausser der Reihe, von der wir oben gesprochen haben, und somit sehen wir, dass Aristoteles selbst auf den Ausgleich jener Schwierigkeit bedacht war, die man aus den endlosen Generationen gegen die oberste hervorbringende Ursache erheben könnte.

Wir können aber hier nicht wohl die Frage umgehen, ob der von Aristoteles getroffene Ausgleich wirksam und gültig ist. Um zu einem Ergebnisse zu gelangen, wollen wir zuerst die Frage beantworten, ob man wirklich ein Erstes in der Reihe der wirkenden Ursachen nicht aus innern Gründen anzunehmen brauche. Wir erklären, dass wir auf Seite der Meinung treten, nach welcher die Reihe der Ursachen ohne Ende, man nennt sie causae per accidens infinitae, unmöglich ist. Gäbe es nämlich z. B. in der Abfolge der Geschlechter keinen ersten Menschen, so gäbe es keinen ungezeugten Menschen. Die ganze Reihe der Menschen also, die ich als Einheit ansehen kann, wäre gezeugt, ohne einen Erzeuger zu haben, eine Sache, die gerade so widersprechend erscheint, wie wenn ein einzelner Mensch ohne Erzeuger erzeugt sein sollte[1]). Hieraus geht nun hervor, dass gerade der Weg, auf dem die oberste Ursache bewiesen wird, auch zu einem Ersten unter den gleichartigen wirkenden Ursachen führen muss, und dass, wenn man den Beweis in der einen Richtung verwirft, man ihn auch in der andern nicht geltend machen darf. Indessen, fügen wir bei, springt diese Consequenz nicht derartig in die Augen, dass sie nicht wohl übersehen werden könnte. Das wäre unseres Erachtens nur dann der Fall, wenn man nur durch Abschreiten der ganzen Reihe der Zeugungen zu ihrem überweltlichen Grunde gelangen könnte, gleichwie man nur so zum ersten Zeugenden gelangt. Es müsste dann der Grundsatz, wonach das Unendliche nicht durchschritten werden kann, in einmaliger Anwendung zum ersten Zeugenden und zur obersten ausser der Reihe stehenden Ursache führen. Wenn man z. B. nur so zu der überweltlichen oder schöpferischen Ursache des Menschen gelangen könnte, dass man bis auf den ersten Menschen zurückginge, so wäre klar, dass mit der Leugnung eines ersten Menschen auch die Schöpfung geleugnet würde. So liegt aber die Sache nicht. Wir haben schon oben im ersten Hauptstück hervorgehoben, dass auch jede einzelne Zeugung als ein von höhern und allgemeinern Factoren abhängiger Vorgang anzusehen ist und somit auch das Dasein eines höchsten wirkenden Princips beweist. Demgemäss müssen wir zum Schlusse das Urtheil abgeben, dass Aristoteles erstens mit der Annahme der Möglichkeit einer endlosen Reihe von Zeugungen geirrt hat. Wenn er sodann zwischen den bewussten zwei Unendlichkeiten unterscheidet, so muss man zwar einen gewissen Unterschied anerkennen, aber beifügen, dass dessen Tragweite von ihm überschätzt worden, und wenn er meint, die beiden Enden des Jetzt und der höchsten Ursache, d. h. der untersten oder letzten Wirkung und des obersten Princips auch dann festhalten zu können, wenn unendlich viele Ursachen in der Mitte liegen, so hat er sich getäuscht, hat übersehen, dass zwar

---

[1]) Man vergleiche unsere Schrift: Die aristotelische Auffassung vom Verhältnisse Gottes zur Welt, 2. These, 2. Theil. S. 83.

nicht unmittelbar, aber doch im Grunde die eine Annahme die andere aufhebt.

St. Thomas hat in der Wiedergabe des aristotelischen Beweises den Punkt von der Möglichkeit unendlich vieler Mittelursachen umgangen. Er hat also auch bei dieser Gelegenheit seine Stellung zur Frage nicht kundgegeben. Was die eine Seite der Frage betrifft, ob bei Annahme unendlich vieler Generationen die Unmöglichkeit unendlich vieler ungleichartigen Ursachen noch aus jenem Beweise folge, so spricht er sich hierüber auch im Commentar zum zweiten Capitel des zweiten Buches der Metaphysik nicht aus. Er beschränkt sich auf die objective Wiedergabe der aristotelischen Gedanken. Den entscheidenden Text bei Aristoteles commentirt er mit den wenigen Worten: „Es macht keinen Unterschied, ob endlich oder unendlich viele Mittelursachen sind; denn wofern sie nur den Charakter der Mittelursachen haben, können sie nicht die erste bewegende Ursache sein“[1]). Eher könnte es auf den ersten Blick scheinen, dass St. Thomas an einer Stelle der theologischen Summa die Ansicht vertritt, der Beweis der Unmöglichkeit einer Reihe von Ursachen ohne eine erste schöpferische gelte für die endlose Reihe gleichartiger Ursachen nicht mit. In der 46. Quästion des ersten Theils, Artikel 2 macht er sich selbst unter andern Einwänden gegen die Möglichkeit einer ewigen Welt einen, den man aus dem zweiten Capitel des zweiten Buches der Metaphysik entnehmen könnte. Es ist das siebente dialektisch vorgebrachte Argument für die Erkennbarkeit des Weltanfangs aus der natürlichen Vernunft und lautet so: „War die Welt ewig, so war auch die Zeugung von Ewigkeit. Also ist ein Mensch in's Unendliche vom andern gezeugt. Aber der Vater ist die wirkende Ursache des Sohnes, wie es II. Physik, Text 29, heisst[2]). Also kann man bei den wir-

[1]) In Metaphys. lib. II, lect. III.

[2]) Gemeint ist vielleicht die Stelle C. 7 198 a 26 f.: „Das, woher zuerst die Bewegung kommt (wirkende Ursache), ist der Art nach dasselbe mit der Formal- und Zweck-Ursache. Denn ein Mensch erzeugt einen Menschen.“ Prantl übersetzt τῷ εἴδει der Form nach.

kenden Ursachen in's Unendliche gehen, was II. Metaphysik. Text 5 widerlegt wird." Thomas antwortet auf dieses Argument in folgender Weise: „Auf das Siebente ist zu sagen, dass es unmöglich ist, bei den wirkenden Ursachen an und für sich in's Unendliche zu gehen, nämlich dann ist es unmöglich, wenn die Ursachen, die an sich für eine Wirkung erforderlich sind, in's Unendliche vervielfältigt würden, wie wenn der Stein vom Stock und der Stock von der Hand bewegt würde, und so in's Unendliche weiter. Aber mitfolgend, per accidens, bei den thätigen Ursachen in's Unendliche fortzuschreiten, wird nicht für unmöglich erachtet, non reputatur impossibile, nämlich wenn alle Ursachen, die in's Unendliche vervielfacht werden, nur den Rang einer Ursache einnehmen, so dass ihre Vervielfältigung mitfolgend ist, wie der Werkmeister per accidens mit vielen Hämmern arbeitet, weil der eine nach dem andern zerbricht. Es ist also für diesen Hammer ein nebenher Erfolgendes, dass er nach der Thätigkeit eines andern Hammers thätig ist, und ebenso erfolgt es für diesen bestimmten Menschen, insofern er zeugt, nebenher, dass er von einem andern gezeugt ist: denn er zeugt als Mensch und nicht, insofern er der Sohn eines andern Menschen ist. Denn alle zeugenden Menschen nehmen eine Stufe in den wirkenden Ursachen ein, nämlich die Stufe des partikulairen Zeugenden. Darum ist es nicht unmöglich, dass der Mensch vom Menschen in's Unendliche gezeugt wird, dagegen wäre es unmöglich, wenn die Erzeugung dieses Menschen von diesem Menschen und von den Elementen und von der Sonne und so in's Unendliche fort abhinge" [1]).

Diese Stelle könnte den Eindruck erwecken, dass St. Thomas auch für seine Person den Beweis gegen die Endlosigkeit der Ursachen nach der einen Seite hin ablehnt, während er ihn nach der andern annimmt und verficht. Denn er ist augenscheinlich bemüht, den Unterschied, der im einen und im andern Falle obwalten soll, in's Licht zu stellen. Wenn es sich um die Ursachen ohne höchste Ursache handelt, dahin

---

[1]) Summa theologica l. c.

zielen seine Ausführungen, so ist das eine Unendlichkeit und Unvollendetheit, die die Ursache und die Verursachung an sich betrifft und somit unzulässig ist. Denn eine unvollendete Ursache hat keine vollendete oder fertige Wirkung. Dagegen bei den gleichartigen Ursachen ohne Ende trifft die Endlosigkeit und somit die Unvollendetheit nicht die Ursache als Ursache, sondern abgesehen davon. Aber dennoch will uns bedünken, dass hieraus ein sicherer Schluss, als ob der englische Lehrer diesen Unterschied für ausreichend beweiskräftig im Sinne der anhängigen Frage gehalten, nicht gezogen werden kann. Seine Worte lassen sich auch so erklären, dass er Aristoteles nur gegen den Verdacht eines allzu grellen und offenen Widerspruchs in Schutz nehmen will. Ein solcher Widerspruch, so deutet er im letzten Satze des angeführten Textes an, wäre dann allerdings vorhanden, wenn die Unendlichkeit in der Ursache selbst läge, das heisst, wie wir uns oben ausgedrückt haben, wenn man gerade so die unendliche Reihe durchlaufen müsste, um zur obersten wie um zur zeitlich ersten Ursache zu gelangen. Damit braucht aber St. Thomas noch immer nicht gesagt zu haben, dass auch mittelbar, oder wie wir uns ausdrückten, im Grunde kein Widerspruch da ist. Der Mensch kann eben doch nicht zeugen, wenn er nicht existirt. Ist aber kein erster zeugender Mensch, so ist auch kein unmittelbar von Gott erschaffener Mensch. Es fehlt also dann nicht nur die erste Ursache in, sondern auch über der Reihe, insofern die schöpferische Ursache keinen Angriffspunkt hat. Und ebenso ist es unmöglich, dass ein Schmied unendlich viele Hämmer gebraucht. Es gibt dann keinen Hammer ohne Vorgänger, und so müsste ausser den unendlich vielen Hämmern noch einer sein. Hätte einer keinen Vorgänger, wir wollen sagen, wäre ein Hammer in Gebrauch genommen worden, ohne dass vor ihm ein anderer gebraucht wurde, so konnte von diesem Hammer aus nie so weit mit dem Wechsel der Hämmer fortgeschritten werden, dass eine unendliche Zahl verbraucht worden wäre: es ist evident, dass hier der Satz gilt: infinitum non est pertransire. War aber vor allen Hämmern ein anderer in Gebrauch, so ist das auch wieder unmöglich. Denn er müsste gleichzeitig zu den gebrauchten Hämmern gehören und nicht gehören: gehören, weil er nur so im Gebrauch voranging, nicht gehören, weil es ein Hammer ausser den unendlich vielen sein muss. Dieser Gedanke ist freilich bei den Zeugungen klarer, da hier das eine Gezeugte vom andern im Sein abhängt. Ist die ganze unendliche Reihe etwa der menschlichen Geschlechter gezeugt, so ist keiner. der sie gezeugt haben könnte, weil es ausser ihr keinen zeugenden Menschen gibt. Es ist uns nun nicht glaubhaft, dass St. Thomas diesen Sachverhalt ganz und gar übersehen haben sollte. Ein Beweis aber, als hätte er ihn gar geleugnet, lässt sich darum nicht führen, weil der Text bei ihm hinreichend erklärt ist, wenn der h. Lehrer nur objectiv angibt und erklärt, dass und wie ein Unterschied zwischen den causae per se und den causae per accidens geltend gemacht wird. Und dieses letztere, der Charakter objectiver Wiedergabe in der Stelle, scheint uns besonders durch die Worte bestätigt zu werden, die man bei Thomas liest, es wird nicht für unmöglich gehalten, non reputatur impossibile, nämlich von den Vertheidigern des Aristoteles. Es heisst nicht, es ist nicht möglich, wie es vorhin bezüglich einer Unendlichkeit von causae per se zu lesen war. So kann also ganz wohl auch das folgende Beispiel von den Hämmern aus der Meinung anderer heraus vorgelegt sein.

Nach dem Bisherigen muss es für eine noch nicht ausgemachte Sache gelten, dass Thomas über die unendliche Reihe in ihrer sattsam erklärten zweifachen Bedeutung sich den Standpunkt des Aristoteles auch innerlich angeeignet habe. Sicher ist aber, dass er ihre Unmöglichkeit nicht für den Beweis eines zeitlichen Anfangs der Zeugungen und der veränderlichen Welt überhaupt verwandt hat. Nun könnte es sich noch fragen, wie er überhaupt über die Argumente zu Gunsten der Zeitlichkeit oder einer möglichen Ewigkeit der Welt gedacht hat. Die richtige Antwort möchte diese sein: St. Thomas hat es consequent für unbeweisbar erklärt, dass eine ewige Schöpfung innerlich unmöglich ist. In seinem vollendetsten Werke aber, der theologischen Summa, und zwar gerade in der Quästion, in der die Stelle steht, die uns jetzt beschäftigt hat, unterscheidet er zwischen der Welt an sich und derjenigen der veränderlichen Dinge und lehrt nur bezüglich der erstern, dass ihr zeitlicher Anfang nicht gerade nothwendig aus ihrem geschöpflichen Charakter folge: Gott hätte auch von Ewigkeit etwas so erschaffen können, dass es von Ewigkeit war, wenigstens lässt sich das Gegentheil nicht streng beweisen [1]). Bezüglich des Anfangs der veränderlichen Dinge als solcher, besonders der Zeugungen, gibt er mit dem Fortschritt der Zeit immer mehr die Bedenken gegen die Argumente für denselben auf, ohne indessen diese Argumente jemals förmlich oder stillschweigend anzuerkennen. Wir haben diese Dinge noch kürzlich in einem Aufsatze des philosophischen Jahrbuchs, auf den wir zum bessern Verständniss verweisen, erklärt [2]). Nur bemerken wir, dass wir daselbst eine Stelle aus St. Thomas übergangen haben, die das Urtheil über seine Stellung zu der Frage von der Möglichkeit einer anfangslosen veränderlichen Welt sehr zu erschweren scheint, freilich auch nur scheint. Mit dieser Stelle werden wir sogleich bekannt werden, wenn wir in die Erörterung des dritten Gottesbeweises eintreten. Denn sie findet sich gerade in dem Text dieses Beweises in der theologischen Summa. Wir wollen also die Erledigung dieses Punktes bis dahin verschieben. Da übrigens der zweite Gottesbeweis nunmehr zur Genüge behandelt ist, können wir ohne weiteres zum dritten übergehen. Es ist, wie schon gesagt, der Beweis aus dem Entstehen und Vergehen der Weltdinge und weiterhin aus dem zufälligen und nothwendigen Dasein. In der Neuzeit ist diese Form des kosmologischen Beweises die gebräuchlichste. Professor Schell in seiner umfangreichen Schrift über die Gottesbeweise bringt diesen Beweis an allererster Stelle [3]).

Der Text in der theologischen Summa lautet: „Der dritte

---

[1]) p. I. q. 46. a. 2 per totum. — [2]) Jahrgang 1897, S. 1 ff.: Die Controverse über die Möglichkeit einer anfangslosen Schöpfung.

[3]) Die göttliche Wahrheit des Christenthums. Erstes Buch: Gott und Geist. Zweiter Theil: Beweisführung. Dieser zweite Theil, der die Gottesbeweise enthält, umfasst allein 726 Seiten.

Weg ist von dem Möglichen und Nothwendigen genommen und ist dieser. Wir finden unter den Dingen einige, die zu sein und nicht zu sein vermögend sind, da es sich findet, dass einiges entsteht und vergeht und folglich zu sein und nicht zu sein vermögend ist. Es ist aber unmöglich, dass alles, was ist, derartig sei: Denn was vermögend ist, nicht zu sein, ist einmal nicht. Wenn demnach alles vermögend ist, nicht zu sein, war einmal nichts wirklich da. Aber wenn das wahr ist, so wäre auch jetzt nichts: denn was nicht ist, fängt nur durch etwas, was ist, zu sein an. War also kein Wirkliches, so war es unmöglich, dass etwas zu sein anfing: und so wäre jetzt nichts, was offenbar falsch ist. Folglich sind nicht alle Wesen (bloss) möglich, sondern es muss in der Wirklichkeit ein Nothwendiges geben. Alles Nothwendige aber hat die Ursache seiner Nothwendigkeit entweder anderswoher oder nicht. Es ist aber nicht möglich, dass es mit den nothwendigen Wesen, die die Ursache ihrer Nothwendigkeit anderswoher haben, in's Unendliche geht, so wenig wie dies bei den wirkenden Ursachen möglich ist, wie bewiesen worden. Also muss man etwas setzen, was durch sich nothwendig ist, indem es die Ursache der Nothwendigkeit nicht anderswoher hat, sondern vielmehr Ursache der Nothwendigkeit für anderes ist. Und dieses nennen alle Gott“ [1]).

[1]) Tertia via est sumpta ex possibili et necessario; quae talis est. Invenimus enim in rebus quaedam quae sunt possibilia esse et non esse: cum quaedam inveniantur generari et corrumpi, et per consequens possibilia esse et non esse. Impossibile est autem omnia quae sunt, talia esse: quia quod possibile est non esse, quandoque non est. Si igitur omnia sunt possibilia non esse, aliquando nihil fuit in rebus. Sed si hoc est verum, etiam nunc nihil esset: quia quod non est, non incipit esse nisi per aliquid quod est. Si ergo nihil fuit ens, impossibile fuit quod aliquid inciperet esse: et sic modo nihil esset; quod patet esse falsum. Non ergo omnia entia sunt possibilia, sed oportet aliquid esse necessarium in rebus. Omne autem necessarium vel habet causam suae necessitatis aliunde, vel non habet. Non est autem possibile quod procedatur in infinitum in necessariis quae habent causam suae necessitatis; sicut nec in causis efficientibus, ut probatum est. Ergo necesse est ponere aliquid quod est per se necessarium, non habens causam necessitatis aliunde, sed quod est causa necessitatis aliis; quod omnes dicunt Deum.

Dieser ganze Beweis dreht sich um drei Begriffe, das Mögliche, das Nothwendige, das aus sich Nothwendige. Das Mögliche, oder um genau nach Thomas zu reden, das zu sein und nicht zu sein Vermögende, possibilia esse et non esse, ist nicht alles Denkbare oder logisch Mögliche, sondern es bedeutet im engern Sinne das, was in seinen wirklich existirenden Ursachen schon gegeben und nur etwa noch nicht wirklich aus denselben hervorgegangen ist. Dieser Begriff wird aber vorwiegend weniger auf die übrigen Kategorieen des Seins angewandt als auf das wesenhafte Sein, die Substanz, und so bedeutet das zu sein Vermögende nichts anderes als die durch Zeugung entstehenden Wesen. Ebenso erfüllen diese nämlichen Wesen, insofern sie vergänglich sind und wirklich vergehen, den Begriff des nicht zu sein Vermögenden. Das Vermögen zum Nichtsein deckt sich mit den schon in ihnen vorhandenen Vorbedingungen ihres Unterganges. Dass dieses die richtige Deutung der Benennung possibilia esse et non esse ist, lässt sich schon aus dem vorliegenden Text abnehmen. Es heisst: es findet sich, dass einiges entsteht und vergeht und folglich das Vermögen hat, zu sein und nicht zu sein. Es wird aber auch durch die Vergleichung mit Aristoteles bestätigt, dessen Sprachgebrauch hier angenommen ist. Denn bei ihm bedeutet *τὸ δυνατὸν καὶ εἶναι καὶ μή* das durch Zeugung oder natürliches Werden Entstandene, das nach bestimmter Zeit wieder vergeht [1]. Hieraus folgt nun, dass auch der Begriff des Nothwendigen in dem vorliegenden Zusammenhange nicht auf das logisch Nothwendige zu beziehen ist, sondern in etwas eigenthümlicher Anwendung von den unvergänglichen Substanzen gilt, da dieselben eben keinen Keim oder ein Vermögen der Auflösung oder des Nichtseins in sich haben. Solche unvergängliche Substanzen sind in der aristotelischen Philosophie nicht bloss die geistigen Wesen, sondern auch, wie wir wissen, die himmlischen Körper, die Sphären und die Gestirne. Da aber auch ein an sich Unvergängliches, also im erklärten Sinne Nothwendiges, nicht aus sich zu sein

---

[1]) Vgl. de coel. I, 12, 281 a 29 und b 25.

braucht, vielmehr sein Sein und seine Unvergänglichkeit von einem andern, wenigstens von Gott, haben kann, so ist es nicht ohne weiteres ein aus sich Nothwendiges. Ein solches ist vielmehr nur das aus sich Seiende.

Aus dieser Erklärung der Ausdrücke ergibt sich, dass der vorliegende Beweis von dem Vergänglichen auf das Unvergängliche und von diesem auf das aus sich Seiende schliesst. Betrachten wir nun, wie der erste Theil des Schlusses begründet wird. Es ist unmöglich, heisst es, dass alles, was ist, von der Art, d. h. vergänglich ist [1]). Denn was das Vermögen hat, nicht zu sein, ist einmal nicht. Wenn also alles, das Vermögen hat, nicht zu sein, war einmal nichts wirklich. Wenn aber jemals nichts war, konnte nie etwas werden, und wäre also auch jetzt nichts. Es kann also nicht alles Bestehende vergänglich sein, sondern es muss ein Unvergängliches geben.

Hier tritt nun die Schwierigkeit bezüglich des Standpunktes des h. Thomas hervor, von der wir vorhin geredet haben. Manche behaupten fest, er gehe an dieser Stelle von der Voraussetzung aus, dass die Zeugungen nach rückwärts nicht in's Endlose verlaufen können, sondern einmal an einen ersten Anfang kommen müssen. Sagt er doch, wenn alles vergänglich wäre, so müsste einmal nichts gewesen sein. So scheint man nicht sprechen zu können, wenn man endlose Reihen von Zeugungen für möglich hält. Denn dann wäre nicht jemals nichts gewesen, sondern immer wären die aufeinanderfolgenden entstehenden und vergehenden Dinge gewesen. Auch sieht man nicht, warum Thomas in die Vergangenheit zurückgeht, um die Nothwendigkeit eines unvergänglichen und ewigen Wesens nachzuweisen, ausser wenn er eben annahm, dass man rückwärts schreitend an einen Anfang des Vergänglichen kommen müsse, der nur aus dem Unvergänglichen erklärt werden könne. Er hätte ja sonst einfach sagen können: was entsteht, ist nicht aus sich, sondern durch ein anderes und im letzten Grunde durch ein aus sich Seiendes.

---

[1]) Wir lesen mit der Ausgabe von Vivès: talia esse, nicht talia semper esse. Die neue römische Thomasausgabe hat freilich: talia, semper esse.

Dies sind also die beiden Gründe, aus denen der bezeichnete Schein entstehen könnte, und wir bekennen, dass dieselben nicht wenig geeignet sind, Eindruck zu machen. Der ehrwürdige Verfasser der Philosophie der Vorzeit hat zwar in der Sache die richtige Lösung gegeben, aber wir glauben bemerken zu dürfen: er hat nicht hinreichend klar gemacht, inwiefern diese Lösung befriedigt, d. h. inwiefern die gemeldeten Schwierigkeiten durch sie beseitigt werden. So konnte es geschehen, dass einer seiner Ordensgenossen, ein sehr scharfsinniger Denker, dem es gewiss nicht an Pietät gegen den englischen Lehrer gefehlt hat, seine Lösung paradox fand und diese Stelle vielmehr so erklären zu müssen glaubte, als ob St. Thomas in ihr seine Ansicht von der Möglichkeit anfangsloser Reihen stillschweigend aufgegeben habe.

Kleutgen bemerkt also, wer mit Aristoteles annehme, dass anfangslose Reihen vergänglicher Dinge möglich seien, der nehme darum nicht an und könne nicht annehmen, dass sie möglich wären, auch wenn es ausser ihnen nichts gäbe. Denn da in jedem dieser Dinge das Seinkönnen und Nichtsein dem Sein vorausgehe, so würde in solchen Reihen, wenn sie sich selbst genügen sollten, das Nichtseiende zum Grunde des Seienden gemacht werden, und man folglich diese Dinge nicht nur ohne Anfang in der Zeit und ohne ein Erstes der Zahl nach, sondern auch ohne Grund ihrer Wirklichkeit und ohne ein Erstes, aus dem sie seien, setzen. Da nun dies ein Widerspruch sei, so bleibe immer wahr, dass, wenn alles in einem ewigen Kreislauf des Wandelns und Vergehens wäre, nichts sein würde[1]. Kleutgen fügt auch noch einen trefflichen Grund bei, der den Gedanken verbiete, als ob St. Thomas in dieser Beweisführung jene seine Ansicht über den zeitlichen Anfang des Geschaffenen aus den Augen verloren habe. „Aus dem, was er über die vergänglichen Dinge gesagt hatte," so schreibt er, „liess sich doch ohne weiteres folgern, dass sie ein Wesen voraussetzen, das immer war. Denn wäre es zwar unvergänglich, aber doch nicht ohne einen Anfang

---

[1]) Philosophie der Vorzeit, 2. Bd., S. 712 f. der 1. Aufl

in der Zeit, so musste ja auch ihm ein anderes, durch das es wurde, vorausgehen, und somit konnte aus dem Dasein der werdenden und verschwindenden Dinge ohne weiteres auf das Dasein dessen, der immer war und immer sein wird, geschlossen werden. Warum also schliesst der h. Thomas nicht so? Er wollte und musste zu der Folgerung gelangen, dass es ein Wesen gebe, das den Grund seines Daseins in sich selber habe. Eben deshalb also, weil es ihm nicht erwiesen schien, dass alles, was den Grund seines Daseins in einem andern hat, auch einen Anfang seines Daseins in der Zeit habe, genügte es ihm nicht, zu finden, dass es etwas geben müsse, das immer war und niemals aufhöre zu sein, sondern er musste darthun, dass es ein Wesen gibt, welches den Grund seiner Nothwendigkeit in sich selbst hat und folglich darum immer war, ist und sein wird, weil es durch sich selbst ist“ [1]).

So weit die Auslegung K l e u t g e n's. Wir halten dieselbe, wie gesagt, für richtig und zwar zweifellos richtig, erachten aber die entgegenstehenden Bedenken für noch nicht hinreichend entkräftet. Dies möchte vielleicht in folgender Weise geleistet werden. St. Thomas sagt: wenn alles vergänglich ist, war einmal nichts da. Hier liegt die Lösung in dem Worte a l l e s. Wenn bloss alle Thiere, alle Pflanzen, alle Menschen vergänglich sind, so folgt unter keinen Umständen, dass jemals nichts war. Wohl aber würde es unter allen Umständen folgen, wenn alles, was jetzt existirt, vergänglich wäre. Alles ohne Ausnahme wäre dann, wie es verginge, auch entstanden, hätte einmal einen Anfang gehabt und wäre vorher nicht dagewesen. Wenn aber alles, was jetzt ist, einmal nicht war, war einmal gar nichts. Ein Unvergängliches war nicht, weil ja alles vergeht, und anderes Vergängliche war nicht, weil nicht endlos ein Vergängliches vom andern bedingt sein kann ohne ein Unvergängliches. Es wäre sonst alles, was nur denkbar wäre, bedingt und abhängig ohne ein Unbedingtes und Unabhängiges, da ausser allem, was nur denkbar ist, nichts ist. Dass aber ein Bedingtes ohne Be-

---

[1]) A. a. O. 713 f.

dingendes und eine Abhängigkeit ohne etwas sei, wovon das Betreffende abhängig ist, ist ein Widerspruch. Somit ruht der Satz: wenn alles vergänglich ist, war einmal nichts da, nicht auf der Unmöglichkeit zeitlich anfangsloser Reihen von Zeugungen, sondern auf der Unmöglichkeit, dass alles Existirende hervorgebracht sei. Wir begegnen also hier derselben Unterscheidung zwischen den endlosen Ursachen wie schon früher: wenn die Ursachen an sich in's Unendliche von einander abhängig wären, so wäre das unmöglich, und das müssten sie in unserm Falle sein. Ob sie aber mitfolgend in's Unendliche von einander abhangen, wie wenn jeder Mensch von einem andern erzeugt wäre, das soll auch im vorliegenden Text unentschieden bleiben. Freilich wollen wir auch bei dieser Gelegenheit mit der Bemerkung nicht zurückhalten, dass schliesslich die anfangslose Reihe aus demselben Grunde unmöglich ist, wie die ursprungslose, wie wir oben erklärt haben, und dass also auch, wer jene im Ernste für möglich hält, diese nicht als unmöglich bezeichnen darf. Jedenfalls aber ist ersichtlich geworden, dass der Behauptung: wenn alles vergänglich ist, war einmal nichts da, nicht ohne weiteres die Annahme zu Grunde zu liegen braucht, eine anfangslose Reihe von Zeugungen sei unmöglich, und das reicht hin, damit der ersten Schwierigkeit gegen unsere Textes-Auslegung genügt sei. Die zweite Schwierigkeit, die erhoben wurde, erledigt sich einfach durch die Erwägung, dass der Beweis von dem erfahrungsmässigen Entstehen und Vergehen der Dinge ausgeht und rückwärts deren Ursachen verfolgt. So erklärt es sich, dass man an ihren Anfang kommt und durch den Hinweis auf den Widerspruch eines Anfangs ohne unabhängiges Princip der Wirklichkeit zu diesem Princip gelangt, wie im Beweise geschieht.

Nachdem wir uns über den Sinn dieses Beweisganges etwas weitläufiger ausgesprochen haben, können wir uns über seine Rechtmässigkeit in einer Beziehung kürzer fassen. Denn dass es etwas geben muss, was nicht bloss unvergänglich und ewig ist, sondern auch beides darum ist, weil es aus sich ist, geht aus dem Dasein der entstehenden und wieder vergehenden

Wesen ohne weiteres hervor. Das Vergängliche ist nämlich zufällig und hat den Grund seines Daseins in einem andern. Es kann aber nicht alles sein Dasein von anderm empfangen, weil es ausser allem nichts gibt. Es fehlte dann der letzte Grund für die Wirklichkeit der Dinge. Dieselbe wäre wie eine Kette, in der das untere Glied immer am nächsthöhern hinge, ohne ein Schlussglied nach oben, durch das die ganze Kette Halt gewänne, oder wie ein Haus, von dem ein Stein auf dem andern ruhte, ohne dass nach unten eine feste Grundlage den ganzen Bau trüge. Es muss also etwas geben, was sein Dasein nicht durch ein anderes, sondern von sich selbst hat, und das allem andern Grund des Daseins ist.

Nun aber handelt es sich darum, zu zeigen, dass ein solches aus sich daseiendes Wesen Gott ist, wie es in den Worten des Textes behauptet wird: quod omnes dicunt Deum [1]). Hier hat die Beweisführung ihre Kraft zu bewähren. Denn dass es ein aus sich seiendes Wesen gibt, wird von jedermann zugestanden. Dass dieses aber nur Gott, das Wesen der Wesen sein könne, das wir anbeten, wird von vielen geleugnet. Der Materialismus behauptet, die Welt selbst oder der Stoff sei das aus sich Seiende. Der Pantheismus behauptet dasselbe von Geist und Stoff zugleich, insofern beide eine höhere Einheit bilden sollen. Wir wollen die besondere Widerlegung der letztern Anschauung bis zur Erörterung des fünften, des teleologischen Gottesbeweises verschieben. An der gegenwärtigen Stelle aber wollen wir den Standpunkt des Materialismus widerlegen.

St. Thomas verwendet in der theologischen Summa [2]), um zu beweisen, dass das Körperliche nicht aus sich sein kann, den Begriff der l a u t e r e n W i r k l i c h k e i t, die sich

---

[1]) Die textkritische Bemerkung in der Ausgabe von Vivès, als ob die Worte: quod omnes dicunt Deum wegbleiben müssten, weil der englische Lehrer erst in der Quästion von der Einfachheit Gottes zeige, dass das aus sich Nothwendige Gott sei, ist schon darum verfehlt, weil wir so keinen Gottesbeweis, sondern nur ein Stück davon vor uns haben würden. Auch die neue römische Ausgabe hat diese Worte.

[2]) p. I, q. III, a. 1. in corpore: Secundo vero modo.

uns schon aus dem Bewegungsbeweis als Attribut Gottes ergeben hat, und die eben auch aus dem Grunde von ihm ausgesagt werden muss, weil er durch sich selbst da ist. Ueber das Verfahren des h. Thomas ist aber Folgendes zu bemerken. Wie man schon aus dem Wortlaut des dritten Gottesbeweises sehen kann, erachtet es der h. Lehrer nicht für nöthig, zur Vervollständigung des Beweises selbst zu zeigen, dass das aus sich Seiende nicht die Materie sein könne. Ihm genügt es, darauf hinzuweisen, dass das aus sich Nothwendige allgemein Gott genannt wird. Das ist insofern berechtigt, als durch Schlussfolgerung gezeigt werden kann, dass jenes Moment nur in Gott verwirklicht ist. Der h. Thomas weist überhaupt zuerst das Dasein Gottes gewissermaassen nur im Princip nach, nämlich aus der Objectivität einer Reihe von Begriffen, die nur auf Gott passen, und erst dann geht er daran, sowohl seine Immaterialität wie auch seine andern Attribute zu begründen. In Folge dessen leitet er auch die Immaterialität Gottes nicht bloss aus dessen ursprungslosem und nothwendigem Sein ab, sondern auch aus seiner Eigenschaft als erster Beweger, die sich aus dem ersten Gottesbeweis ergibt, und aus seiner absoluten Vollkommenheit, die der vierte Beweis in's Licht stellt [1]. Wir wollen aber hier von den Beweisgründen des h. Thomas nur den erstgenannten näher betrachten. Derselbe beruht zwar dem Worte nach nicht auf dem Begriff Gottes als aus sich Seiender, sondern auf dem Begriff des ersten Wesens. Aber das ist eins. Das aus sich Seiende ist das Erste, insofern es selbst von keinem andern herkommt, dagegen alles, was nicht aus sich ist, von ihm. Der Beweis lautet aber so: „Dasjenige Wesen, welches das erste ist, muss actual und kann in keiner Weise potential sein. Denn wenn auch in einem und demselben Wesen, welches von der Potenz in den Act übergeht, die Potenz früher als der Act ist, so ist doch schlechthin der Act früher als die Potenz. Denn das Potentiale wird nur durch ein Actuales in den Act überführt. Es ist aber gezeigt worden, dass Gott das erste Wesen ist. Mit-

[1]) Ibid. in corpore articuli.

hin ist es unmöglich, dass sich in Gott etwas in der Potenz befindet. Jeder Körper aber befindet sich in der Potenz. Denn das stetige Ausgedehnte als solches ist in's Unendliche[1]) theilbar. Folglich ist es unmöglich, dass Gott ein Körper ist“ [2]).

Wir müssen diesen etwas wortkargen Beweis näher erklären. Das erste unter den Wesen muss reine Actualität sein, so werden wir bedeutet. Denn wenn auch in einem Wesen, das mit Potentialität behaftet ist, diese der Actualität vorhergeht, so muss doch schlechthin die Actualität das Frühere sein. Denn nur sie kann bewirken, dass aus dem Potentialen ein Actuales wird. Man sollte meinen, hieraus folgte nur, dass die Actualität das Erste ist, nicht aber, dass die reine Actualität das Erste ist, das heisst, dass ein Wesen ohne alle Potentialität am Anfang der Dinge steht. Aber diesem Gedanken ist schon im Text wirksam vorgebeugt. Wäre das erste Wesen nicht reine Actualität, so müsste das Potentiale in ihm früher als das Actuale sein, und so wäre das schlechthin Erste die Potentialität. Indessen könnte man einwenden, dieses Verhältniss der Priorität lasse sich nur innerhalb derselben Kategorieen behaupten, und wenn also auch in dem ersten Wesen das Vermögen, zu wirken, früher als das Wirken selbst wäre, so folge doch nicht, dass auch das Dasein desselben eher als möglich, denn als wirklich zu denken sein würde. Aber auch gegenüber diesem Einwurf behalten die Worte des Textes ihre Wahrheit. Was im Wirken vom Können zum Thun übergeht, das muss auch dem Dasein nach von der

---

[1]) Die Ausgabe von Vivès lässt das in infinitum aus. Die Begründung dafür in der Anmerkung überzeugt uns nicht. Auch die neue, auf Anordnung Leo's XIII. veranstaltete Ausgabe hat die Worte.

[2]) Necesse est id quod est primum ens, esse in actu et nullo modo in potentia. Licet enim in uno et eodem quod exit de potentia in actum, prius sit potentia quam actus, simpliciter tamen actus prior est potentia: quia quod est in potentia non reducitur in actum nisi per ens actu. Ostensum est autem quod Deus est primum ens. Impossibile est igitur quod in Deo sit aliquid in potentia. Omne autem corpus est in potentia: quia continuum, in quantum hujusmodi, in infinitum divisibile est. Impossibile est igitur Deum esse corpus. S. th. I. c.

Möglichkeit in die Wirklichkeit übergegangen sein. Denn was von vornherein wirklich ist, bei dem fällt Wesenheit und Wirklichkeit zusammen. Die Wirklichkeit ist aber immer concret, ist gewissermaassen fertig ausgestaltet bis in die äussersten Linien, das heisst, bestimmt bis zu den letzten Accidentien.

Darum gehören bei einem solchen Wesen alle Bestimmungen des Daseins zur Wesenheit und sind so wenig wandelbar wie diese selbst. Wo immer also in den Bestimmungen ein Wechsel vorkommt, wie beim Uebergang von einer Thätigkeit zur andern, da gehört das Dasein nicht zur Wesenheit, und ist mithin nicht nothwendig, sondern zufällig. Es bleibt also wahr, dass das erste Wesen reine Actualität ist. Wenn aber das, so folgt, dass der Stoff nicht das Erste sein kann. Er ist potential. St. Thomas begründet die Potentialität des Stoffes einzig mit dem Hinweis auf seine Theilbarkeit, und gewiss tritt darin die Abhängigkeit und Bedingtheit seines Seins am unwiderleglichsten hervor. Die Theilbarkeit ist nämlich die andere Seite der Zusammensetzung. Die Stofftheile haben sozusagen nur in der Zusammensetzung mit andern Werth und Geltung; denn nur so kommen sie zu einem entsprechenden Wirken. Demnach hat der Stoff keine sich selbst genügende Wirklichkeit und kann darum auch nicht aus sich selbst da sein. Denn was sein Sein aus sich hat, muss auch die Vollendung seines Seins aus sich haben.

Der Beweis, den wir jetzt betrachtet haben, geht vom Begriffe des aus sich Seienden aus und zeigt, dass dasselbe so beschaffen ist, wie der Stoff nicht beschaffen sein kann, nämlich im Dasein ein- für allemal vollendet, ohne irgend eine Möglichkeit des Wandels. Wir können aber auch umgekehrt von den verschiedenen empirischen Eigenschaften des Stoffes ausgehen und zeigen, dass dieselben in einem aus sich seienden Wesen nicht sein können, und es ist nicht gerade nöthig, dass wir dabei von dem etwas sublimen Begriff der lauteren Wirklichkeit Gebrauch machen. Es wird nicht überflüssig sein, die Sache auch in dieser Weise zu behandeln, damit sie noch mehr in's Licht trete.

Der Stoff ist träge, d. h. gleichgültig gegen Ruhe und Bewegung. Ruht er, so strebt er nicht aus der Ruhe heraus: ist er in Bewegung, so zeigt er keine Neigung zur Ruhe. Ferner ist derselbe Stoff bald fest, bald flüssig, bald in einem andern Aggregatszustande, bald warm, bald kalt, bald an diesem, bald an jenem Orte. Alle diese am Stoffe hervortretenden Erscheinungen aber sind unerklärlich und ein Widerspruch, falls der Stoff aus sich ist. Denn was aus sich ist, hat aus sich auch alles, was zu seinem fertigen Dasein gehört. Der Stoff kann aber nicht da sein, ohne entweder zu ruhen oder bewegt zu sein, entweder den einen oder den andern Aggregatszustand, die eine oder die andere Temperatur aufzuweisen, diesen Ort einzunehmen oder jenen. Ein Körper, der in einer dieser Beziehungen unbestimmt wäre, könnte nicht wirklich sein. Denn alles Wirkliche ist individuell bestimmt. Wenn aber der Stoff alle seine Bestimmungen aus sich, d. h. kraft seiner Wesenheit hat, so kann er dieselben nicht aufgeben oder gegen entgegengesetzte Bestimmungen vertauschen. Denn was aus dem Wesen fliesst, ist unveränderlich, wie auch z. B. die Eigenschaft der Dreieckswinkel, zwei Rechten gleich zu sein, dem ebenen Dreieck immer zukömmt. Der Stoff müsste also nothwendig entweder immer ruhen oder immer in Bewegung sein, und dasselbe gilt von den andern Gegensätzen der Bestimmungen. Da er also in Wirklichkeit beide Gegensätze aufnehmen kann, so folgt, dass er nicht aus sich ist.

Noch anders lässt sich die Sache in folgender Weise darthun, die freilich nur darin besteht, dass wir aus einem Stück der vorhin erklärten Beweisführung bei St. Thomas einen selbständigen Beweis herstellen. Der Stoff hat seine Bedeutung nur in der Verbindung. Das Erdtheilchen trägt uns als Boden nur in Verbindung mit tausend andern, ebenso athmen wir das Lufttheilchen und trinken das Wassertheilchen nur in und mit der Masse. Nun ist von vornherein klar, dass die Masse als solche nicht aus sich ist, sie ist das Product der Theile. Es kann sich also nur fragen, ob diese etwa aus sich sein können. Das muss aber wieder aus dem Grunde verneint werden, weil sie sonst ihre Bedeutung im Fürsichsein hätten. Denn was aus sich ist, ist auch für sich und braucht nicht anderes, um etwas zu sein und zu gelten.

Hiermit hängt ein weiterer Beweis zusammen, der indessen schon eine Art Vorwegnahme des teleologischen Gottesbeweises ist. Der Stoff entfaltet seine wunderbarsten Kräfte nicht sowohl in der Zusammensetzung als in der gegenseitigen Hinordnung. Zwar ist auch die Zusammensetzung nichts rein Aeusserliches, sondern geht von dem Stoffe innewohnenden Kräften aus; vielmehr aber tritt diese Innerlichkeit bei den Wirkungen des Stoffes hervor, die auf der gegenseitigen Hinordnung beruhen. Am klarsten zeigt sich das Verhältniss der innern Hinordnung in der Beziehung des todten Stoffes zum sinnlich belebten Stoffe. Die Schallwelle afficirt das Ohr und bestimmt es zum Hören, die Aetherschwingung afficirt das Auge und bestimmt es zum Sehen. Damit dies möglich sei, muss das Afficirende und das Afficirte, Luft und Gehör, Aether und Gesicht, aufeinander eingerichtet und gleichsam gestimmt sein. Somit weist jedes durch seine natürliche Einrichtung und Veranlagung über sich selbst hinaus. Eben darum aber kann auch der Grund seines Daseins nicht in ihm selbst liegen, derselbe ist in dem es überragenden Zweck zu suchen [1]).

---

[1]) In unvergleichlicher Weise hat Trendelenburg die Harmonie zwischen Sinnesorgan und Object an dem Auge nachgewiesen. „Das Auge," so schreibt er, „wird im Dunkel des Mutterleibes zubereitet, damit es geboren dem Lichte geöffnet werde. Das Auge bildet sich in der verschlossenen Werkstatt der Natur; aber dennoch entspricht es dem Lichte, das in unendlicher Entfernung von derselben entspringt, mehr aber noch der wechselnden Farbe, die das Licht auf der Erde, dem Wohnplatze des Geschöpfes, im Zusammenstoss mit der dunkeln Materie hervorzaubert. Reichen hier die obigen Kategorien aus? Auch hier ist ein Vorgang der Bewegung; auch hier stellen sich Materie und Form, Intensives und Extensives, Kraft und Wechselwirkung in einer klaren Reihe hin. Aber treffen sie das eigentliche Wesen der Sache? — Das Licht hat das Auge nicht gemacht noch erregt, und doch sehnt sich nach ihm die schlummernde Kraft des lichthellen Nerven. Die Farben und Bilder der Aussenwelt gehen ihren Weg und können den Bau der sammelnden Medien und den durchsichtigen Stoff derselben nicht hervorgebracht haben; aber das sinnige Auge setzt die ausstrahlenden Lichtkegel wieder in ihre

Aehnliches lässt sich aus der Beziehung des todten Stoffes zur Pflanzenwelt ableiten. Der anorganische Stoff stellt sich hier gerade so als aufgespeichertes Rohmaterial dar, wie Steine, Holz und Mörtel bei einem Gebäude. Aber auch im anorganischen Reiche, für sich betrachtet, zeigen die wirkenden Kräfte eine gegenseitige Hinordnung des Stoffes an. Die Anziehungskraft z. B. ist nur dann erklärlich, wenn der Stoff nicht bloss anzieht, sondern auch angezogen wird, wenn dem Agens auf der einen Seite ein williges Object auf der andern Seite entspricht. Und insofern nun jedes stoffliche Wirken von fremden Bedingungen abhängt, verräth auch der Stoff selbst seine Unselbständigkeit und die Abhängigkeit seines Daseins von äussern Bedingungen.

Wir haben hiermit den Punkt erledigt, der allein noch in dem dritten Gottesbeweis eine Erörterung forderte. Vernehmen wir jetzt, wie Thomas diesen Beweis in der kleinern Summa gefasst hat. Der betreffende Text wird uns Gelegenheit bieten, anschliessend auch die Grundlagen dieses Argumentes oder die Ansätze dazu bei Aristoteles zu besprechen. Die Stelle findet sich gesondert von den Gottesbeweisen im 15. Capitel des ersten Buches und hat daselbst die Bestimmung, einen von den Beweisgründen für die Ewigkeit Gottes zu entwickeln. Auf jenen Beweisgrund aber folgt unmittelbar als Zusatz eine kurze Aussprache über den Weg, auf dem

---

Quelle, in die sich zum Bilde vereinigenden Punkte um, und ist darin ein Vorspiel des tiefern Denkens, das die ausströmende Wirkung wieder in den Grund zu concentriren weiss. Die Abstände liegen ruhig in der Welt da, wie geometrische Grössen, und ändern im Auge nichts; aber das Gesicht geht ihnen entgegen oder eilt ihnen nach. Den äussern Entfernungen entsprechen die zarten Veränderungen, die im Auge auf verschiedene Weise angelegt sind. Die mögliche Ablenkung des Lichtes und das vorsorgende Diaphragma der Iris, die mögliche Spiegelung der Strahlen und das sie verhütende schwarze Pigment, die mögliche Farbenzerstreuung und die kaum zu berechnende Achromasie des Auges weisen tiefsinnig aufeinander hin. Es ist hier eine Causalität, aber noch eine andere als die gestaltende Bewegung. Allenthalben erscheint in den entsprechenden Gegensätzen der äussern und der innern Thätigkeit eine Uebereinstimmung." Logische Untersuchungen, IX. Der Zweck. Bd. 2. S. 3 f. der 3. Aufl.

Aristoteles das Ewige findet. Das Ganze lautet wie folgt: „Wir sehen in der Welt einiges, was zu sein und nicht zu sein vermögend ist, nämlich die entstehenden und wieder vergehenden Dinge. Alles aber, was zu sein vermögend ist, hat eine Ursache; denn da es von sich aus zu beiden, dem Sein und dem Nichtsein, sich gleichmässig verhält, so muss, wenn ihm das Sein zugeeignet wird, dafür eine Ursache vorhanden sein. Aber in den Ursachen lässt sich nicht in's Unendliche fortschreiten, wie oben mit dem Beweisgrund des Aristoteles erhärtet wurde; also muss man etwas setzen, was ein nothwendig Seiendes ist. Alles Nothwendige aber hat entweder die Ursache seiner Nothwendigkeit anderswoher oder nicht, sondern ist durch sich selbst nothwendig. Man kann aber bei dem Nothwendigen, was die Ursache seiner Nothwendigkeit anderswoher hat, nicht in's Unendliche fortschreiten: mithin muss man ein erstes Nothwendiges setzen, welches durch sich nothwendig ist: und das ist Gott, da er die erste Ursache ist, wie gesagt worden. Also ist Gott ewig, da alles durch sich Nothwendige ewig ist.

„Es zeigt auch Aristoteles aus der Ewigkeit der Zeit die Ewigkeit der Bewegung, und hieraus zeigt er hinwieder die Ewigkeit der bewegenden Substanz. Die erste Substanz aber, welche bewegt, ist auch Gott; mithin ist er ewig. Wenn man nämlich auch die Ewigkeit der Zeit und der Bewegung leugnet, so bleibt doch noch ein Grund für die Ewigkeit der Substanz. Denn wenn die Substanz angefangen hat, so muss sie den Anfang von einem Bewegenden genommen haben, und hat derselbe angefangen, so hat er von einem Thätigen angefangen. Und so muss man entweder in's Unendliche gehen, oder an etwas kommen, was nicht angefangen hat" [1]).

---

[1]) Videmus in mundo quaedam quae sunt possibilia esse et non esse, scilicet generabilia et corruptibilia. Omne autem quod est possibile esse, causam habet; quia quum de se aequaliter se habeat ad duo, scilicet esse et non esse, oportet, si ei approprietur esse, quod hoc sit ex aliqua causa. Sed in causis non est procedere in infinitum, ut supra probatum est per rationem Aristotelis; ergo oportet ponere aliquid quod sit necesse esse. Omne autem necessarium vel habet causam suae necessitatis aliunde, vel non, sed est per seipsum necessarium. Non est autem procedere in in-

Was in diesem Text den Beweisgrund aus dem Entstehen und Vergehen betrifft, so zeigt seine Fassung eine so weitgehende Uebereinstimmung mit dem dritten Gottesbeweis aus der theologischen Summa, dass eine Erläuterung nicht nöthig ist. Nur das eine sei bemerkt, dass der vorliegende Text klar ergibt, wie die unendliche Reihe der wirkenden Ursachen nicht in dem Sinne der zeitlichen Anfangslosigkeit, sondern im Sinne der Unabhängigkeit von einem höhern Seinsgrunde als unmöglich bezeichnet wird. Dadurch wird neuerdings bestätigt, dass dieses auch der Sinn der Beweisführung in der theologischen Summa ist.

Aber nun kommen wir zu dem Theil des Textes, der sich auf den Beweis des Aristoteles für das Dasein einer ewigen Substanz bezieht. Wir haben zwar schon oben im ersten Gottesbeweise ausführlich dargethan, wie der Philosoph die Ewigkeit der Bewegung zur Grundlage nimmt, um das Dasein eines ewigen Bewegers zu erhärten. Aber die Berufung des h. Thomas, der wir hier begegnen, macht uns auf eine Stelle aufmerksam, die wir bis jetzt noch nicht eingehend commentirt haben, obschon sie mit dem Bewegungsbeweis zusammenhängt und wegen ihrer Schwierigkeit einer Erklärung durchaus bedürftig ist. Die Stelle ist wahrscheinlich gerade jene, die St. Thomas im Auge hat, und ihre Besprechung ist gegenwärtig aus dem Grunde am Platze, weil sie zum mindesten den Anfang des Beweises enthält, den St. Thomas für die aus sich nothwendige Substanz führt.

---

finitum in necessariis quae habent causam suae necessitatis aliunde; ergo oportet ponere aliquod primum necessarium, quod est per seipsum necessarium; et hoc est Deus, quum sit prima causa, ut dictum est. Igitur Deus aeternus est, quum omne necessarium per se sit aeternum.

Ostendit etiam Aristoteles ex sempiternitate temporis sempiternitatem motus; ex quo iterum ostendit sempiternitatem substantiae moventis. Prima autem substantia movens Deus etiam est; igitur sempiternus. Negata enim sempiternitate temporis et motus, adhuc remanet ratio ad sempiternitatem substantiae; nam si motus incepit, oportet quod ab aliquo movente inceperit, qui si inceperit, ab aliquo agente incepit. Et sic vel in infinitum ibitur, vel devenietur ad aliquid quod non incepit, l. c. lib. I, c. XV. Quod Deus est aeternus. 4. 5.

Die Stelle, von der wir reden, bildet den Anfang des uns schon bekannten 6. Capitels im 12. Buche der Metaphysik. Wir glauben, dass Thomas auf sie hinblickt, wenn er sie auch nicht eigens als Fundort bezeichnet und selbst in der Ausgabe von Vivès das 8. Buch der Physik und zwar im Texte von Thomas selbst als die Stelle erscheint, wo sich der Beweis der ewigen Substanz finden soll. Das 12. Buch der Metaphysik ist nämlich für's erste nicht auszuschliessen, da es gleich der Physik den fraglichen Beweis aus der Ewigkeit der Zeit und der Bewegung enthält, und für's zweite ist es wahrscheinlich vorzüglich gemeint, wie schon, abgesehen von andern Gründen, daraus sich ergibt, dass Thomas von dem ewigen Beweger den Ausdruck Substanz gebraucht, denselben, den auch die Metaphysik an der betreffenden Stelle hat. In der Physik, in der Untersuchung vom ersten Bewegenden, wird dieser von Hause aus der Metaphysik angehörende Terminus vermieden. Vernehmen wir nun, wie die Textesworte am Anfang des erwähnten Capitels lauten!

„Da wir das Vorhandensein dreier Substanzen festgestellt haben, von denen zwei als bewegt der Natur angehören und eine unbewegt ist, so ist bezüglich dieser zu sagen, dass es nothwendig eine ewige unbewegte Substanz gibt. Denn die Substanzen sind von allem, was ist, das Erste, und wenn sie alle vergänglich sind, ist alles vergänglich. Aber es ist unmöglich, dass die Bewegung entstehe oder vergehe. Denn sie war immer. Ebensowenig ist es bei der Zeit möglich. Denn es kann kein Vorher und Nachher sein, wenn keine Zeit ist. Auch die Bewegung somit ist in der nämlichen Weise continuirlich wie auch die Zeit. Denn sie ist entweder dasselbe wie die Bewegung oder eine Bestimmung an ihr. Eine continuirliche Bewegung aber gibt es nicht ausser der örtlichen und zwar der Kreisbewegung“ [1]).

Für die Erklärung dieses Abschnittes ist vor allem zu bemerken, dass er bestimmt ist, das Dasein einer ewigen b e w e g t e n Substanz zu beweisen. Das wird einigermaassen

[1]) l. c. 1071 b. 3—11.

durch die thematisch vorangestellte Erklärung verdunkelt, dass es den Beweis der unbewegten Substanz gilt. Allein diese Bemerkung bezieht sich auf das Folgende im allgemeinen und auf den ersten Abschnitt nur insofern, als er die Grundlage des Folgenden bildet. Ebenso wird die wahre Sachlage oder der Zusammenhang dadurch verdunkelt, dass gleich nach unserm Abschnitt die Rede auf die Beschaffenheit der ersten bewegenden Substanz kommt, gleich als ob vorher ihre Existenz erörtert worden wäre. Denn Aristoteles fährt fort: „Aber fürwahr, wenn ein Bewegungs- oder Thatkräftiges ist, das aber nichts wirkt, so ist keine Bewegung“ [1]). Indessen kann darum ganz wohl vorher vom Bewegten gehandelt worden sein. Denn aus dessen Vorhandensein folgt von selbst dasjenige eines Bewegers, und das letztere konnte also stillschweigend vorausgesetzt werden. Dass aber wirklich von der bewegten Substanz in unserm Abschnitte die Rede ist, ergibt der Inhalt, wie wir gleich sehen werden. Bestätigt aber wird es durch den Anfang des folgenden Capitels, mit welchem an die Ergebnisse des gegenwärtigen angeknüpft wird: „Da es einerseits so sein kann, und anderseits sonst alles aus der Nacht und dem „Alles ineinander“ und dem Nichtseienden sein würde, so lassen sich wohl auf diese Weise die vorliegenden Fragen lösen, und es gibt wirklich etwas, was immer bewegt ist in unaufhörlicher Bewegung und zwar in einer Kreisbewegung, und dies ist nicht bloss durch Vernunftgründe klar, sondern auch durch die thatsächliche Beobachtung bezeugt. So wäre denn also der erste Himmel ewig. Nun muss aber auch etwas sein, was bewegt“ [2]). Die Vernunftgründe für das Dasein eines ewigen Bewegten, auf die Aristoteles sich hier beruft, werden eben in unserm Abschnitt auseinandergesetzt. Treten wir nun in die Erklärung ein!

Die Substanzen, so beginnt die Beweisführung, sind als Träger der Accidentien von allem Seienden das Erste, und wenn sie alle vergänglich sind, so ist alles vergänglich. Es handelt sich demnach zunächst um den Nachweis des Daseins

---

[1]) l. c. lin. 12 sq. — [2]) 1072a 19 sqq.

einer unvergänglichen Substanz. Derselbe soll indirekt geführt werden. Es soll gezeigt werden, dass nicht alles vergänglich sein kann. Ist das nun so ohne weiteres durch die ewige Bewegung dargethan, auf die der folgende Satz verweist: unmöglich kann die Bewegung geworden sein oder vergehen? Folgt, fragen wir, auch wenn man ewige Bewegung zugibt, ohne weiteres, dass es eine ewige Substanz gibt? Es würde ohne weiteres folgen, wenn es sich um diejenige Bewegung handelte, die nach Aristoteles die erste ist, die des Fixsternhimmels. Dieser wäre dann die ewige Substanz. Aber so ist es nicht gemeint. Denn es wird ja gleich noch eigens die Continuität oder der stetige Zusammenhang der Bewegung bewiesen und daraus geschlossen, dass die ewige Bewegung die örtliche und zwar kreisförmige des Fixsternhimmels sein muss. Es ist also in dem Satze: unmöglich konnte die Bewegung werden oder kann sie vergehen, die Bewegung im allgemeinen gemeint. Aber dann stellt sich wieder die Frage ein: wie soll folgen, dass es eine unvergängliche Substanz gibt? Es folgt nur, wenn wir das Schlussverfahren anwenden, das St. Thomas am Anfang des dritten Gottesbeweises angewandt hat: wenn alles vergänglich ist, dann war einmal nichts, einmal also auch keine Bewegung. Sie war aber immer. Also ist nicht alles vergänglich, sondern es gibt ein Unvergängliches und eben darum auch ein Ewiges, weil nach Aristoteles alles Bewegte, welches unvergänglich ist, auch unentstanden, d. h. ungezeugt ist.

Somit ist in unserm Text die ewige Substanz rechtmässig aus der Voraussetzung der ewigen Bewegung begründet. Nun soll aber noch die ewige und gleichförmige Bewegung einer und derselben Substanz durch einen und denselben Beweger bewiesen werden, um daraus weiterhin die Unbeweglichkeit dieses Bewegers abzuleiten. Zu dem Ende muss gezeigt werden, dass die ewige Bewegung stetig ist. Denn dann ist es offenbar, dass es die Bewegung desselben durch dasselbe ist. Dieser Nachweis wird aus der Ewigkeit der Zeit geführt. Da die Bewegung im allgemeinen ewig ist, d. h. da jedenfalls immer eine Bewegung auf die andere ohne Unterbrechung folgte, wenn auch nicht immer dieselbe Bewegung gewesen wäre, so muss auch die Zeit ewig sein. Die Bewegung beruht nämlich auf dem Früher und Später, und ein Früher und Später kann es ohne Zeit nicht geben. Die Zeit ist aber continuirlich. Denn wie in der Physik im achten Buche dargethan wurde, ist jeder Zeitpunkt der Anfang der folgenden und das Ende der vorausgegangenen Zeit. Ist aber die Zeit continuirlich, so ist es auch die Bewegung. Denn die Zeit ist entweder die Bewegung selbst oder, was richtiger, eine Bestimmung von ihr. Ist aber die ewige Bewegung continuirlich, so muss sie eine Kreisbewegung sein. Folglich gibt es eine ewig im Kreis bewegte Substanz, den Fixsternhimmel.

Aus dieser Erklärung des Textes geht nun auch hervor, inwiefern er, wie wir sagten, den Anfang zu dem dritten Gottesbeweise des h. Thomas enthält. Dieser Beweis stimmt mit dem Verfahren an unserer Stelle bis dahin überein, wo die nothwendige Substanz erwiesen ist. Von da ab gehen die Wege auseinander. Aristoteles erweist aus der nothwendigen oder unvergänglichen Substanz, insofern sie bewegt ist, den ewigen unbewegten Beweger. Thomas leitet aus der nothwendigen Substanz, die entweder aus sich oder nicht aus sich ist, die aus sich nothwendige Substanz ab.

Wir müssen aber noch kurz vernehmen, inwieweit dieser Gedanke von der Abhängigkeit der Dinge von einem aus sich Nothwendigen bei Aristoteles zum Ausdruck gekommen ist. Denn hier handelt es sich um nichts weniger als um die Abhängigkeit alles zufälligen Seins von dem absoluten göttlichen Sein. Der Thatbestand ist folgender. Nach Aristoteles ist die ganze irdische Natur auch dem Grundstoffe nach nicht aus sich. Denn alle irdischen Körper bestehen, wie besonders im zweiten Buche der Schrift vom Entstehen und Vergehen[1]) erörtert wird, aus den vier Elementen, und diese gehen wechselweise in einander über, so dass das bisher innegehabte wesenhafte Sein gegen ein neues vertauscht wird. Der Urstoff also, auf dessen Grunde die Wesenswandlung sich

---

[1]) Vom 1. Capitel an.

vollzieht, ist kein fertiges, für sich daseinsfähiges Ding, sondern er ist, um da sein zu können, auf die Verbindung mit einer Wesensform wie der des Feuers oder der Erde angewiesen. Er ist also, wenn auch nicht der Zeit, so doch dem Grunde nach, früher als die Elemente. Das Sein nun, das er an sich, abgesehen von den Elementen, hat, kann er offenbar nicht aus sich haben. Denn es ist ein Sein in Möglichkeit, das immer ein wirkliches Sein zum Grunde haben muss [1]). Was ferner die Himmelskörper betrifft, so sind dieselben zwar wie unvergänglich, so auch unentstanden. Das bedeutet aber nicht, dass sie aus sich und ohne Ursprung, sondern nur, dass sie nicht auf dem Wege natürlichen Werdens entstanden sind. Dass sie durch Gott da sind, lehrt Aristoteles insofern, als er die Zweckmässigkeit des Daseins der vorhandenen Himmelssphären auf den Satz stützt: „Gott und die Natur schaffen nichts Ueberflüssiges," ὁ θεὸς καὶ ἡ φύσις οὐδὲν μάτην ποιοῦσιν [2]). Ebenso entscheidend hiefür ist die Stelle: „Die Principe der ewigen Wesen müssen immer am wahrsten (am intelligibelsten) sein. Denn sie sind nicht je und je (wie das Corruptible), und sie haben auch keine Ursache ihres Daseins (wie selbst das Incorruptible), sondern sie sind die Ursache des Daseins für anderes" [3]), zu welcher Stelle St. Thomas mit Recht bemerkt: „Die Himmelskörper, wenn auch incorruptibel, haben doch eine Ursache, nicht bloss für ihr Bewegtwerden, wie einige angenommen haben, sondern auch für ihr Sein, wie der Philosoph hier ausdrücklich sagt" [4]). Ueber den Ursprung der Sphärengeister wird, so viel wir wissen, eine deutliche Aussprache vermisst. Man kann sie aber unter den ewigen Dingen des eben citirten Textes mit verstehen. Bezüglich des menschlichen Geistes lehrt Aristoteles, dass er weder wie die Thierseele aus dem Stoffe sich entwickelt [5]), noch vor dem Leibe existirt [6]), wo

[1]) Man findet diese Gedanken weitläufiger ausgeführt in unserer Schrift: Die substantiale Form und der Begriff der Seele bei Aristoteles. S. 28 ff. S. 32 ff. — [2]) De coel. I, 4. fin. — [3]) met. II, 1 993 b 28 ff.

[4]) In Met. lib. II. lect. 2. — [5]) „Das Schlussergebniss ist, dass der Geist allein von aussen eintritt und allein göttlich (immateriell) ist." V. d. Entstehung d. Thiere, II, 3. 736 b 27 f. — [6]) Nach met. XII, 3

dann sachlich nur übrig bleibt, dass er durch höhere Macht entsteht. In Bezug aber auf alle endlichen Wesen ohne Ausnahme werden wir dahin belehrt, dass ihr Dasein von Gott kommt. Denn Aristoteles sagt, dass es eine Substanz gibt, welche der eine und einzige Grund, *ἀρχὴ μία καὶ ἡ αὐτή*, aller Dinge, der ewigen sowohl als der vergänglichen, ist[1]). Dieser allgemeine Grund des Seins aber ist ihm zufolge Gott. Denn Er wird von ihm der Grund und das erste aller Wesen, *ἡ ἀρχὴ καὶ τὸ πρῶτον τῶν ὄντων*, genannt[2]).

Man ersieht hieraus, dass der göttliche Ursprung alles endlichen Seins unleugbar im System des Aristoteles enthalten ist und ebenso ist aus dem Vorstehenden abzunehmen, dass in den Ideen des Aristoteles das vollständige Material zu jenem Gottesbeweise gegeben ist, der uns so eben als dritter unter den Beweisen der theologischen Summa beschäftigt hat.

Viertes Hauptstück.

Der vierte Gottesbeweis, aus den Stufen der Vollkommenheit.

Der vierte Gottesbeweis des h. Thomas hat zwar auch wieder deutliche Anknüpfungspunkte bei Aristoteles, kann demselben aber als eigentlicher Beweis für das Dasein Gottes nur mit Vorbehalt zugeschrieben werden.

1070 a 21 ff. ist die menschliche Seele wie alle Formen nicht vor dem Ganzen da, dessen Form sie ist, also vor dem Leibe. Dagegen dauert sie nach dem Untergang des Leibes fort. Die moderne Aristoteles-Erklärung behauptet hartnäckig, nach Aristoteles existire der Geist des Menschen vor dem Leibe, er sei ewig. Da aber diese Meinung nach unserm festen Dafürhalten unhaltbar ist, so steht zu erwarten, dass die Zeit ihr Recht üben und jene Ansicht dauernd aus der wissenschaftlichen Discussion ausschliessen wird. Zu der schwierigen Stelle: von der Entstehung der Thiere II, 3, woraus die Präexistenz folgen soll, vgl.: Die vorgebl. Präexistenz d. Geistes b. Ar. Philos. Jahrbuch 1895. 1 ff. und Die angebl. Mangelhaftigkeit der aristotelischen Gotteslehre, Jahrbuch für Philos. XI. 343 ff.

[1]) met. XI, 2 1060 a 27 ff. — [2]) met. XII, 8. 1073 a 28 f.

Während die drei bis jetzt erörterten Beweise insofern zusammengehören, als sie von der Bewegung und dem Wandel des endlichen Seins ausgehen, um zu einem ewig bestehenden Sein mit ewig ruhiger Thätigkeit zu gelangen, bildet der vierte Gottesbeweis insofern ein eigenartiges Argument, als er das feste wesenhafte Sein der Geschöpfe zum Ausgange nimmt und aus der Abstufung desselben auf ein vollkommenstes Wesen schliesst, das den andern je ihr Theil an Sein und Vollkommenheit zuweist. In anderer Hinsicht dagegen berührt dieses Argument das dritte, indem es. gleichwie dieses aus dem zufälligen auf das nothwendige, so aus dem unvollkommenen und tiefer stehenden auf das vollkommenste und höchste Sein als wirkende Ursache schliesst. Der besondere Unterschied besteht darin, dass das eine sich um den Begriff des abgeleiteten und des ursprünglichen Daseins dreht. das andere um die Steigerung des wesenhaften Seins und um das Verhältniss des mehr oder minder Wesenhaften zu dem am meisten Wesenhaften. Diese Idee der Steigerung des Seins und seiner Vollendung bis zu einem am meisten Seienden bereitet insofern eine ganz ungewöhnliche Schwierigkeit, grösser als bei allen andern Gottesbeweisen, weil daraus allein, dass das Sein irgendwo auf niederer Stufe steht, folgen soll, dass es von einem wesensgleichen Sein verursacht ist, das auf der höchsten Stufe steht.

Wir hoffen gleichwohl eine befriedigende Auslegung zu liefern und werden uns um so mehr bemühen, klar und überzeugend zu schreiben, als dieses Argument mit den höchsten Gedanken der platonischen Philosophie zusammenhängt, von Augustin und Anselm von Canterbury, dem Vater der Scholastik, mit Vorzug geltend gemacht wird, und auch in sich einen besondern Werth hat. Denn es thut nicht bloss wie alle andern Beweise das Dasein Gottes dar, sondern hat auch vor ihnen noch voraus, einmal, dass es die Einheit Gottes klarer als die andern herausstellt, indem das vollkommenste Sein als die Fülle und der Inbegriff des Seins nur einmal sein kann, sodann, dass es auf dem einfachsten Wege die Schöpfung beweist. Denn da das Argument selbst, wenigstens in der Erweiterung, die ihm die theologische Summa gibt, die Folgerung zieht, dass alles, was ist, Gott zur Ursache hat, so folgt, dass auch der Weltstoff, die Materie, von Gott ist, und hieraus lässt sich dann leicht ableiten, dass alles durch Schöpfung entstanden ist. — Wir wollen das Argument zuerst nach der theologischen Summa und der Summa contra gentiles erklären; dann werden wir, wie wir bei Gelegenheit des dritten Argumentes die Geschöpflichkeit der Materie nachgewiesen haben und das gleiche beim fünften Argument bezüglich des Geistes nachweisen werden, so gegenwärtig die Einheit Gottes eigens erhärten. Darauf geben wir an, was Aristoteles von unserm Argument hat. Und da sich herausstellen wird, dass er nicht wohl als sein eigentlicher Urheber gelten kann, so werden wir dem Ursprung dieser Beweisführung weiter nachgehen, um die eigentliche Urheberschaft, sei es bezüglich des Grundgedankens, sei es bezüglich der Fassung bei Thomas zu finden.

Es stehe nun zuerst der Wortlaut des Arguments nach der theologischen Summa: „Der vierte Weg wird von den Stufen genommen, die sich in den Dingen finden. Es findet sich nämlich in den Dingen ein mehr und weniger Gutes, Wahres, Edles und so ferner. Dies Mehr und Weniger wird aber von den verschiedenen Wesen ausgesagt, je nachdem sie dem, was am meisten (ein solches) ist, in verschiedener Weise sich nähern, wie z. B. mehr warm ist, was sich mehr dem Wärmsten nähert. Es gibt also ein Wahrstes, ein Bestes, ein Edelstes, und folglich auch etwas, was am meisten i s t. Denn wie es bei Aristoteles heisst: was am meisten wahr ist, das ist auch am meisten Seiendes. Nun ist aber, was in einer Gattung am meisten nach ihr genannt wird, die Ursache alles andern derselben Gattung, wie z. B. das Feuer, das unter allem Warmen das Wärmste ist, auch die Ursache alles Warmen ist, wie es wiederum bei Aristoteles heisst. So gibt es also auch etwas, das allen Dingen Ursache ihres Seins, ihrer Güte und jeglicher Vollkommenheit ist, und dieses nennen wir Gott“[1]).

[1]) Quarta via sumitur ex gradibus qui in rebus inveniuntur. Invenitur enim in rebus aliquid magis et minus bonum, et verum, et nobile;

Dieser Beweis zerfällt, wenn wir uns förmlich und schulmässig ausdrücken sollen, in drei Theile: im ersten wird gezeigt, dass es ein Wahrstes, Bestes und mithin auch am meisten Seiendes gibt, im zweiten, dass das Wahrste, Beste und am meisten Seiende die Ursache alles Wahren, Guten und Seienden ist, im Dritten wird der Schluss gezogen, dass es eine derartige Ursache gibt, und dass diese Gott ist.

Im ersten Theil ist das Ziel der Beweisführung das Dasein eines am meisten Seienden, und das Beweismittel ist das Dasein eines Wahrsten, Besten und Edelsten. Dieses aber wird wieder daraus bewiesen, dass erfahrungsmässig das eine besser, wahrer, edler und überhaupt vorzüglicher ist als das andere. Was nun diesen Satz betrifft, der den Ausgang der Schlussreihe bildet, so ist derselbe unbezweifelt. Jeder wird eine Pflanze oder ein Thier für besser und vornehmer halten als einen Haufen Sand und den Menschen für vorzüglicher als eine Pflanze oder ein Thier. Eine Schwierigkeit liegt nur darin, dass es auch eine Steigerung des Wahren geben soll, doch hiervon weiter unten!

Auch dass es da, wo es höhere Grade gibt, einen höchsten gibt, über den hinaus es thatsächlich keinen höhern gibt, ist unbezweifelt. Sonst würde ja die Steigerung in's Unendliche fortgehen. Aber ein solcher Grad, der nur thatsächlich und relativ, das heisst unter allen erfahrungsmässigen Graden, der höchste ist, kann hier nicht gemeint sein. Auf ihn passten nicht die Worte des Textes: das Mehr und Minder wird von den verschiedenen Dingen ausgesagt, je nachdem sie in verschiedener Weise sich dem nähern, was am meisten das Be-

---

et sic de aliis hujusmodi. Sed magis et minus dicuntur de diversis, secundum quod appropinquant diversimode ad aliquid quod maxime est; sicut magis calidum est quod magis appropinquat maxime calido. Est igitur aliquid quod est verissimum et optimum et nobilissimum; et per consequens maxime ens. Nam quae sunt maxime vera, sunt etiam maxime entia, ut dicitur II. Metaphys. Quod autem dicitur maxime tale in aliquo genere, est causa omnium quae sunt illius generis, sicut ignis qui est maxime calidus, est causa omnium calidorum, ut in eodem libro dicitur, text. eod. Ergo est aliquid quod est causa esse et bonitatis et cujuslibet perfectionis in rebus omnibus, et hoc dicimus Deum. S. th. I, II, 3.

treffende ist. Man kann sehr wohl von einem Mehr und Minder reden, ohne das, was thatsächlich am meisten etwas ist, zu kennen; z. B. kann man von einem mehr und minder Grossen oder Starken reden, ohne das Grösste und Stärkste zu kennen; ja, wenn man es kännte, und dasselbe etwa zufällig verginge oder mit der Zeit von einem andern übertroffen würde, so würde man darum doch immer noch in demselben Sinne von grösser und stärker sein reden wie vorhin. Das Meist des Textes deutet vielmehr auf ein solches hin, was an und für sich oder seinem Begriffe nach das Höchste in einer Gattung ist und darum auch als fester Maassstab dem Urtheil über Mehr und Minder zu Grunde liegt. Das zeigt auch das angewandte Beispiel von den Wärmegraden. Mehr warm, sagt der Text, ist das, was sich mehr dem Wärmsten nähert. Unter diesem „Wärmsten" ist, wie der zweite Theil der Beweisführung zeigt, das Feuer zu verstehen. Dasselbe steht hier aber als das, was seiner Natur nach das Wärmste ist, gleichsam die Wärme selbst, nicht als ein einzelnes empirisch Wärmstes, da es ja auch selbst verschiedene Wärmegrade hat. Diese Bedeutung des Ausdrucks „am meisten" wird auch durch den Text des Beweises in der kleinern Summa bestätigt und noch näher bestimmt. Wir setzen den kurzen Wortlaut gleich her, weil wir ihn doch bald wieder in anderer Weise nöthig haben werden. „Es kann auch noch eine andere Begründung aus den Worten des Aristoteles im zweiten Buche der Metaphysik abgeleitet werden; dort nämlich zeigt er, dass, was am meisten wahr, auch am meisten Seiendes ist. Auch im vierten Buche der Metaphysik erweist er das Vorhandensein eines am meisten Wahren daraus, dass wir von zwei falschen Behauptungen die eine falscher finden als die andere; folglich muss auch eins wahrer sein als das andere. Dies aber gilt nach der Annäherung an dasjenige, was schlechthin und am meisten wahr ist. Hieraus aber kann ferner geschlossen werden, dass es etwas gibt, was am meisten Seiendes ist, und dieses nennen wir Gott" [1]).

---

[1]) Potest etiam et alia ratio colligi ex verbis Aristotelis, in secundo libro metaphysicorum; ostendit enim ibi quod ea quae sunt maxime vera.

Hier ist der Ausdruck „am meisten wahr“ durch den vorausgestellten „schlechthin wahr“ erklärt. Schlechthin, simpliciter, ist der Gegensatz von beziehungsweise, secundum quid. Schlechthin wahr wäre demnach das unmittelbar durch sich selbst Wahre im Gegensatz zu allem andern Wahren, welches erst durch die Beziehung zu einem andern und zwar zu dem schlechthin Wahren wahr ist. So hätten wir denn noch eine zweite Erklärung für das, was am meisten etwas ist: Das, was durch sich oder seinem Wesen nach das Betreffende ist, also seinem Wesen nach gut, wahr, edel usw. Aber diese Erklärung ist für sich allein missverständlich. Seinem Wesen nach weise ist z. B. auch der Mensch, insofern er vernünftig ist, aber er ist nicht das weiseste Wesen, welches den höchsten Grad aller Weisheit darstellte, theils weil der eine Mensch weiser als der andere ist, theils weil eine Weisheit über die menschliche gedacht werden kann. Die Sache ist also so zu nehmen, dass es nicht bloss in der Wesenheit des Betreffenden liegt, an einer Eigenschaft oder Vollkommenheit irgendwie und in irgend einem Maasse theilzunehmen, sondern die betreffende Vollkommenheit zu sein, also die Wahrheit selbst, die Güte selbst, der Adel oder die Vornehmheit der Natur selbst usw.

Aber nun fragt es sich, wie es um die Wirklichkeit eines solchen Meist bestellt ist. St. Thomas sagt einfach: das Mehr und Weniger wird von den verschiedenen Wesen ausgesagt, je nachdem sie in verschiedener Weise dem, was am meisten ein solches ist, sich nähern. Hiermit, sollte man meinen, wäre zwar dargethan, dass die Idee des absolut höchsten Grades oder besser des reinen begrifflichen Wesens einer Eigenschaft dem Gedanken des Mehr und Minder der Eigenschaft zu Grunde liegt, aber es folge nicht, dass etwas in der Wirklichkeit dieser Idee entspreche. So redet man z. B. von gross und grösser

---

sunt et maxime entia. In quarto etiam Metaphysicorum ostendit esse aliquid maxime verum ex hoc quod videmus duorum falsorum unum altero esse magis falsum; unde oportet ut alterum sit etiam altero verius. Hoc autem est secundum approximationem ad id quod est simpliciter et maxime verum. Ex quibus concludi potest ulterius esse aliquid quod est maxime ens; et hoc dicimus Deum; Sum. c. g. lib. I, c. 13.

ohne Ende, weil wir den Gedanken der Grösse schlechthin haben, der auch im Grössten der Wirklichkeit nicht ganz verwirklicht ist, und der überhaupt nicht verwirklicht werden kann. Denn selbst wenn es ein denkbar Grösstes, also ein unendlich Grosses, geben könnte, was wir bezweifeln, so wäre dies noch nicht die Grösse selbst, wie die Sache hier zu nehmen ist. Somit wäre denn in Bezug auf die Grösse die Möglichkeit eines denkbar höchsten Grades zweifelhaft, das Dasein aber von etwas, was d i e Grösse wäre, undenkbar, und Aehnliches lässt sich von andern Attributen sagen: der Wärme, der Helle usw.

Um diese Schwierigkeit zu lösen und zugleich der Schlussfolgerung des h. Thomas eine erste Begründung zu geben, beziehen wir uns auf die Erklärung, die wir so eben von dem Meist des Textes gegeben haben. Das Meist, sagten wir, bedeute, was an und für sich und seinem Begriffe nach das Höchste in einer Gattung sei, oder auch, was durch sich die betreffende Vollkommenkeit habe und sie sei. Es ist nun klar, dass jede Vollkommenheit eines Wesens, die es nicht aus sich hat, sich im letzten Grunde auf ein Wesen zurückführt, welches sie entweder selbst aus sich hat oder doch aus sich das Vermögen besitzt, sie in andern hervorzubringen. Nun kann aber kein Wesen eine Vollkommenheit, die es in verschiedenem Grade haben kann, aus sich, kraft seiner Natur oder seines Wesens haben. Denn das Wesen schwankt nicht hin und her zwischen Mehr und Minder, sondern bleibt sich gleich. Man kann nicht mehr oder minder Mensch sein, sondern ist es entweder oder nicht. Aehnlich wie ein Dreieck nicht mehr oder minder Dreieck, eine Kugel nicht mehr oder weniger Kugel sein kann. Da nun aber derselbe Mensch, z. B. in der Weisheit zu- oder abnehmen kann, oder auch der eine Mensch sich durch das Maass der Weisheit, die ihm eigen ist, von andern unterscheidet, so folgt, dass die Weisheit auf einer Aneignung oder Mittheilung beruht, indem das menschliche Wesen nur die Fähigkeit zur Aufnahme der Weisheit mit sich bringt, ähnlich wie das Eisen der Wärme fähig ist. Alles aber, was auf Aneignung oder Mittheilung beruht, kommt offenbar von einem andern und kommt zuletzt von etwas, was nicht wieder auf anderes zurückweist, sondern aus sich hat und ist, was es andern gibt.

Man muss aber zwei Arten von Eigenschaften oder Vollkommenheiten unterscheiden, solche, die wesenhaft sein oder aus sich selbst existiren können, und solche, bei denen das unmöglich ist. Bei der einen wird es wirklich ein Meist geben, dem das Mehr und Minder sich in verschiedener Weise nähert, bei den andern statt dessen ein Höheres, das ohne Ende immer höhere Grade hervorbringen kann. Fragen wir, welche Eigenschaften der einen und der andern Art angehören, so dient zur Antwort, dass alle reinen Vollkommenheiten unter die erste Klasse fallen, und unter die zweite alle Vollkommenheiten, die nicht rein, sondern ihrem Begriffe nach mit Unvollkommenheit gemischt sind. Was nämlich eine reine Vollkommenheit bedeutet, kann darum wesenhaft sein, weil es in dem sein kann, welches wesenhaft ist, und in welchem alles, was es ist oder hat, es selbst ist, also in Gott. Was dagegen seinem Begriffe nach mit einer Unvollkommenheit oder Beschränkung verbunden ist, kann niemals wesenhaft sein, weil was wesenhaft ist, Sein ist, jede Unvollkommenheit dagegen ist Verneinung des Seins. Demnach gehören zu dem, was nicht wesenhaft sein kann, vor allem jene Bestimmungen, die sich nur an einem Körper finden können, wie Grösse, Wärme, Helligkeit, Weisse, Süssigkeit usw. Denn der Körper hat eine solche Unvollkommenheit des Seins, dass er nicht aus sich sein kann. Ferner aber gehören dahin auch alle geistigen Attribute, insofern ihnen eine Beschränkung anklebt, z. B. die Weisheit, wie sie dem Menschen eigen ist: es ist wandelbare, beschränkte, von den Sinnen abhängige Weisheit. Bei allen diesen Gattungen also ist es nicht schlechthin wahr, dass es ein absolut Höchstes der Gattung gibt, sondern es ist nur beziehungsweise wahr. Es gibt nämlich etwas, was die Vollkommenheit der Gattung ohne ihre Unvollkommenheit in sich enthält, und zwar so, dass es immer höhere Grade der betreffenden Eigenschaft in den Dingen verwirklichen kann. Schlechthin wahr dagegen ist es, dass ein Höchstes in denjenigen Gattungen existirt, die reine Vollkommenheit bedeuten, und zu diesen gehören gerade die Attribute, die der Text des h. Thomas anführt: gut, wahr, edel. Gut ist etwas, insofern es Gegenstand des Verlangens und der Liebe, wahr, insofern es intelligibel oder Gegenstand des Denkens, edel, insofern es von vornehmer Art ist. Von diesen Attributen also muss wahr sein, dass es ein Höchstes ihrer Art gibt. Denn es muss etwas geben, was aus sich gut und wahr und edel ist, und eben darum auch besser, wahrer und edler als alles andere.

Jedoch eben dies, dass das aus sich Gute oder Wahre das absolut Beste und Wahrste ist, unterliegt noch einem Bedenken. Könnte nicht etwas aus sich einen Vorzug haben und daneben ein anderes existiren, das den betreffenden Vorzug auch aus sich hätte, aber in höherm Grade? Wir haben so eben geschlossen, dass der Mensch nicht aus sich weise ist, weil er die Weisheit in untergeordnetem Grade besitzt. Aber der Mensch wurde da mit sich selbst oder der eine mit dem andern verglichen, und so ergab sich, dass die menschliche Natur, sei es im einzelnen, sei es in der Art, sich gegen einen bestimmten Grad der Weisheit gleichgültig verhält, und somit der wirkliche Grad nicht aus der Wesenheit fliesst, sondern anderswoher ist. Aber nehmen wir einmal ein Wesen an, das den Grad seiner Vollkommenheit nicht ändert, wenigstens von dem wir dies nicht wissen, oder das nicht wie der Mensch der Art nach dieselbe Natur mit andern hat. Wenn nun dieses Wesen einen Vorzug weniger hat als ein anderes, wie soll folgen, dass es ihn nicht aus sich hat? Könnte nicht etwa seine Wesenheit gerade diesen bestimmten Grad fordern? Hierauf ist zu antworten, dass das unmöglich ist. Denn was ein Wesen unmittelbar und ursprünglich durch sich hat, muss ein Eines und Einfaches sein, so wie auch jedes Wesen als solches eines ist. Der bestimmte Grad einer Vollkommenheit aber besagt nichts Einfaches, sondern zweierlei: erstens die betreffende Vollkommenheit, zweitens den betreffenden Grad. Wollte man aber sagen, diese beiden seien eins, weil dieser Grad nothwendig aus der Vollkommenheit folge, so wäre diese in dem betreffenden Wesen eine andere als in den andern

Wesen, die sie in anderm Grade haben, und so hätten wir kein Mehr und Minder in Bezug auf eines und dasselbe, was doch die Voraussetzung ist. Demnach kann es nur einen Grad der aus sich bestehenden Vollkommenheit geben, und dieser muss der höchste sein. Denn was etwas aus sich ist, ist das Betreffende am meisten. Ist also bewiesen, dass es ein aus sich Gutes, Wahres und Edles gibt, so ist eben damit auch bewiesen, dass es ein Bestes, Wahrstes und Edelstes gibt.

Wir kommen jetzt zu der Folgerung, die der Text an diesen Satz anknüpft: es gibt auch etwas, was am meisten ist. Diese Folgerung wird speciell damit begründet, dass es ein Wahrstes gibt, weshalb auch dieses Attribut im vorausgehenden Satz zuerst genannt wurde, während bis dahin das Gute vorangestellt war. Die Abstufungen in der Güte sind nämlich mehr anerkannt, dagegen ist die Abstufung in der Wahrheit bei Aristoteles, an den St. Thomas den Beweis nach Möglichkeit anschliesst, mit der Abstufung des Seins ausdrücklich in Parallele gestellt.

Was nun die Art betrifft, wie auf das am meisten Seiende geschlossen wird, so hätte es sachlich nahe gelegen, an die Begriffe des Guten und Wahren, wie sie bekannt sind und wir sie oben schon angegeben haben, anzuknüpfen. Gut ist etwas, insofern es Gegenstand des vernünftigen Strebens, wahr, insofern es Gegenstand der vernünftigen Erkenntniss ist. Nun wird aber eine Sache um so erstrebenswerther sein und auch um so mehr der Erkenntniss Nahrung bieten, je mehr Sein und Vollkommenheit sie hat. Folglich wird sie auch im gleichen Verhältniss besser und wahrer sein: und ebenso folgt aus der Definition der Wahrheit und Güte umgekehrt, dass etwas, je wahrer und besser, desto mehr ist. — Man ersieht daraus auch, um das gleich an dieser Stelle zu bemerken, wie eine Steigerung der Wahrheit möglich ist: Wahrheit steht hier nicht als Uebereinstimmung des Verstandes mit der Sache, sondern als jene Eigenschaft der Dinge, wodurch sie Gegenstand des Verstehens und Denkens sind, und es ist klar, dass sie das um so mehr sind, je grösser ihre Seinsfülle ist. So erleuchtet ja auch das körperliche Licht, freilich bis zu einer bestimmten Grenze, das Auge um so mehr, je grösser sein Glanz und seine Klarheit ist. Um aber wieder auf das Verfahren des h. Thomas zu kommen, so argumentirt er nicht aus den Begriffen des Wahren und Guten, auch streng genommen nicht aus dem Begriff des Wahren allein, sondern er beruft sich auf die Autorität des Aristoteles, der da sage: was am meisten wahr ist, ist auch am meisten Seiendes. Die sachliche Begründung wird der h. Lehrer eben bei ihrer Einfachheit voraussetzen. Auf einer stillschweigenden Voraussetzung beruht auch die Form, in der der Ausspruch des Stagiriten wiedergegeben ist. Aristoteles sagt nämlich umgekehrt wie St. Thomas: was am meisten ist, ist auch am meisten wahr. Es liegt aber am Tage, dass solche allgemeine Sätze, in denen Subject und Prädicat dieselbe Sache, wenn auch nach verschiedener Beziehung ausdrücken, sich umkehren lassen. Im übrigen weiss St. Thomas recht wohl, dass Aristoteles seinen Satz in anderer Form und in einem andern Zusammenhang vorträgt, als er ihn anführt. Bei dem Philosophen lautet die Stelle im Zusammenhange so: „Die Philosophie kann wohl mit Recht die Wissenschaft der Wahrheit genannt werden . . . Ein Wissen von der Wahrheit aber kann es ohne Erkenntniss der Ursachen nicht geben. Nun ist aber jedes dann etwas am meisten, wenn das Namens- und Wesensgleiche (Synonyme) die betreffende Eigenschaft von ihm hat, wie z. B. das Feuer am wärmsten ist, da es allem Warmen Ursache der Wärme ist. Und so ist auch dasjenige am meisten wahr, was für Anderes, Späteres die Ursache ist, dass es wahr ist, *ὥστε καὶ ἀληθέστατον τὸ τοῖς ὑστέροις αἴτιον τοῦ ἀληθέσιν εἶναι.* Dementsprechend müssen die Principe der ewigen Dinge nothwendig immer am meisten wahr sein. Denn sie sind nicht bloss zu Zeiten wahr (weil sie auch nicht bloss zu Zeiten existiren), noch haben sie eine Ursache des Seins, sondern sind vielmehr Ursachen für anderes, so dass ein jedes nach dem Stande seines Seins auch seine Wahrheit hat, *ὥσθ' ἕκαστον ὡς ἔχει τοῦ εἶναι, οὕτω καὶ τῆς ἀληθείας*" [1]). Wie

[1]) Met. II, 1. 993 b 19—31.

St. Thomas im Commentar [1]) durchaus treffend und nüchtern auslegt, bezweckt dieser Text den Erweis der Philosophie als derjenigen Wissenschaft, die sich mit der höchsten Wahrheit beschäftigt. Sie ist das darum, weil sie die höchsten Gründe des Seins erforscht, die als solche am meisten sind und eben darum auch am meisten wahr sind. Auch die Stelle aus dem vierten Buch der Metaphysik, die in der kleinern Summa citirt ist, hat bei Aristoteles nicht die Bestimmung, für die St. Thomas sie verwendet, und auch bezüglich ihrer bekundet der Commentar des h. Thomas, dass er sich dessen bewusst ist [2]). Aristoteles handelt dort gegen die Skeptiker, die das Princip des Widerspruchs bestritten, und sucht darzuthun, dass selbst vom Standpunkte der Gegner aus eine Behauptung als wahrer und falscher gelten müsse denn eine andere, und somit ein einfach und schlechthin Wahres anzunehmen sei, und nicht bloss ein solches, das zugleich falsch sei. Hier seine Worte: „Wenn auch noch so sehr alles so sich verhält und zugleich nicht so sich verhält, so ist doch jedenfalls in der Natur des Seienden ein Mehr oder Minder. Denn nicht auf gleiche Weise würden wir Zwei und würden wir Drei als gerade Zahlen gelten lassen, und nicht auf gleiche Weise irrt, wer Vier und wer Tausend gleich Fünf setzt. Wenn nun nicht in gleicher Weise, so irrt er also offenbar weniger, so dass er mehr die Wahrheit hat. Ist nun das Mehr ein Näher, so wäre doch jedenfalls ein Wahres, dem eben das mehr Wahre näher wäre. Und selbst wenn nicht, so gäbe es doch jedenfalls ein mehr Sicheres und Wahres" [3]). Aristoteles will sagen: das Wahre, welches normale Menschen für wahr halten, ist es jedenfalls mehr als das Gegentheil, das nach den Skeptikern ebenfalls wahr ist [4]), und ein Irrthum ist doch sicher

---

[1]) L. c. lib. II, lect. 2.

[2]) In der Ausgabe von Vivès, Paris 1875, die dritte Lection zum vierten Buche. — [3]) Metaph. IV, 4. 1008 b 31—1009 a 3.

[4]) Die Bemerkung des Aristoteles: nicht auf gleiche Weise würden wir Zwei und würden wir Drei als grade Zahlen gelten lassen, *οὐ γὰρ ἂν ὁμοίως φήσαιμεν εἶναι τὰ δύο ἄρτια καὶ τὰ τρία*, scheint sowohl von Bender in der Uebersetzung als von Bullinger in der Erklärung der

grösser als der andere, wenn auch die Skeptiker alles für Irrthum halten; und wer weniger irrt, ist näher bei der Wahrheit. Also gibt es ein Wahreres und gibt es ein der Wahrheit Näheres, also auch Wahres und Wahrheit schlechthin.

Nachdem wir gesehen haben, wie Thomas den an sich gleichsam selbstverständlichen Schluss von dem am meisten Wahren auf das am meisten Seiende aus Aristoteles begründet, ist es Zeit, auf das Bisherige einen Rückblick zu werfen. Denn wir stehen gegenwärtig im Begriff, den ersten und wichtigsten Theil der ganzen Beweisführung zum Abschluss zu bringen. In der kleinern Summa endigt sogar an dieser Stelle der ganze Gottesbeweis, wie wenn das Dasein des am meisten Seienden und das Dasein Gottes dasselbe wäre. Der kurze Rückblick, den wir vorhaben, soll zugleich eine neue Erklärung des Bisherigen sein und dazu dienen, dass wir in das Verständniss des schwierigen Gegenstandes immer mehr eindringen.

Es hat sich also bis hierher um das Dasein eines am meisten Seienden gehandelt, und wir wollen jetzt zuerst noch bestimmter als bisher angeben, was dieser Begriff bedeutet. Man könnte nämlich fragen, ob er eine Steigerung des Daseins bis zum höchsten Grade oder eine solche der Vollkommenheit ausdrückt. Die Antwort ist, dass die letztere gemeint ist, also eine Steigerung des wesentlichen Seins, des innern Gehaltes. Eine Steigerung der Existenz besteht streng genommen in der Wirklichkeit nur insofern, als es zwei Stufen des Daseins gibt, das göttliche, das aus sich, und das geschöpfliche, das nicht aus sich ist, oder mit andern Worten, das nothwendige und das zufällige Sein, wovon im dritten Gottesbeweise Rede war[1]). Dass eine Steigerung der Voll-

---

Metaphysik missverstanden worden zu sein. Bender bemerkt S. 98, Note 1: „Hier ist es übrigens, genau genommen, kein Mehr oder Weniger, sondern Ja oder Nein. Das Beispiel ist nicht glücklich gewählt.“ Bullinger schreibt S. 126: „Wegen ihrer Verschiedenheit muss, der Unterschied von geraden und ungeraden Zahlen vorausgesetzt, die eine es weniger sein als die andere.“ Aber es wird hier gerade mit den Skeptikern vorausgesetzt, dass kein Unterschied zwischen grad und ungrad ist.“

[1]) Gutberlet sagt in der Theodicee, Münster 1878, S. 23: „Die durch die Wesenheit bestimmte Existenz ist zu verstehen, die Existenz einer

kommenheit gemeint ist, ergibt sich positiv aus der Gleichstellung mit der Steigerung der Güte, Wahrheit und Vornehmheit, welches lauter Vollkommenheiten sind und die zusammen sich zu einer Vollkommenheit vereinigen können, weil keine die andere ausschliesst. Es handelt sich also um das allervollkommenste Wesen. Und nun die weitere Frage: wie wird sein Dasein bewiesen? Antwort: aus den Stufen der Vollkommenheit, aus der Thatsache, dass es in manchen Dingen solche Vollkommenheiten gibt, die in andern Dingen in höherm Grade angetroffen werden. Aber in welcher Weise folgt hieraus das Dasein eines Vollkommensten? Durch den Mittelbegriff des Wesenhaften, das heisst, einer solchen Natur, die das reine Wesen der betreffenden Vollkommenheit darstellt. Es ist ja klar, dass nichts z. B. besser sein kann, als die reine Güte, nichts wahrer als die Wahrheit selbst. Auf diesen Begriff des reinen Wesens weist der Text durch die Worte hin: „Das Mehr und Minder wird von den verschiedenen Dingen

---

bestimmten Realität, welche also mit den Graden der Realität, von der sie nicht verschieden ist, selbst wächst und abnimmt. In der That hat der Mensch mehr Existenz als das Thier und dies mehr als die Pflanze, obgleich im Begriffe der Existenz alle Dinge übereinkommen. Es gibt also eine Abstufung im Existiren (was nicht möglich wäre, wenn allem die Existenz Wesenheit wäre), also eine höchste Existenz, welche Ursache aller Existenzen ist." Mit dieser Auffassung des trefflichen Gelehrten sind wir nicht einverstanden. Direct bedeutet hier am meisten sein am meisten Realität und Wesenheit, nicht Aktualität oder Wirklichkeit haben. Dies geht auch aus der Art, wie Aristoteles von dem am meisten Seienden redet, hervor. Wenn er, zwar nicht wörtlich, aber dem Sinne nach sagt: das am meisten Seiende ist das Wahrste, so will er zu verstehen geben: was den meisten Inhalt, was die grösste Wesensfülle hat und darum auch dem Denken und der Erkenntniss die meiste Nahrung bietet. Dies geht auch aus der folgenden Erwägung hervor: die vornehmste Denkthätigkeit ist dem Philosophen das Schauen; das Schauen geht aber auf den Inhalt oder die Qualität des Seins; nun muss aber auch das vornehmste Object des Denkens dasjenige sein, welches den vornehmsten Act am meisten herausfordert, also das vollste und beste Sein. — Wir sind, um dasselbe noch mit andern Worten zu sagen, der Meinung, dass ens bei Thomas nicht Particip, sondern Substantiv ist: maxime ens bedeutet streng genommen nicht am meisten seiend, sondern am meisten Ding oder Wesen.

ausgesagt, je nachdem sie in verschiedener Art sich dem nähern, was am meisten das Betreffende ist." Um nämlich von Mehr oder Minder sprechen zu können, muss man den reinen, mit keiner Beschränkung verbundenen Begriff des Betreffenden haben, da jedes eine Eigenschaft dadurch hat, dass sich der Begriff der Eigenschaft in ihm verwirklicht, und sie um so vollkommener hat, je mehr das geschieht. In eben diesen Worten liegt aber auch der Beweis für das Dasein dessen, was reine Güte, reine Wahrheit, reine Vollkommenheit ist. Die Rede folgt nämlich der Wirklichkeit. Weil in den Dingen die Gutheit und Wahrheit verwirklicht ist, werden sie gut und wahr genannt, und weil sie in verschiedenen Graden in ihnen verwirklicht ist, so spricht man von einem Mehr oder Minder des Guten und Wahren. Eben darum aber, weil alles einzelne Gute und Wahre nur in bestimmtem Grade es ist, können wir von keinem sagen, dass es die Güte und die Wahrheit ist. Denn die Güte und Wahrheit hat aus sich keinen Grad. Der Grad ist ja zugleich die Verneinung weiterer Güte und Wahrheit. Nichts aber verneint sich selbst. Und doch muss eine Güte und Wahrheit sein, wenn etwas gut und wahr ist. Es ist ja nichts gut als durch die Güte, nichts wahr als durch die Wahrheit, so wie z. B. auch niemand Mensch ist, ausser durch die Menschlichkeit, d. h. durch den Besitz der menschlichen Natur, oder nichts ein Dreieck ausser dadurch, dass der Begriff des Dreiecks sich in ihm verwirklicht. So gibt es denn eine Güte und Wahrheit über und ausser allen geschöpflichen Dingen, und dieses ist die reine Güte und die reine Wahrheit. Was aber reine Güte und Wahrheit ist, ist das Beste und Wahrste und eben darum auch das, dem am meisten Sein und Vollkommenheit zukommt. Folglich gibt es ein allervollkommenstes Wesen.

Wir haben in dieser Umschreibung das Dasein der reinen Güte und Wahrheit damit begründet, dass nichts gut und wahr sein kann als durch sie. St. Thomas setzt dies stillschweigend voraus oder folgert vielmehr einfach, dass es kein Besseres und Wahreres geben kann, wenn kein einfachhin und darum am meisten Gutes und Wahres ist. Das einfachhin Gute und

Wahre ist eben die reine Güte und Wahrheit, und es ist klar, dass es einfachhin Gutes und Wahres gibt, wenn es das ist, dem sich das erfahrungsmässige Gute und Wahre mehr oder minder nähert. Es ist aber sehr zu bemerken, dass in unserer Begründung sowohl wie in der des Textes vorausgesetzt wird, es gebe in den Dingen und ihren Eigenschaften eine wahre Wesensgleichheit oder innere Einheit, die wir in allgemeinen Begriffen auffassen und mit gemeinsamen Namen nennen. Sobald man nach Weise der Nominalisten annimmt, eine Eigenschaft, die in verschiedenen Dingen wiederkehrt, sei nicht wahrhaft und ihrem Begriffe nach eine und dieselbe, sondern habe bloss in dem einen Ding eine gewisse Aehnlichkeit mit Erscheinungen in dem andern und führe deshalb in allen denselben Namen, hört die Nothwendigkeit auf, ein reales Eines aufzuzeigen, das Grund der wesentlichen Uebereinstimmung der Einzeldinge ist. Dann ist eben den Dingen ausser dem Namen nichts gemein, als dass sie, man weiss nicht wie, gewisse übereinstimmende Vorstellungen in uns hervorrufen. Sobald man aber mit dem Realismus annimmt, dass die Begriffe, seien es solche von Substanzen, wie Pflanze, Thier, Mensch, seien es solche von Accidentien, wie Güte, Schönheit, Wahrheit, Rundheit, Dreieckigkeit, wahrhaft in verschiedenen Dingen verwirklicht wiederkehren, stellt sich die Frage ein, wie die Dinge, da sie doch viele und verschiedene sind, zugleich der Art und der Beschaffenheit nach dieselben sein können, und da muss eben ein Eines und Nämliches als Grund angenommen werden. Nun ist aber für den gesunden Sinn ohne weiteres klar, dass wir die Uebereinstimmung nicht den Dingen andenken, sondern nachdenken, und dass überhaupt die Gesetze unseres Denkens früher noch Gesetze des Seins sind. Demnach bleibt die Forderung in Kraft, dass, wo die Dinge unter einem Begriff gedacht werden, der sich in ihnen mehr oder minder verwirklicht, ein Ding aufgezeigt werde, das dem reinen Begriff gerecht wird, und der Art ist eben das Beste, Wahrste und Edelste, von dem unser Text redet.

Wir kommen jetzt zum zweiten Theil der Beweisführung, der uns freilich nicht so lange als der erste beschäftigen wird.

In demselben wird, wie schon oben erklärt wurde, gezeigt, dass das am meisten Wahre, Gute und Seiende die Ursache alles Wahren, Guten und Seienden ist. Wir setzen den Text zur bessern Uebersicht noch einmal lateinisch und deutsch her: „Quod autem dicitur maxime tale in aliquo genere, est causa omnium quae sunt illius generis: sicut ignis qui est maxime calidus, est causa omnium calidorum, ut in eodem libro (II met.) dicitur.“ — „Was aber bei einer Art (von Beschaffenheit) am meisten so und so heisst, ist Ursache von allem, was zu dieser Art (von Beschaffenheit) gehört, so wie das Feuer, das unter allem Warmen das Wärmste ist, die Ursache alles Warmen ist, wie es in demselben Buche heisst.“

In diesem Text wird zum Erweis, dass das Wahrste, Beste und Vollkommenste die Ursache alles Wahren, Guten und Vollkommenen ist, das Axiom verwandt: was am meisten so und so beschaffen heisst, ist Ursache der Beschaffenheit, wo immer sie vorkommt. In diesen Worten glauben wir den Satz: quod autem dicitur maxime tale usw., schon einigermaassen erklärt zu haben. Es dürfte nämlich nicht ganz überflüssig sein, zu bemerken, dass die Worte in aliquo genere nicht auf ein genus sich beziehen, in welchem sich etwa irgend eine Eigenschaft fände, wie z. B. bei den Menschen die Weisheit, sondern sie gehen auf die Eigenschaft selbst, sie heissen also: in irgend einer Gattung oder Art von Beschaffenheit. Darum kann man bei der Wiedergabe des Sinnes die Worte in aliquo genere weglassen und einfach sagen, wie wir thun: was am meisten so und so beschaffen heisst, ist überhaupt Ursache der betreffenden Beschaffenheit. Es fragt sich nun, wie wir uns die Begründung dieses Satzes bei St. Thomas denken sollen. Dies hängt von der Deutung der Worte ab, womit sich der Aquinate auf Aristoteles beruft: wie es in demselben Buche heisst. Wenn die Berufung nämlich für das vorausgestellte Axiom gilt, so ist klar, dass einfach die Autorität des Aristoteles als Grund gelten soll. Man könnte nun auf den ersten Blick zu der Meinung kommen, als ob jenes: wie es heisst, nicht so zu nehmen wäre, sondern sich nur auf das angewandte Beispiel vom Feuer beziehen sollte. Es scheint nämlich, dass Aristoteles für jenes Princip nicht zum Zeugen genommen werden könne, da er gerade umgekehrt sagt, wie er sagen müsste. Er sagt nämlich, wie wir schon wissen, nicht: was am meisten so heisst oder ist, ist Ursache des Gleichgearteten oder Synonymen, sondern: wenn etwas Ursache des Synonymen ist, so ist es das Betreffende am meisten [1]). Was dagegen die Berufung auf den aristotelischen Vergleich vom Feuer betrifft, so stimmt dieselbe schon eher zu dem Text des Philosophen. Die Worte des Aristoteles lauten nämlich: wie z. B. das Feuer am wärmsten ist, weil es auch für das andere Ursache der Wärme ist. Wenn St. Thomas auch diese Worte in eigener Weise wendet, so vermeidet er es doch, den Causalnexus bei Aristoteles umzukehren: er sagt nicht: weil das Feuer am wärmsten ist, ist es Ursache aller Wärme, sondern: das Feuer, welches am wärmsten ist, ist Ursache aller Wärme. Dahingegen würde er sich nicht scheuen, Subject und Prädicat umzukehren, wenn er sich für den Satz: der höchste Grad ist die Ursache der niedern Grade, auf Aristoteles beriefe. Trotzdem wird der englische Lehrer in diesem Sinne verstanden werden müssen aus dem maassgebenden Grunde, weil sonst das Axiom bei ihm ohne alle Begründung stände. Fragt man aber, ob seine Berufung, auch so genommen, noch berechtigt sei, so ist das offenbar zu bejahen. Man muss sich nur immer gegenwärtig halten, auf welchen Grund hin in unserm Falle Subject und Prädicat verbunden werden. Diesen Grund liefert ein Begriff, der ebenso dem Prädicat wie dem Subject gleichgesetzt werden kann: das reine Wesen der betreffenden Eigenschaft, das ebenso mit dem höchsten Grade der Eigenschaft wie mit der allgemeinen Ursache ihres Vorkommens zusammenfällt.

Hieraus sieht man, dass jene Vertreter der spätern Scholastik, wie der Cardinal Cajetan [2]) und Suarez [3]), die

---

[1]) *ἕκαστον δὲ μάλιστα αὐτὸ τῶν ἄλλων, καθ' ὃ καὶ τοῖς ἄλλοις ὑπάρχει τὸ συνώνυμον, οἷον τὸ πῦρ θερμότατον· καὶ γὰρ τοῖς ἄλλοις τὸ αἴτιον τοῦτο τῆς θερμότητος*, met. II, 1. 993 b 24—26. — [2]) Man vergleiche in seinem Commentar zur theologischen Summa die Auslegung zu unserer Stelle.

[3]) Metaphysicae Disputationes, 29, sect. 3.

an der Umkehrung des aristotelischen Axioms durch St. Thomas Anstoss nehmen, in einem Missverständnisse befangen sind. Sie verkennen den Begriff des am meisten etwas Seienden. Derselbe bedeutet nicht den empirisch höchsten Grad, der so gut wie die niedern Grade von einem gemeinsamen Dritten verursacht sein könnte, sondern das, was aus sich das Höchste ist, indem es den Inbegriff von etwas darstellt. Diese Bedeutung des maxime tale wird übrigens, wenn wir recht sehen, auch noch nachträglich durch den Text dadurch bemerklich gemacht, dass es nicht heisst: was am meisten so und so beschaffen ist, sondern, was am meisten so und so beschaffen heisst. Der Name bezeichnet die Natur oder das Wesen einer Sache, und so wird hier mit dem Worte „heisst" zu verstehen gegeben, dass das, was am meisten etwas ist, es seiner Natur nach ist. So ist z. B. das Feuer nach der alten Physik seiner Natur nach das Wärmste, das Wasser das Kälteste, weshalb man auch von einem warmen und einem kalten Element schlechthin spricht. Der Vergleich vom Feuer, wie wir nicht unbemerkt lassen wollen, verräth auch noch in besonderer Weise, dass es sich um den reinen Begriff einer Vollkommenheit handelt, der, da er sich in keinem Endlichen verwirklicht und darum ganz und gar nicht seines Gleichen hat, doch wenigstens einigermaassen durch Aehnlichkeiten der Anschauung näher gebracht werden soll. Wie wir früher einmal bemerkten, dass das Feuer nicht als Bild des empirisch Wärmsten steht, weil es selbst seine Grade hat, so möchten wir gegenwärtig darauf hinweisen, dass es nicht als strenges Analogon einer allgemeinen Ursache verstanden sein will. Nach der aristotelischen Physik nämlich, in deren Sinne hier auch St. Thomas vom Feuer redet, ist das Feuer nicht die Ursache alles Warmen, so wenig wie das Wasser alles Kalten.

Die Qualität der Wärme kommt nämlich nach der alten Vorstellung dem Feuer nicht allein ursprünglich zu, sondern auch der Luft, nur dass sie im Feuer gegenüber der mit ihr verpaarten Qualität der Trockenheit vorherrscht, während sie in der Luft hinter der Qualität der Feuchtigkeit, die sich in der Luft mit ihr combinirt, zurücktritt [1]). Der Vergleich vom Feuer hat also hier nicht den Zweck, die Vorstellung einer allgemeinen Ursache zu rechtfertigen, sondern kann nur dazu bestimmt sein, die Idee von etwas, was eine Eigenschaft wesenhaft ist und darum allgemeine Ursache ist, dem Denken näher zu bringen.

Mit den letzten Bemerkungen berührt sich die Frage, ob der Satz von dem Meist als Ursache des Minder ein allgemeiner ist, d. h. ein allgemeines Urtheil ausdrückt, oder ein particulärer oder vielmehr singulärer. Die Antwort lautet, dass er insofern allgemein ist, als es von jedem Minder gilt, dass es in einem synonymen Meist seine Ursache hat, insofern aber singulär, als das Meist nur Eines ist, nämlich die eine und ungetheilte göttliche Wesenheit, die wir nur mit verschiedenen Namen nennen: die unendliche Wahrheit, Güte, Weisheit, Macht usw.

Nach dem Bisherigen muss nun aber auch die innere Wahrheit des in Rede stehenden Satzes einleuchten. Das „Meist“ und das „Ursache des Minder“ sind beide identisch mit dem „wesenhaft das Betreffende sein“. Darum kann man beide Begriffe mit einander vertauschen, wie im Texte geschieht, und ebenso sagen: das Meist ist Ursache des Minder, wie: die Ursache des Minder ist am meisten. Es steht also ausser Zweifel ebenso, dass es eine gemeinsame Ursache der niedern Grade der Vollkommenheit, wie dass es ein Meist in ihr gibt. Nur ist zu bemerken, dass das erstere in Wirklichkeit noch früher erkannt wird als das zweite, und dass also hier der Weg unserer Erkenntniss nicht der ist, wie es nach der Stellung der beiden Prämissen im Text scheinen könnte. Denn St. Thomas erschliesst erst das Meist und dann die gemeinsame Ursache. In Wirklichkeit aber kann man das Meist nur finden, wenn man die Ursache des Minder sucht, wie auch aus unserer einschlägigen Erörterung hervorgeht. Uebrigens sind wir mit der Bemerkung, dass es ein

---

[1]) Vergleiche das 2. Buch der arist. Schrift vom Entstehen und Vergehen, 2. u. 3. Capitel, und dazu unsere Schrift: Die substantiale Form und der Begriff der Seele bei Aristoteles, S. 51 f.

Meist der Vollkommenheit als Ursache des Minder gibt, schon über die Grenze des gegenwärtigen Abschnittes hinaus zum folgenden geschritten, den wir jetzt erörtern wollen.

Der dritte Theil des Beweises, um es noch einmal zu sagen, hat folgenden kurzen Wortlaut: „Also gibt es etwas, das die Ursache des Seins und der Güte und jeglicher Vollkommenheit in allen Dingen ist, und dieses nennen wir Gott."

Dieser Text besteht aus zwei Sätzen, deren erster nur die förmliche Folgerung aus den beiden vorausgeschickten Vordersätzen enthält. Wir wollen hier nur besonders hervorheben, dass er den Begriff ausspricht, der in diesem vierten Argument für das göttliche Wesen eingesetzt wird: die Ursache alles Seins der Dinge und ihrer Vollkommenheit. Es ist ein Begriff, der Gott nach seiner Beziehung zur Welt bezeichnet. In der Summa contra gentiles steht statt dem ein Begriff, der Gott in sich bezeichnet: maxime ens; wir haben schon gesagt, dass er so viel bedeutet als das allervollkommenste Wesen, und wir möchten hier darauf aufmerksam machen, dass diese seine Bedeutung durch sein Gegenstück in der theologischen Summa eine neue Bestätigung erhält: dem Sein, das in den Wirkungen mit Gutsein und Vollkommensein zusammengestellt wird, entspricht in der Ursache ein eben solches Sein, so dass also am meisten Seiendes so viel bedeutet als am meisten Gutes und Vollkommenes [1]. — Der andere Satz dieses kleinen Abschnittes: und dieses nennen wir Gott, sagt aus, dass sich in dem Gedanken der Ursache aller Vollkommenheit der Gottesgedanke erfüllt. Diese Behauptung ist so wahr, dass jene Idee, verbunden mit ihrer Voraussetzung, der Idee des eigenen vollkommensten Seins des höchsten Wesens, förmlich zur Verwendung zu kommen pflegt, wenn man das Wesen Gottes begrifflich bestimmen will: Wir sagen nämlich, Gott sei ein unendlich vollkommenes Wesen, von dem alles Gute komme. Und gewiss ein Wesen, von dem alles

[1]) Man vergleiche hierzu noch nachträglich die Stelle des h. Thomas: (Deus) est maxime ens, in quantum est non aliquod esse determinatum per aliquam naturam cui adveniat; sed est ipsum esse subsistens omnibus modis indeterminatum. S. t. I, XI, 4.

Sein, alles Leben, alle Erkenntniss, alle Wirkungskraft, kurz alle Vollkommenheit kommt, und das selbst im höchsten Grade Sein, Leben, Geist und Kraft und Vollkommenheit ist, kann nur Gott sein. Somit wäre über diesen Satz nichts weiter zu sagen, und da er den ganzen vorliegenden Gottesbeweis abschliesst, so können auch wir diesen Beweis, was die rein sachliche Erörterung betrifft, hiermit für erledigt ansehen.

Da wir aber oben erklärt haben, wir wollten bei dieser Gelegenheit auch die Einheit Gottes beweisen, so stehe hier noch zur Ueberleitung eine Bemerkung über den Sinn, in welchem die geschöpflichen Vollkommenheiten, Sein, Güte, Wahrheit usw. auf Gott übertragen werden. Das Sein und seine Eigenschaften kommen Gott im Vergleich zu den Geschöpfen in einer ganz eigenen Weise zu, so dass letztere es im Vergleich zu Ihm nur in analoger Weise besitzen. Bei Gott macht das Sein, weil es aus seinem Wesen fliesst, auch seine Individualität aus, so dass es in ihm Er selbst ist. Wäre nun der Begriff des göttlichen Seins derselbe wie der des geschöpflichen, so wäre auch in den Geschöpfen das Sein Gott, und wir hätten statt der Verursachung alles Endlichen durch Gott die Identität beider. — Nun aber folgt nur, dass alles geschöpfliche Sein in ganz eigener Weise gewissermaassen die Physiognomie Gottes trägt. — Wie nun aber das göttliche Sein im Vergleich zum geschöpflichen Sein für sich allein und abgeschieden steht, so muss dies auch absolut der Fall sein: es kann nur ein Mal vorkommen, es ist nur ein Gott.

Dies folgt zunächst aus derselben Erwägung, die auch auf den Unterschied in der Beschaffenheit des ungeschaffenen und des geschaffenen Seins geführt hat. Gott ist durch sich selbst gut, wahr und vollkommen, weil er durch sich selbst ist. Weil er aber durch sich selbst ist, so gehört sein Dasein zu seiner Wesenheit, ja, es ist seine Wesenheit. Zum Dasein gehört nun aber auch die Individualität, die jedes Wesen von allen andern unterscheidet. Sonach kann Gott als der aus sich Seiende nicht gedacht werden, ohne als dieses bestimmte Wesen gedacht zu werden, und somit kann er nur ein Mal sein, weil eben mit der Vorstellung von Gott unmittelbar die Vorstellung dieses bestimmten Einzelwesens mitgegeben ist. Wir finden beim h. Thomas einen Vergleich, durch den wir uns das klar machen können. „Das, wodurch Sokrates Mensch ist," sagt er, „kann vielen zukommen, aber das, wodurch er dieser Mensch ist, kann nur einem zukommen. Wenn folglich Sokrates durch das Mensch wäre, wodurch er dieser Mensch ist, so könnten, wie nicht mehrere Sokrates, so auch nicht mehrere Menschen sein." Hieraus schliesst denn der englische Lehrer, dass nicht mehrere Götter sein können, weil Gott durch dasselbe Gott und dieser Gott sei [1]).

Uebrigens lässt sich an die Beweisführung des h. Thomas, aus der wir das angeführte Beispiel entnommen haben, ein Bedenken knüpfen, das wir nicht unerörtert lassen wollen. Thomas beruft sich a. a. O. für die Behauptung, dass Gott durch dasselbe oder in derselben Rücksicht Gott und dieser Gott sei, auf eine frühere Erklärung im dritten Artikel der dritten Quästion, nach der in Gott Gott und göttliche Natur dasselbe sind [2]). Das ist aber etwas, was nach der Lehre des Aquinaten auch bei den reinen Geistern, die doch geschaffen sind, zutrifft. Auch der reine Geist oder der Engel ist dasselbe wie seine Natur oder Art, weil er nicht wie die materiellen Wesen mit Einschluss des Menschen dadurch Dasein hat, dass dieselbe Art in verschiedenen stofflichen Substraten verwirklicht ist, so dass der Begriff der Art den des Einzelwesens nicht einschliesst; vielmehr ist die Natur des Engels durch sich selbst individualisirt [3]). Demnach macht jeder Engel eine eigene Species oder Art aus. Man könnte nun denken, dass, wie diese Eigenthümlichkeit der reinen Geister eine Mehrheit von Individuen nicht hindert, ein gleiches bezüglich Gottes der Fall sein könnte. Aber hierauf ist zu sagen, dass Thomas im Vorausgehenden gezeigt hatte, dass es mehrere Arten von Göttern nicht geben könne. Wir wollen

---

[1]) Sum. th. p. I, q. XI, a. 3. — [2]) Hoc autem (sc. per idem quasi speciem et individuum esse) convenit Deo; nam ipse Deus est sua natura, ut supra ostensum est. Secundum igitur idem est Deus et hic Deus. L. c. — [3]) Confer Sum. th. p. I, q. III, a. 3.

diesen Nachweis eigens in Betracht nehmen und werden uns so von der Singularität Gottes immer besser überzeugen.

Gäbe es eine Mehrheit von Göttern in der Art, dass sie jeder eine Art für sich bildeten, so müssten sie doch in manchen Bestimmungen, wie der der Substanz, des Lebens, der Geistigkeit, übereinkommen. Man müsste sich also die einzelnen göttlichen Wesen unter einer allgemeinen Gattung befasst denken, zu der in den Einzelnen die Besonderheiten der Art hinzukämen. Nun steht aber Gott über und ausser aller Gattung. Die Gattung verhält sich nämlich zu dem Unterschied, der die Arten theilt, wie die Potenz zum Actus; so z. B. ist in der Definition des Menschen das animal, Sinnenwesen, oder vielmehr die animalitas, Sinnlichkeit, das, was durch das Moment rationale, vernünftig, actuirt wird; denn animal ist in der Potenz zu beidem, rationale und irrationale. Da nun in Gott mit dem Actus keine Potentialität verbunden ist, so kann er unmöglich wie eine Art unter einer Gattung stehen [1]. Um sich von der Triftigkeit dieses Beweisgrundes zu überzeugen, bedenke man, dass z. B. der Begriff geistiges Wesen, wenn er als Gattungsbegriff zugleich Gott und anderes einschlösse, in Gott so wie in anderm zu denken wäre, so dass er durch ein anderes Geist und durch ein anderes Gott wäre. Nun ist aber in Gott, wegen seiner absoluten Einfachheit, das, wodurch er Geist, und das, wodurch er Gott ist, dasselbe. Also ist die Geistigkeit in Gott so wenig dasselbe mit der Geistigkeit in andern Wesen, dass Er sich vielmehr durch sie von allem andern, auch den Geistern, unterscheidet, wie das

---

[1]) Species constituitur ex genere et differentia; semper autem id a quo sumitur differentia constituens speciem, se habet ad illud unde sumitur genus, sicut actus ad potentiam: animal enim sumitur a natura sensitiva per modum concretionis; hoc enim dicitur animal quod naturam sensitivam habet: rationale vero sumitur a natura intellectiva; quia rationale est quod naturam intellectivam habet; intellectivum autem comparatur ad sensitivum sicut actus ad potentiam; et similiter manifestum est in aliis. Unde cum in Deo non adjungatur potentia actui, impossibile est quod sit in genere tanquam species. Summa theologica. pars I, quaestio III, articulus 5. Primo quidem.

Einzelwesen sich durch seine Individualität von allem unterscheidet, was nicht es selbst ist.

Wir wollen noch einen weitern, bekannten Beweisgrund für die Einheit Gottes einfach mit den Worten des h. Thomas anführen. Dieses Argument ist, wenn auch nicht förmlich dem Worte, so doch dem Sinne nach von dem Begriffe des maxime ens hergenommen. Wir wissen, dass hiermit das vollkommenste Wesen gemeint ist, welches alle Vollkommenheit der Geschöpfe enthält und selbst einfachhin vollkommen ist, weil es die reine Vollkommenheit und das reine Sein ist. Die Worte des englischen Lehrers lauten: „Dass Gott Einer ist, wird zweitens aus seiner unendlichen Vollkommenheit bewiesen. Es ist oben [1]) gezeigt worden, dass Gott die ganze Vollkommenheit des Seins in sich begreift. Wenn also mehrere Götter wären, so müssten sie verschieden sein. Etwas also käme dem Einen zu, was dem Andern nicht zukäme, und wenn dies ein Mangel wäre, so wäre er nicht schlechthin vollkommen; wäre es aber eine Vollkommenheit, so mangelte sie dem andern. Folglich ist es unmöglich, dass mehrere Götter sind. Darum haben auch die alten Philosophen, gleichsam von der Wahrheit selbst gezwungen, indem sie das Urprincip als unendlich fassten, nur ein Princip aufgestellt" [2]).

Nachdem wir im Bisherigen den vierten Gottesbeweis inhaltlich nach der Fassung bei Thomas behandelt und einige Argumente für die Einheit Gottes beigefügt haben, nimmt unsere Darstellung einen geschichtlichen Charakter an, indem wir von dem Auftreten dieses Argumentes in der Zeit vor dem h. Thomas und von seiner ursprünglichen Herkunft reden. Beantworten wir zuerst die Frage, was von ihm bei Aristoteles vorkommt. St. Thomas ist zwar in beiden Summen, wie wir uns aus dem Wortlaut seiner Beweisführung überzeugen konnten, bemüht, den Philosophen als den eigentlichen Gewährsmann für seine Schlüsse erscheinen zu lassen. Aber wir haben gesehen, dass die Prämissen, auf die er sich be-

[1]) S. th. p. I, q. IV, a. 1 et 2. — [2]) q. XI, a. 3, sec.

ruft, von Aristoteles in einem andern Zusammenhang aufgestellt worden sind. Auffallend erscheint die Weise, in welcher der Aquinate in den quaestiones disputatae über den aristotelischen Text im ersten Capitel des zweiten Buches der Metaphysik redet. Denn während er in den beiden Summen nur einen etwas freien Gebrauch von diesem Text macht, aber nicht sagt, dass Aristoteles in demselben Gott als Ursache aller Dinge erweise, findet sich diese Behauptung in der genannten Schrift: „Es gibt ein Bewegendes, welches durchaus unbeweglich und vollkommen ist, wie von den Philosophen bewiesen worden. Es muss also alles andere weniger Vollkommene von ihm das Sein empfangen. Und das ist der Beweis der Philosophen im zweiten Buch der Metaphysik N. 4 des gewöhnlichen Textes"[1]. Wir können aber diese Wendung: das ist der Beweis des Philosophen, in milder Deutung soviel sagen lassen, als dass dieser Beweis aus den Worten des Aristoteles gezogen werden kann. Aristoteles sagt ja wirklich, Gott sei Ursache aller, auch der ewigen Dinge und sei darum am meisten seiend und am meisten wahr, und da er diese Sätze als Philosoph, nicht als Autorität vorbringt, so legt er die heuristische Erwägung nahe, dass die unvollkommenen Dinge eben als solche auf ein Vollkommenes als Ursache hinweisen. Den förmlichen Beweis, wenn auch nur in den Grundlinien und mit der Beschränkung der kleinern Summa, die von Gott als Ursache absieht, hätten wir bei Aristoteles, wenn ein Text bei Simplicius, den man öfter als Citat aus dem Philosophen angesehen hat, wirklich ein solches wäre. Im Commentar zum 9. Capitel des ersten Buches *περὶ οὐρανοῦ*, zu den Ausführungen des Aristoteles über die Unvergänglichkeit und Unwandelbarkeit der himmlischen und göttlichen Wesen, die eine Folge ihrer Vollkommenheit sei, liest man bei Simplicius, den wir freilich nur nach den Scholien von Brandis anführen können: „Er (Aristoteles) spricht hierüber aber in den Büchern über die Philosophie (eine verlorengegangene Schrift). Ueberhaupt nämlich ist, wo ein Besseres

[1]) Quaest. dispp. De potentia, q. III, a. 5.

ist, da auch ein Bestes. Da nun in den Dingen das eine besser ist als das andere, so ist also auch ein Bestes, und dieses möchte wohl das Göttliche sein"[1]). Zu diesen Worten und den folgenden, in welchen im Anschluss an Plato[2]) aus der bewiesenen Vollkommenheit Gottes gefolgert wird, dass er weder zum Schlimmern noch zum Bessern, also überhaupt nicht sich ändern könne, bemerkt Rose in den aristotelischen Fragmenten: „sequentia uncis inclusi, quae non sint Aristotelis sed ex Alexandro Simplicii"[3]). Demnach also hätte Simplicius den Text nicht aus der Schrift *περὶ φιλοσοφίας* und überhaupt nicht aus Aristoteles genommen, sondern Ausführungen des Alexander wiedergegeben. Einen Gedanken finden wir noch an der eben genannten Stelle der Schrift de coelo, der inhaltlich so viel besagt, dass alles in höherm und niederm Grade durch Gott Sein und Leben habe, also mit andern Worten: das Mehr und Minder führt sich auf das Meist zurück; aber es ist eben nur ein Ausspruch, kein Beweis: „Darum ist auch, was dort (ausserhalb des obersten oder Fixsternhimmels) ist, weder an einem Orte, noch macht die Zeit es altern, noch gibt es bei dem, was über den äussersten Umschwung hinaus seine Stelle hat, irgend einen Wandel, sondern unveränderlich und leidenlos beharrt es durch die ganze Ewigkeit im Genuss eines überaus seligen und zufriedenen Lebens . . . Von da aus ist auch für alles Uebrige, für das eine vollkommener, für das andere unvollkommener, das Sein und das Leben angeknüpft, *ὅθεν καὶ τοῖς ἄλλοις ἐξήρτηται, τοῖς μὲν ἀκριβέστερον τοῖς δ'ἀμαυρῶς, τὸ εἶναί τε καὶ ζῆν.* Denn wirklich, sowie es auch in den gewöhnlichen philosophischen Erörterungen über das Göttliche häufig mit Gründen dargethan wird, dass alles Göttliche als Erstes und Höchstes

[1]) *λέγει δὲ περὶ τούτου ἐν τοῖς περὶ Φιλοσοφίας. καθόλου γὰρ ἐν οἷς ἐστί τι βέλτιον, ἐν τούτοις ἐστί τι καὶ ἄριστον. ἐπεὶ οὖν ἐστὶν ἐν τοῖς οὖσιν ἄλλο ἄλλου βέλτιον, ἔστιν ἄρα τι καὶ ἄριστον, ὅπερ εἴη ἂν τὸ θεῖον.* Simplicius f. 67 b. Bei Brandis 487 a 6 ff.

[2]) Plato's Staat, 2. Buch, K. 19 D bis 20 E; bei Stallbaum S. 201—204.

[3]) A. a. O. S. 1476, Anmerkung zu Zeile 22 b.

unveränderlich sein müsse, so verhält sich dies in der That so“ [1]). Was wir hier mit vollkommener und unvollkommener wiedergegeben haben, übersetzt Prantl [2]) dem Buchstaben nach richtiger mit schärfer und undeutlicher. Den richtigen Sinn aber spricht unzweideutig St. Thomas im Commentar zu dieser Stelle aus: „Es ist offenbar, dass vom Vollkommensten aus dem andern mitgetheilt wird, das minder vollkommen ist, wie vom Feuer aus die Wärme sich dem andern mittheilt, welches weniger warm ist, wie es im zweiten Buch der Metaphysik heisst. Da also jene Wesen das beste und durch sich selbst am meisten genügende Leben und ein vollkommenes Sein haben, so folgt, dass von ihnen aus Sein und Leben sich den andern mittheilt. Dies jedoch nicht allen in gleichem Maasse, sondern den einen deutlicher, das heisst augenscheinlicher und vollkommener, den ewigen Wesen nämlich, die als der Zahl nach dieselben bestehen, sowie auch den Wesen, die ein vernünftiges Leben haben; den andern aber dunkler, das heisst schwächer und unvollkommener, wie den Wesen, die ewig sind nicht durch die Fortdauer der Einzelwesen, sondern der Art, und den Wesen, die sinnliches oder vegetatives Leben haben“ [3]).

Da die bisherigen Angaben so ziemlich alles umfassen möchten, was sich von unserm Beweise an Anknüpfungspunkten bei Aristoteles findet, so darf wohl angenommen werden, dass der Aquinate ihn hier nicht allein zum Gewährsmann gehabt hat. Der Gang des Beweises, der aufsteigend vom Unvollkommenen zum Vollkommenen gelangt, findet sich nirgendwo bei dem Philosophen eingehalten, vorausgesetzt, dass wir ihm nicht doch den Text bei Simplicius zuschreiben wollen. St. Thomas selbst knüpft anderswo diese Gedankenreihe an die Ideenlehre des Plato an.

Wir setzen aus der alten Philosophie als bekannt voraus, dass nach Plato's Lehre nicht bloss die Substanzen, sondern auch ihre Eigenschaften auf Grund ihrer Idee (*εἶδος* oder

---

[1]) De coelo I, 9. 279 a 18—33.

[2]) Ueber das Himmelsgebäude, Griech. u. Deutsch, S. 75.

[3]) 21. Lection zum ersten Buch, nach der Ausg. v. Vivès.

ἰδέα) als Einzelwesen oder Eigenschaften einer bestimmten Art existiren. Wenn die Dinge eine übereinstimmende Natur haben, so verdanken sie das dem zeugenden Einfluss der Idee, die in sich die ganze Vollkommenheit der Art enthält und von dieser ihrer Vollkommenheit den Einzelwesen mehr oder weniger mittheilt. Sie selbst ist für jede Art eine und dieselbe, während die Einzeldinge viele und verschiedene sind. So redet z. B. Plato von einem Feuer an sich, welches von dem sichtbaren Feuer verschieden sei, also gleichsam ein Idealfeuer[1]; so von einem Schönen oder Gerechten an sich, *αὐτὸ καλόν, αὐτὸ δίκαιον,* oder einer Idee der Schönheit an sich, *ἰδέα αὐτοῦ κάλλους,* welche Idee sich immer gleich bleibe, während, was an ihr theilnimmt, also das viele Schöne oder auch Gerechte oder Tugendhafte, in mancher Beziehung auch wohl als das Gegentheil, d. h. hässlich, ungerecht, ungesittet erscheine[2]. Wie nun dieser Conception Plato's der Gedanke zu Grunde liegt, der später in der christlichen Philosophie in der Lehre von den schöpferischen Ideen Gottes seine bestimmte Ausgestaltung erhielt, so hat Plato selbst nicht verabsäumt, eine Eigenschaft der Dinge, welche alle andern guten Eigenschaften einschliesst, auf Gott als die höchste Idee zurückzuführen, das ist das Gute. Gott ist die Idee des Guten, *ἡ τοῦ ἀγαθοῦ ἰδέα*[3]), und diese ist die Ursache alles einzelnen Guten ohne Ausnahme[4]). Hier haben wir also jene Zurückführung des mehr oder minder Guten auf

---

[1]) Timäus, 51 B. — [2]) Republik V, 479 A, B. — [3]) Ibid. VI, 508 E.

[4]) Ibid. VI, 507 B. An der Stelle 508 E wird besonders betont, dass die Idee des Guten gleich einer geistigen Sonne der Urquell aller Wahrheit (nicht Wirklichkeit, wie Zeller, Phil. d Griech. II, 1. 707, Anmerkung 3 meint) in den Dingen und aller Erkenntniss in unserm Geiste ist. Dass sie auch Ursache alles Seins ist, tritt zurück, weil Plato nach 506 E und 507 A, da er das Gute nicht in sich selbst beschreiben kann, gewissermaassen eine Abschlagszahlung leisten will, indem er das reine, lichtvolle Wesen der Gottheit an der von ihr herstammenden Wahrheit und Wissenschaft veranschaulicht. Ueber beide, die Wahrheit, die sie den erkannten Dingen verleiht, und die Denkkraft, die sie dem Erkennenden gibt, ist die Idee des Guten hoch erhaben: sie ist ein Anderes und Schöneres als diese, 508 E fin.

Gott als das Beste, die das Wesentliche des vierten Gottesbeweises ausmacht.

Der englische Lehrer bringt nun auch diesen Beweis mit der Ideenlehre in Verbindung. So unter anderm in den vorgenannten quaestiones disputatae an der angeführten Stelle. Unter den Beweisen, die er daselbst nach den frühern Philosophen anführt, um den Ausgang alles Seins aus Gott, also die Schöpfung, zu erhärten, steht an erster Stelle der, dass ein Eines, welches gemeinsam in vielem angetroffen wird, in demselben von einer einigen Ursache herrühren muss. Es ist nicht möglich, sagt er, dass jenes Gemeinsame beidem aus sich zukommt, da seinem Selbst nach jedes vom andern unterschieden ist, und die Verschiedenheit der Ursachen bringt verschiedene Wirkungen hervor. Da also das Sein sich als ein Gemeinsames für alle Dinge herausstellt, die nach dem, was sie sind, gegenseitig verschieden sind, so muss es ihnen nothwendig nicht durch sie selbst, sondern von einer einigen Ursache zugetheilt werden. Und das scheint der Beweisgrund Plato's zu sein, welcher wollte, dass vor jeder Vielheit eine Einheit wäre, nicht bloss in den Zahlen, sondern auch in den Naturen der Dinge[1]). — Auch in den beiden Summen knüpft Thomas den Schöpfungsbeweis an jenen Grundgedanken Plato's an; in der theologischen Summa bezieht er sich auf Plato ausdrücklich[2]); aber auch in der kleinern Summa ist der Hinweis auf ihn unverkennbar. Alles, sagt er daselbst, was einem Ding nicht nach dem, was es selbst ist, zukommt, non secundum quod ipsum est, muss ihm durch eine Ursache zukommen, wie die weisse Farbe einem Menschen. Denn was keine Ursache hat, ist das Erste und Unmittelbare. Darum muss es an und für sich sein, und insofern es eben es selbst ist. Es ist aber unmöglich, dass ein Eines Zweien zukomme und zwar einem jeden seinem Selbst nach, secundum quod ipsum. Denn was von einem Ding seinem Selbst nach ausgesagt wird, erstreckt sich über das betreffende Ding

---

[1]) Quaestiones dispp. De potentia, q. III, a. 5.

[2]) L. c. p. I, q. 44, a. 1.

nicht hinaus . . . Das Sein wird aber von allem ausgesagt, was ist. Darum ist es unmöglich, dass zwei Dinge sind, von denen keines eine Ursache des Seins hat; vielmehr müssen (entweder) beide durch eine Ursache da sein, oder das eine ist Ursache des Daseins für das andere. Mithin muss von demjenigen, dem nichts Ursache des Daseins ist, alles dasjenige sein, was irgendwie ist[1]).

Hier ist offenbar das secundum quod ipsum nichts anderes, als jenes *αὐτό,* es selbst, das bei Plato die Idee von den concreten Dingen unterscheidet.

Aus diesen Angaben geht zur Genüge hervor, dass der leitende Gedanke des vierten Gottesbeweises Plato angehört, während er bei Aristoteles nicht in der Weise zur Darstellung gelangt, dass man annehmen kann, der Aquinate habe von ihm die Anregung zum Entwurf des Beweises in der vorliegenden Fassung empfangen. Indessen ist es auch Plato wohl nicht gewesen, von dem er den Beweis unmittelbar entnommen hat. St. Thomas liebt es, bei der Ableitung des endlichen Seins aus Gott zwei Weisen nebeneinander in Anwendung zu bringen, von denen die eine sich auf Plato, die andere auf Aristoteles zurückführen soll. Einmal hält er sich an die Erwägung, dass ein Begriff oder ein Moment als Selbstheit eines Dinges nur einmal vorkommen kann, dann, dass ein Moment, das sich in verschiedenen Dingen mehr oder minder verwirklicht, nur in demjenigen ursprünglich und unmittelbar wirklich sein kann, in welchem es am meisten wirklich ist[2]). Thatsächlich gehören nun beide Weisen Plato an, der ja ebenso betont, in den Dingen der Erfahrung seien die Ideen unvollkommen und mangelhaft verwirklicht, wie dass sie nicht durch ihre Selbstheit das sein können, was sie mit vielen gemeinsam haben. Von Plato nun sind diese beiden Fassungen des Beweises an den h. Augustin übergegangen, von diesem hat sie andert-

---

[1]) c. g. II, 15.

[2]) Man vergleiche ausser dem Beweis der Schöpfung in der theologischen Summa, I, 44, 1 und in der kleinern Summa II, 15 den Beweis für dieselbe Wahrheit in der zum Theil schon angeführten Stelle qq. dispp. De pot. q. III, a. V.

halb Jahrhundert vor dem Zeitalter des Aquinaten Anselmus von Canterbury übernommen. Von beiden möchte Thomas die specielle Fassung seines vierten Gottesbeweises unmittelbar entlehnt haben, ohne dass darum anzunehmen ist, er habe sich mit den Schriften Plato's, wenigstens aus Uebersetzungen, nicht selbst bekannt gemacht. Die Vorlegung des Beweises bei Augustin und Anselm, zu der wir jetzt schreiten, möge diese unsere Vermuthung begründen und zugleich unsern Lesern Gelegenheit bieten, von dem Sinn und der Triftigkeit unseres Argumentes sich nochmals zu überzeugen.

Als erste hierher gehörige Stelle bei Augustin nennen wir das sechste Capitel im 8. Buche von der Stadt Gottes. Man möge es mit der Bedeutung dieses grossen Kirchenvaters entschuldigen, wenn wir uns mit diesem schwierigen Text etwas eingehender beschäftigen. Augustin will in dem genannten Capitel darlegen, wie die Philosophie der Platoniker vor andern Denkrichtungen den Vorzug verdiene, weil die Platoniker über das Weltall und seinen Ursprung bessere Einsichten gehabt hätten. „Jene Philosophen," so sagt er, „sahen ein, dass jede Form, species, irgend eines wandelbaren Dinges, durch welche alles ist, was nur immer jenes Ding ist, von welcher Art und Beschaffenheit sie auch sei, nur von dem sein könne, der wahrhaft ist, weil er auf unwandelbare Weise ist" [1]). Sie

[1]) Viderunt omnem speciem in re quacumque mutabili qua est quidquid illud est, quoquo modo et qualiscumque natura est, non esse posse nisi ab illo qui vere est, quia incommutabiliter est. Ac per hoc sive universi mundi corpus, figuras, qualitates, ordinatumque motum, et elementa disposita a coelo usque ad terram, et quaecumque corpora in eis sunt; sive omnem vitam, vel quae nutrit et continet, qualis est in arboribus; vel quae et hoc habet et sentit, qualis est in pecoribus; vel quae et haec habet et intelligit, qualis est in hominibus; vel quae nutritorio subsidio non indiget, sed tantum continet, sentit, intelligit, qualis est in Angelis, nisi ab illo esse non posse qui simpliciter est: quia non aliud illi est esse, aliud vivere, quasi possit esse non vivens; nec aliud illi est vivere, aliud intelligere, quasi possit vivere non intelligens; nec aliud illi est intelligere, aliud beatum esse, quasi possit intelligere et non beatus esse; sed quod est illi vivere, intelligere, beatum esse, hoc est illi esse. Propter hanc incommutabilitatem et simplicitatem intellexerunt eum et omnia ista fecisse, et ipsum a nullo fieri potuisse.

führten also die Naturen der wandelbaren Dinge auf Gottes unwandelbare Wesenheit zurück. „Und darum," so fährt Augustin fort, „sahen sie auch ein, dass sowohl das körperliche Weltall in seiner Gestalt, Beschaffenheit und geordneten Bewegung sammt den vom Himmel bis zur Erde vertheilten Elementen und den dort und hier vorkommenden Körpern, wie auch alles Leben, das entweder ernährt und erhält, wie in den Bäumen, oder sowohl dies hat, als auch wahrnimmt, wie im Vieh, oder zu dem einen und dem andern auch noch versteht, wie im Menschen, oder welches der Hülfe der Ernährung nicht bedarf, sondern nur erhält, wahrnimmt (sic) und versteht, wie in den Engeln — sie sahen ein, sag' ich, dass all' dieses nur von dem sein könne, der schlechthin ist, weil ihm nicht etwas anderes das Sein und etwas anderes das Leben ist, als ob er sein könnte, ohne zu leben; und wiederum ihm das Leben nicht etwas anderes ist, als das Verstehen, wie wenn er leben könnte, ohne zu verstehen; und auch ihm das Verstehen nichts anderes ist, als das Glück-

---

Consideraverunt enim quidquid est, vel corpus esse, vel vitam; meliusque aliquid vitam esse quam corpus; speciemque corporis esse sensibilem, intelligibilem vitae. Proinde intelligibilem speciem sensibili praetulerunt. Sensibilia dicimus quae visu tactuque corporis sentiri queunt: intelligibilia, quae conspectu mentis intelligi possunt. Nulla est enim pulchritudo corporalis, sive in statu corporis, sicut est figura, sive in motu, sicut est cantilena, de qua non animus judicet. Quod profecto non posset, nisi melior in illo esset haec species, sine tumore molis, sine strepitu vocis, sine spatio vel loci vel temporis. Sed ibi quoque nisi mutabilis esset, non alius alio melius de specie sensibili judicaret: melius ingeniosior quam tardior, melius peritior quam imperitior, melius exercitatior quam minus exercitatus, et idem ipse unus cum proficit, melius utique postea quam prius. Quod autem recipit magis et minus, sine dubitatione mutabile est. Unde ingeniosi et docti et in his exercitati homines facile collegerunt non esse in eis rebus primam speciem, ubi mutabilis esse convincitur. Cum igitur in eorum conspectu et corpus et animus magis minusque speciosa essent, et si omni specie carere possent, omnino nulla essent, viderunt esse aliquid ubi prima esset et incommutabilis, et ideo nec comparabilis: atque ibi esse rerum principium rectissime crediderunt, quod factum non esset, et ex quo facta cuncta essent. De civ. Dei, l. VIII, c. VI.

seligsein, als ob er verstehen und dabei nicht glückselig sein könnte; vielmehr was für ihn Leben, Verstehen, Glückseligsein ist, das ist sein Sein. Wegen dieser Unwandelbarkeit und Einfachheit stand es für sie fest, dass er alles jenes gemacht habe und er selbst durch nichts gemacht sein könne." Hier haben wir den Gedanken ausgesprochen, dass Gott das Sein schlechthin ist, während in den Geschöpfen das Sein nach einem bestimmten Grade auftritt, so dass sie nicht ihrer Natur nach Sein sind, sondern an demselben nur Theil haben. Was von sich aus Sein ist, umschliesst die ganze Fülle und Vollkommenheit des Seins; was darum nur einen bestimmten Grad des Seins darstellt, ist nicht aus sich, sondern aus jenem. Dieses wird nun im Folgenden noch näher damit begründet, dass das Sein oder, was auf dasselbe hinauskommt, die Schönheit und Vollkommenheit, oder auch ihr Begriff, was alles in dem einen Wort species, dem εἶδος Plato's, liegt, in allem ausser Gott wandelbar ist. Der Wandel aber kann sich offenbar nur in dem finden, was von aussen abhängig und nicht aus sich ist, was es ist. Dass aber alles Endliche wandelbar ist, wird in folgender Weise bewiesen. Die Vollkommenheit ist in allem Endlichen für ein Mehr oder Minder empfänglich. Die Vollkommenheit der todten Natur hat ihr Mehr an der lebendigen, wie auch das Leben Gegenstand einer höhern Erkenntnisskraft ist als das Körperliche, da jenes mit dem Geiste gedacht, dieses mit den Sinnen wahrgenommen wird. In der belebten Natur ist aber das Höchste und Beste der Geist, der über alles Körperliche urtheilt. „Es gibt keine körperliche Schönheit, sei es am Körper an sich, etwa die Gestalt, sei es in Bewegung von Körperlichem, z. B. in einer Melodie, worüber der Geist nicht urtheilte. Das könnte er aber offenbar nicht, wenn er nicht die betreffende Form auf höhere Weise in sich hätte, ohne Anschwellung der Masse, ohne Geräusch der Stimme, ohne räumliche oder zeitliche Ausdehnung." Aber auch der Geist ist insofern für ein Mehr und Minder empfänglich, als die Idee des Einen höher ist als die des Andern und auch Einer und derselbe mit der Zeit zu vollkommenern Begriffen gelangt. So findet sich denn ausnahmslos bei aller Vollkommenheit der körperlichen und unkörperlichen Dinge die Empfänglichkeit für eine weitere Vollkommenheit, und darum zogen die Platoniker nach unserm Kirchenvater aus allem diesem den Schluss, dass die Vollkommenheit ihre eigentliche Heimstätte, wo sie ohne Wandel und ohne Maass angetroffen werde, in keinem dieser Dinge habe, sondern in dem Urgrund aller Wesen, der nicht geworden und aus dem alles geworden sei.

Dieses ist also die erste Stelle, in der Augustin das Vollkommene aus dem Unvollkommenen erschliesst. Die Vermittlung liegt in dem Begriffe des Wandelbaren, und dieser wird wieder vermittelt durch den Begriff des Mehr und Minder, nicht bloss in einem und demselben, sondern auch in verschiedenen Arten, deren eine eine Vollkommenheit in höherm Maasse hat als die andere. Wir finden also hier ungefähr jene Beweisführung als die platonische angegeben, die Thomas auf Aristoteles zurückführt.

Die andere Beweisführung dagegen, die vom Begriff des einen und untheilbaren Selbst ausgeht, findet sich bei Augustin in einer Auslegung des 26. Psalmes; sie wird daselbst an die Worte des vierten Verses angeknüpft: „Eines habe ich erbeten von dem Herrn, das ersehne ich, dass ich wohne in dem Hause des Herrn alle Tage meines Lebens, um anzuschauen die Lieblichkeit des Herrn“ [1]). Nachdem der Kirchenvater jene Lieblichkeit des Herrn, die die Seele zu schauen begehrt, mit einem Lichte verglichen hat, bestimmt, uns nach der Nacht des irdischen Daseins aufzugehen, und nachdem er bezüglich der Schönheit, species, jenes Lichtes die Verläugnung aller Vorstellungen gefordert hat, die man sich etwa nach den Gegenständen der Erfahrung von ihr machen könnte, fährt er in seiner Ansprache — denn die Auslegung des Psalmes ist in Predigtform gehalten — folgendermaassen fort: „Auf diese Weise werdet ihr ein gewisses Gut begehren. Was für ein Gut? Das Gute alles Guten, woher alles Gute

---

[1]) Unam petii a Domino: hanc requiram, ut inhabitem in domo Domini omnibus diebus vitae meae: ut videam voluptatem Domini. Ps. 26, 4. Augustin liest statt der letzten Worte: ut contempler delectationem Domini.

ist, ein Gut, dem nicht beigefügt wird, was das Gute sei. Man sagt nämlich: ein guter Mensch, ein guter Acker, ein gutes Haus, ein gutes Thier, ein guter Baum, ein guter Leib, eine gute Seele. Da hast du eine Beifügung gemacht, so oft du gut gesagt hast. Es ist das einfache Gut, das Gute selbst, durch welches alles gut ist, das Gute selbst, aus welchem alles gut ist: das ist die Lieblichkeit des Herrn, die wir schauen werden. Nun betrachtet, Brüder, wenn uns jene Güter ergötzen, die gut zubenannt werden, wenn uns die Güter ergötzen, die nicht durch sich gut sind; denn alles Wandelbare ist nicht durch sich gut: welcher Art wird die Anschauung des unwandelbaren, ewigen, immer gleichmässig bleibenden Gutes sein? Würden doch die bekannten Güter, die gut heissen, keineswegs uns ergötzen, wenn sie nicht gut wären, noch irgendwie gut sein, wenn sie nicht von dem wären, der schlechthin gut ist“ [1]).

Der Gedanke Augustins ist, dass nur Eines durch sich gut sein kann. Da nun jedes einzelne Gute die Güte nur als Eigenschaft hat, mithin nur durch die Verbindung mit der Güte gut ist, so kann sie ihm nur von daher kommen, wo das wesenhafte Gut ist. Dass aber das einzelne Gute nur durch die Verbindung mit der Güte gut ist, folgt daraus, dass es gewissermaassen zwei Dinge sind: gut sein und dieses bestimmte Ding sein. Das Letztere wird gut zubenannt; es ist nur der Benennung oder Eigenschaft, nicht der Substanz nach gut.

Es fehlt aber auch an einer solchen Stelle nicht, wo beide Arten der Beweisführung, die ja auch im Grunde eine sind, mit einander verbunden werden. Das ist eine Stelle aus dem achten Buche über die Trinität. St. Augustin will dort erklären, wie in der Trinität zwei oder drei Personen nichts grösseres sind als eine von ihnen. Zu diesem Ende beruft er sich zuerst im zweiten und dritten Capitel darauf, dass jede als Gott die Wahrheit selbst ist, da in Gott Sein und Wahrsein dasselbe sei. Demnach könnten zwei Personen in der

[1]) Enarratio II in Ps. 26. VIII.

Trinität nichts Wahreres sein als eine. Wenn aber das, dann auch nichts Grösseres. Denn in der wesenhaften Wahrheit sei Grössersein Wahrersein. Sodann sucht er vom vierten Capitel an dasselbe in ähnlicher Weise aus dem Charakter der reinen Gutheit zu erklären, der Gott und jeder göttlichen Person eigen ist. Bei dieser Gelegenheit also beweist er die subsistirende und darum höchste Güte sowohl aus den Graden der endlichen Gutheit wie auch daraus, dass das bestimmte Einzelgut eine Zusammensetzung aus der Güte und ihrem besondern Subject oder Träger, mithin nicht einfach Güte ist. Nachdem er eine Menge von Einzelgütern genannt hat, die durch die Liebe und das Verlangen, das sie uns einflössen, sich als gut anzeigen, fährt er fort: „Wozu immer mehr und mehr Güter nennen? Du siehst dieses Gute und jenes Gute: nimm dieses und jenes hinweg und sieh' das Gute selbst, wenn du kannst: so wirst du Gott sehen, der nicht durch ein anderes Gutes gut ist, sondern das Gute alles Guten. Denn von all' diesen Gütern, die ich genannt habe, oder die sonst noch gesehen oder gedacht werden, würden wir nicht, wenn wir richtig urtheilen, das eine besser nennen als das andere, wenn uns nicht der Begriff des Guten selbst eingeprägt wäre, nach welchem wir etwas für gut befinden und eins dem andern vorziehen. So müssen wir Gott lieben nicht wie dies und jenes Gut, sondern wie das Gute an sich. Denn wir müssen ein Gut der Seele suchen, das sie nicht urtheilend überfliegt, sondern dem sie liebend anhängt. Und was ist dies anders als Gott. Nicht eine gute Seele, oder ein guter Engel, oder ein guter Himmel; sondern das gute Gute. So versteht man nämlich etwa leichter, was ich sagen will. Höre ich nämlich z. B. von einer guten Seele sprechen, so verstehe ich, wie es zwei Worte sind, so auch aus den Worten ein zweifaches: das eine, wodurch die Seele Seele, das andere, wodurch sie gut ist. Und fürwahr, dass sie Seele ist, dazu hat sie nichts gethan; denn es war noch nicht, was hätte machen können, dass es war; dass sie aber eine gute Seele sei, das muss, wie ich einsehe, durch den Willen bewirkt werden; nicht als ob nicht das, wodurch sie Seele ist, etwas Gutes wäre; denn weshalb sagt man bereits, und zwar in aller Wahrheit, dass sie besser sei als der Leib? Aber darum wird sie noch keine gute Seele genannt, weil ihr noch die Thätigkeit des Willens erübrigt, durch die sie einen neuen Vorzug gewinnt . . . . Wenn sich aber die Seele in diesem Streben bethätigt und gut wird, so kann sie dieses nur in der Weise erreichen, dass sie sich zu etwas hinkehrt, was sie nicht selber ist. Wo kehrte sie sich aber hin, um eine gute Seele zu werden, ausser zu dem Guten, wenn sie dieses liebt und begehrt und erlangt? Wenn sie sich aber wieder von ihm abkehrt und nicht-gut wird, so würde, falls jenes Gute nicht in sich verbliebe, nichts vorhanden sein, zu dem sie beim erneuten Willen der Besserung sich wiederum hinkehren könnte“ [1]).

Wir sehen, wie der Kirchenvater in diesem Text zuerst die Stufen der Güte oder Vollkommenheit verwendet, um die reine Güte zu finden. Sodann lässt er sich eben dahin durch die Betrachtung der begrifflichen Zusammensetzung der einzelnen guten Dinge führen. Wir müssen ein Gut suchen, sagt er, das nicht unter uns steht, so dass wir über seinen Grad urtheilen können, sondern das höher ist als unser Denken und Begehren, indem es über allen Grad ist. Dieses ist die reine Güte, das aus sich und wesenhaft Gute, das sich

[1]) Quid plura et plura? Bonum hoc et bonum illud: tolle hoc et illud, et vide ipsum bonum, si potes; ita Deum videbis, non alio bono bonum, sed bonum omnis boni. Neque enim in his omnibus bonis, vel quae commemoravi, vel quae alia cernuntur sive cogitantur, diceremus aliud alio melius cum vere iudicamus, nisi esset nobis impressa notio ipsius boni, secundum quod et probaremus aliquid et aliud alii praeponeremus. Sic amandus est Deus, non hoc et illud bonum, sed ipsum bonum. Quaerendum enim bonum animae, non cui supervolitet iudicando, sed cui haereat amando: et quid hoc nisi Deus? Non bonus animus, aut bonus Angelus, aut bonum coelum; sed bonum bonum. Sic enim forte facilius advertitur quid velim dicere. Cum enim audio, verbi gratia, quod dicitur animus bonus, sicut duo verba sunt, ita ex eis verbis duo quaedam intelligo: aliud quo animus est, aliud quo bonus. Et quidem ut animus esset, non egit ipse aliquid; non enim jam erat quod ageret ut esset: ut autem sit bonus animus, video agendum esse voluntate, etc. De Trinitate, lib. VIII, cap. IV.

dadurch in seinem Dasein bezeugt, dass alles einzelne Gute nur durch Theilnahme an ihm, nicht durch sich selbst gut ist. Es sind hier aber auch die Worte zu beachten: wir würden nicht das eine Gute besser nennen als das andere, wenn uns nicht der Begriff des Guten an sich eingeprägt wäre. Wir urtheilen, dass diese Worte direct als Vorlage für die Textesworte bei Thomas gedient haben: das Mehr und Weniger wird von den verschiedenen Dingen ausgesagt, je nachdem sie dem, was am meisten ein solches ist, in verschiedener Weise sich nähern. Ueberhaupt haben wir den vorliegenden Text aus der Schrift über die Trinität für eine Hauptquelle unseres Gottesbeweises auch nach seiner besondern Fassung anzusehen. Er ist aber nicht die einzige Quelle; aber auch was uns bisher sonst an angeführten Stellen begegnet ist, erklärt die Fassung unseres Beweises bei Thomas nicht vollständig. Bei ihm gipfelt der Beweis in dem Begriffe des maxime ens. Dafür findet sich in den ältern Texten kein entsprechendes Vorbild. Dagegen begegnet uns ein solches bei Anselmus von Canterbury in seinem Monologium. Die Einsicht in den Gottesbeweis dieser kleinen Schrift ermöglicht uns erst ein abschliessendes Urtheil über die Herkunft des vierten Gottesbeweises bei Thomas, und dieses Urtheil möchte dahin abzugeben sein, dass dieser Beweis durch Zusammenstellung aus dem Werke Augustins De Trinitate und dem Monologium Anselms, das wieder auf der Schrift Augustins fusst, entstanden ist. Wir fügen noch folgendes bei. Der Einblick in die ersten Capitel des Monologiums zeigt, dass daselbst jene beiden von uns oft genannten Beweismomente: aus sich etwas sein und im höchsten Grade sein, in sehr lichtvoller, schulgerechter Form nach einander zur Verwendung kommen, und da nun Thomas den Schöpfungsbeweis überall an diese beiden Momente anschliesst, so ist vielleicht die Vermuthung nicht ganz unberechtigt, dass er hierzu von Anselm noch in besonderer Weise die Anregung empfangen hat. Sehen wir uns nun den einschlägigen Theil des Monologiums näher an!

In den drei ersten Capiteln dieser Schrift führt Anselm dreimal in der nämlichen Weise den Beweis für das Dasein

Gottes, nur dass er das göttliche Wesen jedesmal unter einem andern Begriff betrachtet: einmal steht der Begriff des summe oder per se bonum, des allerbesten Wesens, des höchsten Gutes, dann der Begriff des summe oder per se magnum, das auch das summe bonum ist: das grösste, d. h. würdigste, erhabenste Wesen; endlich der Begriff dessen, quod maxime omnium et per se est, oder wie es auch an derselben Stelle heisst: quod solum maxime et summe omnium est. Dieses quod maxime est ist offenbar das maxime ens bei Thomas [1]). Wie bei diesem, so endigt auch bei Anselm der Beweis bei dem maxime ens, während er mit dem maxime bonum anfängt. Nur leitet Thomas das am meisten Seiende aus dem am meisten Guten und Wahren ab, Anselm dagegen das eine und das andere gleichmässig aus dem, was durch sich das Betreffende, d. h. gut und seiend ist. Es ist übrigens sehr belehrend, den Beweis Anselms für das am meisten Gute, Grosse, Seiende zu vernehmen. Bei der Gleichförmigkeit des eingeschlagenen Ganges können wir dabei von dem Einzelbeweis für das am meisten Grosse absehen. Der specielle Beweis für das am meisten Seiende hat aber wieder besonderes Interesse.

Zu dem am meisten Guten gelangt Anselm durch folgende Erwägung: „Es braucht nicht viel, um etwa folgende Ueberlegung bei sich selbst anzustellen. Da so viele Güter ohne Zahl existiren, soll man da glauben, dass es ein Eines gibt, durch welches Eine alles Gute gut ist, oder ist das eine gut durch dieses, das andere durch jenes? Es ist doch sicher und für jeden, der acht haben will, augenscheinlich, dass alles, dem eine Eigenschaft beigelegt wird, so dass sie dem einen mehr, dem andern weniger oder auch manchem in gleichem Maass beigelegt wird, sie wegen etwas beigelegt bekommt, was nicht anders und anders, sondern als dasselbe in verschiedenen Dingen gedacht wird, mag es ihnen nun in glei-

[1]) Uebrigens bedeutet auch bei Anselm: quod maxime est, nicht zunächst, was am meisten existirt, sondern was am meisten Sein hat, d. h. Realität und Wesenheit. Man vergleiche den Schluss des dritten Capitels, den wir gleich noch bringen werden.

chem oder in verschiedenem Maasse zukommen.“ Nachdem Anselm sodann das Beispiel der Gerechtigkeit angeführt hat, die bei allem, was gerecht genannt wird, dem Begriffe nach eine und dieselbe ist, und imgleichen nachgewiesen hat, wie der eine Begriff des Guten, sich theilend in die Begriffe des Nützlichen und Ehrbaren, bei allem, was gut heisst, als Grundlage wiederkehrt, zieht er folgenden Schluss: „Da aber die nun klargestellte Begründung in keiner Weise angefochten werden kann, so muss nothwendig auch alles Nützliche und Ehrbare, falls es wirklich gut ist, durch eben das gut sein, durch welches, was dieses auch sei, alles gut sein muss. Wer möchte aber zweifeln, dass eben das, durch welches alles gut ist, ein grosses Gut ist. Es ist also das durch sich Gute, da alles Gute durch es besteht. Also folgt, dass alle andern guten Dinge durch ein anderes gut sind, als was sie selbst sind, und jenes allein durch sich selbst. Nun ist aber kein Gut, das durch ein anderes solches ist, so gross oder grösser, als das Gut, das durch sich gut ist. Demnach ist das allein das höchste Gut, das allein durch sich gut ist. Denn dasjenige ist das Höchste, das anderes so überragt, dass es weder ein Gleiches noch ein Höheres hat“ [1]).

[1]) Facile est igitur, ut aliquis sic secum tacitus dicat: cum tam innumerabilia bona sint, quorum tam multam diversitatem et sensibus corporeis experimur, et ratione mentis discernimus, estne credendum, esse unum aliquid, per quod unum sint bona, quaecunque bona sunt; an sunt bona alia per aliud? Certissimum quidem et omnibus est volentibus advertere perspicuum, quia quaecunque dicuntur aliquid, ita ut ad invicem magis aut minus aut aequaliter dicantur, per aliquod dicuntur, quod non aliud et aliud, sed idem intelligitur in diversis, sive in illis aequaliter sive inaequaliter consideretur . . . . Sed quoniam jam perspecta ratio nullo potest dissolvi pacto, necesse est omne quoque utile vel honestum, si vere bona sunt, per idipsum esse bona, per quod necesse est cuncta esse bona, quicquid illud sit. Quis autem dubitet illud ipsum, per quod cuncta sunt bona, esse magnum bonum? Illud igitur est bonum per seipsum; quoniam omne bonum est per ipsum. Ergo consequitur, ut omnia alia bona sint per aliud, quam quod ipsa sunt et ipsum solum per seipsum. At nullum bonum, quod per aliud est, est aequale aut majus eo bono, quod per se est bonum. Illud itaque solum est summe bonum, quod solum est per se bonum. Id enim summum est, quod sic supereminet aliis, ut nec par habeat, nec praestantius. S. Ans. Monologium, cap. I.

Man beachte hier, wie der Kirchenlehrer betont, dass alles einzelne Gute durch ein Eines gut sein muss, und wiederum keines dieses Eine sein kann, da jedes ein besonderes Ding für sich ist, mithin sich von allem unterscheidet, während es sich doch beim Grunde des Guten um kein Unterscheidendes, sondern um ein Verbindendes handelt. So gelangt er über alle Einzeldinge, welche nicht aus sich gut sind, hinaus, zu einem Gute, das durch sich selbst und durch welches alles andere gut ist. Hier wird also einmal hervorgehoben, worauf wir auch früher hingewiesen haben, dass im Sinne des wahren Realismus demselben allgemeinen Begriff des Guten, den wir auf die verschiedenen Dinge beziehen, ein einiges Gute als ontologische Voraussetzung entspricht; sodann, dass in dem einzelnen Guten ein doppelter Begriff sich verbindet, der des Selbst des betreffenden Dinges und der der Eigenschaft, so dass das Ding nicht durch sein Selbst, sondern durch eine besondere Ursache gut ist, welche eben im letzten Grunde das an sich Gute ist: „consequitur," sagt Anselm, „ut omnia alia bona sint per aliud, quam quod ipsa sunt, et ipsum solum per seipsum." In diesen Worten liegt der bindende Beweis, dass es ein an sich Gutes, eine reine Güte gibt. Denn nichts, was bloss irgendwie gut ist, kann für sich und anderes letzter Grund der Güte sein. Das kann nur ein solches sein, das seiner Natur und seinem Begriffe nach gut ist.

Betrachten wir nun den Beweis für das am meisten Seiende! „Es ist," sagt Anselm, „nicht bloss alles Gute durch ein Nämliches gut, alles Grosse durch ein Nämliches gross, es scheint auch alles, was ist, durch ein Nämliches zu sein. Denn alles, was ist, ist entweder durch etwas oder durch nichts. Nichts aber ist durch nichts [1]. Denn es kann nicht einmal gedacht werden, dass etwas nicht durch etwas sei. Was also immer ist, kann nur durch etwas sein. Nun ist entweder eines oder mehreres, wodurch alles ist, was ist. Sind aber mehrere, so gehen sie

[1]) Diesen Satz: sed nihil est per nihil, lässt die Handausgabe von Laupp, Tübingen 1863, wohl durch ein Versehen aus.

entweder auf ein Eines zurück, durch welches sie sind, oder sie sind jedes für sich durch sich, oder sie sind gegenseitig eins durch's andere. Nun aber ist, wenn jene Mehrheit durch eines ist, schon nicht mehr alles durch Mehreres, sondern vielmehr durch jenes Eine, durch welches das Mehrere ist. Ist aber in jener Mehrheit von Dingen jedes für sich durch sich, so gibt es zweifellos eine eine Kraft oder Naturanlage, durch sich zu existiren, von der sie es haben, dass sie durch sich sind. Es ist aber kein Zweifel, dass sie durch eben das eins sind, wovon sie es haben, dass sie durch sich sind. Eher ist demnach alles durch das Eine, als durch vieles, das ohne das Eine nicht sein kann [1]). Dass aber mehreres wechselweise durch einander sei, erträgt keine Vernunft; denn es ist ein unvernünftiger Gedanke, dass etwas durch ein anderes sei, dem es das Sein gibt. . . . .

Da also die Wahrheit auf jede Weise verwehrt, dass mehreres ist, durch welches alles ist, so muss dasjenige, durch welches alles ist, was ist, Eines sein. Da also alles, was ist, durch das Eine ist, so ist ohne Zweifel auch das Eine selbst durch sich selbst. Alles andere also, was ist, ist durch anderes, und es allein durch sich selbst. Nun aber ist alles, was durch anderes ist, weniger (in geringerem Grade), als jenes, durch welches alles andere ist und welches einzig durch sich ist. Darum ist das, was durch sich ist, am allermeisten. Es ist also ein Eines, das einzig am allermeisten und im allerhöchsten Grade ist: was aber am allermeisten ist und durch welches ist, was nur gut oder gross und was überhaupt etwas ist, das muss im höchsten Grade gut und im höchsten Grade gross und das Höchste von allem sein, was ist. Darum ist etwas, was, möge es Wesenheit oder Substanz oder Natur genannt werden, das Beste und Grösste und Höchste von allem ist, was ist" [2]).

---

[1]) Hier gehört sich ein Punkt, nicht ein Doppelpunkt, wie in den Ausgaben.

[2]) Denique non solum omnia bona per idem aliquid sunt bona, et omnia magna per idem aliquid sunt magna; sed quicquid est, per unum aliquid videtur esse. Omne namque quod est, aut est per aliquid, aut

Dieser Beweis ist deshalb besonders beachtenswerth und hoch bedeutsam, weil er darthut, dass nur ein Wesen aus sich sein kann und folglich alles andere ohne Ausnahme durch dieses sein Dasein hat. Es kann, so vernehmen wir, nicht mehrere durch sich existirende Einzelwesen geben. Denn es muss Eine Kraft und Natur durch sich zu existiren sein, una aliqua vis vel natura existendi per se, der sie es danken, dass sie durch sich sind. Diese vis oder natura ist der Begriff des aus sich Seins. Weil Sein hier Dasein ist und dieses als letzte Wirklichkeit keiner Bestimmung oder Differenzirung fähig ist, so ist da, wo es die Wesenheit oder Natur ausmacht, kein Raum für Vieles und Verschiedenes, wie etwa bei der Gattung im Verhältniss zur Art oder bei der Art im Verhältniss zu den Einzeldingen. Könnten wir mit Wahrheit

---

per nihil. Sed nihil est per nihil: non enim vel cogitari potest, ut sit aliquid non per aliquid. Quicquid igitur est, non nisi per aliquid est. Quod cum ita sit, aut est unum, aut sunt plura, per quae sunt cuncta quae sunt. Sed si sunt plura, aut ipsa referuntur ad unum aliquid, per quod sunt; aut eadem plura singula sunt per se; aut ipsa per se invicem sunt. At si plura ipsa sunt per unum, jam non sunt omnia per plura; sed potius per illud unum, per quod haec plura sunt. Si vero ipsa plura singula sunt per se, utique est una aliqua vis vel natura existendi per se, qua habent ut per se sint. Non est autem dubium, quod per idipsum unum sint, per quod habent ut sint per se. Verius ergo per ipsum unum cuncta sunt, quam per plura, quae sine eo uno esse non possunt. Ut vero plura per se invicem sint, nulla patitur ratio; quoniam irrationalis cogitatio est, ut aliqua res sit per illud, cui dat esse .... Cum itaque veritas omnimodo excludat plura esse, per quae cuncta sunt, necesse est unum illud esse, per quod sunt cuncta quae sunt. Quoniam ergo cuncta quae sunt, sunt per ipsum unum; procul dubio et ipsum unum est per seipsum. Quaecunque igitur alia sunt, per aliud, et ipsum solum per seipsum. At quicquid est per aliud, minus est quam illud, per quod cuncta sunt alia, et quod solum est per se. Quare illud quod est per se, maxime omnium est. Est igitur unum aliquid, quod solum maxime et summe omnium est: quod autem maxime omnium est, et per quod est quicquid est bonum vel magnum, et omnino quicquid aliquid est, id necesse est esse summe bonum, et summe magnum, et summum omnium quae sunt. Quare est aliquid quod sive essentia, sive substantia, sive natura dicatur, optimum et maximum est, et summum omnium quae sunt l. c. cap. III.

mehrere durch sich seiende Wesen denken, so wäre in ihnen das Moment des aus sich Seins wie die Potenz, die in dem einen so in dem andern so verwirklicht würde, und das widerspräche der reinen Actualität des aus sich Seienden. Wollte man aber hiergegen einwenden, jenes Verhältniss der Momente des aus sich Seins an sich und dieses bestimmten aus sich Seins bestehe nur für unsere Auffassungsweise, an sich aber sei in solchen Wesen alles unterschiedslose Einheit, so würde eben aus letzterm wieder folgen, dass nichts Gemeinsames in ihnen gedacht werden kann, weil ihr ganzes Sein sie von einander unterscheiden würde, und dass also auch das Moment des aus sich Seins in dem einen Wesen in einem zweiten nicht wiederkehren kann, und so hätten wir neuerdings das Ergebniss, dass nur Eines durch sich ist.

Wir haben den Kirchenlehrer bis jetzt den Beweis für das Dasein des besten und grössten und wesenhaftesten Wesens aus dem Gegensatz der Wesenheit und der Eigenschaft führen sehen. Betrachten wir nun noch, wie er dieselbe Wahrheit aus dem Gegensatz des niedern und des höchsten Grades der Vollkommenheit ableitet. Dies geschieht im vierten Capitel des Monologiums.

Nachdem Anselm darauf hingewiesen, wie in den Naturen der Dinge eine Abstufung der Güte und des Werthes hervortritt, indem z. B. das Pferd von Natur vorzüglicher ist als das Holz, und der Mensch vorzüglicher als das Pferd, und daraus geschlossen hat, dass es auch eine höchste Stufe der Vortrefflichkeit, also eine vorzüglichste Natur geben muss, über welche hinaus keine vorzüglichere ist, da die Steigerung sonst in's Unendliche ginge, sucht er zu beweisen, dass es nur eine solche Natur geben kann. „Wären," so lässt er sich vernehmen, „wären der so beschaffenen Naturen mehrere, so dass sie alle an Grösse gleich wären, so könnten sie ihre Gleichheit nicht durch Verschiedenes, sondern nur durch ein Nämliches haben, und dieses ist entweder eben das, was sie ihrem Selbst nach sind, das ist ihre Wesenheit, oder etwas anderes, als was sie ihrem Selbst nach sind. Ist es nun nichts anderes als ihre eigene Wesenheit, so sind, wie ihre

Wesenheiten nicht mehrere, sondern eine sind, so auch die Naturen nicht mehrere, sondern eine. Denn ich verstehe hier unter Natur dasselbe wie die Wesenheit“ [1]). Anselm will sagen, es bleibt kein Raum für eine Mehrheit von Wesenheiten oder Naturen, wo dieselben den höchsten Grad einer Vollkommenheit nicht etwa bloss haben, sondern dieser Grad sind. Denn da der Grad seinem Begriffe nach eins ist, so müssen auch die Wesenheiten, die dieser Grad sind, eins sein. — „Ist aber dasjenige,“ so fährt Anselm fort, „wodurch jene mehreren Naturen so gross sind, etwas anderes, als was sie selbst sind, so sind sie sicherlich kleiner als das, wodurch sie gross sind. Denn alles, was durch anderes gross ist, ist kleiner als das, wodurch es gross ist. Ebendarum wären sie dann nicht so gross, dass nichts anderes grösser wäre als sie“ [2]). — Man beachte, wie hier jenes Beweisverfahren angewandt wird, dem wir schon wiederholt begegneten: wir meinen die Unterscheidung einer Vollkommenheit und ihres Subjectes. Wo beide begrifflich verschieden sind, da hat das Subject die Vollkommenheit nicht aus sich, und hat sie gradweise neben andern Subjecten, die sie in höherm oder minderm oder auch in gleichem Grade haben; wo beide eins sind, da ist die Vollkommenheit aus sich da und im höchsten Grade und in einziger Weise.

---

[1]) Est igitur ex necessitate aliqua natura, quae sic est alicui vel aliquibus superior, ut nulla sit, cui ordinetur inferior. Haec vero natura quae talis est, aut sola est, aut plures hujusmodi et aequales sunt; verum si plures sunt et aequales, cum aequales esse non possint per diversa quaedam, sed per idem aliquid, illud unum, per quod aequaliter tam magnae sunt, aut est idipsum quod ipsae sunt, id est, ipsa rerum essentia, aut aliud quam quod ipsae sunt. Sed si nihil est aliud quam ipsa earum essentia, sicut earum essentiae non sunt plures, sed una; ita et naturae non sunt plures, sed una. Idem namque naturam hic intelligo, quod essentiam. l. c. cap. IV.

[2]) Si vero id, per quod plures ipsae naturae tam magnae sunt, aliud est quam quod ipsae sunt, pro certo minores sunt, quam id, per quod magnae sunt. Quicquid enim per aliud est magnum, minus est quam id, per quod est magnum. Quare non sunt sic magnae, ut illis nihil aliud sit majus. l. c.

Nachdem also feststeht, dass nur eine Natur die höchste Stufe der Vollkommenheit einnimmt und somit das grösste, beste und höchste aller Wesen ist, wird zum Schluss gefolgert, dass dieses Wesen, wie es durch sich selbst da ist, so auch die Ursache aller andern Wesen ist. Es wurde, wie Anselm erinnert, vorhin, d. h. im vorigen Capitel, bewiesen, dass jenes Wesen, welches die Ursache aller andern ist, das höchste ist. Wäre dieses nun nicht dasselbe Wesen, dessen Dasein soeben aus der Stufenfolge der Naturen erkannt wurde, so müsste es mehrere höchste Wesen geben, was wir so eben noch als unstatthaft erwiesen haben“ [1]).

Es verdient hervorgehoben zu werden, dass Anselm in diesem Beweise für die Herkunft alles Seins vom höchsten Sein einen andern Weg verfolgt, als den Thomas im vorliegenden Gottesbeweis einschlägt. Thomas stellt einfach den Grundsatz auf: das absolut Höchste einer Gattung ist die Ursache von allem, was zur Gattung gehört. Anselm dagegen leitet zwar zuerst ähnlich wie Thomas aus den Stufen der Vollkommenheit das Höchstvollkommene ab, um aber dieses als allgemeine Ursache zu erweisen, beruft er sich einmal darauf, dass es eine allgemeine Ursache gibt, welche alle Vollkommenheit besitzt, dann darauf, dass es ein schlechthin Vollkommenes nur einmal geben kann. Demnach müsse das Vollkommenste, von welchem alles Sein ist, mit dem Vollkommensten, das alle Stufen des Seins abschliesst, zusammenfallen. Im übrigen wird beiderseits, um das niedere Sein vom höchsten abzuleiten, ausdrücklich oder stillschweigend die Erwägung zu Hülfe genommen, dass das Sein und seine Attribute nur in Einem wesenhaft sein können, in allem Endlichen aber nicht wesenhaft sind, sondern nur die Verwirk-

---

[1]) Est igitur quaedam natura, quae est summum omnium quae sunt. Hoc autem esse non potest, nisi ipsa sit per se id quod est; et cuncta quae sunt, sint per ipsam id quod sunt. Nam cum paulo ante ratio docuerit id quod per se est et per quod alia cuncta sunt, esse summum omnium existentium, aut e converso id quod est summum, est per se, et cuncta alia per illud, aut erunt plura summa. Sed plura summa non esse manifestum est. l. c.

lichung des Wesens, und demnach im Endlichen als Wirkung jenes Einen anzusehen sind. Immerhin aber bleibt bei Thomas, wie man sieht, auch im Verhältniss zu Anselmus noch immer eine gewisse Unabhängigkeit und Originalität übrig. Man kann vielleicht sagen, dass diese Originalität überhaupt beim vierten Gottesbeweis um einen Grad stärker hervortritt als bei den andern. Denn auch, was wir bei Plato, Aristoteles und Augustin an Berührungspunkten gefunden haben, hat hier vielleicht eine selbständigere Verwendung erfahren, als dies bei dem überlieferten Material der andern Gottesbeweise der Fall ist.

Fünftes Hauptstück.

Der fünfte Gottesbeweis, aus der Zweckmässigkeit in der Natur.

Es bleibt jetzt noch der letzte Gottesbeweis zur Erörterung übrig, welcher aus der zweckmässigen Einrichtung oder, wie St. Thomas sagt, aus der Leitung der Dinge, d. h. aus der göttlichen Weltregierung geführt wird. Wenn wir das Verhältniss dieser Beweisführung zu den vorausgegangenen angeben sollen, so können wir sagen, dass dieselbe an die Frage, w o h i n die Natur der Dinge und ihre Thätigkeit ziele, anknüpfe, während die vier ersten Beweise auf die Frage nach dem W o h e r der Dinge Antwort geben. Im ersten Beweise wurde nämlich der Ursprung der Bewegung, im zweiten derjenige der Wirkungskraft der Dinge, im dritten und vierten derjenige ihres Seins und ihrer Vollkommenheit in Erwägung gezogen und so das Dasein Gottes gefunden; im fünften aber wird das Ziel aller Dinge, dem sie durch ihre weise Einrichtung zustreben, in Betracht genommen, und daraus auf die höchste Weisheit geschlossen, die den Dingen ihre Einrichtung gegeben hat.

Es braucht kaum bemerkt zu werden, dass dieser Gottesbeweis unter allen der populärste ist. Hin und wieder hört man ihn sogar als den einzigen beweiskräftigen bezeichnen. Jedenfalls ist er für den gemeinen Sinn am fasslichsten und findet in unserm Gemüthe den lebhaftesten Widerhall. Das Licht, das er uns gibt, fällt wie ein warmer, belebender Schein in die Seele. Es möchte auch nur in einer Weise möglich sein, sich gegen seine Beweiskraft ablehnend zu verhalten, wenn man nämlich durch Abkehr von der reichen, eindrucksvollen Wirklichkeit und durch Vertiefung in abstruse Theorie so zu sagen das gesunde Urtheil verloren hat. Uebrigens ist der Eindruck der grossartigen, alles umfassenden Zweckmässigkeit und Schönheit in der Natur ein so gewaltiger, dass wohl auch der verhärtetste Materialist nie dauernd vor ihm sicher ist, vielmehr in Stunden hellen, kräftigen Denkens unwillkürlich zur Anerkennung Gottes hingerissen wird. Nur könnte man im Sinne des Pantheismus sagen, man brauche aus den überall erscheinenden Spuren der Vernunft nicht auf einen überweltlichen Gott zu schliessen. Dieselbe Vernunft, die im Menschen zum Bewusstsein komme, wirke ausser ihm auch unbewusst. Wenn es nun auch von vornherein ein eigenthümliches Ding ist um eine unbewusste Vernunft, um eine Vernunft, die sich selbst nicht vernimmt, und dabei so grosse Dinge wie die ganze Weltordnung aussinnt, so verlohnt es sich doch der Mühe, diese Anschauung mit Gründen zu widerlegen, um so mehr, da zu ihr von jeher jene verneinenden Geister ihre Zuflucht genommen haben, denen der Materialismus als vollständig unphilosophisch zu schlecht war.

Wir wollen also zuerst nach Thomas und Aristoteles den Beweis für das Dasein einer intelligenten Ursache der Weltordnung führen und dann besonders aus der Betrachtung unserer eigenen Seele zu zeigen suchen, wie die weltordnende Intelligenz über die Welt erhaben, also Gott sein müsse.

Der Text des h. Thomas in der theologischen Summa lautet: „Der fünfte Weg wird von der Leitung der Dinge entnommen. Wir sehen nämlich, das manches, was keine Erkenntniss hat, nämlich die Naturkörper, wegen eines Zweckes wirkt, was daraus hervorgeht, dass sie immer oder meistens auf dieselbe Weise wirken und das erreichen, was das Beste ist [1]). Daraus ist offenbar, dass sie nicht durch Zufall, sondern aus einer Absicht zum Ziele gelangen. Dasjenige aber, was keine Erkenntniss hat, kann nur in der Weise zum Ziele hinstreben, dass es von etwas, was Erkenntniss und Verstand hat, dahin gelenkt wird, wie der Pfeil vom Schützen. Also existirt ein intelligentes Wesen, von dem alle Naturdinge zum Ziele hingeordnet werden, und dieses nennen wir Gott" [2]).

In diesem Text sind drei Mittelsätze zum Erweis des Daseins Gottes verwandt, von denen freilich der dritte weniger hervortritt: erstens, die Naturdinge wirken um des Zweckes willen; zweitens, sie stehen dabei unter der Leitung einer intelligenten Ursache; drittens, dieselbe ordnet die ganze Natur einheitlich zum Zwecke hin. Der erste Satz wird aus der offenkundigen Thatsache bewiesen, dass die Dinge zweckmässig wirken. Daraus also, dass sie thatsächlich so wirken, wie es am besten und zweckmässigsten ist, wird gefolgert, dass sie um dieses Ergebnisses willen wirken, aus der Zweckmässigkeit wird auf die Zielstrebigkeit geschlossen. Bevor wir die Triftigkeit dieses Schlusses erörtern, machen wir auf einige Besonderheiten des Textes aufmerksam.

Thomas nimmt die thatsächlichen Belege für die Herrschaft des Zweckes in der Natur einzig aus dem Bereich der erkenntnisslosen Wesen. Nicht bloss die vernünftigen, auch die sinnlich erkennenden Wesen, die Thiere, schliesst er von der Betrachtung aus, um nicht etwa den Einwand zu veranlassen, das zweckmässige Wirken der Natur rühre von der Absicht der Naturwesen selbst her. Unter den Naturkörpern aber,

---

[1]) Wir ziehen die Lesart et consequuntur der Lesart ut consequantur vor, obgleich auch die neue röm. Ausg. sie hat.

[2]) Quinta via sumitur ex gubernatione rerum. Videmus enim quod aliqua quae cognitione carent, scilicet corpora naturalia, operantur propter finem; quod apparet ex hoc, quod semper aut frequentius eodem modo operantur, et consequuntur id quod est optimum: Unde patet quod non a casu, sed ex intentione perveniunt ad finem. Ea autem quae non habent cognitionem, non tendunt in finem nisi directa ab aliquo cognoscente et intelligente, sicut sagitta a sagittante. Ergo est aliquid intelligens, a quo omnes res naturales ordinantur ad finem; et hoc dicimus Deum. S. th. p. I, q. II, a. III.

von denen er redet, versteht er alle stofflichen Wesen, von den unorganischen Körpern bis zum Thier- und Menschenleibe, insofern sie der Natur angehören, oder, wie Aristoteles sagen würde, insofern sie in sich selbst ein Princip der Bewegung und Ruhe besitzen [1]). Der menschliche Leib z. B. kann auch insofern betrachtet werden, als er unter der Herrschaft des menschlichen Willens steht, oder das Holz, nicht insofern es etwa seiner Natur nach specifisch leichter ist als Wasser, sondern insofern es durch die Kunst zu einem Hausgeräth, etwa zu einem Tisch, verarbeitet ist, und die schwere Platte oben, die leichten Füsse aber unten hat. Gegenwärtig aber gilt die Betrachtung diesen Dingen nur, insofern sie zur Natur gehören und den Gesetzen der Natur unterstehen.

Die Thatsache nun, die Thomas für die Zielstrebigkeit der Natur anruft, besteht darin, dass die Natur immer oder meistens so wirkt, wie es am besten ist, d. h. so, wie sie wirken müsste, wenn sie einen bestimmten Zweck verfolgte. Da nun das, was regelmässig geschieht, kein Zufall sein kann, so muss dies, dass die Natur mit ihrem Wirken ein bestimmtes Ziel erreicht, einen bestimmten Grund haben, und der kann nur sein, dass sie von vornherein auf das Ziel, das sie thatsächlich erreicht, hingerichtet ist.

Da wir in dieser Schrift die Gedanken des h. Thomas im Zusammenhang mit den Gedanken des Aristoteles betrachten, so wollen wir vernehmen, in welcher Weise der Letztgenannte die so eben nach Thomas angestellte Erwägung vorträgt.

Um den Zweck als thatsächliche Ursache des zweckmässig erscheinenden Wirkens der Natur zu erhärten, macht sich Aristoteles zuerst selbst den bekannten Einwurf, den die damaligen Materialisten so gut wie die heutigen vorzubringen wussten: man könnte sagen, das Verhältniss sei umgekehrt: nicht weil die Dinge auf das Gute hinzielen, erreichen sie es, sondern weil sie gut veranlagt sind, erfreuen sie sich be-

[1]) Nach Physik II, 1, 192 b 13 f.: „Das von Natur aus Seiende, τὰ φύσει ὄντα, erscheint als solches, was in sich selbst einen Anfang der Bewegung und Ruhe hat.“

stimmter Vorzüge und behaupten sich durch dieselben gegenüber andern minder bevorzugten Wesen im Dasein. „Wir müssen darlegen“, sagt Aristoteles, „dass die Natur zu den Finalursachen gehört. Alle andern führen nämlich im Grunde die Erscheinungen auf das Nothwendige zurück. Da das Warme diese, das Kalte jene Beschaffenheit habe, und anderes eine andere, so soll dies und das nothwendig so sein und so gegeschehen. Denn wenn man auch eine andere Ursache nennt, der eine die Freundschaft und den Streit, der andere den weltbildenden Verstand, so berührt man sie doch nur so eben und lässt sie dann wieder sich wohlgehaben. Die Schwierigkeit liegt aber darin, was denn hindere, dass die Natur nicht wegen eines Zweckes und nicht, weil es so besser ist, thätig ist, sondern dass es in ihr vielmehr so zugeht, wie Zeus regnet, nicht um das Getreide wachsen zu machen, sondern nach dem Gesetz der Nothwendigkeit. Denn die aufsteigenden Dünste müssen erkalten, und das Erkaltete muss als Wasser wieder niederfallen. Dass aber dann das Getreide wächst, erfolgt nebenher. So regnet es ja auch, wenn einem das Korn im Barmen verdirbt, nicht damit es verdirbt, sondern das ist Zufall. Was hindert demnach, dass es sich so auch mit den Theilen der Naturdinge verhalte, dass z. B. die Zähne nothwendig so hervorkommen, dass die vordern schneidig und tauglich zum Zertheilen, hingegen die Backenzähne breit und geeignet zum Zermalmen der Nahrung sind? Denn, sagt man, sie werden ja nicht um dessen willen so, sondern das erfolgt eben nebenbei. Und ähnlich ist es mit allen andern Theilen, in welchen der Einfluss einer Finalursache sich zu äussern scheint. In den Fällen nun, wo alles sich so machte, als wenn es um eines Zweckes willen entstände, da erhielten sich die Dinge im Dasein. Sie waren durch den Zufall hervorgebracht und gebildet, aber gebildet in tauglicher Weise. Was aber nicht in dieser Weise gestaltet war, ging und geht zu Grunde, wie E m p e d o k l e s von dem „Rinderentsprossenen mit Menschengesicht“ sagt[1]).

---

[1]) Physik II, 8. 198 b 10—32.

Dieses ist also der Einwand, den Aristoteles dialektisch wider die Finalursache erhebt und den er in folgender Weise löst. „Es ist unmöglich, dass die Sache sich so verhalte. Denn solches und alles von Natur aus Geschehende, geschieht endweder immer oder meistentheils so, *ἢ ἀεὶ οὕτω γίνεται ἢ ὡς ἐπὶ τὸ πολύ*. Dagegen trifft dies bei keinem zu, was durch Zufall oder von ungefähr geschieht. Denn wenn es zur Winterzeit oft regnet, scheint es nicht zufällig zu sein, wohl aber, wenn es in den Hundstagen geschieht, und ebenso nicht, wenn es in den Hundstagen heiss ist, wohl aber, wenn die Hitze in den Winter fällt. Wenn nun solches entweder vom Zufall zu kommen oder um eines Zweckes willen zu sein scheint, so muss es doch wohl, wofern es vom Zufall nicht kommen kann, um eines Zweckes willen sein. Und da es sich hier eingestandenermaassen um Naturvorgänge handelt, so gibt es folglich einen Zweck in dem, was von Natur geschieht oder ist“ [1]).

Wir sehen, dass in beiden Begründungen, bei Aristoteles wie bei Thomas, ein Gedanke zur Verwendung kommt, der sich nicht weiter begründen, aber auch in keiner Weise abweisen lässt. Wenn die Dinge der Natur in ihrem Wirken nicht auf den Zweck gerichtet sind, so kann es nur Zufall sein, dass sie ihn erreichen. Denn was ohne Absicht geschieht, ist zufällig. Nun kann jenes aber kein Zufall sein, weil der Zweck ausnahmslos oder fast ausnahmslos erreicht wird. Was aber zufällig geschieht, ist eine Ausnahme von der Regel. Also bleibt nur übrig, dass die Thätigkeit der Natur vom Zwecke beherrscht ist.

Indessen äussert Trendelenburg gegen die Beweisführung des Aristoteles ein Bedenken, das wir nicht unberücksichtigt lassen wollen. Er meint, Aristoteles habe nicht vollständig bewiesen, was gegen Empedokles zu beweisen war, dass nämlich der Zweck in der Natur sein Dasein nicht vom Zufall haben könne. Da Empedokles zufolge unter den zahllosen Erzeugnissen des blinden Naturspiels nur die tauglichen

---

[1]) Ibid. lin. 34—p. 199 a 8.

Bildungen sich auf die Dauer erhalten hätten, so sei eben hiermit ein Weg gegeben, auf dem der Zweck durch Zufall auftreten und allmälig zur Alleinherrschaft gelangen konnte. Ursprünglich war freilich das Zwecklose die Regel, aber es trat immer mehr vor dem Zweckmässigen zurück. So sei also die aristotelische Berufung auf das seltene Vorkommen des Zufalls nicht einwandsfrei. Darum, meint Trendelenburg, hätte Aristoteles, um seine Beweisführung vollständig zu machen, nicht unterlassen sollen, auf die Unwahrscheinlichkeit hinzuweisen, dass überhaupt je zweckmässige Bildungen von der Vollendung, wie z. B. die Sinnesorgane oder der ganze Organismus, dem sie eingegliedert sind, durch Zufall zu Stande kämen. Wenn Cicero[1]) sich des glücklichen Bildes bediene, es sei nicht wahrscheinlich, dass zusammengeworfene und ausgeschüttete Buchstaben aller Art, indem sie sich mischen, wie sich's trifft, ein Gedicht zusammensetzten, so sei es vielleicht noch schwieriger, dass irgend ein Organ des Leibes, wie z. B. das Auge, aus dem blinden Zusammentreffen chemischer und physikalischer Elemente und Kräfte entspringe[2]).

Wir glauben, dass diese Ausstellungen verfehlt sind. Die aristotelische Beweisführung ist trotz ihrer Einfachheit erschöpfend. Der Beweisgrund, dass das Zufällige nicht die Regel sein kann, reicht vollkommen aus, und die Ausflucht, dass einmal der Zufall die Regel war, führt zu nichts. Denn was die durch Zeugung entstehenden Wesen betrifft, so können wir ihre Entstehung noch alle Tage beobachten, sie ist vom Ziel bestimmt; auf einen Organismus nach Art des elterlichen zielt die Entwickelung von Anfang bis zu Ende ab. Und selbst dann, wenn ein monströses aber lebensfähiges Gebilde zu Stande kommt, bleibt noch genug von Zielstrebigkeit übrig, indem dessen, was stufenweise und planmässig auf dem Wege der embryonalen Entwickelung erreicht ist, mehr ist, als dessen, was nicht erreicht wird und was die Missgestaltung ausmacht. Was kann also die Hypothese nützen, dass einmal

[1]) De natura deorum, II. 37. — [2]) A. a. O. S. 66 ff.

der Zufall herrschte, da jetzt erfahrungsmässig der Zweck, und zwar nicht als Product des Zufalls, sondern durch die ganze Reihe der Mittel verfolgbar, herrscht? Auch ist zu beachten, dass nicht die Vermischung oder Kreuzung der Arten, wie sie der Zufall ergibt, die lebensfähigsten Individuen und Arten zeitigt, vielmehr fällt die Vorzüglichkeit der Race mit ihrer Reinheit zusammen, und die Abarten zeigen die Neigung, wie man sagt, wieder im Verlauf der Generationen zur Art zurückzukehren, woraus sich der feste, bestimmte Typus der Art als das Ursprüngliche ergibt. Aber ferner tritt ja die Zweckmässigkeit nicht bloss an den entstehenden und wieder vergehenden Wesen hervor. Sie zeigt sich auch an den grundwesentlichen Eigenschaften der Elemente. Von welcher Bedeutung für die Erhaltung des Lebens auf der Erde ist, z. B. jene Eigenthümlichkeit des Wassers, dass es nur bis hinab zu einer bestimmten Temperatur sich verdichtet und dann wieder bei zunehmender Erkaltung sich ausdehnt? Nur auf diese Weise ist einer allgemeinen, allmäligen Erstarrung vorgebeugt. Hier kann doch vom Ergebniss eines glücklichen Zufalls, das Bestand gewonnen, keine Rede sein. Endlich aber übersieht der erhobene Einwand noch einen wesentlichen Punkt. Dass die Producte des Zufalls Bestand gewinnen, wenn die Bedingungen ihres eigenen Daseins sichergestellt sind, lässt sich noch annehmen, aber nun besteht auch vieles, was für anderes so sein muss, wie es ist, für sich selbst aber ebensogut anders sein könnte. Die Dichtigkeit der Luft z. B. ist für das Sehen bekanntlich von wesentlicher Bedeutung. Wäre die Luft dünner als sie ist, so dass das Licht sich schneller und greller durch sie verbreitete, und ebenso schneller aus ihr sich zurückzöge, so würde das Auge angegriffen werden; wäre sie dichter, so würde das Sehen erschwert. Für den Bestand der Luft ist aber der Grad der Dichtigkeit gleichgültig. Ferner, dass die Erde nicht bloss aus nackten Felsen, sondern auch aus fruchtbarem Grund besteht, dass ihre ganze Oberfläche weder trocken, noch mit Wasser bedeckt ist, sind Eigenschaften, die mit den eigenen Existenz-Bedingungen der Erde nichts zu thun haben, wohl aber wunderbar mit den

Bedürfnissen ihrer Bewohner übereinstimmen. Somit ist die Annahme, dass die Zweckmässigkeit ein Ergebniss des Zufalls sein könne, auch darum unstatthaft, weil ihre Beständigkeit unerklärt bleibt.

Wenden wir uns nun zum zweiten Mittelsatz in der Argumentation des h. Thomas: Was zu einem Ziele strebt, ohne Erkenntniss zu haben, muss von einem erkennenden und intelligenten Wesen auf das Ziel hingerichtet werden. Um sich von der Wahrheit dieses Satzes zu überzeugen, muss man sich nur vor Augen halten, was es heisst, zum Ziele streben. Es heisst, eine Sache, die noch nicht ist, zu verwirklichen streben und die dazu geeigneten Mittel in Anwendung bringen. Wenn es z. B. wahr ist, dass das Samenkorn nicht bloss zur Pflanze wird, sondern auch diese Entwickelung anstrebt, so muss das Ende der Entwickelung von Anfang an ihren Zielpunkt bilden und die Beschaffenheit der ausgebildeten Pflanze schon für den Keim die Weise seiner Entfaltung bestimmen. Also was noch nicht ist, ist doch bereits insofern, als es das eigene Werden bestimmt[1]. Wir kennen aber keine andere Weise, auf die das möglich wäre, als dass es als Vorstellung in der Erkenntniss ist und so das Streben und die Thätigkeit des Erkennenden bestimmt. So hat das, was noch keine reale Wirklichkeit hat, bereits ein ideales Sein und kann durch dasselbe einen ursächlichen Einfluss ausüben. Jene Erkenntniss aber, welche die Voraussetzung aller Zwecke ist, kann keine bloss sinnliche, sie muss vielmehr eine verständige sein. Ist sie doch der Gedanke des so und so zu erreichenden Zweckes, also die Vorstellung von Beziehungen, die nie durch einen Sinn wahrgenommen werden können. Da aber nun die sinnlosen natürlichen Körper keinen Verstand besitzen, so muss es eine Intelligenz ausser und über ihnen geben, die sie zu

[1]) Man vergleiche Trendelenburg: „Das Organ fällt mit seiner Thätigkeit unter die wirkende Ursache; aber mit seinem zweckverkündenden Baue unter das Gesetz seiner eigenen Wirkung. Das Auge sieht, aber das Sehen selbst hat das Auge gebaut. Die Füsse gehen, aber das Gehen selbst hat die Gelenke der Füsse gerichtet. Die Organe des Mundes sprechen, aber die Sprache selbst, die Nothwendigkeit der Gedanken-Aeusserung, hat sie von vornherein beweglich gebildet." A. a. O. S. 27 f.

ihren Zielen hinordnet, und dieses Verhältniss wird von St. Thomas durch den Vergleich mit dem Pfeil und dem Schützen treffend erläutert. Wenn der Pfeil nicht zufällig das Ziel trifft, so muss er von einer Hand dahin gelenkt werden, die wieder von dem auf das Ziel gerichteten Auge geleitet ist. So können auch die erkenntnisslosen Naturkörper ihre Zielstrebigkeit nur der Anordnung einer Intelligenz verdanken. Diese ordnende und leitende Intelligenz muss nun auch, und damit kommen wir zum dritten Mittelsatz, die ganze Natur gleichmässig umfassen. „Es gibt etwas," sagt der Text, „von dem alle Naturdinge zum Ziele geordnet werden."

Die Natur ist eine Einheit. Dies erhellt aus der Abstufung der Wesen, wo jedes Mal die höhere Stufe die ganze Vollkommenheit der nächsttiefern und dazu noch eine weitere umfasst, nur dass die niedere Vollkommenheit in dem höher Stehenden eine angemessene Umgestaltung erfährt. Die Pflanze hat ausser den Vollkommenheiten des todten Stoffes das vegetative Leben, das Thier ausser beidem Wahrnehmung und willkürliche Bewegung, der Mensch zudem Vernunft und Freiheit. Ferner bekundet sich die Einheit der Natur in der Art, wie die Seinsbedingungen der verschiedenen Wesen sich wechselseitig fordern. Die Pflanze z. B. entlässt den reinen Sauerstoff, dessen der Mensch und das Thier zur Athmung bedürfen, und die animalischen Wesen hinwieder athmen die Kohlensäure aus, woraus die Pflanze den Kohlenstoff an sich nimmt, um ihn zum eigenen Aufbau zu verwenden. Wiederum ist es die ausnahmslose Geltung derselben Kräfte und Gesetze, welche die Naturordnung als die Verwirklichung einer einheitlichen Idee und eines zusammenhängenden Planes erweist. Die nämlichen Gesetze der Schwerkraft, nach denen sich das Weltall bewegt, regieren auch den Weg des kleinsten Sonnenstäubchens. Jene gegenseitige Anpassung endlich, welche zwischen dem Nächsten und dem Fernsten besteht, zwischen dem Kleinsten und dem Grössten, dem Auge des Insektes und dem Lichtstrahl, der vom fernsten bleichen Stern über die Aetherbrücke hinüber in dasselbe gleitet, beweist ebenfalls unwidersprechlich die Einheit der ganzen Natur.

Wenn dieses aber nun feststeht, so kann es auch keinem Zweifel unterliegen, dass es eine Intelligenz gibt, eine schöpferische Weisheit, die diese ganze Ordnung ersonnen und verwirklicht und alles Einzelne in sie eingefügt hat. Das Ganze erheischt ja noch viel mehr Erfindungskraft und umfassenden Blick als die Theile. Ebensowenig aber kann bezweifelt werden, dass der Begriff einer solchen alles ordnenden Intelligenz der Vorstellung entspricht, die jedermann von der Gottheit hat. Somit kann der Beweis der theologischen Summa, der uns bis jetzt beschäftigt hat, für probehaltig gelten.

In der Summa contra gentiles hat der Beweis aus der Zweckursache folgende Fassung: „Ueberdies wird auch noch von Johannes von Damascus in dem Werke vom orthodoxen Glauben, Buch 1, Capitel 3, ein anderer Beweisgrund vorgelegt, der von der Ordnung und Leitung aller Dinge hergenommen ist, und diesen Grund deutet auch der Commentator im zweiten Buche der Physik an. Es ist der folgende: Es ist unmöglich, dass Entgegengesetztes und Widerstreitendes sich immer oder doch meistens in eine Ordnung füge, ausser durch einen irgend woher kommenden lenkenden und leitenden Einfluss, durch welchen dem Einzelnen und dem Ganzen es gegeben wird, dass es nach einem bestimmten Ziele hinstrebt. Nun sehen wir aber in der Welt solche Wesen, die ihrer Natur nach verschieden geartet sind, zu einer Ordnung zusammentreten, und zwar nicht etwa selten und zufällig, sondern so, dass es das Beständige oder doch Vorwiegende ist. So muss denn etwas sein, durch dessen Vorsehung die Welt regiert wird, und dieses nennen wir Gott“ [1]).

---

[1]) Adhuc etiam inducitur a Damasceno De fide orthodoxa, lib. I, cap. III (tom. I, col. 795) alia ratio sumpta ex rerum gubernatione; quam etiam innuit Commentator in secundo Physicorum. Et est talis: Impossibile est aliqua contraria et dissonantia in unum ordinem concordare semper vel pluries, nisi alicujus gubernatione, ex qua omnibus et singulis tribuitur, ut ad certum finem tendant; sed in mundo videmus res diversarum naturarum in unum ordinem concordare, non ut raro et a casu, sed ut semper vel in majori parte. Oportet ergo esse aliquid cuius providentia, mundus gubernetur; et hoc dicimus Deum. l. c. I, 13.

Die Stelle, die Thomas hier aus dem bekannten Werke des Johannes von Damascus bloss dem Sinne nach anführt, lautet in wörtlicher Uebersetzung so: „Auch die Anlage, Erhaltung und Leitung, *κυβέρνησις*, der Schöpfung lehrt uns, dass ein Gott ist, der dieses Weltall hergestellt hat, es erhält und behütet und ihm allezeit vorsieht, *ἀεὶ προνοούμενος*. Denn wie hätten die entgegengesetzten Naturen, die des Feuers, meine ich, und des Wassers, der Luft und der Erde, sich zur Herstellung der einen Welt, *εἰς ἑνὸς κόσμον συμπλήρωσιν*, so fest mit einander vereinigen können, dass sie unlösbar sind, wenn nicht eine allmächtige Kraft sie zusammengezwungen hätte und beständig vor der Trennung bewahrte? Was ist es, das die Dinge am Himmel und die auf Erden geordnet hat und ebenso alles, was in der Luft und im Wasser ist, oder, wenn du lieber willst, das, was diesen Dingen vorangeht, den Himmel, die Erde, die Luft, die Natur des Feuers und Wassers? Was hat diese Elemente gemischt und abgetheilt? Was hat jene Himmelskörper in Bewegung gesetzt und führt sie in unaufhörlichem und ungehindertem Laufe herum? Nicht ihr Werkmeister, *τεχνίτης*, der alle Dinge in jenes Verhältniss brachte und jenen Gesetzen unterwarf, nach denen das Weltall gelenkt und regiert wird? Wer ist aber ihr Werkmeister? Ist es nicht derjenige, der sie erschaffen, der ihnen das Sein gegeben hat? Denn dem Ungefähr werden wir eine solche Macht (die Dinge einzurichten) nicht einräumen. Denn möge auch ihre Entstehung, *τὸ γενέσθαι*, ein Werk des Zufalls sein, wessen Werk war dann ihre Einrichtung, *τὸ τάξαι*? Aber auch das wollen wir, wenn's beliebt, auf Rechnung des Zufalls setzen. Wessen Werk ist es, dass alles nach der Richtschnur jener Gesetze erhalten und bewahrt wird, nach denen es zuerst Bestand gewann? Das muss offenbar etwas anderes als der Zufall sein. Was anderes aber könnte es sein als Gott?" [1])

Zur Erläuterung dieses Textes sei nur zweierlei kurz bemerkt. Erstens: Unser Autor geht zwar bei dem, was er von der Einigung der Elemente und ihrer zweckmässigen örtlichen

---

[1]) l. c. **Nach der Ausgabe von Lequien, Paris 1712, Bd. 1, S. 126.**

Anordnung sagt, von den oben im zweiten Hauptstück besprochenen irrigen Annahmen der alten Physik aus, nach welchen das friedliche Beieinander und Ineinander der Elemente besonders auffallend erscheinen musste. Denn nach der alten Anschauung sollte z. B. das Feuer rastlos nach oben dem Umfang der Welt entgegen streben, die Erde aber nach unten zu ihrem Mittelpunkt hin. Indessen bleibt in der Einrichtung der irdischen Natur auch so des Wunderbaren noch genug übrig, um die Herrschaft eines umfassenden Zweckes vollgültig zu erweisen. Und überdies beruft sich der Damascener ja nicht bloss auf solche Beobachtungen, welche die Elemente betreffen, sondern auch auf die kunstgemässe und weise Einrichtung der in der Luft, auf der Erde und im Wasser lebenden Wesen und auf den Lauf der Gestirne. Zweitens: Unsere Leser werden bemerkt haben, wie der Text jener Einwendung, der wir bei Trendelenburg begegneten, schon im voraus ihre Kraft nimmt. Wäre auch das erstmalige Auftreten der Ordnung, so werden wir belehrt, ein Ergebniss des Zufalls, so kann es doch kein Zufall sein, dass die Ordnung sich fortgesetzt erhält.

Mit dem, was St. Thomas von den Andeutungen des Commentators, d. h. des Averroës, sagt, hat es folgende Bewandtniss. Averroës bemerkt zum Eingang des achten Capitels im zweiten Buche der Physik, ohne die Zweckursache könne die Vorsehung Gottes nicht bewiesen werden. Darum habe Aristoteles die Erörterung über sie an den Anfang gestellt und erst hernach sich mit der Nothwendigkeit beschäftigt, auf welche die Alten die Erzeugung zurückführten, indem sie die Beschaffenheit des Gezeugten einzig aus den Eigenschaften der zeugenden Stoffe ableiteten. Mit dieser Bemerkung wird also stillschweigend zu verstehen gegeben, dass sich aus der Zweckursache die Vorsehung beweisen lasse, worauf der fünfte Gottesbeweis ausgeht. Die Worte des Averroës lauten so: „Jener Satz (dass nämlich die Natur zu den Finalursachen gehört) ist belangreich und von grundlegender Bedeutung wie für die Physik, so auch für die Theologie. Wenn nämlich der Naturphilosoph ihn nicht einräumt, so leugnet er das Finalprincip und leugnet, dass die Materie der Form halber ist, woraus dann wieder die Negation einer (im strengen Sinne) wirkenden Ursache folgen muss. . . . Und ebenso wird der Theologe, wenn er jenen Satz nicht einräumt, nicht beweisen können, dass Gott für die Dinge um uns Sorge trägt. Deshalb also macht Aristoteles damit den Anfang, dass er sagt, die Natur wirke um eines Zweckes willen, und mit diesem Punkte müsse er beginnen, um hernach von der Nothwendigkeit zu handeln"[1]).

Im übrigen bedarf der Text des fünften Gottesbeweises in der Summa contra gentiles keiner weitern Auslegung, und darum gehen wir jetzt zur Beantwortung der Frage über, inwieweit Aristoteles die Zweckursache zum Erweis des Daseins Gottes verwandt habe.

Cicero hat uns, wie bekannt, in der Schrift von der Natur der Götter[2]) ein Fragment aus einer nicht auf uns gekommenen Schrift des Aristoteles aufbewahrt, in welchem der teleologische Beweis rhetorisch ausgeführt ist. Wenn Menschen, heisst es in demselben, etwa in unterirdischen Wohnungen gelebt hätten und zum ersten Mal die Erde, die Meere und den Himmel sähen, die strahlende und alles belebende Sonne am Tage und den Mond und die zahllosen Sterne, die in ewiger Regelmässigkeit ihre Bahnen ziehen, bei Nacht, so würden sie ganz sicher zu der Ueberzeugung vom Dasein der Götter, als der Meister dieser grossen Werke, gebracht werden"[3]).

Aus den uns erhaltenen Schriften des Aristoteles ist

---

[1]) Quia ista propositio est maxima et fundamentum in hac scientia et in scientia divina: quoniam si naturalis non concesserit eam, negat principium finale, et negat materiam esse propter formam, ex quo sequitur ipsum negare agens; generans enim non generat, nisi propter aliquid, et similiter movens movet propter aliquid: et, cum sequitur formam, sequitur necessario materiae naturam: et si non, nascitur casu, et sic non erit agens: aut, si erit, frustra: et similiter, si divinus non concesserit eam, non poterit probare quod deus habet solicitudinem circa ista, quae sunt hic, ideo incoepit Aristoteles dicere quod natura agit propter aliud, et quod ab hoc debet incipere hic, et postea loquetur de necessitate.

Nach dem den Werken des Aristoteles beigedruckten Commentar in der Venetianer Ausgabe vom Jahre 1560, Bd. 4, Blatt 61 D, Abschn. 75.

[2]) l. c. II, 37. — [3]) Fragm. 14. 1476 a, 34 ff.

stoteles ein förmlicher teleologischer Gottesbeweis fehlt. Dagegen möchten wir betonen, dass eben die bei unserm Philosophen so hervortretende Lehre von der Zweckthätigkeit der Natur doch nichts anderes bedeuten kann als die Anerkennung einer alles umfassenden schöpferischen Weisheit, wie ja auch Averroës sagte, in der Physik trete diese Lehre darum in den Vordergrund, weil aus ihr die göttliche Vorsehung bewiesen werden müsse. Und eben darum, weil auf den Nachweis wirklicher Zwecke in der Natur so viel ankommt, möchten wir noch einmal auf die einschlägige Begründung bei Aristoteles zurückgreifen, um das zu ergänzen, was wir bisher aus ihm angeführt haben. Wir haben schon gehört, dass einer seiner Beweise der nämliche ist, dessen sich Thomas bedient: die fast ausnahmslose Zweckmässigkeit in der Natur kann kein Zufall sein. Er lässt nun auf eben diesen Beweisgrund in der Physik diesen weitern folgen: „Ueberall, wo sich ein Zweck vorfindet, wird um dieses Zweckes willen das Frühere und das darauf Folgende gemacht. Nun ist aber jedes, wie es gemacht wird, so von Natur beschaffen, und wie es von Natur beschaffen ist, so wird es gemacht, wenn kein Hinderniss im Wege steht. Zum Beispiel, wenn ein Haus zu den Dingen gehörte, die durch die Natur entstehen, so würde es so entstehen, wie jetzt durch die Kunst, und wenn die Naturdinge nicht nur durch die Natur, sondern auch durch die Kunst zu Stande gebracht würden, so würden sie so entstehen, wie sie von Natur sind. Folglich ist da das eine um des andern willen da. Ueberhaupt aber [1]) vollendet die Kunst entweder, was die Natur nicht zu Ende bringen kann, oder ahmt es nach. Wenn folglich das Kunstgemässe um eines Zweckes willen ist, so ist es offenbar auch das Naturgemässe; denn in ganz gleicher Weise verhält sich im Kunstgemässen und im Naturgemässen Früheres und Späteres zu einander“ [2]).

Wir haben hier ein sehr geistreiches Argument vor uns. Aristoteles vergleicht die Thätigkeit der Natur, für welche die Zielstrebigkeit noch zu beweisen ist, mit einer solchen Thätig-

[1]) Wir lesen mit Codex E δὲ statt τὲ. — [2]) Phys. II, 8. 199 a 8—20.

keit, die unbestritten auf den Zweck abzielt, nämlich der künstlerischen Thätigkeit des Menschen, und schliesst aus der Uebereinstimmung der beiderseitigen Wirkungen auf die Uebereinstimmung der Ursache: wie die Werke der menschlichen Kunstfertigkeit, so müssen auch die der Natur dem Zwecke ihre Einrichtung verdanken, weil beide in derselben Weise dem Zwecke entsprechen. Ein Haus wird z. B. so gebaut, dass das Fundament fest und tragkräftig ist, und darum aus gediegenem, hartem Stoff; das Dach dagegen ist aus leichterm Material. Die verschiedenen Räume entsprechen nach Lage, Zahl und Einrichtung den verschiedenen Bedürfnissen der Bewohner, ebenso die Fenster und die Thüren. Ganz ebenso sind nun auch die Erzeugnisse der Natur geartet. So steht die Stärke jedes Gliedes im Verhältnisse zu seiner Aufgabe. Die verschiedenen Gliedmaassen der Thiere sind nach Zahl und Beschaffenheit in Uebereinstimmung mit den Bedürfnissen. Ebenso ist die Stellung jedes Gliedes oder Organes eine zweckentsprechende. Nun ist es aber beim Menschen ja offenbar, dass seine Werke darum den Anforderungen entsprechen, weil sie es sollen, indem sie mit Rücksicht auf dieselben verrichtet werden. So wird denn ein gleiches auch bei dem Wirken der Natur der Fall sein. Und das um so mehr, weil die Kunst des Menschen entweder nur vollendet, was die Natur begann, so dass das menschliche Thun die Fortsetzung ihres Wirkens ist, oder der Natur nachahmt. Beides geschieht z. B., wenn der Mensch für seine Kleidung und Wohnung sorgt. Er wird nackt und obdachlos geboren; die Natur ist bei seiner Hervorbringung gewissermaassen auf halbem Wege stehen geblieben; die Bedeckung, die sie den Vögeln, Fischen und Säugethieren gibt, hat sie ihm versagt; sie treibt die Vögel an, ihre Nester, und die Füchse, ihre Höhlen zu bauen; der Mensch aber ist auf seine Kunstfertigkeit angewiesen, um sich Wohnung und Kleidung zu verschaffen. Beides aber stellt er mit Rücksicht auf seine Person, seinen Stand, seinen Aufenthaltsort, seine Beschäftigung und andere Verhältnisse her, gerade so wie in der Bedeckung und in den Wohnungen der Thiere die genaueste Anpassung an ihre Lebensverhältnisse hervortritt. So wird denn, weil dort die Anpassung aus der Absicht entspringt, dasselbe auch hier und für die ganze Natur anzunehmen sein.

An dieses Argument reiht sich bei Aristoteles das folgende: „Am meisten aber tritt die Existenz des Zweckes bei den andern Lebewesen zu Tage, die weder vermöge der Kunst thätig sind, noch suchen und überlegen; weshalb einige das Bedenken aufwerfen, ob es Verstand oder etwas anderes ist, vermöge dessen die Spinnen und die Ameisen und dergleichen Thiere schaffen“ [1]).

Mit Recht beruft sich Aristoteles hier auf die Instinkthandlungen der Thiere. Denn in ihnen tritt vielfach eine wunderbare Teleologie hervor, so wunderbar, dass, wie der Text sagt, manche an thierischen Verstand als an ihre Ursache denken. Indessen ist kein Zweifel, dass die fragliche Thätigkeit reine Naturthätigkeit ist, weil sie immer in derselben Weise vor sich geht und sich immer nur in einer Richtung bewegt. Thiere, die in einer Beziehung erstaunliche Klugheit verrathen, sind in anderer Beziehung dumm und ungeschickt. So ist es denn die Natur, die sie zum zweckmässigen Handeln antreibt, also handelt die Natur nach Zwecken [2]).

---

[1]) l. c. lin. 20—23.

[2]) Wir bemerken, dass Aristoteles besonders in den Thiergeschichten viele Beispiele des thierischen Instinktes anführt, die uns zeigen, mit welcher Aufmerksamkeit er die Natur im einzelnen beobachtet hat, um aus ihr die Belege für seine höhere Weltauffassung zu sammeln. Man vergleiche z. B. Buch 9, Cap. 5 u. Cap. 7; ferner B. 8, C. 12 u. 13. Auch sei bei dieser Gelegenheit ganz besonders auf eine in Natur und Offenbarung 1883 erschienene Arbeit des Jesuiten Erich Wasmann über den Trichterwickler hingewiesen, in der an einem einzelnen, aber sehr auffallenden Beispiel die wunderbare Zweckmässigkeit der instinktiven thierischen Thätigkeit gezeigt wird. Weil der Trichterwickler nur wenige Eier legt, so wird die Erhaltung der Brut durch die kunstvolle Herstellung des die Brut aufnehmenden und bergenden Trichters sichergestellt. Bei dem Zuschneiden des Blattes der Birke oder der Haselstaude, das zum Trichter gewickelt werden soll, löst der kleine Käfer praktisch eine geometrische Aufgabe, deren theoretische Lösung keine geringe Uebung erfordern würde. Es ist die Aufgabe der höhern Geometrie, aus der Evolvende eines Kreises die Evolute zu construiren.

Folgende Sätze führen noch den Beweis fort und schliessen ihn ab: „Wenn man aber schrittweise weiter geht, nimmt man auch wahr, wie in den Pflanzen auf dieselbe Weise das dem Zwecke Zuträgliche entsteht, wie z. B. die Blätter um der Bedeckung der Frucht willen. Demnach wenn von der Natur aus und zugleich um eines Zweckes willen die Schwalbe ihr Nest und die Spinne ihr Gewebe macht, und die Pflanzen ihre Blätter um der Früchte willen und die Wurzeln nicht nach oben, sondern nach unten um der Nahrung willen haben, so ist augenfällig, dass die derartige Ursache in dem von Natur aus Entstehenden und Seienden existirt“ [1]).

Von dem Instinkt der Thiere wird also zu der Entstehung und dem Bau der Pflanzen übergegangen. Wenn in dem thierischen Instinkt die Zweckthätigkeit der Natur darum zu Tage tritt, weil die Vorgänge einerseits zum Besten des Thieres dienen, anderseits auf Rechnung der Naturkraft gesetzt werden müssen, so ist ein Gleiches bezüglich der Organisation der Pflanzen zu sagen: denn auch hier dient ein Theil dem andern und ist entsprechend eingerichtet, und dabei ist das ganze Leben der Pflanze so sehr ein Naturvorgang, dass hier sogar jene Erkenntniss und willkürliche Bewegung fehlt, welche die Thiere haben [2]). Aus allem diesem geht mit Evidenz her-

---

[1]) l. c. lin. 23—30.

[2]) Es sei hier noch auf die Schrift des Aristoteles über die Theile der Thiere hingewiesen, die hauptsächlich die Bestimmung hat, auf dem Wege der eingehendsten Induction aus der Anatomie des thierischen Körpers die Zweckidee in der Natur nachzuweisen. Man vergleiche z. B. die Bemerkungen über den menschlichen Kopf und die ihm eingefügten Sinne im zehnten Capitel des zweiten Buches: „Vor allem sind nur beim Menschen die natürlichen Theile auf natürliche Weise angebracht (scheint auf den Anfang des Capitels zu gehen, der nach der Uebersetzung von Theodor Gaza lautet: „in omnibus vita praeditis et perfectis partes maxime necessariae duae sunt, altera, qua cibum capiant, altera, qua excrementum emittant“), und sein oberer Theil ragt zu dem empor, was vom All das Oberste ist; denn der Mensch ist das einzige aufrecht gehende lebende Wesen. Dass er nun am Kopfe kein Fleisch hat, findet mit Nothwendigkeit statt . . . weil dieser Theil am meisten in die Höhe gerichtet sein muss; denn kein Wesen kann sich aufrecht erhalten, wenn es belastet ist: es wäre dieses aber, wenn es Fleisch am Kopfe hätte. . . . Die

vor, dass es in der Natur eine Zweckursache gibt, die ihre ganze Einrichtung und Thätigkeit bestimmt.

Wir müssen nun noch kurz, nachdem wir die aristotelischen Beweise für die Finalursache vorgelegt haben, auf den Einwand des Pantheismus antworten, als ob aus dem Zweck in der Natur nicht das Dasein eines persönlichen Gottes folgte, der die Welt durch den Zweck regiert, sondern nur so viel, dass eine allgemeine Vernunft, bald selbstbewusst, wie im Menschen, bald unbewusst, wie in der Natur, allen Dingen innewohnt und allem, was in der Welt geschieht, ihre Spur aufdrückt.

Die Unmöglichkeit dieser Idee ergibt sich, von anderm zu schweigen, aus folgenden Erwägungen.

Wenn die Weltvernunft, von der man redet, im Menschen zu sich kommt, so ist es ein unlösbares Räthsel, warum sie in ihm weniger begreift, als da, wo sie ausser ihm und also auch ausser sich ist. In den Werken der Natur offenbart sich, wie Aristoteles bemerkt[1]), der Zweck, d. h. Tiefsinn und Weisheit, viel mehr als in den vollendetsten Schöpfungen der menschlichen Kunst, und die Menschheit braucht Jahrtausende, um

---

Sinnesorgane sind aber zweckentsprechend von der Natur angeordnet, die für das Gehör mitten am Umfang des Kopfes (denn man hört nicht nur gerade aus, sondern von allen Seiten her), das Gesicht aber vorne (denn man sieht gerade aus und bewegt sich auch nach vorne, und man muss dahin sehen, wohin man sich bewegt). Der Geruchssinn befindet sich aber wohlbegründeter Weise zwischen den Augen . . ., denn wenn er in einer andern Weise läge und nach zwei Seiten wie das Gehör in den beiden Ohren auseinandergezogen wäre, so würde er nicht seine Function erfüllen, noch auch der Theil, in welchem er sich befindet; denn bei den Lebewesen, die eine Nase haben, geschieht die Sinneswahrnehmung durch das Athmen (man kann nämlich nur beim Einathmen riechen), dieser Theil aber (die Athmungsorgane) liegt in der Mitte und vorn. Deshalb vereinigte die Natur die Nasenlöcher in der Mitte der drei Sinneswerkzeuge (des Geschmacks, des Gehörs und des Gesichts), indem sie dieselben, damit sie der Bewegung des Athmens dienten (und die eingeathmete Luft prüften), gleichsam unter eine Richtschnur fallen liess." — Man vergleiche auch noch das dreizehnte Capitel im dritten Buch: „Von der Seele."

[1]) „In den Werken der Natur wohnt die Zweckmässigkeit und Vollendung mehr als in denen der Kunst." De part. anim. I, 1. 639 b, 19 ff.

jene Gesetze und Kräfte zu entdecken und zu verwerthen, die im Haushalt der Natur und im Bau des Weltalls zur Verwendung kommen.

Wenn es ferner eine und dieselbe Vernunft ist, die im Menschengeist denkt und in der Natur nach Zwecken wirkt, warum hat denn der Mensch von so manchen Lebensvorgängen in demjenigen Theil der Natur, der zu seinem eigenen Ich gehört, d. h. in seinem Leibe, von Haus aus nicht die mindeste Kenntniss? Die Gesetze seiner Entstehung im Mutterschooss, seines Wachsthums, seiner Ernährung, er lernt sie nur durch den Unterricht kennen; ebenso vollziehen sich die Wahrnehmungen der einzelnen Sinne nach Gesetzen, die uns zum grossen Theil noch jetzt unbekannt sind. Aus dem Verhältniss von Natur und Geist, wie es im Menschen erfahrungsmässig gegeben ist, geht einmal klar hervor, dass beides getrennte Reiche sind, da eins vom andern nichts weiss, anderseits dass beide im Menschen durch ein Drittes, Höheres zusammengebracht wurden, das sie aufeinander anpasste und jedem seine Wirkungsweise vorschrieb.

Drittens. Das Selbstbewusstsein in jedem einzelnen Menschen, in das kein anderer je hineinblickt und das den Einzelnen auf ewig von allem andern, was nicht er selbst ist, scheidet, lässt die Annahme einer einzigen denkenden Substanz, die sich in den Weltwesen in verschiedener Weise besondert, absolut nicht zu. Dieses Selbstbewusstsein in Verbindung mit der äussern Beobachtung bezeugt uns vielmehr, dass wir Einzelwesen neben andern unseresgleichen sind, sammt ihnen nach Leib und Seele von tausend Faktoren abhängig.

Aus dieser Abhängigkeit und der aus ihr folgenden Wandelbarkeit des menschlichen Geistes ergibt sich noch ein vierter Grund für die Annahme einer schöpferischen göttlichen Weisheit, der wohl von allen der entscheidendste ist. St. Thomas betont ihn in eben dem Artikel der theologischen Summa, der die Gottesbeweise enthält [1]). Da die frühern Gottesbeweise,

[1]) Quae ex proposito fiunt, oportet reducere in aliquam altiorem causam, quae non sit ratio et voluntas humana; quia haec mutabilia sunt et defectibilia: oportet autem omnia mobilia et deficere possibilia reduci in

nämlich der erste und der dritte, gezeigt haben, dass alles Wandelbare und Vergängliche auf ein Unbewegliches und aus sich Nothwendiges zurückweist, so muss auch der menschliche Geist, der an Verstand und Tugend zunimmt und abnimmt, von einem höhern Wesen, das über solchen Wandel erhaben ist, nach seinem Sein und seiner Thätigkeit abhängen, und in jenem Wesen wird denn auch die Vernunft wohnen, die das Weltall geordnet hat und immerfort in der Ordnung erhält.

Sechstes Hauptstück.

Widerlegung der Einwendungen gegen die Gottesbeweise.

Wir haben nun noch im Zusammenhang die Einwürfe zu entkräften, die gegen die von uns erörterten Gottesbeweise im Umlauf sind oder auch vereinzelt erhoben werden. Indem wir diese Aufgabe ausführen, wird die Triftigkeit der angewandten Beweismittel immer mehr in's Licht treten. Denn wenn wir auch hoffen dürfen, dass die von uns gelieferte Darstellung an sich überzeugt, so wird doch dieser Eindruck verstärkt werden, wenn die Haltlosigkeit der vorgebrachten Einwände und Bedenken sich herausstellt. Auch wird manches in den frühern Ausführungen an Klarheit gewinnen nach dem Grundsatze, dass jede Sache durch ihren Gegensatz in hellere Beleuchtung tritt. Endlich bietet sich hier auch Gelegenheit, die Ergebnisse der einzelnen Beweise in ihrem gegenseitigen Verhältnisse zu betrachten. Denn auch dahin gehen die Ausstellungen, die man gemacht hat, dass keiner dieser Beweise für sich allein, sondern höchstens alle zusammen, das Dasein Gottes erhärteten.

Unter den Stimmen, die sich gegen die Gottesbeweise im ganzen oder gegen einzelne Theile in denselben vernehmen lassen, wollen wir zuerst derjenigen des Philosophen von

---

aliquod primum principium immobile et per se necessarium, sicut ostensum est. l. c. Ad secundum.

Königsberg unsere Beachtung zuwenden. Kant hat in seiner Kritik der reinen Vernunft den Gottesbeweisen ohne Ausnahme die strenge Beweiskraft abgesprochen und dieselben durch die beigegebene Kritik in eine Missachtung gebracht, die bis zur Stunde in weiten Kreisen wenigstens seiner Religionsgenossen fortdauert[1]. Freilich dürfen wir nicht denken, dass er, um für seine zersetzende Kritik eine bestimmte Vorlage zu gewinnen, zu den Quellen der Vorzeit aufsteigt. Er hält sich weder an die Beweisformen eines Thomas von Aquin, noch auch an Aristoteles oder Plato, und begründet vielmehr zuerst a priori, dass nur drei Formen des theoretischen Gottesbeweises denkbar sind, die er den ontologischen, kosmologischen und physikotheologischen (teleologischen) Beweis nennt. Für die beiden ersten Formen wird Leibnitz und neben ihm für den ersten allein Descartes als Gewährsmann genannt. Indem nun die Unzulänglichkeit des ontologischen Beweises nachgewiesen und dann zu zeigen versucht wird, dass die beiden andern auf ihm fussen, soll die Beanstandung ihrer aller gerechtfertigt sein[2].

Wir wissen, dass der ontologische Beweis sich weder bei Aristoteles noch bei Thomas findet. Man führt ihn auf Anselmus zurück, der in seinem Proslogium sich so auszudrücken scheint, als lasse sich aus dem Begriff des allervollkommensten Wesens allein, insofern unser Verstand die Fähigkeit besitzt, ihn aufzufassen, die Existenz dieses Wesens rechtmässig folgern. Wenn jenes Wesen nicht existirte, sagt Anselm, so wäre sein Begriff nicht der des allervollkommensten Wesens, da diesem Wesen die Vollkommenheit des Daseins fehlte[3]. Kant bemerkt zu dieser Beweisführung mit Recht,

---

[1] Eine anerkennenswerthe Ausnahme macht u. a. Ulrici in seinem Buche: Gott und die Natur, das Trendelenburg L. U. II. Bd. S. 472 ein Werk von vollem und anregendem Inhalt nennt. Man vergleiche bei U. besonders die Einleitung.

[2] Kritik d. rein. Vernunft. Elementarlehre, II. Theil, II. Abth. II. Buch, III. Hauptst.

[3] Convincitur ergo etiam insipiens esse vel in intellectu aliquid, quo nihil majus cogitari potest; quia hoc cum audit, intelligit; et quicquid intelligitur, in intellectu est. Et certe id, quo majus cogitari nequit,

dass der fragliche Begriff freilich das Sein einschliesst, aber eben nur ein gedachtes Sein, das als gedachtes dadurch keinen Zuwachs erhält, dass das ihm entsprechende Wesen wirklich existirt [1]). Aber nun behauptet er, dass dieses verunglückte Argument die unentbehrliche Ergänzung des kosmologischen bilde. Unter dem kosmologischen Argument versteht er nichts anderes als den dritten Gottesbeweis des h. Thomas, dessen Ertrag das aus sich nothwendige Wesen ist. Den ganzen Beweis aus der Bewegung lässt er ausser Betracht. Ebenso scheint er von der Ableitung eines vollkommensten oder allerrealsten Wesens aus den Stufen der endlichen Vollkommenheit nichts zu wissen.

Der dritte Gottesbeweis bei St. Thomas ist zwar in einer Beziehung der einfachste und kräftigste von allen. Denn die Existenz eines aus sich nothwendigen Wesens, worauf er abzielt, ist ohne weiteres gewiss, wofern überhaupt etwas existirt. Wenn das Existirende, von dem wir Erfahrung haben, nämlich aus sich ist, so ist dieses das Nothwendige, und wenn es nicht aus sich ist, so muss es doch zuletzt auf ein Nothwendiges und zwar aus sich Nothwendiges zurückgehen. In-

---

non potest esse in intellectu solo. Si enim vel in solo intellectu est, potest cogitari esse et in re: quod majus est. Si ergo id, quo majus cogitari non potest, est in solo intellectu, idipsum, quo maius cogitari non potest, est quo majus cogitari potest: sed certe hoc esse non potest. Prosl. cap. II.

[1]) „Ich frage euch, ist der Satz: dieses oder jenes Ding existirt, ein analytischer oder synthetischer Satz? Wenn er das erstere ist, so thut ihr durch das Dasein des Dinges zu eurem Gedanken von dem Dinge nichts hinzu, aber alsdann müsste entweder der Gedanke, der in euch ist, das Ding selber sein, oder ihr habt ein Dasein als zur Möglichkeit gehörig vorausgesetzt und alsdann das Dasein dem Vorgeben nach aus der innern Möglichkeit geschlossen, welches nichts als eine elende Tautologie ist. . . . Gesteht ihr dagegen, wie es billigermaassen jeder Vernünftige gestehen muss, dass ein jeder Existenzialsatz synthetisch sei, wie wollet ihr dann behaupten, dass das Prädikat der Existenz sich ohne Widerspruch nicht aufheben lasse? Da dieser Vorzug nur den analytischen, als deren Charakter eben darauf beruht, eigenthümlich zukommt." A. a. O. IV. Abschnitt. Nach der 2. Aufl. Riga, Hartknoch. 1787. Seite 625 f.

dessen ist anderseits der Begriff des aus sich Nothwendigen weniger als die Begriffe, deren Realität aus den andern Gottesbeweisen erkannt wird, derart, dass man sofort einsieht, er entspreche der Gottesidee. Wir haben aber schon früher, bei Besprechung eben dieses dritten Gottesbeweises, darauf aufmerksam gemacht, was auch hier neuerdings betont sei, dass die Gottesbeweise nicht bestimmt sind, unmittelbar das Dasein eines Wesens mit allen göttlichen Vollkommenheiten gewiss zu machen, sondern dass sie die Gottheit unter einem Begriff oder einem Merkmal zu beweisen unternehmen, das thatsächlich und nach dem gemeinen Urtheil nur in ihr sich erfüllt. Der strenge Nachweis, dass die so gefundene Existenz das unendlich vollkommene göttliche Wesen sei, bleibt der guten Ordnung wegen einer besondern Erörterung überlassen. Den überweltlichen, göttlichen Charakter des absolut nothwendigen Wesens suchten wir z. B. daraus einleuchtend zu machen, dass das nothwendig Existirende actus purus, lautere Wirklichkeit sein muss. Man könnte freilich auch in Anlehnung an den Gedankengang des vierten Gottesbeweises darauf hinweisen, dass es lautere Vollkommenheit sein müsse. Denn eine beschränkte und innerhalb eines bestimmten Grades sich haltende Vollkommenheit könnte nur durch die Zusammensetzung des betreffenden Grades und der Vollkommenheit Dasein haben. Was aber zusammengesetzt ist, kann nicht als aus sich Nothwendiges gelten, weist vielmehr auf ein Drittes als Ursache der Zusammensetzung[1]). Indessen, wie gesagt, der dritte Gottesbeweis hat keine Pflicht übernommen, das Dasein eines allervollkommensten Wesens zu beweisen; er thut seine Schuldigkeit, wenn er ein aus sich nothwendiges Wesen gewiss macht.

Das wird nun von Kant ganz und gar ausser Acht gelassen. Er behandelt die Momente der absoluten Nothwendigkeit des Daseins und der unendlichen Realität der Wesenheit

---

[1]) Cf. S. Thom. S. th. I, III, 7. tertio. Omne compositum causam habet; quae enim secundum se diversa sunt, non conveniunt in unum nisi per aliquam causam adunantem ipsa; Deus autem non habet causam, ut supra ostensum est, cum sit prima causa efficiens.

als unzertrennlich, gleich als ob so lange nichts bewiesen wäre, als nicht die absolute Vollkommenheit des nothwendig Seienden in Evidenz gestellt sei. Ausserdem aber begeht er den ganz unverzeihlichen Missgriff, jene Folgerung, wodurch man aus der Nothwendigkeit die Vollkommenheit des Seins erschliessen kann, mit dem ontologischen Argument, das umgekehrt aus der Vollkommenheit die Nothwendigkeit gewinnt, in einen Topf zu werfen. Er übersieht nämlich entweder, dass der Schluss von dem nothwendigen Dasein auf die Vollkommenheit des Urwesens das Dasein eines nothwendigen Wesens als rechtmässig bewiesen voraussetzt, während das ontologische Argument das allerrealste Wesen nur als gedacht annimmt, oder er hat den logischen Faden, der das Moment der Nothwendigkeit und der Vollkommenheit verknüpft, nicht herausgefunden. Er schreibt: „Der Erfahrung bedient sich der kosmologische Beweis nur, um einen einzigen Schritt zu thun, nämlich zum Dasein eines nothwendigen Wesens überhaupt. Was dieses für Eigenschaften habe, kann der empirische Beweisgrund nicht lehren, sondern da nimmt die Vernunft gänzlich von ihm Abschied und forscht hinter lauter Begriffen: was nämlich ein absolut nothwendiges Wesen überhaupt für Eigenschaften haben müsse, d. i. welches unter allen möglichen Dingen die erforderlichen Bedingungen (requisita) zu einer absoluten Nothwendigkeit in sich enthalte. Nun glaubt sie im Begriffe eines allerrealsten Wesens einzig und allein diese Requisite anzutreffen, und schliesst sodann: das ist das schlechterdings nothwendige Wesen“ [1]). Hier ist zu bemerken, dass die Vernunft nicht gerade, wie uns nahe gelegt wird, Umschau hält, um unter allen möglichen Begriffen einen solchen zu finden, der dem aus sich nothwendigen Wesen entspricht. Vielmehr hält sie einfach den Blick auf das von ihr rechtmässig gefundene nothwendig existirende Wesen geheftet und schliesst, dass in ihm die Realität oder Vollkommenheit nicht stückweise sein könne. Kant fährt fort: „Es ist aber klar, dass man hierbei voraussetzt, der Begriff eines Wesens von der höchsten Realität thue dem Be-

[1]) Seite 634 f.

griffe der absoluten Nothwendigkeit im Dasein völlig genug, d. i. es lasse sich aus jener auf diese schliessen: ein Satz, den das ontologische Argument behauptete, welches man also im kosmologischen Beweise annimmt und zu Grunde legt, da man es doch hatte vermeiden wollen."

In diesen Worten wird die Sache vollständig auf den Kopf gestellt. In Wahrheit setzt man in dem Beweise, von welchem die Rede ist, wohl voraus, dass der Begriff eines allerrealsten Wesens das Dasein und zwar das nothwendige Dasein einschliesst. Diese Voraussetzung ist aber doch evident richtig. Dagegen wird aus dieser Beschaffenheit des Begriffes mit nichten das objective Dasein seines Gegenstandes ausser dem denkenden Geiste gefolgert; das wird vielmehr daraus gefolgert, dass das zufällige Sein ein nothwendiges voraussetzt.

Fügen wir noch einige Sätze aus Kant bei, die seinen Irrthum immer deutlicher an's Licht bringen. „Alle Blendwerke im Schliessen entdecken sich am leichtesten, wenn man sie auf schulgerechte Art vor Augen stellt. Hier ist eine solche Darstellung. Wenn der Satz richtig ist: ein jedes schlechthin nothwendige Wesen ist zugleich das allerrealste Wesen (als welches der nervus probandi des kosmologischen Beweises ist): so muss er sich, wie alle bejahenden Urtheile, wenigstens per accidens umkehren lassen; also: einige allerrealste Wesen sind zugleich schlechthin nothwendige Wesen. Nun ist aber ein ens realissimum von einem andern in keinem Stücke unterschieden, und, was also von einigen unter diesem Begriffe enthaltenen gilt, das gilt auch von allen. Mithin werde ichs (in diesem Falle) auch schlechthin umkehren können, d. i. ein jedes allerrealste Wesen ist ein nothwendiges Wesen. Weil nun dieser Satz bloss aus seinen Begriffen a priori bestimmt ist, so muss der blosse Begriff des realsten Wesens auch die absolute Nothwendigkeit desselben bei sich führen; welches eben der ontologische Beweis behauptete, und der kosmologische nicht anerkennen wollte, gleichwohl aber seinen Schlüssen, obzwar versteckter Weise, unterlegte" [1]).

---

[1]) A. a. O. S. 636 f.

Die hier aufgebotene Mühe, um zu zeigen einmal, dass der Satz: das nothwendige Wesen ist das allerrealste, wenn er richtig ist, sich muss umkehren lassen, sodann dass die Anwälte des kosmologischen Arguments annehmen, im Begriffe des realsten Wesens sei die Seinsnothwendigkeit enthalten, diese Mühe ist überflüssig. Denn das Erste wird eingeräumt, soweit vorausgesetzt wird, dass das allerrealste Wesen zunächst einfachhin existirt; und was das zweite betrifft, so mag in dem kritisirten Gottesbeweis noch so sehr vorausgesetzt werden, was Kant will, so würde das dem Beweis nicht schaden können, da es ja Wahrheit ist: der Begriff des realsten Wesens schliesst dessen absolute Nothwendigkeit ein, soweit es auf den Zusammenhang der Begriffe oder der Gedanken ankommt: aber Kant hätte beweisen müssen, dass man aus diesem Zusammenhang der Gedanken auf wirkliches Sein, aus dem Begriff des Realsten auf dessen Dasein schloss, was er unterlässt.

Es ergibt sich also bis jetzt nichts anderes, als dass die Kant'sche Bemängelung der Gottesbeweise verfehlt und grundlos ist. Sehen wir nun noch, wie seine Kritik bezüglich des physiko-theologischen Arguments beschaffen sei.

Hier haben wir vor allem mit Genugthuung festzustellen, dass er sowohl die wunderbare Zweckmässigkeit in der Natur im Sinne der Zielstrebigkeit unbedenklich anerkennt, als auch einräumt, man dürfe und müsse aus derselben auf eine sich in ihr offenbarende Weisheit schliessen: Hier sind seine Worte:

„Die gegenwärtige Welt eröffnet uns einen so unermesslichen Schauplatz von Mannigfaltigkeit, Ordnung, Zweckmässigkeit und Schönheit, man mag diese nun in der Unendlichkeit des Raumes oder in der unbegrenzten Theilung desselben verfolgen, dass selbst nach den Kenntnissen, welche unser schwacher Verstand davon hat erwerben können, alle Sprache über so viele und unabsehlich grosse Wunder ihren Nachdruck, alle Zahlen ihre Kraft zu messen, und selbst unsere Gedanken alle Begrenzung vermissen, so dass sich unser Urtheil vom Ganzen in ein sprachloses aber desto beredteres Staunen auflösen muss. Allerwärts sehen wir eine Kette von Wirkungen und Ursachen, von Zwecken und den Mitteln, Regelmässigkeit im Entstehen und Vergehen, und indem nichts von selbst in den Zustand getreten ist, darin es sich befindet, so weiset er immer weiter hin nach einem andern Dinge als seiner Ursache, welche gerade eben dieselbe weitere Nachfrage nothwendig macht, so dass auf solche Weise das ganze All im Abgrunde des Nichts versinken müsste, nähme man nicht etwas an, das ausserhalb diesem unendlichen Zufälligen, für sich selbst ursprünglich und unabhängig bestehend, dasselbe hielte und als die Ursache seines Ursprunges ihm zugleich seine Fortdauer sicherte. Diese höchste Ursache (in Ansehung aller Dinge der Welt), wie gross soll man sie sich denken? Die Welt kennen wir nicht ihrem ganzen Inhalte nach, noch weniger wissen wir ihre Grösse durch die Vergleichung mit allem, was möglich ist, zu schätzen. Was hindert uns aber, dass, da wir einmal in Absicht auf Causalität ein äusserstes und oberstes Wesen bedürfen, wir es nicht zugleich dem Grade der Vollkommenheit nach über alles andere Mögliche setzen sollten? welches wir leicht, obzwar freilich nur durch den zarten Umriss eines abstracten Begriffs bewerkstelligen können, wenn wir uns in ihm als einer einigen Substanz alle mögliche Vollkommenheit vereinigt vorstellen; welcher Begriff der Forderung unserer Vernunft in der Ersparung der Principien günstig, in sich selbst keinen Widersprüchen unterworfen und selbst der Erweiterung des Vernunftgebrauches mitten in der Erfahrung, durch die Leitung, welche eine solche Idee auf Ordnung und Zweckmässigkeit gibt, zuträglich, nirgend aber einer Erfahrung auf entschiedene Art zuwider ist.

Dieser Beweis verdient jederzeit mit Achtung genannt zu werden. Er ist der älteste, klarste und der gemeinen Menschenvernunft am meisten angemessene. Er belebt das Studium der Natur, so wie er selbst von diesem sein Dasein hat und dadurch immer neue Kraft bekommt. Er bringt Zwecke und Absichten dahin, wo sie unsere Beobachtung nicht von selbst entdeckt hätte, und erweitert unsere Naturkenntnisse durch den Leitfaden einer besondern Einheit, deren Princip ausserhalb der Natur ist. Diese Kenntnisse wirken aber wieder auf ihre Ursache, nämlich die veranlassende Idee, zurück und vermehren den Glauben an einen höchsten Urheber bis zu einer unwiderstehlichen Ueberzeugung.

Es würde daher nicht allein trostlos, sondern auch ganz umsonst sein, dem Ansehen dieses Beweises etwas entziehen zu wollen. Die Vernunft, die durch so mächtige und unter ihren Händen immer wachsende, obzwar nur empirische Beweisgründe, unablässig gehoben wird, kann durch keine Zweifel subtiler abgezogener (abstrakter) Spekulation so niedergedrückt werden, dass sie nicht aus jeder grüblerischen Unentschlossenheit, gleich als aus einem Traume, durch einen Blick, den sie auf die Wunder der Natur und der Majestät des Weltbaues wirft, gerissen werden sollte, um sich von Grösse zu Grösse bis zur allerhöchsten, vom Bedingten zur Bedingung, bis zum obersten und unbedingten Urheber zu erheben“ [1]).

Dieser lebhafte Ausdruck der Anerkennung, der, nebenbei bemerkt, die von dem Königsberger Philosophen wohl erhobene Klage über seine Unbeholfenheit im Vortrag keineswegs bestätigt, hindert Kant nicht, verschiedene Bedenken gegen den teleologischen Beweis vorzubringen, die im einzelnen nicht ganz grundlos sind, aber bei ihm eine durchaus verkehrte Anwendung finden. Wir nennen besonders das Bedenken, dass die Weltordnung zunächst nur einen Ordner oder Werkmeister, nicht aber einen Schöpfer der Welt erkennen lasse, und dass sie zwar den Schluss auf eine hohe, nicht aber auf die höchste Weisheit und Macht ihres Urhebers rechtfertige [2]). Da wir also auf diesem Wege weder das höchste noch überhaupt ein hinreichend bestimmtes Wesen fänden, bleibe nichts übrig, als wieder in die Bahnen des kosmologischen Argumentes einzulenken. Da die teleologische Betrachtung gezeigt habe, dass die Ordnung und Zweckmässigkeit in der Welt auf ein höheres Princip als sie selbst zurückgeführt werden müsse, so sei dieselbe ihr zufällig. Von dieser Zu-

---

[1]) Seite 650 ff. — [2]) Seite 655 f.

fälligkeit aber schliesse man auf das nothwendig Existirende, und so sei genau wieder nach einigem Umschweif jener selbe Weg eingeschlagen, der schon vorher seine kritische Beleuchtung gefunden. Darum schliesst Kant sein Urtheil über diesen Beweis mit dem Gutachten: „Also blieb der physisch-theologische Beweis in seiner Unternehmung stecken, sprang in dieser Verlegenheit plötzlich zu dem kosmologischen Beweise über, und da dieser nur ein versteckter ontologischer Beweis ist, so vollführte er seine Absicht wirklich bloss durch reine Vernunft, ob er gleich anfänglich alle Verwandtschaft mit dieser abgeleugnet und alles auf einleuchtende Beweise aus Erfahrung ausgesetzt hatte“ [1]).

Wenn wir hier vernehmen, dass der teleologische Beweis zur Ergänzung des kosmologischen bedürfe, so könnte man das vielleicht einräumen, ohne seinem Ansehen viel zu vergeben. Er bedeutete immerhin seinerseits eine ungemein schätzbare Ergänzung des kosmologischen Beweises. Nun aber werden wir neuerdings versichert, dass dieser letztere sich auf den ontologischen Scheinbeweis stützt, der sich in reinen von der Erfahrung absehenden Begriffen bewegt. Da stände es also um die Sache der Gottesbeweise bedenklich. Indessen besteht Kant's einziger Beweis auch hier in der grundlosen und eigentlich unbegreiflichen Behauptung, dass der kosmologische Beweis den ontologischen stillschweigend oder unbewusst voraussetzt. Kant verwechselt beständig diese beiden Dinge: der kosmologische Beweis setzt voraus, dass in dem Begriffe des allerrealsten Wesens das Moment der Seinsnothwendigkeit enthalten ist, da er ja annimmt, dass jenem Moment in dem allerrealsten Wesen Genüge geschicht; und: dieser Beweis schliesst aus diesem Zusammenhang der Begriffe, dass es ein nothwendig existirendes Wesen wirklich gibt. Nur wenn dieses zweite wahr wäre, könnte man sagen, dass der Beweis sich in reinen Begriffen bewege oder durch reine Vernunft schliesse. Es ist aber offenbar nicht wahr. Denn das nothwendig Existirende ist im kosmologischen Beweis kein in

[1]) Seite 657.

der Luft schwebender Begriff wie das allerrealste Wesen im ontologischen, sondern es wird aus dem Zufälligen oder Contingenten, das wir erfahren, gefunden. Ist es nun ein rechtmässiger Schluss, dass Seinsnothwendigkeit und allbefassende Realität sich gegenseitig fordern, so ist auch nicht zu bezweifeln, dass, wie es ein nothwendiges Wesen gibt, es ebenso ein allerrealstes Wesen geben muss, und somit ist im kosmologischen Beweise alles in bester Ordnung.

Freilich wissen wir wohl, dass Kant sich hierbei nicht beruhigen würde. Seine Bedenken haben noch den weitern und allgemeinen Hintergrund, auf den er auch in der Kritik der Gottesbeweise hinzuzeigen nicht verabsäumt, dass das rein theoretische von der Erfahrung verlassene Denken, die Herleitung eines Vernunftbegriffes aus dem andern, eine Sache sein soll, von der wir nicht wissen können, ob sie zur sichern Erkenntniss objectiver Wahrheit führt. Es soll ungewiss sein, ob die Gesetze unseres Denkens, nach denen wir uns freilich subjectiv richten müssen, auch Gesetze des Seins sind, und da vornehmlich in den göttlichen Dingen unser Denken an der Erfahrung gar keinen Halt hat, so soll sich hier die Speculation auf einem im höchsten Grade unsichern Boden bewegen. Indessen da diese Bedenken nicht allein die Gültigkeit der Gottesbeweise treffen, sondern auch das sonst anerkannte und in jeder Erörterung thatsächlich ausgeübte Recht der Vernunft, über die Dinge überhaupt nach unsern Begriffen zu urtheilen, in Frage stellen, so können wir gegenwärtig wohl von ihrer Widerlegung Abstand nehmen.

Dagegen müssen wir noch einmal auf die Bemerkungen Kant's über den teleologischen Beweis zurückkommen. Wir können auch das nicht unterschreiben, was wir vorhin dahingestellt sein liessen, dass dieser Beweis durchaus des kosmologischen zu seiner Vervollständigung bedürfen soll. Die schöpferische Macht jener Weisheit, die das Weltall ordnete, lässt sich leicht aus der Beschaffenheit der Weltordnung ableiten, und ist jene Weisheit einmal als schöpferisch anerkannt, so ist auch ihre Unendlichkeit zweifellos, da es ja göttliche Weisheit ist. Die Ordnung der Natur ist nämlich keine solche, als wäre nur fertiges Material durch äussere Macht zweckmässig zusammengebracht worden. Die Zwecke der irdischen Natur liegen, wie Aristoteles tiefsinnig bemerkt [1]), in den substantialen Formen und fallen mit ihnen zusammen. Diese Formen sind aber etwas dem Stoffe Innerliches, und zwar so sehr, dass sie mit ihm ein Wesen sind. Die menschliche Seele z. B. und der menschliche Leib sind nicht zwei Wesen oder Naturen, sondern eines, und dasselbe gilt augenscheinlicher noch von dem thierischen Lebensprincip und dem thierischen Leibe. Hieraus folgt aber, dass jene Macht, die im letzten Grunde die Formen hervorbringt, auch dem Stoffe das Sein gab. Denn die substantiale Form ergreift, wenn sie sich in den Stoff einführt, dessen innerstes Sein, entledigt es der alten Weise und umkleidet es mit sich selbst als der neuen Weise. Hier offenbart sich eine schöpferische Macht, die hinter den Formen steht. Denn nur jene Macht, die den Stoff in's Dasein rief, kann ihn, wenigstens wo es auf ureigene Macht ankommt, substantial verändern. So ist denn die Macht, die die Formen liefert, auch die Schöpferin des Stoffes. Das ist aber die ordnende Weisheit; also ist diese schöpferisch und Gott.

Demnach zeigt sich auch an dem teleologischen Argument, wie vorhin beim kosmologischen, dass es von den Ausstellungen Kant's nicht getroffen wird: es genügt für sich, um Gottes Dasein zu beweisen; und so gewinnen wir aus der ganzen kantischen Kritik die Ueberzeugung, dass sie den Gottesbeweisen, die die Vorzeit anerkannte, nichts anhaben kann.

Aber nichtsdestoweniger gilt diese Kritik noch bis zur Gegenwart in manchen Kreisen für unwiderlegt. Selbst der treffliche Trendelenburg trägt kein Bedenken, in den logischen Untersuchungen [2]) zu schreiben, Kant habe dargethan, wie wenig die Beweise vom Dasein Gottes mit

---

[1]) „Da die Natur zweifach ist, Stoff und Form, diese aber den Zweck ausmacht, um des Zweckes willen aber das andere ist, so möchte diese, die Form, wohl die Zweckursache, ἡ αἰτία ἡ οὗ ἕνεκα, sein." Phys. II, 8. 199 a 30.

[2]) Log. U. II, XXII. S. 465.

strenger Nothwendigkeit geradezu bewiesen. Uebrigens ist das, was dieser Gelehrte an dem angeführten Orte seinerseits bezüglich der überlieferten Gottesbeweise vorträgt, so beachtenswerth und die Prüfung seines Standpunktes so lehrreich, dass wir nicht umhin können, näher darauf einzugehen.

Trendelenburg vertritt die Ansicht, deren wir schon in der Einleitung gedachten, dass die sogenannten Beweise vom Dasein Gottes, wie er sie bezeichnender Weise nennt, indirecte Beweise seien, und zwar in dem weniger strengen Sinne, dass sie ein jeder für sich bestimmte schwer erträgliche Missverhältnisse aufdeckten, die sich für den Fall, dass man Gott nicht setzte, für das Denken und für das Leben ergeben würden [1]). Die Begründung, die er seiner Auffassung gibt, ist aber von vornherein ungenügend. Er zeigt nur, dass es keinen Gottesbeweis a priori gibt, als wenn zwischen einem solchen Beweise und einem indirecten Beweise nichts in der Mitte läge. Trendelenburg schreibt: „Es ist bereits oben gezeigt worden, dass die Principien als Principien keinen directen Beweis, sondern nur eine indirecte Begründung zulassen. Dieser Fall tritt hier mit verdoppelter Macht ein. Denn das Unbedingte ist das Ursprüngliche, es hat nichts vor sich, woraus es erkannt werden kann, wie etwa der Kreis die Bewegung und den Radius vor sich hat, woraus er als aus seinen Gründen erkannt wird“ [2]). Diese Worte könnten freilich auch den Sinn enthalten, als ob das Dasein Gottes ähnlich wie die Denkprincipien keines Beweises bedürftig sei, und unter der indirecten Begründung, von der wir hören, wäre dann eine Bestätigung zu verstehen, ähnlich wie wenn man von den Principien sagte: ihre Leugnung höbe alles Denken auf. In demselben Sinne könnte man auch die unmittelbar folgenden Worte bei Trendelenburg deuten: „Aber der feste Punkt, der in der indirecten Begründung die Gewalt hat, den Gedanken des Gegentheils zu vernichten, ist in diesem Falle nicht ein Einzelnes, sondern das Ganze der Erkenntniss und was irgend für den Menschen Halt hat.“ Indessen bliebe auch so noch

---

[1]) A. a. O. S. 464. — [2]) S. 464.

zweierlei auszustellen. Einmal ist übersehen, dass Gott zwar in sich, aber nicht für unsere Erkenntniss das erste Princip ist. Wir erkennen vielmehr zuerst das Bedingte und erst aus ihm das Unbedingte. Sodann aber ist auch der Zwiespalt, in den Einen die Leugnung Gottes brächte, kein so greifbarer wie bei der Ablehnung der Denkgesetze, und auch Trendelenburg vermag dies durch keine Proben zu erhärten. — Auch was Trendelenburg sonst noch vorbringt, um zu zeigen, dass das Dasein Gottes nur indirect begründet werden könne, erweist nur die Unmöglichkeit eines Gottesbeweises a priori. Hier sind seine Worte: „Wollen wir nun aber das Absolute denken, mit welchen Bestimmungen sollen wir es denken? Die Kategorien wurden aus der Bewegung, der ersten That des endlichen Denkens und endlichen Seins, abgeleitet, und der Zweck, der den Kategorien eine neue Zeichnung gab, wurde aus der Gemeinschaft beider verstanden. Sie können uns daher auch nur für das Endliche gelten. Wir haben kein Recht, Raum und Zeit, Quantität und Qualität, Substanz und Accidenz, Wirkung und Wechselwirkung, wie sie uns aus der erzeugenden Bewegung herflossen, jenseits dieses endlichen Gebietes auszudehnen. Wir haben kein Recht, das Unendliche in diese nur im Endlichen gewonnenen und erprobten Kategorien zu fassen und sein eigenstes Wesen dadurch zu bestimmen. Uns würde das kritische Bewusstsein über den bedingten Ursprung der Kategorien abhanden kommen, wenn wir ihnen an und für sich das Recht zusprechen wollten, das eigenste Wesen des Unbedingten darzustellen. Wir strecken an dieser Grenze die Waffen unseres endlichen Erkennens“ [1]). Es ist vollkommen wahr, was hier ausgeführt wird, dass sich aus dem Inhalt endlicher Begriffe oder besser der Begriffe von Endlichem immer nur Endliches analytisch entwickeln, sowie synthetisch durch ihre Verbindung construiren lässt, aber das beweist nur, dass wir keinen Gottesbeweis a priori zu führen vermögen. Aber es gibt noch einen andern Weg der natürlichen Gotteserkenntniss. Wir schliessen a posteriori,

---

[1]) A. a. O. S. 464 f.

d. h. aus dem Bedingten auf das Unbedingte, und nachdem wir so sein Dasein erkannt haben, bestimmen wir seine Wesenheit annähernd dadurch, dass wir die endlichen Begriffe von ihm negiren, wie es die alte natürliche Theologie uns gelehrt hat [1]). Wir stehen also vor dem Ergebniss, dass Trendelenburg bis jetzt seine Behauptung, wonach nur eine indirecte Begründung von dem Dasein Gottes möglich ist, keineswegs bewiesen hat.

Doch sehen wir nun, was er über die Gottesbeweise im einzelnen schreibt.

Nachdem er sich mit Recht gegen den ontologischen Beweis erklärt hat, bemerkt er, dass sich an seine Stelle eine andere naheliegende Begründung setzen lasse, die nicht von irgend einem Gebilde unseres Denkens, sondern von der Gewissheit des Denkens überhaupt ausgehe. Unser Denken setze nämlich offenbar eine Wahrheit in den Dingen, das Intelligible, voraus. Diese Voraussetzung würde aber rein willkürlich sein ohne Annahme einer höchsten Ursache, die beides, die Denkbarkeit des Dinges und den Gedanken des Geistes vermittele, indem sie es sowohl den Dingen verliehen habe, wahr, als dem Geiste, vernünftig zu sein. Diese höchste Ursache aber sei eben Gott, die Wahrheit. Freilich sei dieser Beweis nur indirect. Er postulire das Denken und erwäge, dass dasselbe nur ein Spiel des Zufalls oder eine Kühnheit der Verzweiflung sein würde, falls nicht es selbst und sein Object durch eine gemeinsame Ursache in's Verhältniss gebracht seien [2]).

Hier hätten wir demnach eine Probe jener indirecten Begründung, die sich allein dem Dasein Gottes geben lassen soll, ein Beispiel jenes Zwiespaltes, der entstehen würde, wenn man Gott nicht setzte. Es ist aber zu bemerken, dass das Ergebniss dieses indirecten Verfahrens direct und sicherer

---

[1]) Man vergleiche St. Thomas, c. G. lib. I, cap. 14: Quod ad cognitionem Dei oportet uti via remotionis. — S. th. p. I, q. III. De simplicitate divina. Quia de Deo scire non possumus quid sit sed quid non sit, non possumus considerare de Deo quomodo sit, sed potius quomodo non sit. — [2]) A. a. O. S. 468.

auf einem andern Wege gewonnen werden kann und von der Vorzeit gewonnen wurde. Aristoteles findet die subsistirende Wahrheit daraus, dass Gott als unbewegter Beweger das erste Intelligible ist. Er sagt ja, wie wir gesehen haben: „Das unbewegt Bewegende bewegt so: das Begehrte und das Intelligible bewegen, ohne bewegt zu werden, und das erste Begehrte und das erste Intelligible sind dasselbe“[1]). Da nun der Urbeweger zugleich reines Denken ist, als wesenhafte Thätigkeit nämlich, wie er von Aristoteles gleichzeitig genannt wird, *καὶ οὐσία καὶ ἐνέργεια οὖσα*[2]), so ist er Erkenntniss und Wahrheit in einem, und so findet in ihm nicht sowohl die von Trendelenburg betonte Gewissheit, als vielmehr die Möglichkeit der erschaffenen Erkenntniss, die die Wahrheit erst von den Dingen nimmt, ihre Erklärung[3]).

Auch der kosmologische Beweis ist Trendelenburg zufolge bloss indirect. Dass bei der Zurückführung der kontingenten Dinge auf ihre Ursache kein Zurückschreiten in's Unendliche möglich sei, ergebe sich eben daraus, dass die Annahme des Gegentheils dem Gedanken unerträglich sein würde. Tiefer untersucht stosse freilich die Nothwendigkeit selbst, die mit dem Denken eins sei, die Unbestimmtheit des unendlichen Verlaufes von sich[4]). Diese Auffassung leidet an Unklarheit, da die Ersetzung von unendlich durch unbestimmt nicht ohne weiteres überzeugt, und ist insofern geradezu verkehrt, als die positive Erwägung unbeachtet bleibt, die zur Annahme des Unverursachten, jenes Wesens, das sich selbst Grund, nicht Ursache, des Daseins ist, führt. Wir haben nämlich gesehen[5]), dass nicht alles den Grund seines Daseins in einem andern haben kann, weil es ausser allem nichts gibt, was diese Ursache sein könnte, und auch die Dinge sich nicht wechselseitig Ursache des Daseins sein können. — Ferner behauptet unser Autor allen Ernstes, der kosmologische Beweis könne nur die Existenz eines Nothwendigen darthun, von dem man

[1]) Met. XII, 7. 1072 a 26 f. — [2]) Ibid. lin. 25.

[3]) Man vergleiche das 2. Hptst. der gegenwärtigen Schrift von Seite 143 an.

[4]) Log. Unters. S. 469. — [5]) 1. Hptst. S. 21 und 3. Hptst. S. 175.

nicht wisse, ob es ausser und über der Welt stehe oder nicht. Man habe auch keine Anschauung von einem überweltlichen Wesen und der consequenteste Ausdruck der kosmologischen Weltansicht (sic) sei das pantheistische System des Spinoza, in dem die Substanz Ursache ihrer selbst und der Accidenzen sei [1]. Hier wird wieder übersehen, dass sich aus dem Begriffe des aus sich nothwendig existirenden Wesens freilich sein göttlicher und überweltlicher Charakter als der der lautern Wirklichkeit, actus purus, ableiten lasse, dass aber der Gottesbeweis streng genommen nicht die Aufgabe habe, diese Ableitung selbst zu bewerkstelligen, sie vielmehr einer spätern Erörterung überlassen könne. Es genügt, dass das Argument die objective Realität eines Wesens ergibt, das sich nach dem gemeinen Urtheil mit dem Gottesbegriffe deckt und von dem sich auch rechtmässig durch Entwickelung seiner Merkmale zeigen lässt, dass es Gott ist. Was dann die mangelnde Anschauung bezüglich des Begriffes eines unbedingten, nur von sich selbst abhängigen Wesens betrifft, nicht einer causa sui, wie Trendelenburg sagt, denn die causa ist immer Grund von anderm, als sie selbst ist, sondern eines principium sui, so ist dieselbe ja einzuräumen; einzuräumen ist auch, dass jener Begriff Unbegreifliches einschliesst, aber das darf uns doch wahrlich, wofern er nur rechtmässig gefunden ist, nicht beirren. Wer einen Gottesbegriff gefunden, den sein Denken bewältigt, hat einen ungenügenden und falschen Begriff gefunden. Zu bemerken ist noch, dass Trendelenburg den aristotelischen Beweis aus der Bewegung sozusagen als völlig eins mit dem kosmologischen auffasst. Denn, nachdem er erklärt hat, der kosmologische Beweis schliesse von der Zufälligkeit der Welt auf ein schlechthin nothwendiges Dasein als Grund seiner selbst und aller Dinge, fügt er bei: „So schloss schon Aristoteles von der Bewegung auf ein Unbewegtes, das da bewege“ [2]. Uns scheint, dass er hier wie auch sonst den Begriff der Bewegung zu weit nimmt. Alle Verursachung des Daseins ist ihm Bewegung. Hätte er den

---

[1]) S. 469 f. — [2]) Anfang der Seite 469.

schönen aristotelischen Bewegungsbeweis entsprechender gewürdigt und sein Ergebniss, die reine Aktualität, jenes *καὶ οὐσία καὶ ἐνέργεια*[1]) und jenes *ἀρχὴ τοιαύτη ἧς ἡ οὐσία ἐνέργεια*[2]), sich vollständig zum Verständniss gebracht, dann, soll uns bedünken, hätte er nicht von einer spinozistisch gefassten höchsten Ursache als dem Ertrag des kosmologischen Arguments reden können.

Bezüglich des teleologischen Beweises gibt unser Verfasser unbedenklich zu, dass er die Existenz einer zweckesetzenden und durch sie die Natur beherrschenden Weisheit sicher stellt. Die objective Bedeutung des Zweckes in der Natur, erklärt er, lasse sich aus den Thatsachen nachweisen, und damit sei die Grundlage der teleologischen Betrachtung festgestellt[3]). „Wenn man in neuerer Zeit," fügt er bei, „die zweckbestimmende Intelligenz dadurch umgeht, dass man einen unbewussten Bildungstrieb oder ein plastisches Lebensprincip als Grund der harmonischen Zweckmässigkeit an die Stelle der wachen Vernunft setzt: so denkt man sich das Weltall nach der Analogie der schlafenden Pflanze oder des träumenden Thierlebens. Was in solchen einzelnen Erscheinungen gerade nur durch das Unbedingte möglich ist, das kann nicht die Form des Unbedingten selbst sein. Die Analogie ist daher ungereimt. Auch ist oben gezeigt worden, dass der Begriff des Bildungstriebes, wenn er zergliedert wird, nur durch den freien Gedanken verständlich wird, der ihm die Richtung gibt"[4]). Trendelenburg hat nämlich in einer frühern Erörterung gegen Spinoza, der den Zweck leugnet und an seine Stelle das Verlangen oder den Trieb als wirkende Ursache setzt, darauf hingewiesen, dass dieses Verlangen den Zweck im Hintergrunde habe, indem es gleichsam die Sehnsucht des noch unerfüllten Zweckes sei. So ruhe ja das Verlangen nach Nahrung auf der Bestimmung zur Nahrung und auf einem ganzen Bau von Zweckbegriffen, die im Organismus verwirklicht seien. Der Trieb des Auges zum Lichte, das

---

[1]) Metaphys. XII, 7. 1072 a 25. — [2]) Ebenda Cap. 6. 1071 b 20.
[3]) Log. Unt. II. S. 471. — [4]) A. a. O.

Verlangen der Seele nach Erkenntniss bezeichnen den inwohnenden Zweck und so genüge eine Erklärung wie die des Spinoza nicht [1]).

Was Trendelenburg noch zu diesem Beweise bemerkt, dass sich in ihm der Ertrag des kosmologischen — die blinde Macht der Substanz — zur schöpferischen Weisheit erhebe, gefällt uns, auch abgesehen von dem Zugeständniss an den Pantheismus, nicht recht. Das Ergebniss zweier getrennten Beweise soll rein äusserlich verbunden werden. Aber schon aus der reinen Wirklichkeit als dem Erträgniss des kosmologischen Beweises lässt sich die Weisheit des Urwesens ableiten, wie auch aus seiner allbeherrschenden Weisheit, die das teleologische Argument herausstellt, seine Macht.

Dass die intelligible Weltordnung, die Wahrheit in den Dingen, die vom subjectiven Denken stillschweigend vorausgesetzt wird, in der teleologischen Betrachtung ihre Bestätigung finde, ist bei unserm Autor eine Andeutung, die Anerkennung verdient.

Doch spricht Trendelenburg von Schwierigkeiten auch gegen dieses Argument, die man sich nicht bergen dürfe. Er nennt deren zwei. Erstens sei die Natur uns noch nicht hinreichend bekannt, um auf die ausnahmslose Herrschaft des Zweckes in ihr schliessen zu dürfen. So lange aber der Zweck nicht auf Grund einer vollendeten Weltansicht durch alle Gestalten siegend durchgeführt sei, sei keine volle Gewissheit gegeben, sei die Grundlage des teleologischen Beweises noch schwankend, dessen nicht zu gedenken, dass jede Missbildung eine Ohnmacht des innern Zweckes zu verrathen scheine [2]).

Wir müssen gestehen, dass diese Schwierigkeit auf uns wenig Eindruck macht. Wenn ich in ein Haus träte und fände in seinen Räumen eine geschmackvolle und kostbare Einrichtung, so würde meine Anerkennung des Gesehenen nicht durch den Gedanken aufgehalten werden, dass in dem Hause vielleicht auch vernachlässigte Räume sind, die ich

---

[1]) Log. Unt. II. Bd. S 43 f. — [2]) Seite 472.

nicht gesehen habe, und ebensowenig würde mich der Einfall stören, dass ein fortgeschrittener Geschmack und grösserer Reichthum vielleicht manches noch gefälliger und vornehmer eingerichtet hätte, als ich es vor mir sehe. Denn das Vorhandene kann durch Höheres wohl überboten, aber nicht aufgehoben werden. So handelt es sich auch bei der teleologischen Betrachtung nicht gerade um die Existenz einer Weisheit, die sich überallhin erstreckt, sondern eben nur so weit, als unsere Beobachtung reicht, und ebenso nicht um die höchste, sondern um eine für uns immerhin unbegreiflich hohe Weisheit. Die durchgehends zweckmässige Einrichtung der Natur und die Abhängigkeit dieser Einrichtung von einer einheitlichen, intelligenten Ursache sind die einzigen Postulate des teleologischen Beweisverfahrens.

Bezüglich des auch noch berührten Einwurfs wegen der in der Natur vorkommenden Missbildungen sei hier zur Erledigung die Ausführung dargeboten, womit schon Aristoteles jenes Bedenken abfertigte. Sie findet sich bei ihm im unmittelbaren Anschluss an den Erweis des Zweckes in der Natur im 8. Kapitel des II. Buches der Physik. Der Text lautet: „Fehlgriffe aber geschehen auch bei dem, was die Kunst verrichtet. Denn es kommt wohl vor, dass ein Schreibkundiger nicht richtig schreibt und ein Arzt den Trank nicht richtig verabreicht. Wenn nun Einiges von der Kunst verrichtet wird, wobei das Gelungene um eines Zweckes willen da ist [1]), während bei dem Verfehlten zwar um eines Zweckes willen Hand angelegt, dasselbe aber nicht erreicht wird, so wird es sich wohl ebenso auch bei den Naturdingen verhalten, und die monströsen Gebilde beruhen eben in den einzelnen Fällen auf einem Verfehlen jenes Zweckes [2]). Folglich wird wohl auch bei den uranfänglichen Bildungen jenes „Rinderent-

---

[1]) Prantl übersetzt die Worte 199 b Zeile 1 f.: *ἐν οἷς τὸ ὀρθῶς ἕνεκά του*, irrig: bei welchen der richtig erfüllte Zweck ist.

[2]) *καὶ τὰ τέρατα ἁμαρτήματα ἐκείνου τοῦ ἕνεκά του* Zeile 4. Hier hat das Wort *ἁμάρτημα* nicht die Bedeutung Verstoss, Missgriff, peccatum, das irrig auch die lateinische Uebersetzung von Johannes Argyropylos hat, sondern die ursprüngliche des Nichterreichens, Daranvor-

sprossene" (des Empedokles), wenn es nicht fähig war, zu einem bestimmten Ziel und Ergebniss zu gelangen, durch Verderbniss irgend eines Princips entstanden sein, wie jetzt noch Missbildungen durch Verderbniss des Namens vorkommen. Ferner ist nöthig, dass zuerst Same werde, und nicht gleich die Thiere, und das „Unausgebildet zuerst" (bei Empedokles) war Same. Ferner ist der Zweck, das um etwas willen, auch in den Pflanzen, nur weniger ausgeprägt. Ist nun auch in der Pflanzenwelt nach Analogie des „Rinderentsprossen mit Menschengesicht" Weinstockentsprossenes mit Olivengesicht entstanden, oder nicht? — eine Ungereimtheit freilich, aber eine nothwendige Folge, wofern es auch bei den Thieren so war. Auch müsste bei dem Samen das Werden vom Zufall beherrscht sein. Ueberhaupt aber[1]) hebt der, der so spricht, das von Natur Seiende und die Natur auf. Denn von Natur ist alles das, was von einem innern Princip aus, stetig bewegt, zu einem Ziele hingelangt — von jedem Princip aus aber ist nicht für jedes dasselbe oder Beliebiges das Ziel —, immer freilich zu demselben, wofern nicht ein Hinderniss entgegentritt[2]). Der Zweck aber und was ihm dient, kann auch zufällig zu Stande kommen, wie wir z. B. sagen: zufällig kam der Fremde, nahm ein Bad und ging wieder, wenn er so handelte, als wäre er deshalb gekommen, mit nichten aber deshalb kam. Und dieses ist dann mitfolgend. Denn der Zufall gehört zu den mitfolgend bestehenden Ursachen, wie wir auch oben schon sagten; aber wenn dieses immer oder meistens geschieht, so ist es nichts Mitfolgendes oder Zufälliges; bei den Naturdingen aber geschieht es immer so, wofern nicht ein Hinderniss entgegen tritt" [3]).

---

beifahrens. Der Zweck soll nicht als Sünder angeklagt werden. Prantl übersetzt wohl aus Abgang des Verständnisses: und die monströsen Gebilde sind eben Fehlgriffe in Bezug auf jenen Zweck, um dessen willen etwas ist.

[1]) Vor ὅλως δέ Zeile 14 muss ein Punkt stehen.

[2]) Zeile 17 ist nach ἑκάστοις τέλος hinzu zu denken. Prantl übersetzt wohl irrthümlich: aber nicht entsteht von einem jeden Anfange an bei jedem das nämliche.

[3]) Phys. II, 8. 199 a 32 – b 26.

In diesem Text wird die von den Missbildungen entnommene Schwierigkeit mit vier Gründen entkräftet, und noch eine positive Erwägung zum nochmaligen Erweis des Zweckes in der Natur hinzugefügt.

Der erste Grund ist, dass bei der anerkannt zielstrebig handelnden Kunst auch Fehlgriffe vorkommen, ohne dass jemand deshalb die Zielstrebigkeit der Kunst in Zweifel zieht. Die Fehlgriffe bedeuten hier wie in der Natur, dass das Ziel nicht erreicht wird. Jedenfalls ist also eines da. Darum ist die Theorie unbegründet, dass in der Natur ursprünglich die Missbildungen vorherrschten und nur dadurch langsam zurücktraten, dass das, was zufällig zweckmässig ausfiel, allein lebensfähig war und sich darum im Dasein behauptete. Man muss vielmehr annehmen, dass damals dieselbe Ursache die Missbildungen zu Tage förderte, wie auch jetzt: die Natur blieb wegen Unzulänglichkeit, Hemmung und Verderbniss der treibenden Kräfte auf dem halben Wege stecken oder gerieth abwärts in eine falsche Richtung, wie jetzt z. B. durch Verderbniss des Samens ein krankes oder missgestaltetes Gebilde entsteht.

Der zweite Grund zur Widerlegung des erhobenen Einwandes wird von Aristoteles nur kurz angedeutet. Auch bei den Missgeburten verleugnet sich die Zweckmässigkeit nicht ganz. Denn sie entstehen nicht etwa dadurch, dass fertige Theile verschiedener Thierarten sich planlos zusammenfügten, wie bei jenen erträumten Missgestalten des Empedokles, die vorn Mensch und hinten Rind waren. Vielmehr geht auch hier die Natur methodisch und gleichsam zielbewusst zu Werke, indem sie zuerst den Samen erzeugt, der das Ganze schon im Keim enthält, und ihn dann schrittweise zur Entwickelung bringt.

Der dritte Grund ist dieser. Wenn die Natur erst durch den Zufall zur Zweckmässigkeit, durch die Unordnung zur Regel, durch Missbildungen zu harmonischen Gestalten gelangt, so müsste sich doch dieser Weg viel deutlicher bei den Pflanzen nachweisen lassen als bei den Thieren. Dort müssten viel mehr widersprechende Bildungen vorkommen. Denn dort tritt der Zweck weniger hervor, indem der pflanzliche Organismus viel einfacher als der thierische ist. Wer möchte nun aber behaupten, es hätten sich in der Pflanzenwelt ursprünglich Missbildungen analog den thierischen des Empedokles gefunden, etwa Gewächse, die halb Weinstock und halb Oelbaum waren?

Der vierte Grund ist, dass auch beim Samen ursprünglich der Zufall hätte walten müssen, indem etwa in der einen Art der Same der andern war, wie im Organismus Stücke verschiedener Arten sich verbanden.

So ergibt sich denn die Hinfälligkeit jener Berufung auf die vorkommenden Missbildungen in der Natur, die den Zweck aus ihr beseitigen sollte.

Den Zweck in Abrede zu stellen verbietet aber auch die Erwägung, dass man dann die ganze Natur aufhöbe. Worin sonst besteht die Eigenthümlichkeit des Naturwirkens, als darin, dass sie von einem Anfang aus durch bestimmte Zwischenstufen ein Ende verfolgt und auch jedesmal wirklich erreicht, wofern nichts in den Weg kömmt. Wollte man das Zufall nennen, so müsste man auch sagen, es sei Zufall, wenn etwa jemand täglich an eine Badestelle käme und badete. Man wird aber hier nur dann von Zufall sprechen, wenn jemand ein Mal oder zwei Mal z. B. durch Handelsgeschäfte an den Ort eines Bades geführt wurde und badete.

Wir wollen dieser Erörterung des Aristoteles, die in wenig Worten so viel enthält, nur einen Gedanken hinzufügen. Aristoteles hat uns die vereinzelten Fehlgriffe der organischen Natur daraus verstehen gelehrt, dass der Same der Verderbniss unterliegen kann, geben wir dieser Erklärung einen weitern Hintergrund: die gegenwärtige Welt, wenigstens die irdische Natur, ist voll der Mängel unbeschadet der Weisheit, Macht und Güte des Schöpfers. Die vorkommenden Unregelmässigkeiten und Zweckwidrigkeiten, soweit davon Rede sein darf, könnten nur dann zu Ungunsten des Herrn und Lenkers der Welt gedeutet werden, wenn man voraussetzt, dass sich sein ganzes Können in ihr erschöpft habe. Diese Voraussetzung ist aber willkürlich und falsch. Als freies Wesen gibt Gott der Welt nicht die ganze Vollkommenheit, die er ihr geben kann, sondern den Grad der Vollkommenheit, den er ihr geben will. Auch können gerade die Mängel, die dem Irdischen anhaften, dem Menschen ein Mittel der eigenen Vervollkommnung werden und so dazu dienen, dass der höchste Zweck der Schöpfung, die Verherrlichung des Schöpfers, desto eher erreicht wird.

Wir haben aber bisher nur eine der beiden Schwierigkeiten genannt und erörtert, die man bei Trendelenburg gegen den teleologischen Beweis erhoben findet. Die zweite will er selbst nur vorgebracht haben, um gleich auch ihre Lösung zu geben. „Der Zweck," so lässt er sich vernehmen, „hat im Unbedingten noch eine Schwierigkeit. Erst in der Entzweiung, im Gegensatz, also im Relativen, kommt er zur Thätigkeit. Woher dieser Gegensatz in der ursprünglichen Einheit? Wir haben Grund, auf diese Frage mit einem ethischen Motiv in Gott, mit dem Motiv der Liebe zu antworten" [1]).

Der Einwurf, den hier Trendelenburg nach seiner Art in vielleicht etwas gesuchten und darum weniger verständlichen Worten vorbringt, war von ihm schon früher in der Abhandlung vom Zweck in Betracht genommen und zurückgewiesen worden. Spinoza hat gemeint, Gott könne nicht wegen eines Zweckes handeln, weil er sonst etwas erstrebe, was ihm fehle [2]). Das ist also jene Entzweiung, von der Trendelenburg spricht. Das Absolute, Gott, und seine Thätigkeit wäre von einem andern, dem Zwecke, abhängig und würde von ihm bestimmt. Hiergegen hatte Trendelenburg bemerkt, wenn Gott die Zwecke setze und das Ziel selbst stecke, so sei er darin weder von einem Aeussern abhängig, wie von einem Fatum, noch entbehre er etwas, da er alles aus sich selbst habe" [3]). Aehnlich antwortet er hier, Gott werde durch die Liebe, also nicht durch eigenes Bedürfen, zur Thätigkeit nach aussen bestimmt. Noch vollständiger löst sich vielleicht die Schwierig-

---

[1]) A. a. O. II. Bd. 473.

[2]) Man vergleiche im 2. Bd. der log. Unters. S. 41, wo die Worte Spinoza's angeführt sind: si Deus propter finem agit, aliquid necessario appetit, quo caret. — [3]) A. a. O. 44.

keit durch den Gedanken, dass das Motiv des göttlichen Wirkens mit der Selbstliebe Gottes zusammenfällt. Die Liebe, womit Gott sein eigenes unendliches, vollkommenstes Wesen umfängt, ist auch das Motiv seines Wirkens, weil er alles um seiner selbst willen, zur Offenbarung seiner Herrlichkeit, thut.

Wir können hiermit die Erörterung der Bedenken Trendelenburg's gegen die alten Gottesbeweise beschliessen. Wir haben uns überzeugt, dass sie ebensowenig ihr Ansehen erschüttern können, wie die Kritik Kant's. Wir wollen aber, indem wir von Trendelenburg Abschied nehmen, kein Hehl daraus machen, dass seine Stellung zu diesen ehrwürdigen Denkmälern menschlicher Geistesarbeit peinlich berührt und geeignet ist, dem Andenken des Mannes zu schaden. Nicht als ob wir dafür hielten, Trendelenburg habe die Beweisbarkeit des Daseins Gottes förmlich bezweifelt. Dass die Vernunft im Stande ist, Gott aus den erschaffenen Dingen zu erkennen, dass die Schöpfung eine vollgültige und sogar die erste und allgemeinste Offenbarung Gottes ist, wird auch ihm festgestanden haben, und die Bedenken z. B., die er bezüglich der teleologischen Beweisführung äussert, drücken wohl nur einen methodischen, keinen wirklichen Zweifel aus. Sie sollen, wie er selbst andeutet, als Anregung dazu dienen, dass die Widerlegung der Bedenken in Zukunft noch methodischer geschehe, als es nach ihm bis dahin der Fall war[1]). Aber Trendelenburg hat sich nicht die Mühe gegeben, die Beweise der Vorzeit einer eingehenden Betrachtung zu unterziehen, das ist es, was wir ihm besonders zum Vorwurfe machen. Er liefert aus dem reichen vorhandenen Material gleichsam nur Bruchstücke, und darum bleibt nach seiner Darstellung des Mangelhaften und nicht Geleisteten so viel übrig. Der schöne Beweis aus den Stufen der Vollkommenheit, gestützt auf die Erwägung, dass das erste Wesen kein blosses Stück einer Eigenschaft, keinen Theil einer Vollkommenheit sein eigen nennt, ein Beweis, der sich nicht bloss bei Thomas von Aquin, sondern auch bei Augustin findet und in der Ideenlehre Plato's

---

[1]) A. a. O. 472.

seine deutliche Grundlage hat, entgeht ihm ganz und gar. Den Beweis des Aristoteles aus der Bewegung erwähnt er zwar, aber nur mit einem Wort, um ihn für eins mit dem sogenannten kosmologischen zu erklären. Die Methode der Vorzeit, in dem Gottesbeweis sich auf den Nachweis eines dem gewöhnlichen Gottesbegriff entsprechenden Wesens zu beschränken, und die streng wissenschaftliche Entwickelung seiner Eigenschaften einer besondern Erörterung zu überlassen, kennt er nicht, und darum müssen die alten Argumente seinen Tadel erfahren, als hätten sie nicht geleistet, was sie versprechen. Hier fehlt also jener Anschluss an die Vorzeit, jenes Gehen mit der Geschichte, jene Verfolgung der geschichtlichen Entwickelung der grossen Gedanken in der Menschheit, die er selbst bei den neuern deutschen Philosophen so lebhaft vermisst [1]).

Wir hätten nun noch zu untersuchen, ob das Urtheil auf Wahrheit beruht, das noch in neuerer Zeit von einem katholischen philosophischen Schriftsteller abgegeben wurde, als ob die Gottesbeweise der Vorzeit einzeln für sich unvollständig seien und nur ein einziger Gottesbeweis, auf Grund des Causalitätsprincips geführt werden könne [2]). Indessen ergeben die Ausführungen des Autors, dass er im Grunde jene alten Argumente gar nicht einmal für einwandsfreie Beweise hält, und so wäre ihm gegenüber vielmehr auf unsere Vertheidigung der Argumente selbst zurückzuweisen, als dass es noth thäte, ihr gegenseitiges Verhältniss zu prüfen. Uebrigens ist die Frage, wie sich dieselben gegenseitig zum Erweis Gottes und seiner Vollkommenheiten ergänzen, nicht schwer zu beantworten. Wir haben schon gesagt [3]), dass der zweite Beweis, aus der wirkenden Ursache, sich vom ersten, aus der Bewegung, wenig unterscheidet, und demnach bleiben, wenn wir beide zusammenfassen, vier Beweise für das Dasein Gottes übrig [4]). Diese sind insofern eigene Beweise für sich, als sie

---

[1]) A. a. O. Vorwort zur 2. Aufl. S. X.

[2]) Braig, Gottesbeweis oder Gottesbeweise. 1888. S. 155 ff.

[3]) 3. Hptst. S. 167 und 176.

[4]) Hiermit stimmt überein: Gutberlet, Theodicee. 1878. S. 7.

jeder einzeln unabhängig vom andern das Dasein Gottes ergeben. Jeder geht nämlich einen andern Weg. Der erste betrachtet die Bedingtheit der Bewegung und schliesst, dass, was in Bewegung begriffen ist, ein unbewegt Bewegendes als letzte Ursache erfordert. Der zweite betrachtet die Wandelbarkeit der endlichen Dinge und leitet aus ihnen das unwandelbar und aus sich Seiende ab. Der dritte erwägt die Stufen der Vollkommenheit in den Dingen und erkennt in diesen Stufen verschiedene Grade der Theilnahme an dem aus sich und in sich und schlechthin Vollkommenen. Der vierte endlich führt die Weisheit, die das Gesetz der Natur und ihrer Thätigkeit ist, auf ein Wesen zurück, das der Natur jenes Gesetz auferlegt hat, und das der Inbegriff aller Weisheit ist. In allen diesen Beweisen wird freilich das Causalitätsgesetz angewandt, aber das begründet doch nur eine Uebereinstimmung in genere, da es jedesmal anders und anders zur Verwendung kommt. Das eine Mal gehört Ursache und Wirkung der Kategorie des Wirkens und Leidens an, das andere Mal der der Substanz, ein drittes Mal hält sie sich im Bereich der Qualität, ein viertes Mal in demjenigen der Relation, indem die Beziehung zwischen Zweck und Mittel zum Ausgange genommen wird. Aber wie der Beweis, so wechselt auch gewissermaassen jedes Mal sein Ertrag. Das erste Argument ergibt die ewige unwandelbare That, das zweite das absolute Sein, das dritte die schrankenlose Vollkommenheit, das vierte die unergründliche Weisheit, und von jedem dieser vier Momente aus lässt sich auf besondern Wegen eine Reihe weiterer Aufschlüsse über die Natur Gottes gewinnen. Die Vorzeit war mithin vollkommen im Rechte, wenn sie von einer Mehrheit von Gottesbeweisen redete, und wir dürfen von ihrer Anschauung nicht abgehen.

Man nimmt auch daran noch Anstoss, dass Thomas den Bewegungsbeweis klarer als die anderen nennt[1]. Man behauptet, der Beweis aus dem Zwecke sei einleuchtender[2]:

[1]) Vgl. oben 1. Hptst. S. 10.

[2]) Man vergleiche Braig a. a. O. S. 26 Anm.: „Hat der hl. Thomas den aristotelischen »Bewegungsbeweis« als den klarsten bezeichnet, so

aber hier möchte eine Verwechselung vorliegen. Der gemeinen Vernunft, um mit Kant zu reden, ist dieser letztere Beweis freilich am angemessensten, und deshalb nannten wir ihn oben auch den populärsten[1]). Aber daraus folgt nicht, dass er auch den Anforderungen eines exacten Beweisverfahrens am vollkommensten entspricht. Denn um nicht zu reden von der grössern Zahl der Mittelglieder, die bei ihm das Endergebniss bedingen, ist auch dieses Ergebniss selbst, nämlich die Existenz eines intelligenten Urhebers der Naturordnung, nicht so ohne weiteres gleichbedeutend mit der Existenz Gottes. Dagegen wird im Bewegungsbeweis mit einer Art mathematischer Sicherheit von dem bewegten auf das unbewegte Princip geschlossen, und der so gewonnene Begriff entspricht so sehr dem Gottesbegriffe, dass auch der Begriff des unverursachten, aus sich seienden Wesens im dritten Gottesbeweise an ihn anknüpfen muss, um sich als Erfüllung des Gottesbegriffes zu rechtfertigen. Denn um zu zeigen, dass das aus sich Seiende Gott ist, beruft man sich darauf, dass es unveränderlich und lautere Wirklichkeit sein muss. Das aber stellte der Beweis aus der Bewegung unmittelbar als Gottes Eigenthümlichkeit heraus[2]).

Bezüglich des Bewegungsbeweises lässt sich noch ein Bedenken erheben, dessen Besprechung und Erledigung den Schluss des Ganzen bilden mag. Liegt nicht in dem Begriff des unbewegten Bewegers, zu dem dieser Beweis den Gedanken hinführt, ein Widerspruch? Kann mit der vollkommenen Ruhe die Thätigkeit verbunden sein? Und selbst wenn man im Ruhenden eine Thätigkeit annimmt, so kann sie doch immer nur eine und dieselbe sein. Wie kann also die Thätigkeit Gottes die so unendlich mannigfaltige und endlos wechselnde Bewegung hervorrufen?

---

hat diesmal Kant das Richtige getroffen, wenn er gegenüber der Abstractheit der kosmologischen Argumentation über die teleologische sagt: »Dieser Beweis verdient jederzeit mit Achtung genannt zu werden. Er ist der älteste, klarste und der gemeinen Vernunft am meisten angemessen«.

[1]) 5. Hptst. S. 251. — [2]) Man vergleiche 3. Hptst. S. 190 ff.

Der erste dieser beiden Punkte ist nicht so schwer zu erklären. Auch die endliche Thätigkeit, wenn zwar das Thätige durch Bewegung oder Veränderung zu ihr übergeht, ist als solche nicht nothwendig Bewegung. So ist z. B. in uns zwar der Uebergang vom Nichtdenken zum Denken Bewegung, aber das Denken selbst im Sinne des ruhigen geistigen Anschauens der Wahrheit ist keine Bewegung. So ist denn auch der Begriff der göttlichen, über alle Bewegung und Unruhe erhabenen Thätigkeit kein Widerspruch. Diese Thätigkeit kann, wenn auch fest und unveränderlich wie die göttliche Substanz, dennoch fruchtbar und wirksam sein, wie auch die bedeutungsvollste endliche Thätigkeit, das Denken und Wollen, an sich ohne Bewegung ist.

Aber nun stellt sich die zweite Schwierigkeit ein: wie verträgt sich mit der Einheit und Wandellosigkeit der Thätigkeit Gottes die Vielheit und der Wechsel der Wirkungen? Machen wir uns vor allem nochmals klar, wie streng an der Wandellosigkeit des göttlichen Wirkens festgehalten werden muss. Wir werden uns dann um so leichter bei einem Ausgleich beruhigen, wenn auch selbstverständlich kein solcher alles Dunkel heben kann. In Gott ist die Thätigkeit Substanz, so dass in ihr kein Wechsel sein könnte ohne Abfall von der eigenen Substanz. Gott tritt nicht in Thätigkeit, und er hat nicht bloss von jeher seine Thätigkeit, sondern er ist sie. Ginge er von der Ruhe zu ihr über, so müsste, wie wir gesehen haben, ein anderes ihn dazu bestimmen. Denn würde er rein aus sich dazu bestimmt, so wäre nicht abzusehen, warum die in ihm liegenden Motive jetzt erst und nicht von Anfang wirksam wären und die Thätigkeit hervorriefen. Er kann aber auch seine Thätigkeit nicht bloss haben gleich wie ein Accidenz, das nothwendig aus seiner Wesenheit flösse. Denn durch die Accidenzen wird die Wesenheit actuirt, in der göttlichen Natur aber gibt es keine Potenz, die in den Act überführt werden könnte. Die erste Natur und das erste Wesen kann nicht potential sein. Denn aus dem Potentialen kann nie von selbst ein Actuales werden. Was nicht wirklich ist, kann nie aus sich selbst wirklich werden. So steht es denn als Ergebniss des Denkens fest, und diesem Ergebniss müssen wir uns, trotzdem dass die Sache über alle Erfahrung und über alles Vorstellen hinausgeht, fügen: Gott ist seinem Wesen nach thätig, er ist die Thätigkeit, Substanz und Thätigkeit zugleich, wie Aristoteles sagte.

Um nun einigermaassen einzusehen, wie die eine und einfache göttliche Thätigkeit die zahllosen und unaufhörlich in's Endlose wechselnden Wirkungen im Bereiche des Endlichen hervorbringen könne, ist zu bedenken, dass diese Thätigkeit unendlich vollkommen ist, wie die Substanz Gottes selbst, mit der sie eins ist. Auch der geschaffene Geist hat eine gewisse Unendlichkeit, insofern er successiv ohne eine Schranke einen Gedanken nach dem andern denken, ein Gut nach dem andern begehren und erstreben kann, weshalb Aristoteles sagt, die Seele sei gewissermaassen alles Seiende, indem sie durch ihren Verstand die intelligible, durch ihre Sinneskraft die sinnenfällige Welt in sich aufnehme und abspiegele[1]. Hierin offenbart sich die Vollkommenheit ihrer Natur. Denn sie muss in gewisser Weise die Vollkommenheiten aller Geschöpfe in sich vereinigen, um sich in der Erkenntniss zu ihrem lebendigen Bilde gestalten zu können. Aber ebenso tritt in der Nothwendigkeit, der sie untersteht, jedes neue Object durch ein neues Erkenntnissbild, eine besondere Vorstellung, in sich aufzunehmen, ihre Unzulänglichkeit an den Tag. Sie kann jedesmal nur ein Kleines aus dem Vorrath ihres Vermögens in die Wirklichkeit umsetzen; um es ganz zur Entfaltung zu bringen, müsste es gewissermaassen durch eine endlose Zeit auseinander gezogen werden. In dieser Unterwerfung unter das Gesetz der Zeit offenbart sich der Charakter des Geschaffenen. Der göttliche Geist ist einer Auswirkung und Vervollkommnung unfähig, weil er von vornherein seinen unendlichen Inhalt hat: die göttliche Substanz, und in ihr als seinem Urbilde und Urquell alles übrige. Wie in der Selbstanschauung Gottes die Erkenntniss aller andern Dinge enthalten ist, so will und wirkt er auch in der Liebe, mit der

[1]) De anima III, 8. 431 b 21 ff.

er seine eigene Vollkommenheit umfasst, alles, was er will und wirkt. Denn er thut alles um seiner selbst willen. Hieraus folgt, dass er für sich über das Gesetz der Zeit erhaben ist. Denn die Zeit kann ihm nichts bringen und nichts nehmen. Das hindert aber nicht, dass er in der Zeit ohne Ende thätig ist. Denn er ist nicht so thätig wie eine blind und nothwendig wirkende Naturkraft, bei der aus dem Vermögen allezeit die Wirkung hervorgeht, wenn nichts hindert. Er wirkt vielmehr durch seinen allmächtigen Gedanken. Es ist aber kein Widerspruch, wenn Zeitliches mit einem ewigen Gedanken gedacht und mit einem ewigen Willen gewollt wird[1]. Der Gedanke Gottes braucht nur schöpferisch wirksam zu sein, so führt er die Wirkung in der Zeit herbei, ohne selbst in die Zeit zu fallen. Freilich bleibt hier des Geheimnissvollen noch genug übrig. Aber deshalb brauchen wir in diese Erklärung von der ewigen Verursachung der zeitlichen Wirkungen kein Misstrauen zu setzen. Namentlich in Bezug auf die höchsten Gründe ist unser Wissen Stückwerk. „Niemand," sagt ein alter Kirchenvater, „kommt der Wahrheit näher, als wer begreift, dass ihm in den göttlichen Dingen, auch bei fortgeschrittener Einsicht, noch vieles zu erforschen übrig bleibt. Denn wer sich einbildet, am erstrebten Ziele bereits angekommen zu sein, hat nicht das Gesuchte gefunden, sondern ist des Nachdenkens müde geworden"[2]).

[1]) Cf. S. Thom. In phys. l. VIII, lect. 2.

[2]) Leo d. Grosse. serm. 9. de Nativ. Dom.